U0085631

106年最新版

稅務會計

Tax Accounting

卓敏枝
盧聯生　著
劉夢倫

三民書局

國家圖書館出版品預行編目資料

稅務會計／卓敏枝,盧聯生,劉夢倫著.－－修訂二
十九版一刷.－－臺北市: 三民, 2017
　　面；　公分

ISBN 978－957－14－6330－8　（平裝）

1.稅務會計

567.01　　　　　　　　　　　　　　106014445

ⓒ　稅務會計

著 作 人	卓敏枝　盧聯生　劉夢倫
發 行 人	劉振強
著作財產權人	三民書局股份有限公司
發 行 所	三民書局股份有限公司
	地址　臺北市復興北路386號
	電話　(02)25006600
	郵撥帳號　0009998-5
門 市 部	(復北店)臺北市復興北路386號
	(重南店)臺北市重慶南路一段61號
出版日期	初版一刷　1987年2月
	修訂二十九版一刷　2017年9月
編　　號	S 561110

行政院新聞局登記證局版臺業字第○二○○號

有著作權‧不准侵害

ISBN　978－957－14－6330－8　（平裝）

http://www.sanmin.com.tw　三民網路書店

※本書如有缺頁、破損或裝訂錯誤，請寄回本公司更換。

～ 修訂二十九版序 ～

租稅已成為企業經營與管理的重要一環。身為企業管理當局及會計人員，不僅需要知道如何適時且正確地繳納稅捐，更應具備租稅規劃的知識，以利合法節稅。

作者們忝列大專院校會計與租稅法規之教席，並從事會計師專業與稅務專業服務多年，深感「稅務會計」一門，對大專院校學生與工商企業界之重要性，爰在三民書局之邀約下，不揣謭陋，共同撰寫本書，冀能對租稅及會計教育之推廣略盡棉薄，貢獻所學。

本書係將會計理論暨實務，與我國現行有關租稅法規加以整合，俾理論與實務相互配合，期本書不僅能符合大專院校教學之用，對企業界亦具有實用價值。另，96 年起因原作者莊傳成君公務繁忙，爰邀請劉夢倫君參與本書的修訂工作。

全書共分為十六章，各章執筆人員如下：

卓敏枝——第八、九、十、十一、十二、十三等六章。

盧聯生——第三、四、五、六、十四、十五、十六等七章。

劉夢倫——第一、二、七等三章。

謹將主要內容扼要說明於次：

第一、二、三章，旨在介紹稅務會計及稅捐稽徵通則之基本概念，同時說明帳簿、憑證之設置與使用的有關規定。

第四、五章，介紹加值型及非加值型營業稅減免規定、稅額計算方法、申報實務、會計處理及跨境電子勞務課稅規定。

第六章，介紹房地合一課徵所得稅之課徵範圍、稅額計算、稽徵程序及罰則。

第七章，介紹所得稅兩稅合一之基本規定，股東可扣抵稅額計算，未分配盈餘加徵10% 營所稅，兩稅合一之會計處理、稽徵程序，以及相關處罰。

第八、九章，係介紹各種銷貨收入之會計處理實務，以及營建業、國際運輸業、代收代付暨外國營利事業在臺營業活動之會計處理方法。

第十、十一、十二章，係介紹營業成本及營業費用列報之有關法令規定，各項費用列支限額之計算，以及會計處理實務，以利遵行。

第十三章，係介紹非營業損益之計算及其會計處理方法。

第十四章，係介紹資產、負債及業主權益之評價暨資產重估價之有關規定及會計處理

方法。

　　第十五章，係舉例說明所得稅扣繳、預估報繳及結算申報之規定及其會計處理實務。

　　第十六章，係說明營利事業所得稅不合常規移轉訂價之相關規定，分別說明從屬與控制範圍之認定、常規交易原則、常規交易方法、文據資料之申報、預先訂價協議、調查核定與調整。

　　本書所介紹之內容與所舉範例，乃係作者們對於稅法之認識所為之闡述，以及為便於讀者之瞭解而研擬範例供參，皆為一般性之介紹，並無針對特定個案所為之規劃，如有適法性疑義或見解歧異，應以相關法令規定、主管機關解釋及法院判決為準。若有個案因稅捐主管機關之見解歧異，導致納稅人受有損害者，本書作者們不負賠償及法律責任，謹此聲明。

　　本書撰寫期間，承蒙師長、好友、同事們之鼓勵、協助及督促，得以順利完稿，由衷感激，在此謹致最大之謝忱。

　　鑑於租稅法令常因配合時宜，迭有修正，作者們雖每年皆隨稅法之修正而勉力修改，惟仍以時間倉促，學識有限，疏漏謬誤，在所難免，尚祈碩彥先進不吝賜教，幸甚！！

　　本書自民國 76 年出版以來，已歷經三十年，實屬不易，承蒙讀者之支持，謹致萬分謝忱。

卓敏枝

盧聯生　謹識

劉夢倫

民國 106 年 8 月 1 日

～ 凡 例 ～

本書文中凡引用稅法有關條文時，皆以括弧註明法令之條次，例如引用稅捐稽徵法第44 條時，係以「(稽 44)」表示之，依此類推。茲將各項法規之代字說明於下，以利讀者查閱相關法條：

稽	稅捐稽徵法
稽細	稅捐稽徵法施行細則
所	所得稅法
所基	所得基本稅額條例
所細	所得稅法施行細則
查	營利事業所得稅查核準則
查準	營利事業所得稅不合常規移轉訂價查核準則
帳	稅捐稽徵機關管理營利事業會計帳簿憑證辦法
估	營利事業資產重估價辦法
營	加值型及非加值型營業稅法
營細	加值型及非加值型營業稅法施行細則
統	統一發票使用辦法
銀	營業人使用收銀機辦法
商	商業會計法
公	公司法
促	促進產業升級條例（文中亦簡稱促產條例）
促細	促進產業升級條例施行細則
產創	產業創新條例
獎參	獎勵民間參與交通建設條例
新市鎮	新市鎮開發條例
中小	中小企業發展條例
企併	企業併購法
金控	金融控股公司法
金證化條例	金融資產證券化條例
科管	科學工業園區設置管理條例
海緝	海關緝私條例
訴	訴願法
都新	都市更新條例
關	關稅法
促參法	促進民間參與公共建設法
生技	生技新藥產業發展條例
要點	房地合一課徵所得稅申報作業要點

稅務會計 目次

第一章

緒　論

　　企業之經營，離不開「業務（產銷）、財務（含會計與稅務）、人事」等諸多情事，猶如人之家庭生活，脫不了「柴、米、油、鹽、醬、醋、茶」等開門7件事。其中會計乃係將企業經營的交易活動，加以蒐集、整理、紀錄、分類、彙總、編表、分析及解釋，進而提出有關企業之財務狀況與經營成果的重要資訊（即財務報表），供股東、債權人、投資分析專家，以及投資大眾瞭解，作為相關決策判斷的依據。惟就政府單位言，基於課稅需要，乃進一步對企業所申報之會計資料、股東可扣抵稅額及未分配盈餘，根據稅法規定與限制加以調整，作為營利事業所得稅、兩稅合一與最低稅負制之課稅基礎，進而核算營利事業課稅所得與應納稅額，審核股東可扣抵稅額是否正確，以及對未分配盈餘加徵10%營利事業所得稅，此乃稅務會計的根源。基本上，稅務會計係由企業會計衍生而來，自與企業之會計慣例與原則息息相關。此外，稅務之稽徵，有其基本程序，需要企業遵循配合辦理，例如，各類所得之扣繳、加值型與非加值型營業稅之繳納與申報、營利事業所得稅之暫繳申報與結算申報，兩稅合一實施後股東可扣抵稅額在盈餘分配時之處理，以及各年度未分配盈餘之計算與加徵等，均需要企業財務與會計人員的注意，否則一有疏失，容易遭受處罰，故應謹慎瞭解，以免不利。

第一節

稅務會計之意義與特性

　　所稱稅務會計者，乃是一門以法令規定為準繩，會計技術為工具，平時負責蒐集企業各項交易活動、股東可扣抵稅額與未分配盈餘計算之合法憑證，並加以整理、紀錄、分類、彙總，進而年度終了加以結算、編表、申報、繳納並確定有關營利事業所得稅與股東可扣抵稅額等的社會（人文）科學。平時有關營利事業之會計事項，均應參照商業會計法、商業會計處理準則、企業會計準則公報、金融監督管理委員會認可之國際財務報導準則、國際會計準則、解釋及解釋公告（以下簡稱國際財務

報導準則）等據實記載，產生其財務報表。至辦理所得稅結算申報時，其帳載事項與所得稅法、所得稅法施行細則、產業創新條例、中小企業發展條例、營利事業所得稅不合常規移轉訂價查核準則、適用所得稅協定查核準則、營利事業適用所得稅法第 24 條之 4 計算營利事業所得額實施辦法、營利事業對關係人負債之利息支出不得列為費用或損失查核辦法、房地合一課徵所得稅申報作業要點、營利事業查核準則及有關法令規定未符者，應於申報書內自行調整之（俗稱帳外調整），產生課稅所得額，從而計算應納稅額。總括而言，稅務會計係以探討稅法對營利事業所得額、股東可扣抵稅額及各年度未分配盈餘計算為重心，衡量有無租稅獎勵或減免項目之適用，並以此建立公正課稅所得額、股東可扣抵稅額及各年度未分配盈餘的計算體系，可自行形成合理之稅務會計制度，作為政府與企業（即徵納雙方）確定租稅負擔是否公平的基本學科。

就稅務會計之性質而論，其具有下列五項基本特性：

◇**實用性**

稅務會計本身乃是教導研習者，對企業營運時所面臨之各種交易事項，在稅法規定上應有的正確處理。例如：開立發票時機？取具何種憑證方稱合法？有哪些租稅負擔（如營業稅、印花稅、房屋稅、地價稅、營利事業所得稅、證券交易稅等）？各應如何列帳？又各有何減免規定？股東可扣抵稅額如何處理？以及未分配盈餘在何種情況下加徵 10% 營所稅及其處理？此等問題，就企業來說，是相當實際，故具實用性。

◇**適法性**

誠如上述，稅務會計是以會計原則為準繩，以法令規定為依歸。稅務會計相關之法源，包括有：加值型及非加值型營業稅法及其施行與徵收細則、所得稅法及其施行細則、營利事業所得稅查核準則、營利事業所得稅不合常規移轉訂價查核準則、廢止前促進產業升級條例及其施行細則、產業創新條例及其細則、行政法院判例及財政部之命令與解釋等。亦即，企業平時之會計分錄乃依商業會計法、商業會計處理準則、企業會計準則公報及國際財務報導準則之規定處理，俟辦理年度營利事業所得稅結算申報時，再行依法令有關規定加以自行帳外調整，進而申報。此項調整工作，簡單地說，即是在考慮會計處理的合法性。例如，進貨是否取具合法憑證？各項支出是否超過費用認列標準或限額？收入或所得是否合乎免予計入所得之規定？所提列之折舊或備抵呆帳其方法是否與稅法規定一致，且金額是否在稅法規定限額

內? 是否為營業上所需之費用? 諸如此類，顯示稅務會計注重適法性。

◇ **規劃性**

兩稅合一制下，一家企業或個人的租稅負擔，可透過合理的安排或規劃，享受租稅減免優惠或投資抵減，進而使該企業或個人的稅負減輕，此即所謂之租稅規劃或節稅 (Tax Planning or Tax Saving)。通常，稅務會計課程，非但教導研習者正確之稅務會計處理實務，對企業各項租稅負擔及兩稅合一之獎勵或減免亦有所探討。例如，折舊採用定率遞減法或平均法之比較、存貨採平均法或先進先出法孰優、研究與發展費用、人才培訓費用宜如何列支方可產生投資抵減效益、兩稅合一國內外投資與方式之選擇及租稅規劃，以及是否取得股東可扣抵稅額之節稅策略等，均是值得慎重考慮的節稅技巧，故稅務會計深具規劃性，當活用之。

◇ **互調性**

由於稅務會計係由企業會計演進而來，自無法全部擺脫企業會計之基本原則。例如，會計基礎、會計年度、記帳單位、一貫原則、配合原則等均有適用；而對於存貨計價、折舊方法、呆帳提列、有價證券與長期投資評價、資本支出與費用支出政策等，兩者間，亦有著若干之共同性或差異性存在。因此，稅務會計所計算出來的「課稅所得」與企業會計所計算產生的「財務所得」間，根本上，應可分析出其差異原因之所在而相互調節，進而助益使用財務報表者瞭解其所以然，此即一般所謂的互調性。(參見本章第五節)

◇ **時間性**

由於政府對稅捐之核課與稽徵，以及減免稅捐權利之賦予，基於行政作業的方便，都有時間限制，一旦違反或逾時辦理，不是喪失權利，便是有滯報金或怠報金或加計利息等之處罰。

第二節
稅務會計之適用與相關學科範圍

誠如上節所述，稅務會計係以營利事業及其有關稅負規定為討論重心。根據所得稅法第 11 條第 2 項定義，我國營利事業所指範圍較廣，包括公營、私營或公私合營，以營利為目的，具備營業牌號或場所之獨資、合夥、公司及其他組織方式（如農會、合作社等）之工、商、農、林、漁、牧、礦、冶等事業屬之。因此，稅務會

計其適用之對象，即包括上列多種企業型態，而非公司一種，此乃吾人首須明辨者。

再者，稅務會計所涉及之相關學科範圍亦甚廣泛。顧名思義，包括有各種稅務法規與會計學本身；惟進一層分析：為產品成本計算與評價，又與成本會計學相關；對憑證之審核與查帳瞭解，又與審計學有關；對稅捐核定之理由與稽徵不服行使行政救濟，又與稅捐稽徵法與訴願法及行政訴訟法等法學有關；而在營利事業之設立與變更登記上，又與公司法有關；另外，帳簿組織與作業流程，又與會計制度有關。綜此，稅務會計乃是一門實用之社會學科，其與許多商學與法學課程，具有密切關係，故吾人研習時，亦應留意各學科間之相互運用關係與規定。

第三節
如何研讀稅務會計

對初學稅務會計之讀者言，最好需具備下面三科之基本學識：(1)會計學。(2)成本會計學。(3)租稅法規概要。蓋具有此三科之基礎，在研讀稅務會計時，將可收事半功倍之績效，而不致如踏入五里霧中，被枯燥的法條或煩瑣的會計分錄細節，搞得頭昏眼花。雖然如此，但就研究稅務會計之讀者來說，下面幾項研讀技巧，仍是值得借鏡的：

◇**工具書齊備**

由於研讀稅務會計時，常常援引各種法條或規定，故初學者宜準備一套「現時適用」之所得稅法及其施行細則、營利事業所得稅查核準則、產業創新條例及其施行細則、加值型及非加值型營業稅法規、印花稅法規等，以利隨時參考，加深印象。此乃「工欲善其事，必先利其器」的道理。

◇**讀書技巧靈活**

基於稅務與會計這兩門學問，均需要熟能生巧，讀愈多遍（或本），愈能體會其道，甚而豁然開朗，融會貫通。故初學者閱讀速度宜快，預習、聽課、複習、溫習等多管齊下，必能印象深刻，有所斬獲。

◇**勤查資料並摘錄**

鑑於稅務規定常有許多解釋令函補充母法之不足，或母法授權訂定細則，或時局與環境變遷致不適用而修法，故其變化有時很大，研習時須十分謹慎，以免因瞭解內容陳舊而發生錯誤。因此，宜勤習資料、各種釋令與規定，並加以筆記摘錄，

並隨時更新稅法資料檔案，以利查閱。基本上，每年均應仔細瞭解各項法令修訂狀況，以及其施行細則與適用時間，對企業稅務運作與規劃，將有助益。

◇多閱讀專業書刊

　　稅務會計是一門肯花時間即有收穫的學科，多參閱各種稅務專業之刊物，甚而各種稅務法令活頁版、綜合整理的法令彙編，以及報紙每日登載之稅務版面，往往能觸類旁通，精進不已。

第四節
基本會計原理於稅務會計上之運用

一、會計循環 (Accounting Cycle)

　　就企業會計與稅務會計而言，其年度會計處理程序是相同的，均是交易蒐集、整理、分錄、過帳、試算、調整、結帳、決算報告、結算申報的會計循環。對各交易事實之發生，均基於習慣或法令的要求取具原始憑證，作為交易憑證，然後再根據交易憑證製作記帳憑證，即通稱之傳票。分錄本身，乃依據借貸法則原理，利用適當之會計科目予以表達。

二、會計基礎 (Accounting Basis)

　　所謂會計基礎，又稱記帳基礎，乃認定交易是否成立與計算損益數額之依據。通常可分為現金基礎（又稱現金收付制）與權責基礎（又稱權責發生制）。根據所得稅法第 22 條規定：會計基礎，凡屬公司組織者，應採用權責發生制。其非公司組織者，得因原有習慣，或因營業範圍狹小，申報該管稽徵機關採用現金收付制。另外，對非公司組織所採會計基礎，既經確定，仍得變更。惟須於各會計年度開始 3 個月前，申報該管稽徵機關核准變更。

㈠現金基礎 (Cash Basis)

所謂現金基礎（現金收付制），乃係營利事業有關損益之交易事項，其成本與收益之認定原則，係以收付現金時始予認列並予入帳；亦即以現金收付的時點，認定收入已實現或費用已發生，並以其金額決定當期損益。例如：獨資事業之光華行，其 104 年 12 月份之薪資計 100,000 元，至 105 年元月始予支付。該項支出若依權責基礎應歸屬於 104 年度費用，但基於現金收付制，該年度仍不予列帳，其費用乃認列於 105 年之實際支付年度內。顯然地，現金基礎無法表達營利事業交易之真相，也易於扭曲營利事業在特定期間的損益情況。其特點僅是簡化會計處理方法罷了，依商業會計法第 10 條規範，會計基礎採用權責發生制，在平時採用現金收付制者，俟決算時，應依照權責發生制調整。現金基礎，一般只有小規模營利事業或自由職業之執行業務者採行之。

㈡權責基礎 (Accrual Basis)

所謂權責基礎（權責發生制），指營利事業於特定期間內損益認定原則，凡收益已經實現或費用業已發生，不論有無收付現金，均應即時入帳。亦即，凡確定已實現之收入，即認定為實現期間之收入；凡認定為因實現收入所應支付的代價，不論有無支付現金，即認定為收入期間之成本或費用。舉例而言，光華股份有限公司在銀行有一筆定期存單 1,000,000 元，利息為年利率 1%，期間 104 年 7 月 1 日至 105 年 6 月 30 日，則 104 年底利息收入應認列 5,000 元。

應收利息	5,000	
利息收入		5,000

又該公司 104 年 10 月 1 日購置辦公室一間，成本 6,200,000 元，耐用年限 30 年，採用平均法提列折舊並預留殘值 1 年，則截至 104 年底應行提列折舊費用為 50,000 元 [$6,200,000 \div (30 + 1) \times \frac{3}{12}$]，調整分錄為：

折舊費用	50,000	
累計折舊		50,000

依商業會計法第 2 條規定，營利事業只要是公司組織者，不論是有限公司、股份有限公司或無限公司，其會計基礎均須採用權責發生制。獨資或合夥因係非公司組織，則得因特殊原因申請採用現金收付制。

三、會計年度 (Fiscal Year)

會計期間，通常以 1 年作為表達財務狀況及損益結算、股東可扣抵稅額及未分配盈餘計算之時間段落，稱為會計年度。一般可分為政府會計年度與企業會計年度，而企業會計年度又區分為曆年制與非曆年制。

㈠政府會計年度

乃我國政府編製預算及決算之起訖期間，從 89 年度起，改成自每年 1 月 1 日起至當年 12 月 31 日止（即曆年制）；而原來（即 89 年度以前）係以每年 7 月 1 日起至次年 6 月 30 日止為期間。

㈡企業會計年度

●表 1-1　曆年制會計年度與非曆年制會計年度

	曆年制	非曆年制	
定　義	會計年度起訖日期與日曆之年度起訖日相同，則稱之為曆年制會計年度。	營利事業因原有習慣或營業季節之特殊情形，報經稅捐稽徵機關核准者。	
起訖期間	1 月 1 日起至 12 月 31 日止	4 月制	4 月 1 日起至次年 3 月 31 日止
		7 月制	7 月 1 日起至次年 6 月 30 日止
		⋮	⋮
		以此類推	

營利事業如原是採曆年制會計年度，但因某些原因覺得必須將會計年度變更為 7 月制（即會計年度由 7 月 1 日至次年 6 月 30 日止），依照所得稅法第 23 條及第 74 條之規定，營利事業應於 7 月 1 日前報經稅捐稽徵機關核准變更其會計年度，並應於本年 7 月 31 日前，辦理今年 1 至 6 月營業部分之決算申報。至於，變更會計年度後之新年度，其第 1 年則應在次年 11 月 1 日至 11 月 30 日間辦理結算申報，故在新

會計年度之 1 年半內公司應辦兩次結算申報，值得瞭解。實務上，此項變更會計年度之結算申報，得包括股東可扣抵稅額帳戶之變更會計年度申報一併處理。

至於，未分配盈餘加徵 10% 營所稅部分，根據所得稅法第 102 條之 2 第 3 項規定，營利事業於報經該管稽徵機關核准，變更其會計年度者，應就變更前尚未申報加徵 10% 營所稅之未分配盈餘，併入變更後會計年度之未分配盈餘內計算，並依第 1 項及第 2 項規定辦理，並無需分開兩次申報，此與上述規定不同，應予注意。（參見本書第七章說明）

四、會計記帳貨幣單位 (Accounting Monetary Unit)

營利事業之財務活動應以貨幣為衡量與記帳單位，否則企業之資產、負債、股東權益價值難以表達。若貨幣之型態及單位不一，例如：日圓、美金、英鎊、新臺幣等，其幣值與單位不同，必須同時分別記帳，否則帳載金額無法加總亦無法合理表達，故所得稅法第 6 條規定，記帳本位應以國幣為單位，其因事實上需要而使用當地通用貨幣者，應依當時政府規定之比價折算之。再者，由於情形特殊，在臺灣地區應以新臺幣為記帳單位，至因業務需要而有外幣交易者，可在分類帳等摘要欄記明外幣金額及折合率，折成新臺幣記入金額欄；或於明細分類帳設立外幣專戶，俟結算時再行折合新臺幣。原則上，折合率（又稱兌換率）應以結算當日中央銀行公布之買進牌價為準。

五、一定金額以上支付工具之限定

依商業會計法第 9 條第 1 項規定：「商業之支出達一定金額以上者，應使用匯票、本票、支票、劃撥、電匯、轉帳或其他經主管機關核定之支付工具或方法，並載明受款人。」本項立法之主要目的，乃為節約現金授受時間，簡化作業避免錯誤，防止現金遺失或被竊之危險，以確保商業交易之安全，進而兼具查帳之可驗證性，防止虛報逃漏稅捐。因此，立法授權中央主管機關（經濟部）訂定，自 85 年 1 月 1 日起商業之支出超過新臺幣 1,000,000 元以上者，應使用匯票、本票、支票、劃撥或其他經主管機關核定之支付工具或方法，並載明受款人（依經濟部 84 年 10 月 20 日八四商第 222667 號公告）。凡每次交易金額在新臺幣 1,000,000 元以上者，均應受本項規

定限制，否則代表商業之負責人、經理人、主辦及經辦會計人員處新臺幣 30,000 元以上 150,000 元以下罰鍰；若係屬虛偽交易事項，除處 5 年以下有期徒刑、拘役或科或併科新臺幣 600,000 元以下罰金，另企業本身尚須受所得稅法第 110 條規定就所漏稅額第 2 倍以下罰鍰。另依洗錢防制法規範，行政院金融監督管理委員會 97 年 12 月 18 日金管銀㈠字第 09710004460 號令公布「金融機構對達一定金額以上通貨交易及疑似洗錢交易申報辦法」之規定，金融機構對新臺幣 500,000 元以上之通貨交易，應於交易完成後 5 個營業日內以媒體申報方式，向法務部調查局申報。

第五節
財務所得與課稅所得

　　吾人在稅務會計之互調性一節中，曾說明財務所得與課稅所得兩者間，具有差異存在。所謂財務所得（Financial Income，或稱會計所得），係指依據一般公認會計原則所認列之收益與費用（不包括所得稅費用）的差額，因未減除所得稅前之純益或純損，通常稱稅前財務所得。基本上，財務所得乃營利事業以經營與管理觀點，允當表達經營成果為基準所計算的損益。至於課稅所得 (Taxable Income)，則指營利事業以財務所得為基礎，依據稅法規定加以調整，並按所得稅結算申報書上收益減各項費用及減免規定項目後之數額，其乃用以計算當期所得稅應納稅額。一般而言，財務所得通常係由營利事業依一般公認會計原則自行決算之所得；而課稅所得則為依法調整損益項目之結果。根據營利事業所得稅結算申報書顯示，課稅所得額與全年所得額不同；帳載結算金額即一般所稱之財務所得；依法調整後金額之全年所得額，因已調整是否應稅或免稅項目或金額，故已非財務所得；其是否為課稅所得，端視有無前 10 年核定虧損未扣除額，或合於各項有關規定之免稅所得項目等而定，若無，則全年所得額即課稅所得額；反之，則否。

　　因稅法與一般公認會計原則對資產、負債、權益、收益及費損之認列與衡量有所不同，致產生下列差異：

　　1.課稅所得與會計所得之差異。

　　2.資產或負債之課稅基礎與帳面帳價值之差異。

　　上述差異可歸納為：

　　1.永久性差異。

2.暫時性差異。

3.直接借記或貸記股東權益項目所產生之差異。

4.虧損扣抵及投資抵減所產生之差異。

一、永久性差異 (Permanent Difference)

本期財務報表上認列基礎與稅法規定產生差異，其影響僅及於當期課稅所得，不會產生未來課稅金額或減除金額，對以後各年度之課稅所得並無影響，此種差異無跨期間所得稅分攤問題。通常有下面幾種情況：

㈠會計收益依稅法規定免稅者

有些交易項目，依據一般公認會計原則應列為收益，但稅法規定不作收益或可以免稅者。例如：公司組織之營利事業，投資於國內其他營利事業，其股利收益依稅法規定免計入所得額課稅，但財務報表上投資收益應納入財務所得中。另外，在證券交易所得稅停徵期間，營利事業出售股票之證券交易所得，在財務報表上列為收益，在稅上則免課所得稅。

㈡非會計收益但依稅法規定作為收益課稅者

有些項目在會計上並非收益，但稅法上則作收益課稅。例如：銷貨退回，未取具合法憑證且又無法提供確實證明文件，該筆交易仍按銷貨收入認定；同業間資金調撥，或股東、董事、監察人代收公司款項未於相當時間照繳或挪用公司款項，稅法規定應予加計利息課稅，而由帳外調整利息收入者均是。

㈢會計費用稅法不予承認費用者

有些支出在會計上應列為費用，但稅法上不予承認，因而使課稅所得大於財務所得。此種情況包括有：

◇超過稅法規定之列支限額者

通常稅法基於租稅政策及課稅公平目的，對若干費用列支有一定限制，凡超過部分不得列報。例如：交際費、自由捐贈、自93年1月1日起新購買乘人小汽車超過新臺幣2,500,000元以上之折舊費用、伙食費、成本紀錄不健全而依原物料耗用通

常水準計算之超耗、加班費、差旅費之日支標準及小規模營利事業普通收據等。

◇**取得憑證依法欠合而遭剔除者**

所得稅申報之查核，首重合法憑證之取得，否則不准列報。例如：佣金支出未取具匯出匯款回條或其他合法憑證者、報章雜誌廣告費未取具收據並檢附樣張等，依法均不得認列費用。

◇**稅法明文規定不得認列費用者**

有些非營業所需或依租稅公平原則、或衡量困難而稅法上規定不得列支者。例如：各種行政罰款及租稅之滯報金、怠報金、滯納金等罰鍰、自動補報漏計稅額所加計之利息支出、家庭費用、經營本業及附屬業務以外的損失等均是。

二、暫時性差異 (Temporal Difference)

指收益或費用在會計上與稅法上均承認該筆收益或費用，惟會計上承認的時間與稅法認列時間不在（或部分不在）同一年度。此種差異最後仍會消除，亦即某年所發生的差異，在以後年度會回轉，只是暫時性差異而已，基本上，此種差異有跨時間所得稅分攤之必要。通常有下面幾種情況：

㈠收益認定方法上之差異

由於一般公認會計原則與稅法規定對收益之認定時間或計算方法不同，或企業報稅採用不同計算方法，因而發生時間性差異。通常有下列兩種情況：

◇**收益或利得在會計上於本期承認，報稅時則於以後期間承認**

例如：分期付款銷貨，企業會計上採用普通銷貨法以符合財務會計準則公報，其利息因素以外的買賣利益，應於銷貨年度承認收益，惟報稅時基於節稅之需，可採用「毛利百分比法」申報，分期承認。再者，上市公司轉投資採用權益法時，財務會計上於被投資公司年度決算有純益時即認列投資收益，但依稅法規定，則俟實際收到股利時才認列。

◇**收益或利得在報稅時於本期承認，會計上則於以後期間承認**

依國際會計準則規範，顧客忠誠度計畫（銷售時給與客戶點數用以換取未來免費或折扣之商品或服務），係屬包含數個可辨認項目之交易類型，企業係販售兩種項目予客戶，一為商品或勞務，另一為點數部分。企業應就點數部分，參考歷史經驗

（即客戶兌換之機率），予以估計並遞延相對應之公允價值，俟客戶未來兌換時方予認列為收入。而稅務申報時，隨銷售附贈獎勵積點相對應之收入，應於銷售時認列，不得遞延（查準 15 之 3）。

㈡費用認列方法上之差異

財務會計準則公報與稅法規定，對費用之分攤計算或方法選用不同而發生之暫時性差異。一般有下列幾種情況：

◇**會計方法選用上之差異**

例如：存貨計價方法、固定資產提列折舊方法，財務處理上與報稅時採用方法不同時，將導致財務所得與課稅所得發生暫時性差異。例如帳上折舊採平均法，申報所得稅時採定率遞減法，兩種方法下累積折舊至最後耐用年限時將趨一致，惟報稅時，採定率遞減法前面年度折舊費用較平均法為高，而以後年度則較平均法為低，而產生暫時性差異。

◇**稅法對費用所屬年度觀點上之差異**

通常有下列情況：

⑴費用或損失在財務會計上不能遞延，而報稅時則予遞延，分年攤銷者。例如：重大災害損失，會計上必須發生當期認列損失，而報稅時依有關規定可分 3 至 5 年分攤。

⑵費用或損失報稅時基於節稅需要，提早認列，而財務會計則按正常方式認列。例如：股份有限公司購置專供研究發展、實驗或品質檢驗用之儀器設備及節省或替代能源之機器設備；或基於調整產業結構、改善經營規模及生產方法之需要，經行政院頒布之特定產業，可採用加速折舊，早期多攤提折舊費用，而使報稅時之折舊費用較會計上之折舊費用為多，但後期則相反。

⑶費用或損失在會計上於本期承認，報稅時則依實際發生時認列。例如：產品售後服務保證之成本、依據成本與收益配合原則，必須於銷貨時預估，而稅法上則等到實際發生修護費用時才准列支。再者，長期股權投資採用權益法處理者，被投資公司發生損失時，投資公司即應依投資比例認列損失，但稅法則規定被投資公司資本未因虧損而折減者（即未辦理減資或清算者），不予認列。

㈢資本支出與費用支出劃分標準不同而生之差異

　　例如修理機器設備支出新臺幣 99,000 元，營利事業可能認係經常性修護而作當期費用列支。惟依照稅法規定，如該項修護足以增加原有資產價值且其效能非 2 年內所能耗竭，而支付金額達新臺幣 80,000 元以上時，應列為資本支出。調整結果，當年度之課稅所得自較財務所得為大，惟以後年度則反之，直至提列足額折舊或修繕費為止。

㈣因提列各項準備所發生之差異

　　稅法對呆帳損失準備、職工退休金準備等，均規定有提列之最高限額，超過者不得列支費用，惟若營利事業認為稅法規定的標準不能符合其經營需要，而依一般公認會計原則多提列準備，其結果將使會計所得與課稅所得發生差異。原則上，此項差異將因以後是否實際發生損失沖銷，或收回多餘準備而消失。

三、直接借記或貸記股東權益項目所產生之差異

　　根據財務會計準則公報，若發現前期會計處理上有重大錯誤時，應作前期損益調整。例如：帳務計算錯誤、期末存貨漏盤或出售固定資產盈益短計等，可能須於本期補繳稅款，增加課稅所得及應納稅額。但因前期損益調整直接列於股東權益項下或保留盈餘表，不屬於本期損益之計算項目，故不影響本期之財務所得，但報稅需帳外調整回課稅所得，因而使財務所得與課稅所得發生差異。性質上，此種前期損益調整所致之差異，乃是一種暫時性差異，只不過其期間是往前追溯。

四、虧損扣抵及投資抵減所產生之差異

　　有關跨時間所得稅分攤上，仍須考慮有無前 10 年虧損扣抵及所得稅投資抵減項目之適用。根據所得稅法第 39 條規定：公司組織之營利事業，會計帳冊簿據完備，虧損及申報扣除年度均使用藍色申報書或經會計師查核簽證，並如期申報所得稅者，得將經稽徵機關核定之前 10 年內各期虧損，自本年純益額中扣除後，再行核課所得稅。亦即，前 10 年之虧損可以抵銷本年度之純益，以減少本期課稅所得及本年度應

納稅額，其未抵減餘額仍可留供未來剩餘滿 10 年之獲利年度抵減之。由於此種遞轉抵銷，僅在計算課稅所得時適用，而計算財務所得並不適用，因而使財務所得與課稅所得發生差異。原則上，虧損扣抵所產生之「遞延所得稅利益與資產」應做跨期間與同期間所得稅分攤。

　　再者，營利事業享有各項之租稅投資抵減獎勵，由於投資抵減稅額係在確定課稅所得後所產生之應納稅額中直接抵減，故不會造成財務所得與課稅所得計算上之差異。惟因未使用之投資抵減稅額，對企業而言仍可抵減未來年度之應納所得稅，故應於發生所得稅抵減年度（非實際抵減年度），認列遞延所得稅利益與資產，並需做跨期間與同期間之所得稅分攤。

習　題

1. 何謂會計基礎？試說明現金基礎與權責基礎不同。
2. 何謂會計年度？營利事業若變更會計年度，在稅法規定下應注意事項？
3. 試說明會計循環。
4. 何謂財務所得與課稅所得？試說明發生差異原因為何？

第二章
我國稅捐稽徵通則之認識

前章中，有關稅務會計之特性一節，談及其適法性，說明稅務會計乃是以法令規定為準繩；而其相關之法源有很多，像租稅法律、租稅協定、司法判解、委任立法之行政規章、非委任立法之行政規章以及解釋函令等，在在需要吾人與企業的充分瞭解與遵循辦理，以維護權益。本章擬對我國現行稅制與稅務行政系統、租稅行政之基本規則作一概介，俾益讀者認識；同時擬對稅捐稽徵法之法律地位與稅捐稽徵通則介紹，以利有關各項稽徵實務的運作與瞭解。

第一節
現行稅制與稽徵行政系統簡介

一、我國中央現行各項稅目與其一般會計科目之關係

我國現行稅收的歸屬，依財政收支劃分法，分為中央與地方政府稅源劃分制度；即國稅、直轄市及縣（市）稅二級。國稅之稅收原則上歸屬中央政府，直轄市及縣（市）稅之稅收原則上歸屬為直轄市及縣（市）。此種中央及地方各有獨立稅源的制度即為獨立稅制。我國除了採獨立稅制之外，也兼採共分稅制及統籌分配稅制。共分稅制為中央及地方各按一定比例劃分稅收；統籌分配稅制為依地方政府財政收支狀況，由中央統籌分配稅收。國稅包括：所得稅（營利事業所得稅、個人綜合所得稅、證券交易所得稅）、遺產及贈與稅、關稅、營業稅、貨物稅、菸酒稅、證券交易稅、期貨交易稅、特種貨物及勞務稅、礦區稅。直轄市及縣（市）稅：土地稅（地價稅、田賦及土地增值稅）、房屋稅、使用牌照稅、契稅、印花稅、娛樂稅及特別稅課。

惟對稅務會計之重點而言，我們宜認清楚，這些稅捐的支付，在帳務處理上，究其應屬費用科目或資產成本或原料成本或不得作為費用列支（屬個人或盈餘分配）

之性質，宜予分辨並正確處理。茲列表（如表 2–1）就我國中央之各項稅捐可能之會計處理說明如下：

表 2–1　我國中央各項稅捐支出之一般情況會計科目

稅捐項目	納稅義務人	營利事業適用情況性質	會計科目
關　稅	個人／營利事業	自國外進料或購買設備	商品或原料成本／設備成本
營利事業所得稅 *	營利事業	盈餘之分配，不得作為費用，惟可作為股東之抵稅權	累積盈虧／股東可扣抵稅額
個人綜合所得稅	個人	不適用	—
證券交易所得稅 **	個人／營利事業	依所得基本稅額條例規定課徵	出售有價證券成本或費用
營業稅	個人／營利事業	因購買或銷售貨物與勞務而發生	進項稅額／銷項稅額／（部分可轉）費用或設備
遺產及贈與稅	個人	不適用	—
貨物稅	個人／營利事業	自國外進口或自行製造課徵貨物稅之原料或商品	進料成本／進貨／稅捐費用
證券交易稅 ***	個人／營利事業	出售股票時應繳 3‰ 證交稅；債券憑證 1‰ 證交稅	出售有價證券或長期投資直接歸屬費用
期貨交易稅	個人／營利事業	向買賣雙方交易人課徵期交稅 0.5‰	衍生性金融商品之成本或費用
印花稅	個人／營利事業	因開立應稅憑證而發生	稅捐費用／設備成本／存貨
特種貨物及勞務稅	個人／營利事業	持有特定貨物或勞務於 2 年內轉讓，列為費用	稅捐費用
使用牌照稅	個人／營利事業	使用汽機車繳納之稅捐	稅捐費用
商港服務費	個人／營利事業	船舶運送業、貨物託運業	營業成本
地價稅	個人／營利事業	公司土地或工廠用地所課徵之稅	稅捐費用
土地增值稅	個人／營利事業	出售公司或工廠土地所繳納	財產交易直接歸屬費用
房屋稅	個人／營利事業	公司房屋或工廠所繳納	稅捐費用
娛樂稅	個人／營利事業	公司招待員工或客戶使用	職工福利／交際費
契　稅	個人／營利事業	買入公司房屋或廠房所支付之稅捐	廠房設備成本
菸酒稅	個人／營利事業	公司招待客戶或開會使用	交際費／雜費

註：　1. *87 年 1 月 1 日起兩稅合一制度實施後，企業所繳之營利事業所得稅，於盈餘分配時，可抵繳股東個人之綜合所得稅，惟就公司階段營利事業所得稅會計處理，仍與舊制相同；僅在帳外設置「股東可扣抵稅額帳戶」，正確計算其金額，依法由股東大會決定所欲分配之股利與扣抵稅額比例，分配股東此部分抵稅權。
　　　　**自 105 年 1 月 1 日起證券交易所得停止課徵所得稅，證券交易損失亦不得自所得額中減除，營利事業之證券交易所得則維持按所得基本稅額條例（最低稅負制）規定課徵基本稅額，證券交易稅徵收率仍維持 3‰。個人於 102 至 104 年度出售未上市（櫃）股票、興櫃股票 100 張以上、IPO 股票依行為時所得稅法相關規定課稅。

*** 實務上，證券交易稅與證券交易所得稅不同，證券交易稅係一種行為稅，不論盈虧均按規定比例核課。而證券交易所得稅係財產交易所得之一項，併入個人綜合所得稅或營利事業所得稅中合併申報，有所得才須繳納，虧損則免。

2. 基於「地方稅法通則」與「規費法」在 91 年 12 月 11 日總統令正式公告實施，包括直轄市、縣市政府及鄉鎮公所，在法律授權下都可以自行開徵特別稅、臨時稅及附加稅，以彌補地方財政之不足，解決中央政府無法加稅之困境。

3. 礦區稅於民國 93 年起不再課徵。

4. 田賦自民國 76 年起停徵。

二、我國中央稅務稽徵行政組織之認識

我國主管租稅之最高行政機構為財政部，隸屬行政院。財政部下設有(1)中部辦公室（財政類）：主管臺灣省精省後原省政府財政廳、稅務局的大部分工作，並包括原臺灣省集中收付處工作；同時負責業務監督設於各縣市政府管轄下之稅捐稽徵處及其稽徵分處所進行的地方稅稽徵作業。(2)賦稅署：主管內地稅（關稅以外之稅）法令之研修、解釋及立法授權之行政規章的訂定等。(3)關務署：主管關稅法令之研修、解釋及立法授權之行政規章的訂定。在關務署之下設有基隆、臺北、臺中、高雄等各關，各關下視需要再設各分關，負責關稅之稽徵工作。(4)臺北國稅局：主管臺北市內地稅中有關國稅部分的稽徵工作，臺北國稅局下設各地區國稅分局或稽徵所，負責徵收各轄區之國稅。(5)高雄國稅局：負責高雄市內有關國稅之稽徵，其下亦設有各地區之稽徵所。(6)北區、中區、南區國稅局：主管臺灣及福建省內地稅中有關國稅部分之稽徵工作，下設各縣市國稅分局、稽徵所及服務處。(7)財政人員訓練所：主管財政人員之職前及在職訓練工作。(8)財政資訊中心：主管財稅資料之整理統計及稅務稽查工作。

至於臺北市、高雄市、新北市三直轄市，稅務之最高主管機關為財政局，財政局下設市稅捐稽徵處，其下再設稽徵分處，負責直轄市市稅的徵收。臺中市與臺南市兩直轄市，稅務之最高主管機關為稅務局，稅務局下設各地方稅務分局。而在福建省、金門縣政府及連江縣政府下分別設金門縣稅捐稽徵處及連江縣稅捐稽徵處，負責徵收地方稅。

行政管理上，為使各級租稅業務密切配合，並使中央之租稅政策與措施得以貫徹至地方，財政部在臺灣省與福建省虛級化下，對各縣市政府下設之稅捐稽徵處，以及直轄市政府財政局下設之稅捐稽徵處，雖非直接隸屬關係，但其業務亦仍受財政部之監督。

茲將我國現行稅務行政組織系統，列示（如圖 2-1）分析如下：

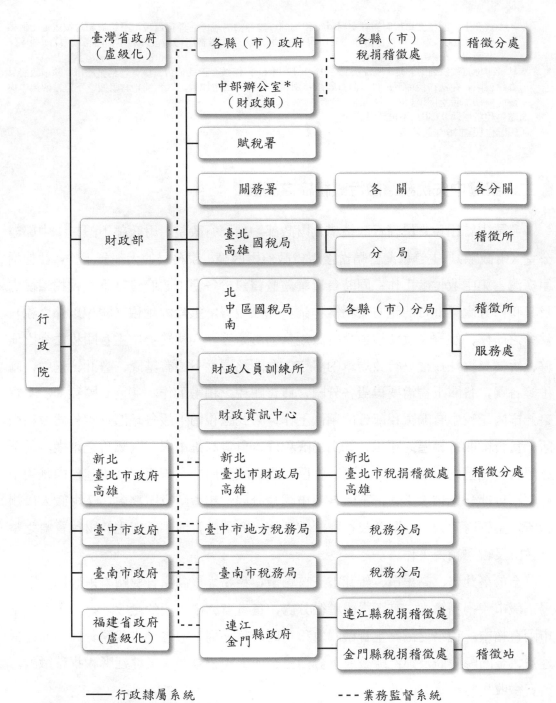

―― 行政隸屬系統   --- 業務監督系統

*臺灣省精省後，行政院在原臺灣省政府中興新村成立「中部辦公室」，其中財政類職司原財政廳與稅務局之大部分工作，並負責監督各縣（市）稅捐稽徵處之稽徵工作。

● 圖 2-1　稅務行政組織系統圖

第二節
租稅稽徵之基本原則

由於租稅之負擔，對企業或個人而言，乃是一項重大的支出，因此必須付予關切。通常，租稅之徵收與行政處理有其原則，下面係 11 點我們一般研讀稅務法規或稅務會計人員所應瞭解的基本原則或觀念，有益實務上之研判，值得注意。

一、租稅法律主義

我國憲法第 19 條規定：「人民有依法律納稅之義務」，根本上，此為租稅法律主義的基本準則。所稱法律，係指立法院通過並經總統明令公布的律法。又依中央法規標準法中規定：「關於人民之權利、義務者，均應以法律定之」、「應以法律規定之事項，不得以命令定之」，據此，人民雖有依法律納稅之義務，但並無繳納法律未規定稅目之義務。因而，若財稅機關不經修法途徑，而逕以行政命令課徵人民的某項稅目，人民自可根據租稅法律主義之準則與精神加以拒絕。

二、命令不得牴觸法律原則

通常，租稅法規之適用有其一定的階位，例如：憲法為國家之根本大法，階位最高，法律與憲法牴觸者無效；其次為已完成立法程序並經總統明令公布的租稅法律；至於其他各種行政命令，無論係委任立法或非委任立法的規章或解釋函令，若與法律牴觸時均歸無效。再者，各類行政命令之階位亦不同，通常以委任立法者最高，非委任立法者次之，解釋函令最低。又上級機關之行政命令其階位要高於下級機關，下級牴觸上級之規定者無效。吾人應用各種法令釋函時，自宜分辨。

三、法律不溯既往原則

有關租稅法律的適用，就時之效力言，原則上僅及於該項稅法公布實施以後所發生之事項，而不得溯及該項稅法公布實施以前已發生者，以維持人民權利義務的

安定，此乃「法律不溯既往原則」，除非該公布之稅法對人民之權益有利，而政府明令可追溯適用於未確定的案件上；至於對已確定之案件，基本上概不溯及既往。

四、新法優於舊法原則及新釋令適用未確定案件有利原則

實務上，此原則又稱後法優於前法原則，意謂對同一事項新舊法律有不同規定處理時，新法應優先於舊法適用。亦即同一事項已定有新法規並公布或發布施行者，原有法規即應廢止而失其效力，開始適用新法，故新法之效力強於舊法（參見中央法規標準法第 17 條第 21 條規定）。

再者，根據 85 年 7 月 30 日總統令修正公布之稅捐稽徵法第 1 條之 1 規定：「財政部依本法或稅法所發布之解釋函令，對於據以申請之案件發生效力。但有利於納稅義務人者，對於尚未核課確定之案件適用之。」此乃新釋令適用未確定案件有利原則，以免對納稅義務人間造成不公平。

五、特別法優於普通法原則

所謂特別法優於普通法原則，意指若「某項法規對其他法規所規定之同一事項而為特別的規定者，應優先適用之。即使其他法規修正後，仍應優先適用之」（參見中央法規標準法第 16 條規定）。例如稅捐稽徵法第 1 條規定：「稅捐之稽徵，依本法規定，本法未規定者，依其他有關法律之規定」。此即稅捐稽徵法在稅捐稽徵作業規定上為其他稅法的特別法。至於，特別法優於普通法原則與新法優於舊法原則，有時候會發生競合現象，惟依上述規定，仍應以特別法優先適用，此通常稱為「新普通法不能變更舊特別法原則」。但若特別法有例外或通融規定，則適用其例外或通融規定，例如生技新藥產業發展條例為一特別法，惟其第 2 條但書規定，若「其他法律規定較本條例更有利者，適用最有利之法律」，此乃為納稅義務人之權利與福祉著想。

六、實體從舊程序從新原則及裁罰從新從輕原則

對租稅法令之規定，其直接影響納稅義務人賦稅高低者，本質上屬租稅法的實體部分，一般稱此為「租稅實體法」。通常包括租稅法律中之課稅主體（納稅義務人）

與客體（標的）、減免範圍、稅率結構及罰則等。另外，不影響稅負而屬稽徵程序的部分，一般稱為「租稅程序法」。有關實體從舊程序從新原則之意義，即因納稅義務人納稅義務之發生與稅款之報繳，在時間上並不一致，通常納稅義務發生在前，稅款報繳在後，故為不影響納稅義務人之稅負忽高忽低，而違反法律不溯既往原則，特予規定在稅法修正時，有關稅負之計算（即稅法實體部分），應按納稅義務發生時（即行為時）有效之稅法規定（即原舊有之有效法律規定）為準；但對於不影響稅負之報繳程序等，則從報繳時新規定的有效稅法規定為準。

　　稅捐稽徵法第 48 條之 3：「納稅義務人違反本法或稅法之規定，適用裁處時之法律。但裁處前之法律有利於納稅義務人者，適用最有利於納稅義務人之法律。」此即裁罰從新從輕原則。例如：總統於 100 年 1 月 26 日公布修正營業稅法第 51 條規定，納稅義務人短漏報銷售額、虛報進項稅額等逃漏稅的罰則，由原來 1 至 10 倍改為 5 倍以下。同時財政部並於 100 年 2 月 10 日修正「稅務違章案件裁罰金額或倍數參考表」，因此凡對 100 年 2 月 11 日以後裁罰未確定案件，視違章情節輕重，處 1 至 5 倍罰鍰，而非「實體從舊、程序從新」之行為時法令 1 至 10 倍罰鍰。

七、租稅救濟程序優先實體原則

　　所謂「程序優先實體原則」，意指租稅救濟中無論係行政救濟或司法救濟，程序法之適用均優先於實體法，亦即行政或司法機關對救濟案件實體之審理，以符合程序規定者為前提，程序不合即不加審理而予駁回。此程序一般包括於法定期限內提出救濟申請與理由書之形式要件。例如：所得稅之救濟，應在繳款書所列繳款期限過後 30 日內申請復查，此即行政救濟之規定程序。若納稅義務人未能遵守此項規定，超過 30 日後才提出復查，該案不問實際內容如何，行政救濟機關均不再審理，逕予駁回，應予注意。

八、租稅行政罰以處罰過失責任為條件及一罪不兩罰原則

　　所謂「租稅行政罰」，係指凡對違反稅法規定之行為，處以刑名以外的制裁者屬之。主要有：科處罰鍰、沒入貨物、停止營業、撤銷登記，或加徵滯報金、怠報金及滯納金等。過去，租稅行政罰適用行政罰之處罰原則，對於違法行為的處罰並不

因其是否故意使其發生而有差異。惟 80 年 3 月 8 日司法院大法官會議釋字第 275 號解釋，基於保障人民權益，行政罰應以有可歸責行為人責任或過失者，為其裁罰條件，行為人不能舉證證明自己無過失時，即應受處罰。例如，取得虛設行號發票，行為人若無法證明自己無過失責任時，即按未依法於進貨時向售貨人取得合法憑證，處以發票金額 5% 之罰鍰。反之，行為人若能證明自己無過失且不知情時，即應免罰。

再者，對於納稅義務人同時觸犯租稅行為罰及漏稅罰之案件，根據行政法院庭長評事聯席會議之決議，採取「擇一從重處罰原則」，對稽徵機關處理此類案件已形成實質拘束力。例如納稅義務人進貨向第三者取得虛設行號發票抵繳營業稅，同時觸犯營業稅法第 51 條各款及稅捐稽徵法第 44 條規定，依上述原則，勿庸併罰，應擇其一從重處罰，足收懲戒之效（參見 85 年 4 月 26 日台財稅字第 851903313 號函釋）。

九、租稅刑事罰以處罰故意行為原則

所謂「租稅刑事罰」，係指凡對違反租稅法規定之行為，處以自由刑或罰金等刑名之制裁者屬之。主要有：有期徒刑、拘役、罰金及沒收四種（至於死刑、無期徒刑、及褫奪公權等之刑名，租稅處罰較少使用）。根本上，租稅刑事法應適用刑法關於非出於故意者，除有特別規定之過失行為外，均不處罰的原則。例如：稅捐稽徵法第 41 條規定，納稅義務人以詐術或其他不正當方法逃漏稅捐者，得處 5 年以下有期徒刑。但納稅義務人若非以詐術或不正當方法（即非故意情況）逃漏所得稅時，依所得稅法第 110 條規定，僅處所漏稅額 2 倍以下之罰鍰，尚免處 5 年以下有期徒刑的刑罰。惟是否故意仍應以所漏稅額與情節是否重大為斷。

十、自動補報補繳免罰原則與輕微案件減輕或免予處罰原則

所謂「自動補報補繳免罰原則」，係指納稅義務人自動向稅捐稽徵機關補報並補繳所漏稅款者，凡屬未經檢舉、未經稽徵機關或財政部指定之調查人員進行調查的案件，有關稅捐稽徵法第 41 條至第 45 條之處罰及各稅法所定關於逃漏稅之處罰一律免除；其涉及刑事責任者，並得免除其刑（參見稅捐稽徵法第 48 條之 1）。有關政府之旨意在於鼓勵納稅義務人自動自發地改過自新，勇於向善，減少逃稅受罰之痛苦。

至於「輕微案件減輕或免予處罰原則」，主要係依稅捐稽徵法或稅法規定應處罰

鍰之行為，其情節輕微，或漏稅在一定金額以下者，得減輕或免予處罰（參見稅捐稽徵法第 48 條之 2 及稅務違章案件減免處罰標準）。

十一、實質課稅原則

所謂實質課稅原則，指兩大方面，一就課稅主體而言，如其真實課稅主體可以辨明，則無論名義上之納稅義務人為何，均應以該真實課稅主體為納稅義務人，例如，對分散所得者予以反歸戶課稅即是其例。另一就課稅客體來說，如課稅客體已具體存在，則不論該課稅客體之存在是否適法，均應對之課稅。如對違章建築之房屋課徵房屋稅，即是實質課稅的一項例子。

依稅捐稽徵法第 12 條之 1 規定，稅捐稽徵機關認定課徵租稅之構成要件事實時，應以實質經濟事實關係及其所生實質經濟利益之歸屬與享有為依據。前項課徵租稅構成要件事實之認定，稅捐稽徵機關就其事實有舉證之責任。納稅義務人依本法及稅法規定所負之協力義務，不因前項規定而免除。

第三節
稅捐稽徵法法律地位之認識

一、分稅立法與各種稅法之架構

我國現行各稅原則上係採分稅立法，即一稅一法，但亦有部分稅目性質相近，為立法及徵納便利或防範取巧而定於同一稅法者。例如贈與稅之課徵主要在輔助遺產稅的徵收，其課徵對象有連帶關係，故二稅乃合併立法，稱為遺產及贈與稅法。其他如所得稅法包括個人綜合所得稅及營利事業所得稅等均係合併立法的情況，惟基於減輕稅負，避免重複課稅，自 87 年 1 月 1 日起正式實施兩稅合一制度（參見本書第七章所得稅兩稅合一制之認識）。另營業稅則分加值型與非加值型，其適用行業、計稅方式、稅率結構均有不同，亦　併立法，正名為「加值型及非加值型營業稅法」。

就各項稅法而言，其所定條文雖因個別需要之不同而多寡不一，但其架構則類似，一般有：課稅主體、課稅客體、減免範圍、稅率結構、稽徵程序、租稅救濟、

罰則及附則等要項。茲扼要說明其意義如下：

◇課稅主體

明訂租稅之納稅義務人，即依法應申報或繳納某種租稅之人。包括：自然人、法人及非法人之事業或團體。

◇課稅客體

指出課稅之標的，亦即以何物或何種行為為課稅對象。例如所得稅之所得、營業稅之營業行為、證券交易稅之買賣有價證券行為等即是課稅標的。

◇減免範圍

由於任何租稅之課徵多少皆有例外規定，亦即對於合於一定條件或標準者所給予之減免待遇，此種部分或全部之免除納稅義務，影響人民權益至大，稅法中自宜有詳細規定，故減免範圍在稅法中亦占有重要地位。通常此部分亦是節稅或租稅規劃之重要法源。

◇稅　率

乃說明計算稅額之比率，直接影響應納稅額的大小。有關稅率之種類（比例或累進、從價或從量）、高低、優惠稅率之適用、累進稅率之級距及累進幅度等，均應訂明，以利納稅義務人自行計算或驗算。

◇稽徵程序

乃規定租稅徵納之各種手續，諸如申報期限、調查核定、稅單填送、稅款繳納、催報催徵、主管稽徵機關等皆包括在內。惟須注意者，目前除各稅法列有稽徵程序條文外，「稅捐稽徵法」對各稅在稽徵上之共同事項有作統一規定。因此凡稅捐稽徵法已規定之稽徵程序，均應適用稅捐稽徵法之規定，稅捐稽徵法未規定者，始適用各稅法的有關規定。

◇租稅救濟

納稅義務人對稅捐稽徵機關核定之案件，如有不服，究應循何種途徑以謀救濟，目前除稅捐稽徵法有統一規定外，其他稅法中亦有原則性的規定，但稅捐稽徵法之規定優先適用。

◇罰　則

租稅之課徵在本質上具有強制性，若有違反，則須受處罰。目前除稅捐稽徵法內定有統一性處罰規定外，各稅法本身亦定有罰則，但稅捐稽徵法之規定應優先適用。

◇附　則

主要係規定該稅法施行日期及其施行細則等子法授權規定事項，及在分章立法之稅法中，尚包括不易歸列其他各章之非原則性規定。

二、統一法典與稅捐稽徵法之法律地位

如前所述，我國租稅法律之制訂，主要係以分稅立法為主，由於稅目繁多，修訂頻仍，對納稅義務人造成相當不便，而且各稅法間難免有相互矛盾或混淆不清之處，因此，有心人士乃盼望我國能制訂出統一租稅法典，以利遵循。65 年制訂之「稅捐稽徵法」，其後並經多次修正，主要係將關稅及礦區稅以外各稅之稽徵程序，包括稅單之送達方式、稅捐之核課期間、欠稅之追徵時效、緩繳、退稅、調查、行政救濟及罰則等，加以統一規定，並避免逐一修法之費時費事。因此，稅捐稽徵法略可稱為我國「稽徵程序之統一法典」。

基此瞭解，稅捐稽徵法之法律地位，乃是除關稅與礦區稅以外，一切法定之國稅、直轄市及縣（市）稅之特別法。此等稅捐之稽徵，依稅捐稽徵法（特別法）之規定；若稅捐稽徵法未規定者，才依其他有關法律（普通法）的規定。此即一般所謂的「特別法優先普通法適用原則」。

第四節
稅捐稽徵法之內涵與稽徵通則

有關我國稅捐稽徵法之內容，計分七章 70 條，其章節包括：總則、納稅義務人權利之保護、納稅義務、稽徵（繳納通知文書、送達、徵收、緩繳、退稅、調查）、行政救濟、強制執行、罰則及附則等。在此，擬就納稅義務及稽徵程序中，與稅務申報及處理上較有關者，加以介紹。

一、特殊情況下之納稅義務

通常各稅本身對課稅主體均有明確訂定，故在一般情況下，其納稅義務人之職責甚明。稅捐稽徵法係就下列幾項特殊情況作一基本規定：
◇財產共有情況

共有財產，由管理人負納稅義務；未設管理人者，共有人各按其應有部分負納稅義務；其為公同共有時，以全體公同共有人為納稅義務人（稽12）。

◇解散清算情況

法人、合夥或非法人團體解散清算時，清算人於分配剩餘財產前應依法按稅捐受清償之順序，繳清稅捐。清算人違反此項規定者，應就未清償之稅捐負繳納義務（稽13）。法理上，稅捐稽徵機關對清算人違反本項規定，於移送法院就清算人財產為強制執行時，應另行取得執行名義（參見86年3月26日台財稅字第861889645號函）。有關另行取得執行名義，係指稽徵機關應就清算人未依規定清繳之稅捐，以清算人名義，另行發單（應另訂限繳日期），通知其繳納。又清算人此一納稅義務因屬獨立，故其核課期間5年，自清算人該項繳納義務繳納屆滿之翌日起算。

◇遺產稅捐情況

納稅義務人死亡遺有財產者，其依法應繳納之稅捐，應由遺囑執行人、繼承人、受遺贈人或遺產管理人，依法按稅捐受清償之順序，繳清稅捐後，始得分割遺產或交付遺贈。遺囑執行人、繼承人、受遺贈人或遺產管理人，違反此項規定者，應就未清繳之稅捐，負繳納義務（稽14）。

◇企業合併情況

營利事業因合併而消滅時，其在合併前之應納稅捐，應由合併後存續或另立之營利事業負繳納之義務（稽15）。

二、繳納通知文書之送達

一般而言，稅捐稽徵機關為完成徵稅目的，需要填發繳納通知書或其他各種文書，送交納稅義務人，由納稅義務人據以完成納稅義務。惟稅捐稽徵機關填發之各項稽徵文書，常因納稅義務人拒受或行蹤不明，致無法送達。稅捐稽徵法於96年12月12日修正第18條「繳納稅捐之文書，稅捐稽徵機關應於該文書所載開始繳納稅捐日期前送達」，故各項稅捐稽徵文書之送達應回歸行政程序法第67條至第91條相關規定。

(一)應受送達人

1.自然人：

⑴原則：納稅義務人。

⑵特殊規定：

　①得向納稅義務人之代理人、代表人、經理人或管理人代為送達（稽 19 第 1
　　項前段）。

　②在服役中者：得向其父母或配偶代為送達（稽 19 第 1 項後段），無父母或
　　配偶者，得委託服役單位代為送達。

　③無行為能力人：對於無行政程序之行為能力人為送達者，應向其法定代理
　　人為之（行政程序法 69 第 1 項）。

　④納稅義務人死亡,而合於民法第 1138 條規定之各順序繼承人均拋棄其繼承
　　權時，得申請法院選任遺產管理人（民法 1177、1178 第 2 項）。

　2.機關、法人、非法人團體：

⑴原則：

　①本國法人、團體：應向其代表人或管理人送達（行政程序法 69 第 2 項）。

　②外國法人、團體：對於在中華民國有事務所或營業所之外國法人或團體為
　　送達者，應向其在中華民國之代表人或管理人為之（行政程序法 70）。

⑵特殊規定：

　①獨資營利事業：

　　負責人如有變更，應向課稅年度當時登記之負責人為之。

　②合夥組織營利事業：

　　A.已辦理營利事業登記者，以該合夥商號名稱為納稅義務人，並以登記之
　　　執行業務合夥人（即商業登記法規定之負責人）為其代表人為之。

　　B.未辦理營利事業登記之合夥組織，以全體合夥人為其納稅義務人，對其
　　　中之 1 人為送達，其效力及於全體（財政部 94 年 4 月 13 日台財稅字第
　　　09404523860 號函）。

　③公司組織營利事業：

　　A.營業中：

　　　⒜應向商業主管機關查明核准變更登記之負責人送達(財政部 78 年 9 月
　　　　2 日台財稅字第 780650540 號函)。

　　　⒝公司負責人因股權轉讓而當然喪失資格者，如未經變更登記，仍應向
　　　　原登記之負責人辦理送達。

(C)董事任期屆滿不及改選，經主管機關限期改選，但屆期仍未改選，自限期屆滿不及改選，當然解任，此時可向法院聲請選任臨時管理人，並對之送達（公 195、208 之 1）。

B.擅歇他遷不明：

(A)董事長死亡（或因故不能行使行職權），未選任新董事長前：

　　a.無限公司、兩合公司：改對其他「無限責任股東」送達（公 56、115 準用）。

　　b.有限公司：得以「其他董事」為公司之代表人送達，如有經理人亦得依稅捐稽徵法第 19 條規定對其送達（財政部 88 年 6 月 11 日台財稅字第 881918846 號函）。

　　c.股份有限公司：由常務董事或董事互推 1 人暫時執行董事職務（非代理人），如公司未依規定補選時，依公司法第 8 條規定以常務董事或董事送達。

　　d.財團法人：得將繳款書送達於「常務董事」（財政部 89 年 5 月 12 日台財稅字第 890452515 號函）。

(B)董事長死亡而無其他董事及經理人可代表公司時，可向法院聲請選任臨時管理人，並對之送達（公 108 第 4 項準用 208 之 1）。

(C)如公司已自行停業逾 6 個月以上，得以利害關係人身分向主管機關請求解散該公司，進入清算程序，對清算人送達（公 10、79-81、113、322）。

C.解散、撤銷、廢止：

(A)因破產而解散時，應以破產管理人為送達對象。

(B)因合併、分割而解散時，以存續或另立之營利事業為送達對象（稽 15）。

(C)公司因上述以外之原因而解散者（含中央主管機關撤銷或廢止登記、命令解散或裁定解散而尚未撤銷或廢止者），以清算人為送達對象（財政部 83 年 12 月 2 日台財稅字第 831624248 號函、96 年 4 月 16 日台財稅字第 09604522400 號函、97 年 1 月 2 日台財稅字第 09600527460 號函）：

　　a.無限、有限公司：依公司法第 79 條及 113 條規定，其清算人選任順序為：

　　　　Ⅰ公司法其他規定。

　　　　Ⅱ公司法無其他規定，依章程規定。

　　　　Ⅲ章程未訂定，經股東決議。

　　　　Ⅳ以上皆無，則以全體股東為清算人。

　　　b.股份有限公司：依公司法第 322 條規定，其清算人選任順序為：

　　　　Ⅰ公司法其他規定。

　　　　Ⅱ公司法無其他規定，依章程規定。

　　　　Ⅲ章程未訂定，經股東會決議。

　　　　Ⅳ以上皆無，則以全體董事為清算人。

　　　c.不能依前述規定定其清算人時，國稅局得以利害關係人身分向法院
　　　　聲請選任清算人（公 81、113、322）。

　　D.1 人有限公司其負責人死亡，且公司登記被撤銷，其送達方式，應視死
　　　亡時間及撤銷登記處分書到達時間何者為先而定：

　　　⑷負責人先死亡，公司之股東人數顯不足公司法所定之最低人數，屬法
　　　　定解散事由，應進入清算程序，繳款書應向清算人送達（公 71 第 1 項
　　　　第 4 款、79–81、113）。

　　　⑻撤銷登記處分在先，則公司應進入清算程序，如該公司章程或該股東
　　　　（決議）未選定清算人者，自應由該股東為清算人，該 1 人股東（負
　　　　責人）隨後死亡者，當由其繼承人續行清算程序，以繼承人為應受送
　　　　達人（公 26 之 1、24、113、79、80）。

　　E.重整：應以重整人為公司負責人送達（公 8、293 第 1 項）。

㈡送達處所（行政程序法 72）

　1.原則：

　⑴自然人：應向應受送達人之住居所、事務所或營業所為之。

　⑵對於機關、法人、非法人之團體之代表人或管理人為送達者：應向其機關所
　　在地、事務所或營業所行之。

　2.例外：

　⑴自然人：

　　①在稅捐稽徵機關辦公處所或他處會晤應受送達人時，得於會晤處所為之。

②應受送達人有就業處所者，得向該處所為送達。

⑵對於機關、法人、非法人之團體之代表人或管理人為送達者，必要時亦得於會晤處所或其住居所為之。

㈢送達方式

1.一般（直接）送達：

⑴方式：（行政程序法 68）

②自行（派員）送達：由承辦人員或辦理送達事務人員為送達人；稅捐稽徵機關針對即將逾核課期間、鉅額繳款書、習慣性欠稅戶或其他認定有必要案件，應由業務單位派員送達取具回執。

②郵務（郵寄）送達：交郵政機關，以郵務人員為送達人；稅捐稽徵機關投遞繳款書不論金額大小均以雙掛號郵遞，各業務單位承辦人員得依實際需要，採雙掛號、夜間投遞或限時雙掛號郵遞送達。

⑵取證：

①應於送回執聯或送達證書註明送達日期，由收受人簽章。

②自行（派員）送達時應以送達證書取證，不得使用雙掛號回執。

2.補充送達（間接、付與送達）：（行政程序法 73 第 1 及 2 項）

⑴於應送達處所不獲會晤應受送達人時，得將文書付與有辨別事理能力之同居人、受雇人或應送達處所之接收郵件人員，但與應受達人在該行政程序上利害關係相反者，不適用之。

⑵取證：

①非納稅義務人本人收受時，應註明與納稅義務人之關係。

②若由大樓管理員收件者，除大樓管理委員會收件章外，應由大樓管理員簽名或蓋章、

⑶效力：符合補充送達要件，不論同居人、受雇人或接收郵件人員是否將文書交付本人，均自交付同居人、受雇人或接收郵件人員（例如：大樓管理員）時發生效力。

3.留置送達：（行政程序法 73 第 3 項）

⑴自行（派員）送達時，應受送達人或其同居人、受雇人或接收郵件人員無正當理由拒絕領受文書時，得將文書留置於應送達處所，並於送達證書載明具

體事由，以為送達。

(2)效力：以留置於應送達處所之日期視為收受送達日期。

(3)如無法查知或確知拒收受是否為應受送達本人或其同居人、受雇人、接收郵件人員，或無法為留置送達，得依行政程序法第 74 條規定辦理寄存送達。

4.寄存送達：不能依行政程序法第 72 條、第 73 條規定為之適用（行政程序法 74）。

(1)稽徵機關自行寄存送達：將繳款書寄存送達地之地方自治或警察機關，並製作送達證書請地方自治或警察機關簽章；另作成送達通知書兩份，一份黏貼於應受送達人之住居所、事務所、營業所或其就業處所門首，另一份交由鄰居轉交或置於該送達處所信箱或其他適當位置（行政程序法 74 第 1 項）。

(2)郵政機關寄存送達：將繳款書寄存於送達地之郵政機關；使用寄送行政文書用之公文信封並製作送達證書代替雙掛號回執，以資取證（行政程序法 74 第 2 項）。

(3)效力：

①依行政程序法第 74 條規定為送達者，無論應受送達人實際上於何時受領繳款書，均以寄存之日視為收受送達之日期，而發生送達效力。

②至行政程序法第 74 條第 3 項規定：「寄存機關自收受寄存文書之日起，應保存 3 個月。」係就寄存機關保存送達文書之期限為規定，對於送達生效日期之認定，並無影響（法務部 93 年 4 月 13 日法律字第 0930014628 號書函）。

㈣囑託送達

1.類型：

(1)於外國或境外之送達：

①於外國或境外為送達者，應囑託該國管轄機關或駐在該國之中華民國使領館或其他機構、團體為之（行政程序法 86 第 1 項）。

②方式：

A.應提供納稅義務人身分證統一編號及出生年月日，函請外交部領事事務局查明其國外地址：

㈠於非大陸地區為送達者，函請外交部條約法律司代為送達。

㈡若遷出至中國大陸或港、澳地區，則分別函請財團法人海峽交流基金

會或行政院大陸委員代為送達。

　　　B.不能依前述規定為送達者，得將應送達之繳款書交郵政機關以雙掛號發送，以為送達，並將掛號回執附卷（行政程序法 86 第 2 項）。

　　　C.如仍無法送達或查無國外之居住所者，則依行政程序法第 78 條第 1 項第 3 款、第 80 條及 81 條規定辦理公示送達。

　⑵對駐外人員送達：對於駐在外國之中華民國大使、公使、領事或其他駐外人員為送達者，應囑託外交部為之（行政程序法 87）。

　⑶對現役軍人之送達：得向其父母或配偶以為送達，無父母或配偶者，得委託服役單位代為送達（稽 19 第 1 項後段）。

　⑷對在監人員之送達：應囑託該監所長官為之（行政程序法 89）。

　⑸對有治外法權人之送達：於有治外法權人之住居所或事務所為送達者，得囑託外交部為之（行政程序法 90）。

　2.效力：自受委之單位將應送達之繳款書交付與應受送達人時，即發生效力。

㈤公示送達（行政程序法 78）

　1.要件：

有下列情形之一者，應為公示送達：

⑴應為送達處所不明者。

⑵於有治外法權人之住居所或事務所為送達而無效者。

⑶於外國或境外為送達，不能依行政程序法第 86 條規定辦理或預知雖依該規定辦理而無效者。

　2.方式及取證：

⑴公示送達公告及公示名冊應一份黏貼於申請公告單位公告欄內，一份刊登於政府公報或新聞紙。

⑵公示送達公告黏貼於公告欄之日數，為使民眾有相當間期可得知悉，宜至少黏貼 7 日。

⑶對於扣繳義務人或納稅義務人已遷居國外，其公務文書之送達，應先利用內政部入出國及移民署提供之線上查詢或函詢有無出境資料，若有，則函文至外交部領事事務局查詢其國外聯絡地址，如查無國外地址，則辦理海外版公示送達。

3.效力：對納稅義務人稽徵稅捐之文書辦理公示送達者，國內公示送達自公告之日起，其刊登政府公報或新聞紙者，自最後刊登之日起，經 20 日發生送達效力；於外國或境外為公示送達者，自公告之日起，其刊登政府公報或新聞紙者，自最後刊登之日起，經 60 日發生送達效力（行政程序法 81）。

三、稅捐稽徵之核課期間與稽徵時效

一般而言，政府課徵租稅之權限，就其課徵層次言，可區分為核課權利與徵收權利兩種。前者為確定納稅義務人納稅義務之權利，後者則係對納稅義務人已確定之納稅義務要求其履行之權利。所謂核課期間，係政府行使核課權利之期間，係規定課稅事實在一定期間內者，稅捐稽徵機關得發單徵收應徵或補徵之稅捐，逾此期間則不再有核課的權利。故納稅義務人短漏稅負之行為，在逾核課期間後，雖為稽徵機關查獲，亦無補稅或受罰的義務及顧慮。至於，徵收時效（又稱追徵時效），係指政府徵收權可行使之期間，乃對業經核課而確定之稅款，經過一定期間，稽徵機關仍未徵起者即不再徵收。

㈠稅捐之核課期間

原則上，核課期間因稅目、申報與否及逃漏情形之不同而有異，茲說明如下（稽 21）：

1.依法應由納稅義務人申報繳納之稅捐，已在規定期間內申報，且無故意以詐欺或其他不正當方法逃漏稅捐者，其核課期間為 5 年。

2.依法應由納稅義務人實貼之印花稅，及應由稅捐稽徵機關依稅籍底冊或查得資料核定課徵之稅捐，其核課期間為 5 年。

3.未於規定期間內申報，或故意以詐欺或其他不正當方法逃漏稅捐者，其核課期間為 7 年。小規模營利事業未辦所得稅結算申報，其核課期間為 7 年（財政部 90 年 3 月 13 日台財稅字第 0900450615 號函）。

4.罰鍰案件，可分為行為罰與漏稅罰。漏稅罰係以納稅人有逃漏稅為要件，其處罰（核課）期間，應視該納稅人有無故意以詐術或其他不正當方法逃漏，分別認定為 5 年或 7 年；而行為罰（如營利事業未依規定開發票予買受人），則係對不依稅法規定為一定行為或不為一定行為之處罰，不以逃漏稅為處罰要件，其核課期間一律為 5 年（財政部 87 年 8 月 19 日台財稅第 871960445 號函）。

至於，核課期間之起算，稅捐核課期間之起算日如下（稽22）：

1.依法應由納稅義務人申報繳納之稅捐，已在規定期間內申報者，自申報日起算。

2.依法應由納稅義務人申報繳納之稅捐，未在規定期間內申報繳納者，自規定申報期間屆滿之翌日起算。

3.印花稅自依法應貼用印花稅票日起算。

4.由稅捐稽徵機關按稅籍底冊或查得資料核定徵收之稅捐，自該稅捐所屬徵期屆滿之翌日起算。

㈡稅捐之徵收時效

修正前稅捐稽徵法第 23 條規定稅捐徵收期間為 5 年，並無稅捐執行期間相關規定，為避免納稅義務人欠稅繳納義務長期處於永懸不決狀態，財政部於 96 年 3 月 21 日增訂第 4 項規定，明定稅捐債權之執行期間，自徵收期間屆滿翌日起算最長為 10 年，即徵收期間與執行期間合計 15 年，較行政執行法第 7 條規定執行期間 10 年為長。又為避免修法前已移送執行尚未終結案件，因適用第 4 項規定而不能再行徵收，同時增訂第 5 項規定，明定 96 年 3 月 5 日前已移送執行尚未終結之案件，自修正之日起逾 5 年（即至 101 年 3 月 4 日止）尚未執行終結者，不再執行。

惟考量社會各界迭有反映上述自 101 年 3 月 5 日起不再執行之案件，形同對欠稅人之租稅大赦，對誠實納稅義務人顯失公平。財政部於 100 年 11 月 23 日再次修正第 5 項規定，針對納稅義務人有欠繳稅捐金額達新臺幣 50 萬元以上、經法院裁定拘提或管收、經法務部行政執行署所屬各分署核發禁止命令的三種情形之一，自 96 年 3 月 5 日起逾 10 年尚未執行終結者，不再執行。

上述 96 年 3 月 5 日前已移送執行尚未終結案件之執行期間，將於 106 年 3 月 4 日屆滿，按是類欠稅案件半數以上之徵收期間與執行期間合計未達 15 年，為與稅捐稽徵法第 23 條第 4 項規定，96 年 3 月 6 日以後移送執行欠稅案件之徵收期間與執行期間合計最長近 15 年衡平，並考量追回國家租稅債權手段之適當性與必要性及權衡稽徵成本，財政部另就稅捐稽徵法第 23 條修正，經總統於 106 年 1 月 18 日公布，係將 96 年 3 月 5 日前已移送執行尚未終結之欠稅案件，截至 106 年 3 月 4 日欠繳稅捐金額達新臺幣（下同）1,000 萬元及執行期間內經法院裁定拘提或管收確定、經法務部行政執行署所屬各分署核發禁止命令等三種重大欠稅案件，再延長 5 年執行

期間至 111 年 3 月 4 日。

經移送之案件，如業經法院發給執行憑證，或經法院以稽徵機關未能依期查報財產等理由退案，或強制執行法規定聲明參與分配未獲分配部分，經法院發給債權憑證者，除在徵收期間屆滿前另案移送者外，不得視為已移送法院強制執行尚未結案者辦理，在徵收期間屆滿，應註銷其欠稅與罰鍰。

再者，按破產法第 149 條規定：破產債權人依協調或破產程序已受清償者，其債權未能受清償之部分，其請求權視為消滅。因此，納稅義務人與營利事業若按破產程序辦理，稽徵機關未獲清償之稅款與罰鍰依法應行註銷。惟對經法院宣告破產，並裁定破產終結，於債權分配時所獲分配之應收未收票據，如嗣後未獲兌現，此部分之欠稅及罰鍰在徵收期間內，尚不得註銷，亦請注意（84 年 7 月 12 日台財稅字第 841633857 號函）。

基本上，應徵之稅捐，有下列規定情事者，上述徵收期間，應自各該變更繳納期限屆滿之翌日起算：

◇**延長繳納期限者**

因天災、事變而遲誤依法所定繳納稅捐期間者，該管稅捐稽徵機關得視實際情形，延長其繳納期間，並公告之（稽 10）。

◇**提前開徵日期者**

若納稅義務人(1)顯有隱匿或移轉財產而逃避稅捐執行之跡象。(2)於稅捐法定徵收日期前申請離境。(3)其他特殊原因，自行申請者，稅捐稽徵機關依法得就應徵收之稅捐，填寫稅單，訂定繳納期間，提前開徵之。但納稅義務人能提供相當擔保者，不在此限（稽 25）。

◇**核准延期或分期繳納者**

納稅義務人因天災、事變、不可抗力之事由或為經濟弱勢者，不能於法定期限內繳清稅捐者，得於規定納稅期間內，向稅捐稽徵機關申請延期或分期繳納，其延期或分期繳納期間，不得逾 3 年（稽 26）。依納稅義務人申請延期或分期繳納稅捐辦法規定，所稱天災、事變、不可抗力之事由、經濟弱勢者，其認定方式如下：

1.天災、事變、不可抗力之事由：指震災、風災、水災、旱災、寒害、火災、土石流、海嘯、瘟疫、蟲災、戰爭、核災、氣爆，或其他不可預見、不可避免之災害或事件，且非屬人力所能抗拒者為限。

2.經濟弱勢者：指納稅義務人為社會救助法第 4 條第 1 項規定所稱低收入戶。

◇違反延期或分期繳納期限者

納稅義務人對核准延期或分期繳納之任何一期應繳納稅捐，未如期繳納者，稅捐稽徵機關應於該繳納期限屆滿之翌日起 3 日內，就未繳清之餘額稅款，發單通知納稅義務人，限 10 日內一次全部繳清；逾期仍未繳納者，移送法院強制執行(稽 27)。

吾人值得注意者，有關徵收期間 5 年內，若有：⑴因納稅義務人對原應納之稅捐不服，依法提起行政救濟（包括復查、訴願、一審與二審行政訴訟），其行政救濟期間應終止徵收期間之計算，而由稽徵機關於行政救濟確定，並接到復查決定或訴願決定書或行政法院判決書正本後 10 日重新填發補繳稅款繳納通知書，訂定繳納期間，通知納稅義務人繳納。故其徵收期間以重新填發稅單之繳納期限為計算基礎，而非原繳納期限。⑵依稅捐稽徵法第 39 條規定，暫緩移送法院強制執行或依其他法律規定停止稅捐之執行者，其有關徵收期間之計算，應扣除暫繳執行或停止執行之期間。依稅法規定所處之罰鍰，其徵收期間之起算，依稅捐稽徵法第 49 條準用同法第 23 條第 1 項規定，應自繳納期間屆滿之翌日起算。

四、查對更正與復查之區別

一般情況，稅款之繳納通知書上應載明：納稅義務人之姓名或名稱、地址、稅別、稅額、稅率、繳納期限等（稽 16）。納稅義務人如發現繳納通知書上有記載、計算錯誤或重複時，於規定繳納期間內，得要求稅捐稽徵機關查對更正，並重新填發正確之繳納通知文書，原繳納通知文書即作廢（稽 17）。

納稅義務人對稅捐稽徵機關核定稅捐或罰鍰裁處，如有不服，可依訴願法及行政訴訟法規定循序提起行政救濟程序，依稅捐稽徵法第 35 條之規定，在進行訴願程序前，須先經復查程序。依規定格式，敘明理由，連同證明文件，依下列規定申請復查：

1.依核定稅額核定通知書所載有應納稅額或應補稅額者，應於繳款書送達後，於繳納期間屆滿翌日起算 30 日內，申請復查。

2.依核定稅額核定通知書所載無應納稅額或無應補稅額者，應於核定通知書送達後 30 日內，申請復查。

納稅義務人依前述規定申請復查時，應將核定稅額通知書、原繳款書或其繳納收據影本連同復查申請書送交稅捐稽徵機關，復查申請書應載明下列事項，由申請

人簽名或蓋章（稽細 11）：

1.申請人之姓名、出生年月日、性別、身分證明文件字號、住、居所。如係法人或其他設有管理人或代表人之團體，其名稱、事務所或營業所及管理人或代表人之姓名、出生年月日、性別、住、居所。有代理人者，其姓名、出生年月日、性別、身分證明文件字號、住、居所及代理人證明文件。

2.原處分機關。

3.復查申請事項。

4.申請復查之事實及理由。

5.證據。其為文書者應填具繕本或影本。

6.受理復查機關。

7.年、月、日。

稅捐稽徵機關對於納稅義務人有關復查之申請，應於接到申請書後 2 個月內復查決定，並作成決定書，通知納稅義務人。前述期間屆滿後，稅捐稽徵機關仍未作復查決定者，納稅義務人得逕行提起訴願程序。而納稅義務人對稅捐稽徵機關之復查決定仍有不服，得依法提起訴願及行政訴訟（稽 35）。

● 表 2-2　查對更正與復查之比較

	查對更正	復　查
適用情況	繳納通知書有記載、計算錯誤或重複。（稅捐稽徵法第 17 條）	納稅義務人對於稅捐處分不服，認為適用法律錯誤。（稅捐稽徵法第 35 條）
行使期限	納稅期間申請。	1.核定稅額通知書載有應納稅額或應補徵稅額，應於繳款書送達後，於繳納期間屆滿翌日起算 30 日內申請。 2.核定稅額通知書載無應納稅額或應補徵稅額，應於核定通知書送達後 30 日內申請。

舉例而言，若光華公司最近接到國稅局所發 104 年度營利事業所得稅核定通知書與稅額繳款書，發現該核定通知書稅額欄內，誤將新臺幣 150,000 元之稅額填為 1,500,000 元，則可申請更正，並按 150,000 元繳納即可。但若稅單所載 1,500,000 元之稅額並無錯誤，而該公司卻認為稽徵機關引用稅法條文不當，或認為稽徵機關對其課稅標的評價過高，致其稅額高達 1,500,000 元，則該公司依法不能循更正途徑以

降低其稅額，必須循復查規定於繳納期限過後 30 日內提出復查申請與理由書，申請救濟。

　　除了由納稅義務人申請更正外，有時稅捐稽徵機關對重大錯誤之發現，亦可本於職權更正，此時若納稅義務人對原發單課徵之稅捐未依限繳納，亦未依法提起行政救濟而告確定者，應重新發單訂明並另行改訂限繳日期；對已完納稅捐之納稅義務人，則可依法重行核定稅捐，超徵部分予以退還。

五、特殊情況下申請退稅之適用

　　納稅義務人自行適用法令錯誤或計算錯誤溢繳之稅款，得自繳納之日起 5 年內提出具體證明，申請退還；屆期未申請者，不得再行申請（稽 28）。

　　納稅義務人因稅捐稽徵機關適用法令錯誤、計算錯誤或其他可歸責於政府機關之錯誤，致溢繳稅款者，稅捐稽徵機關應自知有錯誤原因之日起 2 年內查明退還，其退還之稅款不以 5 年內溢繳者為限（稽 28）。

　　前二項溢繳之稅款，納稅義務人以現金繳納者，應自其繳納該項稅款之日起，至填發收入退還書或國庫支票之日止，按溢繳之稅額，依繳納稅款之日郵政儲金 1 年期定期儲金固定利率，按日加計利息，一併退還（稽 28）。

　　納稅義務人應退之稅捐，稅捐稽徵機關應先抵繳其積欠，並於扣抵後，應即通知該納稅義務人（稽 29），其抵繳積欠稅款之順序如下（稽細 8）：

　　1.同一稅捐稽徵機關同一稅目之欠稅。

　　2.同一稅捐稽徵機關同一稅目欠繳之滯納金、滯報金、怠報金、利息及罰鍰。

　　3.同一稅捐稽徵機關同其他稅目之欠稅。

　　4.同一稅捐稽徵機關同其他稅目欠繳之滯納金、滯報金、怠報金、利息及罰鍰。

　　5.同級政府其他稅捐稽徵機關各項稅目之欠稅。

　　6.同級政府其他稅捐稽徵機關各項稅目欠繳之滯納金、滯報金、怠報金、利息及罰鍰。

　　7.其他各項稅目之欠稅及欠繳之滯納金、滯報金、怠報金、利息及罰鍰。

　　舉例而言，進口已繳貨物稅化粧品，因損壞變質無法銷售，應於進口放行之日起 5 年內報請派員監燬，並申請退回原納貨物稅款（台財稅字第 760229598 號函）。

　　以實貼方式繳納之印花稅及以繳款書繳納或彙總繳納之印花稅，如因適用法令

錯誤或計算錯誤而有溢繳之稅款發生,亦可適用本條規定申請退稅或抵繳。再者,納稅義務人有欠繳稅捐,同時又有應退工程受益費時,依法可抵銷欠稅(台財稅字第790125274號函)。

另外,違章罰鍰案件,經法院裁罰確定並繳清罰鍰後,嗣經稽徵機關發現適用法令錯誤或計算錯誤,退還溢繳稅款,其基於同一事實已納之罰鍰,亦可以退還。再者,納稅義務人逾限繳日期始繳納稅款,嗣後依法申請復查,並經復查決定駁回;此時,納稅義務人先行繳清稅款所加徵之滯納金,如較依稅捐稽徵法第38條第3項規定計算之利息為多時,准將滯納金大於利息部分之差額辦理退還(參見財政部85年7月24日台財稅字第851111905號函)。

六、自動補報免罰之適用與限制

納稅義務人自動向稅捐稽徵機關補報並補繳所漏稅款者,凡屬未經檢舉、未經稽徵機關或財政部指定之調查人員進行調查之案件,下列之處罰一律免除;其涉及刑事責任者,並得免除其刑:

1.本法第41條至第45條之處罰。

2.各稅法所定關於逃漏稅之處罰。

營利事業應保存憑證而未保存,如已給與或取得憑證且帳簿記載明確,不涉及逃漏稅捐,於稅捐稽徵機關裁處或行政救濟程序終結前,提出原始憑證或取得與原應保存憑證相當之證明者,免依第44條規定處罰;其涉及刑事責任者,並得免除其刑。

第1項補繳之稅款,應自該項稅捐原繳納期限截止之次日起,至補繳之日止,就補繳之應納稅捐,依原應繳納稅款期間屆滿之日郵政儲金匯業局之1年期定期存款利率按日加計利息,一併徵收(稽48之1)。

根據上述,調查基準日非常重要,涉及納稅義務人補報與補繳行為是否應予處罰的關鍵。因此財政部特於103年9月25日台財稅字第10300596890號令重行訂定「稅捐稽徵法第48條之1所稱進行調查之作業步驟及基準日之認定原則」,以為徵納雙方研判之準據(表2-3如下)。

● 表 2-3　稅捐稽徵法第 48 條之 1 所稱進行調查之作業步驟及基準日之認定原則

項　目	作業步驟及基準日之認定原則
1.營利事業所得稅未列選之查帳案件及擴大書面審核案件。	(1)審查人員應就非屬擴大書面審核及擴大書面審核之派查案件，進行線上審查及核定作業，經審查無異常之案件，將審查情形記錄於核定系統。 (2)經審查發現有異常之案件，應於當日發函並載明具體查核範圍，通知營利事業（含關係人）限期提供帳簿憑證等相關資料接受調查，以確認異常事項，並以函查日（即發文日）為調查基準日。
2.綜合所得稅漏報、短報、未申報案件；扣繳義務人及信託行為受託人之稅務違章案件。	(1)審查人員應就財政部財政資訊中心送查之待審核定通知書及各項清冊，依次序進行審查，並將審查情形於待審核定通知書及清冊上註明，按日陳報基層單位主管核章，以資管制。 (1)以稅捐稽徵機關針對具體查核範圍之函查、調卷、調閱相關資料或其他調查作為之日為調查基準日，稅捐稽徵機關應詳予記錄以資查考，並以最先作為之日為調查基準日。
3.營業稅 (1)申報進銷項資料交查顯示不同之案件。 (2)異常發票資料之案件（例如以遺失、作廢、開立不實統一發票營業人開立之發票，作為進、銷項憑證）。	(1)稅捐稽徵機關依服務區分派件數，經辦人員簽收後應依以下規定辦理。 (2)下列案件，經辦人員應於簽收後，發函通知營業人限期提供帳簿憑證等相關資料接受調查，以確認涉嫌違章事實，並以函查日（即發文日）為調查基準日。 ①取得不實之統一發票（例如以遺失、作廢、空白、開立不實統一發票營業人虛開之統一發票等）作為進項憑證申報扣抵或退稅者。 ②短、漏報銷售額者。 ③進、銷項稅額不符者。 ④其他具體涉嫌違章之案件。 (3)下列案件，經調卷或調閱相關資料，可查核確認營業人涉嫌違章事實，經辦人員應於簽收當日填報「營業人涉嫌逃漏稅交查資料簽收暨進行調查報告單」，並調卷或調閱相關資料，敘明涉嫌違章事實，並以調卷或調閱相關資料之日期為調查基準日。 ①重複申報銷貨退回或折讓證明單者。 ②重複申報進項稅額扣抵銷項稅額者。 ③未申報進貨退出或折讓證明單者。 ④其他具體涉嫌違章之案件。
4.已申報遺產稅之查核案件。	略。
5.土地增值稅定期選案調查或清查案件。	(1)稅捐稽徵機關派案人員應視經辦人員每人每日可辦理件數，分批交查簽收。 (2)經辦人員應按交查次序，於調查或清查作業期間內，排定日期函請有關單位派員會同調查或勘查，調查函應載明具體查核範圍，並以發函日為調查基準日。
6.使用牌照稅。	(1)警察機關舉發未稅車輛：監理機關或稅捐稽徵機關建檔入案日。 (2)車輛檢查：車輛檢查查獲日。 (3)停車格交查：財政部財政資訊中心、稅捐稽徵機關或有關機關檔案交查日。 (4)其他機關查獲案件：該機關查獲日。

7.印花稅檢查、涉嫌違章案件、交辦調查案件。	(1)稅捐稽徵機關查核案件，以稅捐稽徵機關發函通知之實施檢查日為調查基準日，通知函應載明具體查核範圍。 (2)其他機關通報具體違章事證案件，以該機關查獲之日為調查基準日。 (3)稅捐稽徵機關發函通知之實施檢查日與其他機關查獲日不同者，以最先作為之日為調查基準日。
8.其他列選案件、個案調查案件、涉嫌違章案件、臨時交辦調查案件。	(1)稅捐稽徵機關派案人員應視經辦人員每人每日可辦理件數，分批交查簽收。 (2)經辦人員應於交查簽收當日進行函查、調卷、調閱相關資料或其他相同作為，並應詳予記錄以資查考，藉昭公信。 (3)進行函查者，其調查函應載明具體查核範圍；進行調查之作為有數個時，以最先作為之日為調查基準日。 (4)調查基準日以前補報並補繳或核定之日以後就核定內容以外之所漏稅款補報並補繳者，適用自動補報並補繳免罰之規定。

另依稅捐稽徵法第 48 條之 1 第 2 項規定：「營利事業應保存憑證而未保存，如已給與或取得憑證且帳簿記載明確，不涉及逃漏稅捐，於稅捐稽徵機關裁處或行政救濟程序終結前，提出原始憑證或取得與原應保存憑證相當之證明者，免依第 44 條規定處罰；其涉及刑事責任者，並得免除其刑。」

此項規定係參酌司法院第 642 號解釋，將稅捐稽徵法第 44 條調查基準日之起算時點，允許例外放寬至行政機關所進行裁處或救濟程序終結前，如確已給與或取得憑證且帳簿記載明確，其提出原始憑證或取得原應保存憑證相當證明者，即已符合立法目的，且未違背保存憑證之義務，以落實租稅法律主義，使稅捐稽徵機關能依法行政，並保護納稅人權益及鼓勵納稅人主動誠實申報。

七、情節輕微之漏稅減輕或免予處罰

稅捐稽徵法第 48 條之 2 規定：「依本法或稅法規定應處罰鍰之行為，其情節輕微，或漏稅在一定金額以下者，得減輕或免予處罰。」有關此項情節輕微，金額及減免標準，由財政部擬訂，報請行政院發布之。參見財政部 105 年 1 月 15 日發布之「稅務違章案件減免處罰標準」修正條文（參見本章附錄）。

再者，法院執行徵起案件，或有關自動補報補繳案件，其短收滯納金與滯納利息合計或加計利息漏短繳在新臺幣 300 元以下者，免予追繳。

八、情節重大逃漏稅捐之處理

稅捐稽徵法第 48 條規定：「納稅義務人逃漏稅捐情節重大者，除依有關稅法規定處理外，財政部應停止並追回其違章行為所屬年度享受租稅優惠之待遇。納稅義務人違反環境保護、勞工、食品安全衛生相關法律且情節重大，租稅優惠法律之中央主管機關應通知財政部停止並追回其違章行為所屬年度享受租稅優惠之待遇。」意即已依法享受租稅優惠之納稅義務人，倘有逃漏稅捐或違反環境保護、勞工、食品安全衛生等與重大公益相關之法律且情節重大，卻仍享受租稅優惠，實與公平正義原則有違，應停止並追回納稅義務人違章行為所屬年度享受租稅優惠之待遇，以抑制其不法。

九、租稅之保全及限制出境

㈠租稅課徵之保全措施

基本上，政府為保障各項稅捐均能順利徵收，稅捐稽徵法第 24 條規定有保全措施，即納稅義務人欠繳應納稅捐者，稅捐稽徵機關得就納稅義務人相當於應繳稅捐數額之財產，通知有關機關（係指政府機關，尚不包括金融機構在內）不得為移轉或設定他項權利（惟不宜通知金融機構禁止提款）；其為營利事業者，並得通知主管機關，限制其減資或註銷之登記，此即一般所稱之禁止處分登記。此項禁止處分登記，非經納稅義務人完成繳納或行政救濟完全確定並完成徵收或提供相當擔保時，不予塗銷。

前項欠繳應納稅捐之納稅義務人，有隱匿或移轉財產、逃避稅捐執行之跡象者，稅捐稽徵機關得聲請法院就其財產（包括不動產與金融機構存款）實施假扣押，並免提供擔保。但納稅義務人已提供相當財產擔保者，不在此限（稽 24）。

㈡欠稅人之限制出境

納稅義務人欠繳應納稅捐，經稽徵機關就其相當於應繳稅捐數額之財產禁止處分，且該禁止處分財產，其價值相當於納稅義務人欠繳之應納稅額者，得免再對其限制出境處分；惟該禁止處分之財產，其價值如不足欠繳之應納稅捐者，則仍得依有關規定限制其出境（參見 87 年 8 月 27 日台財稅字第 871958556 號函）。惟依法成

立以公益為目的之社團法人及財團法人，如有欠繳稅捐，毋須限制其負責人出境，乃是例外規定。

根據稅捐稽徵法第 24 條規定，在中華民國境內居住之個人或在中華民國境內之營利事業，其已確定之應納稅捐逾法定繳納期限尚未繳納完畢，其欠繳稅款及已確定之罰鍰單計或合計，個人在新臺幣 1,000,000 元以上，營利事業在新臺幣 2,000,000 元以上者；其欠繳應納稅捐，在行政救濟程序終結前，個人在新臺幣 1,500,000 元以上，營利事業在新臺幣 3,000,000 元以上，得由財政部函請內政部入出國及移民署限制其出境；其為營利事業者，得限制其負責人出境。但已提供相當擔保者，應解除其限制。限制出境之期間，自內政部入出國及移民署限制出境之日起，不得逾 5 年。

㈢解除被限制出境欠稅人之情況

納稅義務人或其負責人經限制出境後，具有下列情形之一時，財政部應函請內政部入出國及移民署解除其出境限制（稽 24）：

1. 限制出境已逾自內政部入出國及移民署限制出境之日起 5 年所定期間者。
2. 已繳清全部欠稅及罰鍰，或向稅捐稽徵機關提供欠稅及罰鍰之相當擔保者。
3. 經行政救濟及處罰程序終結，確定之欠稅及罰鍰合計金額未滿個人在新臺幣 1,000,000 元，營利事業在新臺幣 2,000,000 元者。
4. 欠稅之公司組織已依法解散清算，且無剩餘財產可資抵繳欠稅及罰鍰者。
5. 欠稅人就其所欠稅款已依破產法規定之和解或破產程序分配完結者。

公司為法人組織，其人格之存續，應於合法清算終結始行消滅。依財政部 84 年 7 月 12 日台財稅字第 841634470 號函示：公司解散（或破產）清算時，明知公司尚有應行繳納之稅款，卻怠於通知稽徵機關申報債權，即難謂該公司業經合法清算完結（或破產終結），公司人格自未消滅，稽徵機關可不待法院撤銷准予備查之裁定，向該公司（包括清算人與破產管理人有違法失職負連帶賠償責任者）追繳欠稅或補徵稅款及罰鍰。

6. 公司經法院裁定重整後得免限制重整人出境。根據財政部 91 年 11 月 15 日台財稅字第 0910455931 號令示：股份有限公司經法院裁定重整後，於重整完成前或裁定終止重整前，得免依稅捐稽徵法第 24 條第 3 項規定辦理限制出境。

7. 董事經法院判決委任關係不存在時，應解除出境限制。按依公司法第 8 條第 1 項，所稱公司負責人，在有限公司為董事，又董事與公司之關係，乃屬民法之委任關

係，既經法院判決確定董事委任關係不存在，則以該董事登記之負責人限制出境，已失所據，應解除其之出境限制（財政部 89 年 8 月 25 日台財稅字第 0890454832 號函）。

十、重大逃漏稅行為移送偵辦處理原則

根據稅捐稽徵法第 41 條規定：「納稅義務人以詐術或其他不正當方法逃漏稅捐者，處 5 年以下有期徒刑、拘役或科或併科新臺幣 60,000 元以下罰金。」為免造成納稅義務人之恐懼與濫罰，財政部訂有「稅捐稽徵法第 41 條所定納稅義務人逃漏稅行為移送偵辦注意事項」，規定有下列情形之一而故意逃漏稅捐者，應予移送偵辦：

1. 無進貨或支付事實，而虛報成本、費用或進項稅額者。
2. 偽造變造統一發票、照證、印戳、票券、帳冊或其他文據者。
3. 開立收執聯金額大於存根聯金額之統一發票或收據者。
4. 漏開或短開統一發票同一年內達三次以上者。
5. 利用他人名義從事交易、隱匿財產、分散所得或其他行為者。
6. 使用不實之契約、債務憑證或其他文據者。
7. 其他逃漏稅捐行為，對納稅風氣有重大不良影響者。

習 題

1. 租稅稽徵之基本原則為何？
2. 何謂課稅主體、課稅客體？稅捐核課期間如何起算？
3. 試說明查對更正與復查之區別。
4. 在何種情況下可解除被限制出境欠稅人；我國現行稅法規定欠稅金額達多少時，可限制納稅義務人出境。
5. 請敘述納稅義務人故意逃稅捐，需移送偵辦情形。
6. 請說明漏稅罰免罰所需符合條件。
7. 試說明稅捐稽徵法對逃漏稅情節重大之處理及其立法理由。
8. 依稅捐稽徵法第 48 條之 1 規定，試說明營業稅案件與營利事業所得稅案件調查基準日認定原則。

附錄　稅務違章案件減免處罰標準

民國 106 年 4 月 21 日財政部台財稅字第 10600550130 號令修正發布第 15 條條文

第一條　本標準依稅捐稽徵法（以下簡稱本法）第 48 條之 2 第 2 項規定訂定之。

第二條　依本法第 44 條規定應處罰鍰案件，有下列情事之一者，免予處罰：

一、每案應處罰鍰在新臺幣二千元以下。

二、營利事業購進貨物或勞務時，因銷售人未給與致無法取得合法憑證，在未經他人檢舉及未經稽徵機關或財政部指定之調查人員進行調查前，已提出檢舉或已取得該進項憑證者；或已誠實入帳，且能提示送貨單及支付貨款證明，於稽徵機關發現前，由會計師簽證揭露或自行於申報書揭露，經稽徵機關查明屬實。

三、營利事業銷售貨物或勞務時，未依規定開立銷售憑證交付買受人，在未經他人檢舉及未經稽徵機關或財政部指定之調查人員進行調查前，已自動補開、補報，其有漏稅情形並已補繳所漏稅款及加計利息。

四、營利事業銷售貨物或勞務時，誤用前期之統一發票交付買受人，在未經他人檢舉及未經稽徵機關或財政部指定之調查人員進行調查前，已自動向主管稽徵機關報備，其有漏報繳情形並已補報、補繳所漏稅款及加計利息。

五、小規模營利事業購進貨物或勞務時，未依規定取得或保存進項憑證。

第三條　營利事業所得稅納稅義務人未申報或短漏報所得額，有下列情事之一者，免予處罰：

一、依所得稅法第 110 條第 1 項及第 2 項規定應處罰鍰案件，經調查核定所漏稅額在新臺幣一萬元以下。但使用藍色申報書或委託會計師查核簽證申報案件，經調查核定所漏稅額在新臺幣二萬元以下。

二、依所得稅法第 110 條第 4 項規定應處罰鍰案件：

㈠ 103 年度以前案件，經調查核定短漏之課稅所得額依當年度適用之營利事業所得稅稅率計算之金額在新臺幣一萬元以下。但使用藍色申報書或委託會計師查核簽證申報案件，經調查核定短漏之課稅所得額依當年度適用之營利事業所得稅稅率計算之金額在新臺幣二萬元以下。

㈡ 104 年度以後案件，經調查核定短漏課稅所得額之所漏稅額半數在新臺幣一萬元以下。但使用藍色申報書或委託會計師查核簽證申報案件，經調查核定短漏課稅所得額之所漏稅額半數在新臺幣二萬元以下。

三、依所得稅法第 110 條第 3 項規定應處罰鍰案件，其納稅義務人為獨資、合夥組織

者，因營業虧損，致加計短漏之所得額後仍無應納稅額。

綜合所得稅納稅義務人依所得稅法第 110 條規定應處罰鍰案件，有下列情事之一者，免予處罰：

一、納稅義務人依規定向財政部財稅資料中心或稽徵機關查詢課稅年度所得及扣除額資料，並憑以於法定結算申報期間內透過網際網路辦理結算申報，其經調查核定短漏報之課稅所得，屬財政部財稅資料中心或稽徵機關依規定應提供而未能提供之所得資料。

二、納稅義務人採用稽徵機關提供之綜合所得稅結算申報稅額試算作業，並依規定於法定結算申報期間內完成結算申報，其經調查核定短漏報之課稅所得，屬稽徵機關依規定應提供而未能提供之所得資料。

三、納稅義務人於中華民國 89 年 1 月 27 日以前購買之農地，因土地法第 30 條之限制，而以能自耕之他人名義登記，於 89 年 1 月 28 日以後，未向該農地登記所有人行使所有物返還登記請求權，而將土地移轉於第三人所獲取之所得。

四、納稅義務人未申報或短漏報之所得不屬前 3 款規定情形，而其經調查核定有依規定應課稅之所得額在新臺幣二十五萬元以下或其所漏稅額在新臺幣一萬五千元以下，且無下列情事之一：

　㈠夫妻所得分開申報逃漏所得稅。

　㈡虛報免稅額或扣除額。

　㈢以他人名義分散所得。

前項第 1 款規定自 95 年度綜合所得稅結算申報案件適用之。

第三條之一　營利事業所得稅納稅義務人依所得基本稅額條例第 15 條規定應處罰鍰案件，經調查核定所漏稅額在新臺幣一萬元以下者，免予處罰。但使用藍色申報書或委託會計師查核簽證申報案件，經調查核定所漏稅額在新臺幣二萬元以下者，免予處罰。

綜合所得稅納稅義務人依所得基本稅額條例第 15 條規定應處罰鍰案件，有下列情事之一者，免予處罰：

一、納稅義務人依規定向財政部財稅資料中心或稽徵機關查詢課稅年度所得及扣除額資料，並憑以於法定結算申報期間內透過網際網路辦理結算申報，其經調查核定短漏報之課稅所得，屬財政部財稅資料中心或稽徵機關依規定應提供而未能提供之所得資料。

二、納稅義務人採用稽徵機關提供之綜合所得稅結算申報稅額試算作業，並依規

定於法定結算申報期間內完成結算申報，其經調查核定短漏報之課稅所得，屬稽徵機關依規定應提供而未能提供之所得資料。

三、納稅義務人於中華民國 89 年 1 月 27 日以前購買之農地，因土地法第 30 條之限制，而以能自耕之他人名義登記，於 89 年 1 月 28 日以後，未向該農地登記所有人行使所有物返還登記請求權，而將土地移轉於第三人所獲取之所得。

四、納稅義務人未申報或短漏報之所得不屬前 3 款規定情形，而其經調查核定有依規定應課稅之所得額在新臺幣二十五萬元以下或其所漏稅額在新臺幣一萬五千元以下，且無下列情事之一：

（一）夫妻所得分開申報逃漏所得稅。

（二）虛報免稅額或扣除額。

（三）以他人名義分散所得。

第三條之二　依所得稅法第 108 條之 2 第 1 項規定應處罰鍰案件，有下列情事之一者，免予處罰：

一、在未經他人檢舉及未經稽徵機關或財政部指定之調查人員進行調查前，已自動補報，其有漏稅情形並已補繳所漏稅款及加計利息。

二、個人交易因繼承取得之房屋、土地符合下列各目情形，且於交易日之次年綜合所得稅結算申報期限前已自動補報，其有應納稅額並已補繳及加計利息：

（一）被繼承人於中華民國 104 年 12 月 31 日以前取得且個人於 105 年 1 月 1 日以後繼承取得。

（二）符合所得稅法第 4 條之 5 第 1 項第 1 款之自住房屋、土地規定。

依所得稅法第 108 條之 2 第 2 項及第 3 項規定應處罰鍰案件，其經調查核定有未申報或短漏報應課稅之所得額在新臺幣三十萬元以下或其所漏稅額在新臺幣四萬五千元以下，且無利用他人名義交易房屋、土地情事者，免予處罰。

第四條　營利事業所得稅納稅義務人未申報或短漏報未分配盈餘，依所得稅法第 110 條之 2 規定應處罰鍰案件，經調查核定所漏稅額在新臺幣一萬元以下者，免予處罰。但使用藍色申報書或委託會計師查核簽證申報案件，經調查核定所漏稅額在新臺幣二萬元以下者，免予處罰。

第五條　依所得稅法第 110 條規定應處罰鍰案件，依下列規定減輕或免予處罰：

一、私人團體、私立學校、私營事業、破產財團或執行業務者未依限填報或未據實申報或未依限填發免扣繳憑單，於填報或填發期限屆滿後 10 日內自動補報或填發，

且補報或填發之給付總額未超過應填報或填發之免扣繳憑單給付總額之30%者，免予處罰。

二、私人團體、私立學校、私營事業、破產財團或執行業務者未依限填報或未據實申報或未依限填發免扣繳憑單，已自動補報或填發免扣繳憑單而不符前款規定，其給付總額在新臺幣一千五百元以下者，按給付總額之二分之一處罰；其給付總額逾新臺幣一千五百元者，按應處罰鍰減輕二分之一。

三、私人團體、私立學校、私營事業、破產財團或執行業務者未依限填報或未據實申報或未依限填發免扣繳憑單，其給付總額在新臺幣一千五百元以下，經於稽徵機關通知限期內補報或填發者，按給付總額處罰。

四、（刪除）

第五條之一　依所得稅法第110條之1規定應處罰鍰案件，依下列規定減輕或免予處罰：

一、信託行為之受託人短漏報信託財產發生之收入或虛報相關之成本、必要費用、損耗，致短計所得稅法第3條之4第1項、第2項、第5項、第6項規定受益人之所得額，或未正確按所得類別歸類致減少受益人之納稅義務，已自動補報或更正者，按應處罰鍰減輕二分之一。但其短計之所得額合計數或未正確歸類之所得額合計數在新臺幣六萬元以下者，免予處罰。

二、信託行為之受託人未依所得稅法第3條之4第2項規定之比例計算各受益人之各類所得額，已自動更正者，按應處罰鍰減輕二分之一。但其計算之所得額合計數與依規定比例計算之所得額合計數之差額在新臺幣六萬元以下者，免予處罰。

三、信託行為之受託人未依限或未據實申報或未依限填發所得稅法第92條之1規定之相關文件或扣繳憑單或免扣繳憑單及相關憑單，已自動補報或填發者，按應處罰鍰減輕二分之一。但該信託當年度之所得額在新臺幣六萬元以下者，免予處罰。

第六條　依所得稅法第114條第1款規定應處罰鍰案件，其應扣未扣或短扣之稅額在新臺幣三千元以下，經限期責令補繳稅款及補報扣繳憑單，已依限繳納及補報者，免予處罰。

依所得稅法第11條第2款規定應處罰鍰案件，有下列情事之一者，減輕或免予處罰：

一、已自動補報或填發扣繳憑單，其扣繳稅額在新臺幣六千元以下者，免予處罰。

二、已於填報或填發扣繳憑單期限屆滿後十日內自動補報或填發扣繳憑單，且補報或填發之給付總額未超過應填報或填發之扣繳暨免扣繳憑單給付總額30%者，免予

處罰。

三、經限期責令補報或填發扣繳憑單，已依限補報或填發，其扣繳稅額在新臺幣四千元以下者，免予處罰。

四、非中華民國境內居住之個人，或在中華民國境內無固定營業場所之營利事業，有所得稅法第 88 條第 1 項規定之各類所得時，扣繳義務人如未於代扣稅款之日起10 日內申報扣繳憑單，而於次年 1 月底前已自動申報者，按應扣繳稅額處 5% 之罰鍰。

五、營利事業解散、廢止、合併、轉讓或機關、團體裁撤、變更時，扣繳義務人如未於 10 日內申報扣繳憑單，而於次年 1 月 31 日前已自動申報者，按應扣繳稅額處5% 之罰鍰。

第七條　依所得稅法第 114 條之 2 規定應處罰鍰案件，有下列情事之一者，減輕或免予處罰：

一、超額分配可扣抵稅額在新臺幣三千元以下，免予處罰。

二、不應分配可扣抵稅額而予分配，其分配之可扣抵稅額在新臺幣三千元以下，免予處罰。

三、營利事業超額分配可扣抵稅額或不應分配可扣抵稅額而予分配者，如其股份係由非中華民國境內居住之個人或總機構在中華民國境外之營利事業百分之百持有之部分，免予處罰。

四、營利事業依所得稅法第 75 條規定辦理當期決算或清算申報，嗣經稽徵機關查獲有超額分配可扣抵稅額或不應分配可扣抵稅額而予分配情事，其於股東之綜合所得稅結算申報法定申報日開始前已向稽徵機關更正股利憑單或已依稽徵機關責令補繳期限補繳超額分配稅款，按應處罰鍰減輕二分之一。

第八條　依所得稅法第 114 條之 3 規定應處罰鍰案件，有下列情事之一者，減輕或免予處罰：

一、已自動補報或填發股利憑單，其可扣抵稅額，在新臺幣六千元以下，免予處罰。

二、經限期責令補報或填發股利憑單，已依限補報或填發，其可扣抵稅額，在新臺幣四千元以下，免予處罰。

三、營利事業未依限申報股東可扣抵稅額帳戶變動明細資料，而該帳戶當期應計入或應減除金額在新臺幣三千元以下，致期初、期末餘額資料變動在新臺幣三千元以下，免予處罰。

四、營利事業未依限申報或未據實申報股東可扣抵稅額帳戶變動明細資料，不符前款規定，而於申報期限屆滿後 15 日內自動補報，按應處罰鍰減輕二分之一。

第九條　依證券交易稅條例第 9 條之 1 規定應處罰鍰案件，其短徵或漏徵金額符合下列規定之一者，減輕或免予處罰：

一、代徵人代徵稅額，有短徵、漏徵情形，其應代徵未代徵之金額在新臺幣三千元以下者，免予處罰。

二、代徵人代徵稅額，有短徵、漏徵情形，其應代徵未代徵之金額逾新臺幣三千元至新臺幣六千元者，按應代徵未代徵之應納稅額處 0.2 倍之罰鍰。

三、代徵人代徵稅額，有短徵、漏徵情形，其應代徵未代徵之金額逾新臺幣六千元至新臺幣二萬元者，按應代徵未代徵之應納稅額處 0.5 倍之罰鍰。

第九條之一　證券自營商依證券交易稅條例第 9 條之 2 規定應處罰鍰案件，其短繳或漏繳金額符合下列規定之一者，減輕或免予處罰：

一、證券自營商應納稅額，有短繳、漏繳情形，其應繳納未繳納之金額在新臺幣三千元以下者，免予處罰。

二、證券自營商應納稅額，有短繳、漏繳情形，其應繳納未繳納之金額逾新臺幣三千元至新臺幣六千元者，按應繳納未繳納之應納稅額處 0.2 倍之罰鍰。

三、證券自營商應納稅額，有短繳、漏繳情形，其應繳納未繳納之金額逾新臺幣六千元至新臺幣二萬元者，按應繳納未繳納之應納稅額處 0.5 倍之罰鍰。

第十條　依期貨交易稅條例第 5 條第 1 項規定應處罰鍰案件，其短徵或漏徵金額符合下列規定之一者，減輕或免予處罰：

一、代徵人代徵稅額，有短徵、漏徵情形，其應代徵未代徵之金額在新臺幣三千元以下者，免予處罰。

二、代徵人代徵稅額，有短徵、漏徵情形，其應代徵未代徵之金額逾新臺幣三千元至新臺幣六千元者，按應代徵未代徵之應納稅額處 2 倍之罰鍰。

三、代徵人代徵稅額，有短徵、漏徵情形，其應代徵未代徵之金額逾新臺幣六千元至新臺幣二萬元者，按應代徵未代徵之應納稅額處 5 倍之罰鍰。

第十一條　依貨物稅條例第 32 條規定應處罰鍰案件，其補徵稅額在新臺幣五千元以下者，免予處罰。

依貨物稅條例第 32 條第 10 款規定應處罰鍰案件，因短報或漏報完稅價格或數量，致短報或漏報貨物稅額，而申報進口時依規定檢附之相關文件並無錯誤者，按補徵稅額處 0.5 倍之罰鍰。但報關人主動向海關申報以文件審核或貨物查驗通關方式進口應稅貨物之案件，免予處罰。

第十一條之一　依特種貨物及勞務稅條例第 22 條第 1 項規定應處罰鍰案件，符合下列規定之一
　　　　　　　者，免予處罰：

一、銷售同條例第 2 條第 1 項第 1 款規定之特種貨物，所漏稅額在新臺幣五萬
　　元以下。

二、銷售同條例第 2 條第 2 項規定之特種勞務，所漏稅額在新臺幣五千元以下。

第十一條之二　依特種貨物及勞務稅條例第 23 條規定應處罰鍰案件，其所漏稅額在新臺幣五千
　　　　　　　元以下者，免予處罰。

依特種貨物及勞務稅條例第 23 條第 3 款及第 4 款規定應處罰鍰案件，申報進口
時依規定檢附之相關文件並無錯誤，且報關人主動向海關申報以文件審核或貨
物查驗通關方式進口應稅特種貨物者，免予處罰。

第十二條　　依菸酒稅法第 19 條規定應處罰鍰案件，其補徵金額在新臺幣五千元以下者，免予處
　　　　　　罰。

依菸酒稅法第 19 條第 6 款規定應處罰鍰案件，因短報或漏報進口應稅數量，致短報
或漏報菸酒稅額及菸品健康福利捐，而申報進口時依規定檢附之相關文件並無錯誤
者，按補徵金額處 0.5 倍之罰鍰。但報關人主動向海關申報以文件審核或貨物查驗通
關方式進口菸酒之案件，免予處罰。

第十三條　　依遺產及贈與稅法第 44 條規定應處罰鍰案件，有下列情事之一者，免予處罰：

一、有遺產未依限辦理遺產稅申報，經核定無應納稅額。

二、有遺產未依限辦理遺產稅申報，經核定應納稅額在新臺幣三萬五千元以下。

三、未依限辦理贈與稅申報，經核定應納稅額在新臺幣四千元以下。

四、未申報財產屬應併入遺產總額課徵遺產稅之被繼承人死亡前贈與之財產，該財
　　產於贈與稅申報期限內已申報或被繼承人死亡前已申報或核課贈與稅。

五、未申報財產屬應併入遺產總額課徵遺產稅之被繼承人死亡前以贈與論之贈與財
　　產，繼承人已依稽徵機關通知期限補報贈與稅或提出說明。

六、逾期自動補報而有短報、漏報財產，其短報、漏報情事符合第 14 條各款規定之
　　一。

七、未申報財產屬應併入遺產總額課徵遺產稅之配偶相互贈與財產，於被繼承人死
　　亡前，已向稽徵機關申請或經核發不計入贈與總額證明書。

八、未申報財產屬被繼承人配偶於中華民國 74 年 6 月 4 日以前取得且應併入遺產
　　總額課徵遺產稅之財產。

九、未申報財產屬被繼承人或贈與人於中華民國89年1月27日以前,因土地法第30條之限制,而以能自耕之他人名義登記之農地,於中華民國89年1月28日以後,該項請求他人移轉登記之權利為遺產標的或贈與民法第1138條規定之繼承人,且繼承或贈與時該農地仍作農業使用。

第十四條　依遺產及贈與稅法第45條規定應處罰鍰案件,有下列情事之一者,免予處罰:

一、短漏報遺產稅額在新臺幣三萬五千元以下或短漏報遺產淨額在新臺幣六十萬元以下。

二、短漏報贈與稅額在新臺幣四千元以下或短漏報贈與財產淨額在新臺幣十萬元以下。

三、短漏報財產屬同一年內以前各次所贈與應合併申報贈與稅之財產,該財產業已申報或核課贈與稅。

四、短漏報財產屬應併入遺產總額課徵遺產稅之被繼承人死亡前贈與之財產,該財產於贈與稅申報期限內已申報或被繼承人死亡前已申報或核課贈與稅。

五、短漏報財產屬應併入遺產總額課徵遺產稅之被繼承人死亡前以贈與論之贈與財產,繼承人已依稽徵機關通知期限補報贈與稅或提出說明。

六、短漏報財產屬應併入遺產總額課徵遺產稅之配偶相互贈與財產,於被繼承人死亡前,已向稽徵機關申請或經核發不計入贈與總額證明書。

七、短漏報財產屬被繼承人配偶於中華民國74年6月4日以前取得且應併入遺產總額課徵遺產稅之財產。

八、短漏報財產屬被繼承人或贈與人於中華民國89年1月27日以前,因土地法第30條之限制,而以能自耕之他人名義登記之農地,於中華民國89年1月28日以後,該項請求他人移轉登記之權利為遺產標的或贈與民法第1138條規定之繼承人,且繼承贈與時該農地仍作農業使用。

第十五條　依加值型及非加值型營業稅法第51條規定應處罰鍰案件,其漏稅金額符合下列規定之一者,免予處罰:

一、每期所漏稅額在新臺幣二千元以下者。

二、海關代徵營業稅之進口貨物,其所漏稅額在新臺幣五千元以下者。

依加值型及非加值型營業稅法第51條規定應處罰鍰案件,有下列情事之一者,免予處罰:

一、使用電磁紀錄媒體申報營業稅之營業人,因登錄錯誤,其多報之進項稅額占該

期全部進項稅額之比率及少報之銷項稅額占該期全部銷項稅額之比率,均在 5% 以下者。

二、使用網際網路申報營業稅之營業人,因登錄錯誤,其多報之進項稅額占該期全部進項稅額之比率及少報之銷項稅額占該期全部銷項稅額之比率,均在 7% 以下者。

三、開立電子發票之份數占該期申報開立統一發票總份數之比率在 20% 以上之營業人,其少報之銷項稅額占該期全部銷項稅額之比率在 7% 以下者。

四、接收電子發票之份數占該期申報進項統一發票總份數之比率在 5% 以上之營業人,其多報之進項稅額占該期全部進項稅額之比率在 5% 以下者。

五、申報進口貨物短報或漏報完稅價格,致短報或漏報營業稅額,而申報進口時依規定檢附之相關文件並無錯誤,且報關人主動向海關申報以文件審核或貨物查驗通關方式進口貨物之案件。

六、利用電子支付機構管理條例規定之電子支付帳戶收款之銷售額占該期全部銷售額之比率在 5% 以上之營業人,其少報之銷項稅額占該期全部銷項稅額之比率在 7% 以下。

七、利用電子支付機構管理條例規定之電子支付帳戶付款之進項金額占該期全部進項金額之比率在 5% 以上之營業人,其多報之進項稅額占該期全部進項稅額之比率在 5% 以下。

第十六條　依加值型及非加值型營業稅法第 48 條規定應處罰鍰案件,符合下列規定之一者,免予處罰:

一、營業人開立統一發票,每張所載之銷售額在新臺幣一千元以下、銷售額較實際銷售額短（溢）開新臺幣一千元以下或營業稅較實際營業稅短（溢）開新臺幣五十元以下。

二、營業人開立電子發票,每張所載之銷售額在新臺幣二千元以下、銷售額較實際銷售額短（溢）開新臺幣二千元以下或營業稅較實際營業稅短（溢）開新臺幣一百元以下。

三、營業人開立統一發票應行記載事項錯誤,於未經檢舉、未經稽徵機關或財政部指定之調查人員進行調查前,已主動向稽徵機關更正及報備實際交易資料,其開立與營業人之統一發票各聯錯誤處並已更正,且更正後買賣雙方確實依該實際交易資料申報,無短報、漏報、短開、溢開營業稅額。

第十六條之一　依加值型及非加值型營業稅法第 45 條及第 46 條第 1 款規定應處罰鍰案件，營業人經主管稽徵機關第一次通知限期補辦，即依限補辦者，免予處罰。

第十六條之二　依加值型及非加值型營業稅法第 47 條第 2 款規定應處罰鍰案件，於未經檢舉、未經稽徵機關或財政部指定之調查人員進行調查前，已自動向稽徵機關報備實際使用情形者，免予處罰。

第十七條　依印花稅法第 24 條第 1 項規定應處罰鍰案件，其未經註銷之印花稅票數額符合下列規定之一者，減輕或免予處罰：

一、每件憑證未經註銷之印花稅票數額在新臺幣一千元以下，免予處罰。

二、每件憑證未經註銷之印花稅票數額逾新臺幣一千元至新臺幣二千元，按未經註銷之印花稅票數額處 2 倍之罰鍰。

依印花稅法第 24 條第 1 項規定應處罰鍰案件，納稅義務人註銷印花稅票不合規定，而有下列情事之一者，減輕或免予處罰：

一、每件憑證註銷不合規定之印花稅票數額在新臺幣三千元以下，免予處罰。

二、每件憑證註銷不合規定之印花稅票數額逾新臺幣三千元至新臺幣二萬元，按註銷不合規定之印花稅票數額處 1 倍之罰鍰。

第十八條　依土地稅法第 54 條第 1 項第 1 款規定應處罰鍰案件，其短匿稅額每案每年在新臺幣二萬五千元以下者，免予處罰。

依土地稅法第 54 條第 2 項規定應處罰鍰案件，其移轉現值在新臺幣一百萬元以下者，或辦竣權利移轉登記前經依規定撤回或註銷移轉現值申報者，免予處罰。

第十九條　依房屋稅條例第 16 條規定應處罰鍰案件，經調查核定所漏稅額在新臺幣一萬元以下者，或房屋領有使用執照或其使用情形變更已向主管稽徵機關辦理稅籍相關登記，經調查核定所漏稅額在新臺幣五萬元以下者，免予處罰。

前項所定漏稅額，以每一納稅義務人單一層或單一戶每年所核算稅額為準。

第二十條　依契稅條例第 26 條規定應處罰鍰案件，其短匿稅額符合下列規定之一者，減輕或免予處罰：

一、短匿稅額每件在新臺幣六千元以下者，免予處罰。

二、短匿稅額每件逾新臺幣六千元至新臺幣一萬二千元者，按短匿稅額處 0.5 倍之罰鍰。

第二十一條　依娛樂稅法第 12 條規定應處罰鍰案件，有下列情形之一，經輔導已於規定期間內辦理相關登記及代徵報繳娛樂稅手續者，免予處罰：

一、無漏稅額或所漏稅額在新臺幣一千五百元以下。

二、查獲前已辦妥營利事業登記或營業登記。

第二十二條 依娛樂稅法第 14 條第 1 項規定應處罰鍰案件，其不為代徵或短徵、短報、匿報娛樂稅之應納稅額符合下列規定之一者，減輕或免予處罰：

一、每案應納稅額在新臺幣三千元以下者，免予處罰。

二、每案應納稅額逾新臺幣三千元至新臺幣六千元者，按應納稅額處 3 倍之罰鍰。

三、每案應納稅額逾新臺幣六千元至新臺幣一萬二千元者，按應納稅額處 4 倍之罰鍰。

第二十三條 稅務違章案件應處罰鍰金額在新臺幣三百元以下者，免予處罰。

第二十四條 納稅義務人、扣繳義務人、代徵人、代繳人有下列情事之一者，不適用本標準減輕或免予處罰：

一、一年內有相同違章事實 3 次以上者。

二、故意違反稅法規定者。

三、以詐術或其他不正當方法逃漏稅捐者。

第二十五條 本標準修正前所發生應處罰鍰之行為，於本標準修正發布生效日尚未裁罰確定者，適用本標準修正後之規定辦理。但修正前之規定有利於受處罰者，適用修正前之規定。

第二十六條 本標準自發布日施行。但中華民國 105 年 1 月 15 日修正發布之第 3 條之 2，自 105 年 1 月 1 日施行。

第三章
帳簿憑證之設置與使用

　　憑證有原始憑證與記帳憑證之分，前者係證明交易事項之客觀證據，在於證實交易之內容；後者係根據原始憑證加以編製，以應記帳之需。帳簿係將交易事項作有系統之記錄，俾編製各項財務報表。故帳簿與憑證乃為正確計算營利事業所得額之主要依據。基此，財政部爰訂定「稅捐稽徵機關管理營利事業會計帳簿憑證辦法」，對於帳簿之格式、設置、驗印、登帳、保管，以及憑證之取得、給予、保存等皆作詳細之規定。本章即依該辦法之規定，說明帳簿憑證設置、使用與保管之有關規定。

第一節
營利事業應設置之帳簿

一、法令規定

　　現行法令有關帳簿設置之規定，主要有所得稅法第 21 條、加值型及非加值型營業稅法第 34 條，財政部爰根據該二法律之規定，訂定「稅捐稽徵機關管理營利事業會計帳簿憑證辦法」，以下簡稱「帳簿憑證管理辦法」。依此辦法規定，營利事業將視其規模之大小，分三種標準設置帳簿，即：(1)實施商業會計法之營利事業。(2)不屬實施商業會計法範圍而須使用統一發票之營利事業。(3)營利事業總機構以外之其他固定營業場所未採獨立會計制度者。茲將上列各種情況下所應設置之帳簿分別說明於次。

二、實施商業會計法之營利事業

　　所謂實施商業會計法之營利事業，係指登記資本額在新臺幣 50,000 元以上之獨資、合夥、或公司組織之營利事業，其應設置之帳簿如下（帳2）：

㈠買賣業

1.日記簿：得視實際需要加設特種日記簿。

2.總分類帳：得視實際需要加設明細分類帳。

3.存貨明細帳。

4.其他必要之補助帳簿。

㈡製造業

1.日記簿：得視實際需要加設特種日記簿。

2.總分類帳：得視實際需要加設明細分類帳。

3.原物料明細帳（或稱材料明細帳）。

4.在製品明細帳。

5.製成品明細帳。

6.生產日報表：記載每日機器運轉時間、直接人工人數、原料領用量及在製品與製成品之生產數量等資料。

7.其他必要之補助帳簿。

㈢營建業

1.日記簿：得視實際需要加設特種日記簿。

2.總分類帳：得視實際需要加設明細分類帳。

3.在建工程明細帳：得視實際需要加設材料、物料明細帳及待售房地明細帳。

4.施工日報表：記載工程每日有關進料、領料、退料、工時及工作紀錄等資料。建築業須設置施工日報表之目的，係憑供稅捐稽徵機關查核其耗用材料及人工費用之依據。惟實務上營建業之耗用材料可由其相關之工程合約（包括所附之工程項目、建築圖說）、建築師或技師所計算之材料耗用明細表及材料明細帳等資料查明認定；支付人工費用則可由工資單、印領清冊及扣（免）繳憑單等資料核認，故營建業者耗用材料及人工費用，如已提示上開有關帳簿文據憑供查核者，得免提示施工日報表（參閱財政部 83 年 2 月 16 日台財稅字第 831583517 號函）。

5.其他必要之補助帳簿。

㈣勞務業及其他各業

1.日記簿：得視實際需要加設特種日記簿。

2.總分類帳：得視實際需要加設明細分類帳。

3.營運量紀錄簿：如貨運業之承運貨物登記簿（運輸單）、旅館業之旅客住宿登記簿、娛樂業之售票日計表、漁撈業之航海日程統計表等是。

4.其他必要之補助帳簿。

三、不屬實施商業會計法範圍而須使用統一發票者

此類營利事業，係指資本額在新臺幣 50,000 元以下而須使用統一發票之獨資或合夥商號，其應設置之帳簿如下（帳 3）：

㈠買賣業

1.日記簿。

2.總分類帳。

3.存貨明細帳或存貨計數帳。

㈡製造業

1.日記簿。

2.總分類帳。

3.原物料明細帳或原物料計數帳。

4.生產紀錄簿。

㈢勞務業及其他各業

1.日記簿。

2.總分類帳。

3.營運量紀錄簿。

四、營利事業總機構以外之其他固定營業場所

　　凡營利事業總機構以外之其他固定營業場所採獨立會計制度者，其應設置之帳簿與上列二、三兩項相同，其未採獨立會計制度者，應設置之帳簿如下（帳4）：

㈠買賣業

　　1.零用金（或週轉金）登記簿。

　　2.存貨明細帳。

㈡製造業

　　1.零用金（或週轉金）登記簿。

　　2.原物料明細帳。

　　3.製成品明細帳或生產紀錄簿。

　　4.生產日報表。

㈢營建業

　　1.零用金（或週轉金）登記簿。

　　2.在建工程明細帳。

　　3.施工日報表。

㈣勞務業及其他各業

　　1.零用金（或週轉金）登記簿。

　　2.營運量紀錄簿。

五、小規模營利事業

　　凡經核定免用統一發票之小規模營利事業，得設置簡易日記簿一種。

六、使用電子計算機處理帳務

營利事業如使用電子計算機處理帳務,應依商業會計法第 40 條及商業使用電子計算機處理會計資料辦法之規定辦理。按商業會計法第 40 條規定:商業得使用電子方式處理全部或部分會計資料;其有關內部控制、輸入資料之授權與簽章方式、會計資料之儲存、保管、更正及其他相關事項之辦法,由中央主管機關定之。採用電子方式處理會計資料者,得不適用第 36 條第 1 項及第 37 條第 2 項規定。

七、帳簿設置之其他規定

1.營利事業設置之日記簿及總分類帳兩種主要帳簿中,應有一種為訂本式。但採用電子方式處理會計資料者,不在此限(帳 7)。

2.適用商業會計法之營利事業,其會計組織健全,使用總分類帳科目日計表者,得免設置日記帳(帳 8)。

第二節
帳簿之使用與管理

一、登帳之期限

營利事業設置之帳簿,應按會計事項發生之次序逐日登帳,至遲不得超過 2 個月。此項期限應自會計事項發生書立憑證之次日起算。其屬其他固定營業場所之會計事項,應自其他固定營業場所報表或憑證送達之日起算(帳 17)。

二、帳簿登載之有關規定

1.帳簿中之人名帳戶,應載明其自然人、法人或營利事業之真實姓名或名稱,並應在分戶帳內,註明其地址。其屬共有人之帳戶,應載明代表人之真實姓名或名稱及

地址。帳簿中之財物帳戶，應載明其名稱、種類、價格、數量及其存放地點（帳18）。

2.帳簿之記載，除記帳數字適用阿拉伯字外，應以中文為主。但需要時得加註或併用外國文字（帳19）。

3.記帳單位，應以新臺幣為主，如因業務需要而以外國貨幣記帳，仍應在其決算表中將外國貨幣折合新臺幣（帳19）。

三、帳簿保管之有關規定

1.營利事業之帳簿憑證，除為緊急避免不可抗力災害損失、或有關機關因公調閱或送交合格會計師查核簽證外，應留置於營業場所，以備主管稽徵機關隨時查核（帳25）。

2.營利事業設置之帳簿，除有關未結會計事項者外，應於會計年度決算程序辦理終了後，至少保存10年。但因不可抗力之災害而毀損或滅失，報經主管稽徵機關查明屬實者，不在此限。

前項帳簿，於當年度營利事業所得稅結算申報經主管稽徵機關調查核定後，除有關未結會計事項者外，得報經主管機關核准後，以縮影機或磁鼓、磁碟、磁片、磁帶、光碟等電子方式儲存媒體，按序縮影或儲存後依前項規定年限保存，其帳簿得予銷毀。但主管稽徵機關或財政部指定之調查人員依法進行調查時，如須複印帳簿，該營利事業應負責免費複印提供（帳26）。

3.因合併而消滅之營利事業，其帳簿憑證及會計紀錄之保管，應由合併後存續或另立之營利事業負責辦理。因分割而消滅之營利事業，其帳簿憑證及會計紀錄之保管，應由受讓營業之出資範圍最高之既存或新設之營利事業負責辦理。但經協議保管人者，從其協議（帳28）。

四、帳簿滅失之處理

㈠當年度使用帳簿滅失者

營利事業當年度使用之帳簿因故滅失者，得報經該主管稽徵機關核准另行設置新帳，依據原始憑證重行記載，依法查帳核定。營利事業當年度關係所得額之全部

或一部之原始憑證，因遭受不可抗力災害或有關機關因公調閱，以致滅失者，該滅失憑證所屬期間之所得額，稽徵機關得依該事業前 3 個年度經稽徵機關核定純益率之平均數核定之。營利事業開業或由小規模營利事業改為使用統一發票商號未滿 3 個年度，致無前 3 個年度經稽徵機關核定純益率之平均數者，其無核定純益率資料之年度（含未滿 1 年無全年度核定資料之年度），以各該年度查帳核定當地同業之平均純益率計算之。又災害損失部分，如經查明屬實，得依查核準則第 102 條之規定予以核實減除（查 11）。

稽徵機關依前項規定使用之前 3 個年度資料中，如有營利事業申報之純益率尚未經稽徵機關核定之情事，得以申報數為準；俟稽徵機關核定時，按核定數調整之（查 11）。

㈡未核定前滅失者

營利事業之帳簿憑證，在辦理結算申報後未經稽徵機關調查核定前，因遭受不可抗力災害或有關機關因公調閱，以致滅失者，除其申報純益率已達該事業前 3 個年度經稽徵機關核定純益率之平均數者，從其申報所得額核定外，申報純益率未達前 3 個年度核定純益率之平均數者，應按前述規定辦理（查 11）。

㈢應經查明屬實

營利事業遭受不可抗力災害以致帳簿、憑證滅失者，應依查核準則第 102 條第 2 款規定，併同災害損失報請稽徵機關派員勘查屬實或提出確實證據證明屬實（查 11）。

㈣所得額之核定

營利事業之帳簿憑證滅失者，除合於查核準則第 11 條第 1 項至第 5 項規定情形者外，稽徵機關應依所得稅法第 83 條及同法施行細則第 81 條規定，就查得資料或同業利潤標準，核定其所得額（查 11）。

○五、違反規定之處罰

㈠未依規定設帳記載者

1.營利事業依規定應設置帳簿而不設置，或不依規定記載者，處新臺幣 3,000 元以上 7,500 元以下之罰鍰，並應通知限於 1 個月內依規定設置或記載；期滿仍未依照規定設置或記載者，處新臺幣 7,500 元以上15,000元以下之罰鍰，並再通知於 1 個月內依規定設置或記載；期滿仍未依照規定設置或記載者，應予停業處分，至依規定設置或記載帳簿時始予復業（稽 45）。

營利事業依規定應設置股東可扣抵稅額帳戶而不設置，或不依規定記載者，處新臺幣 3,000 元以上 7,500 元以下罰鍰，並應通知限於 1 個月內依規定設置或記載；期滿仍未依照規定設置或記載者，處 7,500 元以上 15,000 元以下罰鍰，並再通知於 1 個月內依規定設置或記載；期滿仍未依照規定設置或記載者，得按月連續處罰，至依規定設置或記載時為止（所 114 之 1）。

2.商業負責人、主辦及經辦會計人員，或依法受託代他人處理會計事務之人員，有下列情事之一者，處 5 年以下有期徒刑、拘役或科或併科新臺幣 600,000 元以下罰金（商 71）：

⑴以明知為不實之事項而填製會計憑證或記入帳冊者。

⑵故意使應保存之會計憑證、會計帳簿、報表滅失毀損者。

⑶偽造或變造會計憑證、會計帳簿報表內容或毀損其頁數者。

⑷故意遺漏會計事項不為記錄，致使財務報表發生不實之結果者。

⑸其他利用不正當方法，致使會計事項或財務報表發生不實之結果者。

3.使用電子方式處理會計資料之商業，其商業負責人、主辦及經辦會計人員、依法受託代他人處理會計事務之人員，或以電子方式處理會計資料之有關人員有下列情事之一者，處 5 年以下有期徒刑、拘役或科或併科新臺幣 600,000 元以下罰金（商 72）：

⑴故意登錄或輸入不實資料者。

⑵故意毀損、滅失、塗改貯存體之會計資料，致使財務報表發生不實之結果者。

⑶故意遺漏會計事項不為登錄，致使財務報表發生不實之結果者。

(4)其他利用不正當方法，致使會計事項或財務報表發生不實之結果者。

主辦、經辦會計人員，或以電子方式處理會計資料之有關人員，犯前二條（商71、72）之罪，於事前曾表示拒絕或提出更正意見有確實證據者，得減輕或免除其刑（商73）。

4.未依法取得代他人處理會計事務之資格而擅自代他人處理商業會計事務者，處新臺幣 100,000 元以下罰金；經查獲後 3 年內再犯者，處 1 年以下有期徒刑、拘役或科或併科新臺幣 150,000 元以下罰金。犯此項之罪而有商業會計法第 71 條、第72 條各款情事之一者，應依各該條規定處罰（商74、75）。

5.代表商業之負責人、經理人、主辦及經辦會計人員，有下列各款情事之一者，處新臺幣 60,000 元以上 300,000 元以下罰鍰（商76）：

⑴違反商業會計法第 23 條規定，未設置帳簿者。但依規定免設者，不在此限。

⑵違反商業會計法第 24 條規定，毀損會計帳簿頁數或毀滅審計軌跡者。

⑶未依商業會計法第 38 條規定期限保存會計帳簿、報表或憑證者。

⑷未依商業會計法第 65 條規定如期辦理決算者。

⑸違反商業會計法第六章、第七章規定，編製內容顯不確實之決算報表者。

6.商業負責人違反商業會計法第 5 條第 1 項、第 2 項或第 5 項規定者（即公司應設置會計人員；公司主辦會計人員之任免，在股份有限公司須有董事過半數同意；在有限公司須有全體股東過半數同意；在無限公司、兩合公司須有全體無限責任股東過半數同意），處新臺幣 30,000 元以上 150,000 元以下罰鍰（商77）。

7.代表商業之負責人、經理人、主辦及經辦會計人員有下列各款情事之一者，處新臺幣 30,000 元以上 150,000 元以下罰鍰（商78）：

⑴違反商業會計法第 9 條第 1 項規定者。（即商業之支出超過一定金額以上者，應使用匯票、本票、支票、劃撥、電匯、轉帳或其他經主管機關核定之支付工具或方法，並載明受款人。）

⑵違反商業會計法第 14 條規定，不取得原始憑證或給予他人憑證者。

⑶違反商業會計法第 34 條規定，不按時記帳者。

⑷未依商業會計法第 36 條規定裝訂或保管會計憑證者。

⑸違反商業會計法第 66 條第 1 項規定，不編製報表。

⑹違反商業會計法第 69 條規定，不將決算報表置於本機構，或無正當理由拒絕利害關係人查閱者。

㈡未依規定提示帳簿者

1.營利事業拒絕稅捐稽徵機關或財政部賦稅署指定之調查人員調查，或拒不提示有關課稅資料、文件者，處新臺幣 3,000 元以上、30,000 元以下之罰鍰。納稅義務人經稅捐稽徵機關或財政部賦稅署指定之調查人員通知到達備詢，納稅義務人本人或受委任之合法代理人，如無正當理由拒不到達備詢者，處新臺幣 3,000 元以下罰鍰（稽 46）。

2.稽徵機關進行調查或復查時，納稅義務人應提示有關各種證明所得額之帳簿、文據；其未提示者，稽徵機關得依查得之資料或同業利潤標準，核定其所得額（所 83）。

3.不依規定保存帳簿或無正當理由而不將帳簿留置於營業場所者，處新臺幣 15,000 元以上 60,000 元以下罰鍰（稽 45）。

第三節
憑　證

一、憑證之種類

商業會計憑證可分為原始憑證與記帳憑證二類。原始憑證，係證明事項之經過，而為造具記帳憑證所根據之憑證；記帳憑證，係證明處理會計事項人員之責任，而為記帳所根據之憑證（商 15）。茲將原始憑證與記帳憑證之種類分別說明於次。

㈠原始憑證

依其性質可分為下列三種（商 16）：

◇外來憑證

係自其商業本身以外之人所取得者，例如進貨或支付費用所取得之統一發票或收據。

◇對外憑證

係給與其商業本身以外之人者，例如銷貨所開立給買受人之統一發票。

◇內部憑證

係由其商業本身自行製存者，例如薪資、伙食費、加班費等印領清冊屬之。

(二)記帳憑證

即一般通稱之傳票，依其性質可分為下列三種（商 17）：

◇收入傳票

即記錄現金收入之傳票，通常為紅色。

◇支出傳票

即記錄現金支出之傳票，通常為藍色。

◇轉帳傳票

即記錄轉帳交易之傳票，通常為黑色。

二、原始憑證應具備之要件

(一)外來或對外憑證

營利事業各項外來憑證或對外憑證，應載有交易雙方之名稱、地址、統一編號、交易日期、品名、數量、單價、金額、銷售額及營業稅額並加蓋印章。外來憑證屬個人出具之收據，應載明出據人之身分證統一編號。對外憑證開立予非營利事業時，除法令另有規定外，得免填載買受人名稱、地址及統一編號（帳 22）。

前項外來憑證或對外憑證屬使用電子計算機統一發票或以網際網路或其他電子方式開立、傳輸之電子發票者，開立人得列印其名稱、地址及統一編號於「營業人蓋用統一發票專用章」欄內，免加蓋印章（帳 22）。

(二)內部憑證

營利事業之內部憑證，應載明事實、金額、立據日期及立據人簽章，以資證明（帳 21）。

三、憑證保管與使用之有關規定

　　1.營利事業各項會計憑證，除為權責存在或應予永久保存者，應另行保管外，應將原始憑證附於記帳憑證之後，並依事項發生之時序或按其事項之種類，依次編號黏貼或裝訂成冊。其給予他人之憑證，如有誤寫或收回作廢者，應黏附於原號存根或副本之上。如以媒體儲存之原始憑證，應於記帳憑證載明憑證字軌號碼，不適用前項規定。但主管稽徵機關或財政部指定之調查人員依法進行調查時，如須列印憑證及有關文件，該營利事業應負責免費列印提供（帳24）。

　　2.營利事業之各項會計憑證，除應永久保存或有關未結會計事項者外，應於會計年度決算程序辦理終了後，至少保存5年。該項會計憑證，於當年度營利事業所得稅結算申報經主管稽徵機關調查核定後,除應永久保存或有關未結會計事項者外，得報經稽徵機關核准後，以縮影機或磁鼓、磁碟、磁片、磁帶、光碟等電子方式儲存媒體，將會計憑證按序縮影或儲存後依上述規定年限保存，其原始憑證得予銷燬。但主管稽徵機關或財政部指定之調查人員依法進行調查時，如須複印憑證及有關文件，該營利事業應負責免費複印提供（帳27）。

　　3.營利事業列支之製造費用及營業費用，如係取得小規模營利事業出具之普通收據，其全年累計金額以不超過當年度經稽徵機關核定之製造費用及營業費用總額30‰為限，超過部分，不予認定（查67）。

四、違反規定之處罰

㈠未依法保存憑證者

　　營利事業未依法保存憑證者,應按該項未保存之憑證而經認定之總額，處以5%罰鍰，此項處罰金額最高不得超過新臺幣1,000,000元（稽44）。

㈡未依法取得或給予憑證者

　　營利事業依法規定應給予他人憑證而未給予,或應自他人取得憑證而未取得者，應就其未給予憑證或未取得憑證，經查明認定之總額，處5%罰鍰。但營利事業取

得非實際交易對象所開立之憑證，如經查明確有進貨事實及該項憑證確由實際銷貨之營利事業所交付，且實際銷貨之營利事業已依法處罰者，免予處罰。前項處罰金額最高不得超過新臺幣 1,000,000 元（稽 44）。若有涉及不正當逃漏稅者，並應依稅捐稽徵法第 41 條規定處罰，幫助犯應依同法第 43 條規定處罰。

　　所稱未依法給予他人憑證，係指交易事項未依法令規定給予他人憑證，例如銷貨時漏開、短開、或遲開發票等皆屬之。所謂未依法取得憑證，係指交易事項發生時，未依法令規定自他人取得憑證，例如進貨或支付費用時，未取得或遲取得發票等是。茲為使讀者便於瞭解未依法取得或給予憑證之處罰規定，爰假設甲公司將貨物銷售給乙公司，乙公司將其轉售予丙公司，甲公司應乙公司之要求，將發票直接開給丙公司，故乙公司未取得亦未開立發票，茲將其關係繪圖如圖 3–1。

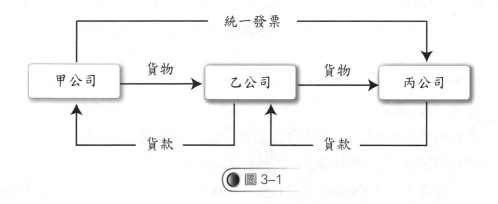

圖 3–1

茲將上列甲、乙、丙三公司所違反之法令規定及其處罰分別說明於次：

1. 甲公司：該公司涉嫌違反之法令及處罰規定如下：

(1)未依法給予憑證：甲公司將貨物銷售予乙公司，應將開立之發票交付乙公司方屬合法，其將發票開立給丙公司，此種跳開發票之行為，涉嫌違反稅捐稽徵法第 44 條規定，應處憑證金額 5% 之罰鍰，最高不得超過新臺幣 1,000,000 元。

(2)幫助他人逃漏稅捐：甲公司應乙公司之要求，將發票開給丙公司，致乙公司得以漏進漏銷，涉嫌幫助乙公司逃漏稅捐，違反稅捐稽徵法第 43 條規定，應處 3 年以下有期徒刑、拘役、或科新臺幣 60,000 元以下罰金。

2. 乙公司：該公司涉嫌違反之法令如下：

(1)未依法取得憑證：該公司向甲公司進貨，未取得進貨發票，應依稅捐稽徵法第 44 條規定，處以憑證金額 5% 之罰鍰，最高不得超過新臺幣 1,000,000 元。

(2)未依法給予憑證：乙公司銷售貨物與丙公司，未開立發票交付該公司，應依稅捐稽徵法第 44 條規定，處以 5% 之罰鍰，最高不得超過新臺幣 1,000,000 元。

(3)漏開統一發票：乙公司銷售貨物與丙公司，未開立發票報繳營業稅，涉嫌違反加值型及非加值型營業稅法第 51 條第 1 項第 3 款規定，除應追繳營業稅款外，應按所漏稅額處 5 倍以下罰鍰，並得停止其營業。

營業人進貨未依規定取得進貨憑證，並於銷貨時漏開統一發票之漏進漏銷案件，其銷貨漏開統一發票，同時觸犯稅捐稽徵法第 44 條及加值型及非加值型營業稅法第 51 條第 1 項第 3 款規定部分，應採擇一從重處罰（財政部 85 年 4 月 26 日台財稅第 851903313 號函）。至其進貨未依規定取得進貨憑證部分，仍應依稅捐稽徵法第 44 條規定處罰（財政部 85 年 6 月 19 日台財稅字第 850290814 號函及 101 年 5 月 24 日台財稅字第 10104557440 號令）。故乙公司未依法給予憑證及逃漏營業稅部分，二者僅能擇一從重處罰，不得二者併罰。至於未依法取得進貨憑證之部分，仍應依稅捐稽徵法第 44 條規定處罰。

(4)逃漏所得稅：乙公司銷售貨物與丙公司，未申報營業收入，涉嫌逃漏營利事業所得稅，除依查得資料或同業利潤標準核定所得額補繳營利事業所得稅外，並應依所得稅法第 110 條第 1 項規定，處以所漏稅額 2 倍以下之罰鍰。

(5)租稅刑事罰：乙公司涉嫌以不正當方法逃漏稅捐，違反稅捐稽徵法第 41 條規定，應處 5 年以下有期徒刑、拘役、或科或併科新臺幣 60,000 元以下罰金。

3.丙公司：該公司涉嫌違反之法令規定如下：

(1)未依法取得憑證：丙公司向乙公司進貨，依法應向乙公司取得進貨發票，惟該公司卻取得甲公司之發票，涉嫌未依法取得憑證，應依稅捐稽徵法第 44 條規定，處以 5% 罰鍰，最高不得超過新臺幣 1,000,000 元。但丙公司若經查明確有進貨事實及該項憑證確由乙公司交付，且乙公司已依法處罰者，免予處罰。

(2)幫助他人逃漏稅捐：丙公司接受乙公司之要求，取得甲公司之發票，使乙公司得以免開銷貨發票，涉嫌幫助乙公司逃漏稅捐，違反稅捐稽徵法第 43 條規定，應處以 3 年以下有期徒刑、拘役、或科新臺幣 60,000 元以下罰金。

㈢行使不法憑證之處罰

財政部於 76 年明令發布營業人給予或取得非法憑證之處罰規定（財政部 76 年 5 月 6 日台財稅字第 7637376 號函），其有關處罰規定如次：

1.關於涉嫌虛設行號部分：涉嫌虛設行號之負責人及共同行為人，應依刑法偽造文書及詐欺罪暨稅捐稽徵法第 41 條或第 43 條規定辦理。

2.偽造、變造統一發票或偽造印戳之行為人，應依刑法偽造文書或偽造印文罪及稅捐稽徵法第 41 條或第 43 條規定辦理。

3.虛設行號應依稅捐稽徵法第 41 條或第 43 條規定移送法辦，所需具備之要件與證件，應力求周延，俾為司法機關之裁判佐證。

五、免罰規定

納稅義務人違反各項稅法規定，在那些情況下得免除其處罰，其有關規定，請參閱本書第十五章第五節三、免罰規定。

習　題

1.某公司係製造業，資本額為新臺幣 10,000,000 元，請問應設置那些帳簿？

2.請問建設公司應設置那些帳簿？

3.某公司 105 年間不慎發生火災，燒毀 104、103 及 102 年度之帳冊及憑證，其中 103 及 102 年度所得稅已經國稅局核定，惟 104 年尚未核定，請問 104 年度所得額如何核定？若僅帳簿燒毀，原始憑證尚在時，則 104 年之所得額如何核定？

4.某公司為美化財務報表，明知並無銷貨事實，仍開立發票，據以編製財務報表，請問是否違法？若違法將受何種處罰？

5.某公司接獲國稅局之調帳通知，公司因帳簿憑證不齊全，逾期未提示，請問國稅稅將如何核定其所得額？公司將受到何種處罰？

6.某公司為了減少稅負，銷貨時經常未開立發票，漏報收入，請問將受到那些處罰？

NOTE

第四章

營業稅及其會計處理㈠

　　我國營業稅法自 20 年 6 月 13 日經國民政府公布施行以後，歷經五十餘寒暑，期間經多次修正，惟此一稅制皆係就交易總額採多階段課徵，即就製造、批發、零售各階段之營業毛額課稅，導致嚴重之重複課稅。政府為改進此一稅制，爰於 59 年擬具「銷售稅法草案」，採營業加值額課徵，俾免重複課稅，後經多次修正，終於 73 年 11 月 1 日經行政院會通過「營業稅法修正草案」，於 74 年 11 月 5 日經立法院三讀通過，完成立法程序，行政院並自 75 年 4 月 1 日開始實施此一劃時代之新稅制——營業加值稅。90 年 7 月 9 日將營業稅法名稱修正為「加值型及非加值型營業稅法」（以下簡稱營業稅法）。

　　新制營業稅，係將部分營利事業原所課徵之營業稅、印花稅及部分貨物稅予以取消，改按營業加值額課稅，吾人稱其為「加值型之營業人」。另有部分營利事業仍採舊制課徵營業稅，吾人稱之為「非加值型之營業人」。

　　本章將分別說明營業稅之課稅範圍、免稅項目、零稅率之適用範圍及統一發票使用之有關規定。第五章將繼續說明稅率、稅額計算、稽徵程序、會計處理及獎懲等規定。

第一節
總　則

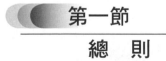

一、加值型營業稅之意義

　　加值稅係一種多階段之銷售稅，就各銷售階段之加值 (Value Added) 部分予以課稅。所謂「加值」，通常係指納稅單位於一定期間內之銷售總額，減去同一期間內之進貨總額，此項進銷貨之差額即為「加值」。我國現行之加值型營業稅，係將當期進貨及費用所支付之進項稅額，抵減當期銷售貨物或勞務依規定稅率計徵之銷項稅額，

其差額即為當期應付（或溢付）稅額。例如某公司某期之進貨及費用計 1,000,000 元，進項稅額 50,000 元，當期銷貨 1,500,000 元，銷項稅額 75,000 元，則當期應付稅額為 25,000 元，其計算如下：

銷項稅額：$1,500,000 × 5%	$75,000
進項稅額：$1,000,000 × 5%	50,000
應納稅額	$25,000

二、加值型營業稅之型態

加值型營業稅以其稅基計算方法之不同，而有下列三種型態：

㈠毛所得型

此一型態之加值型營業稅，其稅基之計算，係以營業單位在某一期間銷貨或提供勞務之收入中，減去同一期間內各項非資本性支出之差額。所謂非資本性支出，包括：⑴原料、物料成本。⑵進貨成本。⑶一般費用。⑷他人提供勞務之代價（企業本身雇用員工之勞務除外）。

㈡淨所得型

此一型態之加值型營業稅與上述毛所得型不同之處，係在計算稅基時，除減去毛所得型可扣除之各項支出外，尚可減去資本設備之當期折舊。

㈢消費型

此一型態之加值型營業稅，在計算稅基時，得將該期間內所購入之資本設備支出，全額一次自同一期間之銷貨收入中扣除。由於此種型態之加值型營業稅，對於資本設備支出予以全額一次之免稅，故對資本形成具有很大之鼓勵作用。我國之加值型營業稅，即採此種型態。

三、稅額計算方法

加值型營業稅之稅額計算方法，主要有稅額相減法、稅基相減法及加計法等三

種，茲分別說明於次：

㈠稅額相減法

此法係將某一期間內之銷項稅額(銷售額乘以稅率)，減去同期間之進項稅額(進貨所支付之稅額)，其差額若為正數即為該期間之應付稅額，其差額若為負數即為應退稅額。我國之加值型營業稅，即採行此法。

㈡稅基相減法

此法係將某一期間之銷售總額減去同期間之進貨總額，以其差額乘以稅率，若係正數即為應付稅額，若為負數即屬應退稅額。

㈢加計法

此法係將某一期間內，納稅單位因經營業務所發生之薪資、利息、租金及利潤之總額乘以稅率，即為應付稅額。此法由於加值額之計算複雜，故稽徵技術較為困難，若列有免稅項目或不同物品及勞務採用差別稅率時，則加計法之應用將益為困難，故實施加值型營業稅之國家，皆不採行此法。

四、課徵範圍

我國之加值型營業稅，係採屬地主義課徵，將部分貨物稅及原課徵之營業稅、印花稅及附加教育經費予以合併。故凡在中華民國境內銷售貨物或勞務及進口貨物，皆應依法課徵營業稅（營1），其課徵範圍包括下列三大類（營3、5）：

㈠銷售貨物

係指將貨物之所有權移轉與他人，以取得代價者稱之。所謂貨物，包括動產及不動產。

所謂在中華民國境內銷售貨物，係指下列兩種情形（營4）：

　1.銷售貨物之交付須移運者，其起運地在中華民國境內。

　2.銷售貨物之交付無須移運者，其所在地在中華民國境內。

下列各項視為銷售貨物（營3）：

　　1.營業人以其產製、進口、購買供銷售之貨物，轉供營業人自用，或無償移轉他人所有者。

　　2.營業人解散或廢止營業時所餘存之貨物，或將貨物抵償債務、分配與股東或出資人者。

　　3.營業人以自己名義代為購買貨物交付與委託人者。

　　4.營業人委託他人代銷貨物者。

　　5.營業人銷售代銷貨物者。

　　信託財產於下列各款信託關係人間移轉或為其他處分者，不適用有關視同銷售之規定（營3之1）：

　　1.因信託行為成立，委託人與受託人間。

　　2.信託關係存續中受託人變更時，原受託人與新受託人間。

　　3.因信託行為不成立、無效、解除、撤銷或信託關係消滅時，委託人與受託人間。

　　非以營業為目的之事業、機關、團體、組織及專營免稅貨物或勞務之營業人，有上列1、2規定情形，經查明其進項稅額並未申報扣抵銷項稅額者，不適用上述有關視為銷售之規定（營3之2）。

㈡銷售勞務

　　係指提供勞務予他人，或提供貨物與他人使用、收益，以取得代價者。惟執行業務者提供其專業性勞務，及個人受僱提供勞務，不包括在內（營3）。

　　所謂在中華民國境內銷售勞務，係指下列三種情形（營4）：

　　1.銷售之勞務係在中華民國境內提供或使用者。

　　2.國際運輸事業自中華民國境內載運客、貨出境者。

　　3.外國保險業自中華民國境內保險業承保再保險者。

㈢進口貨物

　　係指貨物自國外進入中華民國境內，或保稅貨物自保稅區進入中華民國境內其他地區者，皆在課徵加值型營業稅之範圍。但由國外進入保稅區之保稅貨物，則不在課徵之列（營5）。至於貨物進口時應徵之營業稅，由海關代徵，其納稅程序準用關稅法之規定辦理。

　　保稅區指政府核定之加工出口區、科學工業園區、農業科技園區、自由貿易港區及海關管理之保稅工廠、保稅倉庫、物流中心或其他經目的事業主管機關核准設立且由海關監管之專區（營6之1）。

(四)課稅範圍圖示

　　依現行加值型及非加值型營業稅法規定，有部分營業人係採非加值型課徵營業稅，此類營業人包括銀行業、保險業、信託投資業、證券業、期貨業、票券業、典當業、特種飲食業（夜總會、有娛樂節目之餐飲店、酒家及有女性陪侍之茶室、咖啡廳、酒吧等）、農產品批發市場之承銷人、銷售農產品之小規模營業人、小規模營業人、依法取得從事按摩資格之視覺功能障礙者經營，且全部由視覺功能障礙者提供按摩勞務之按摩業，及其他經財政部規定免予申報銷售額之營業人（營21、22、23），該等營業人，吾人稱之為「非加值型之營業人」。在中華民國境內銷售貨物或勞務之營業人，除上述者外，皆應依法課徵加值型營業稅，此類營業人，吾人稱之為「加值型之營業人」。茲將此二類型之營業人及其適用稅率繪圖如圖4–1、4–2。

　　在圖4–2中，白色部分為加值型之營業人，應依規定課徵加值型營業稅。灰色部分為非加值型之營業人，依圖中所列稅率計徵非加值型營業稅。有關稅額計算方法，將於第五章第一節及第二節中舉例說明之。

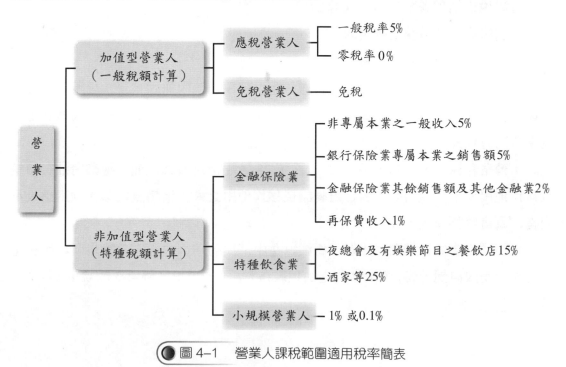

圖4–1　營業人課稅範圍適用稅率簡表

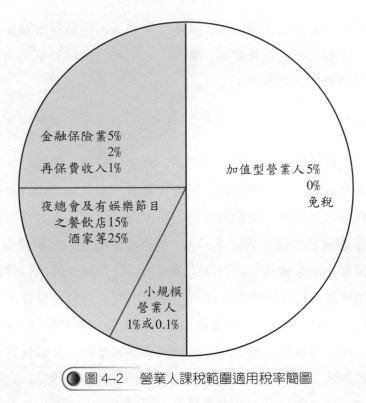

● 圖 4-2 營業人課稅範圍適用稅率簡圖

五、納稅義務人

營業稅之納稅義務人如下（營 2）：

1.銷售貨物或勞務之營業人。

2.進口貨物之收貨人或持有人。

3.外國之事業、機關、團體、組織，在中華民國境內無固定營業場所者，其所銷售勞務之買受人即為納稅義務人。但外國國際運輸事業在中華民國境內無固定營業場所而有代理人者，其代理人為納稅義務人。

4.營業稅法第 8 條第 1 項第 27 款、第 28 款規定之農業用油、漁業用油有轉讓或移作他用而不符免稅規定者，為轉讓或移作他用之人。但轉讓或移作他用之人不明者，為貨物持有人。

5.外國之事業、機關、團體、組織，在中華民國境內無固定營業場所，銷售電子勞務予境內自然人者，為營業稅之納稅義務人，不適用第 2 條第 3 款規定（營 2 之 1）。

六、營業人

所謂營業人，係指下列情形之一者（營 6）：

1.以營利為目的之公營、私營或公私合營之事業。

2.非以營利為目的之事業、機關、團體、組織，有銷售貨物或勞務者。

3.外國之事業、機關、團體、組織，在中華民國境內之固定營業場所。

4.外國之事業、機關、團體、組織，在中華民國境內無固定營業場所，銷售電子勞務予境內自然人。

第二節
減免規定

加值型營業稅之減免規定，可分為零稅率及免稅兩類，兩者有所不同。所謂零稅率，係指銷售額之稅率為零，故其銷售額之應付稅額為零，惟其進項稅額仍可扣抵，因扣抵結果為負數，故可以退稅。所謂免稅，係指銷售額免納營業稅，銷項既然免稅，則進項稅額亦不能扣抵。本節將分別說明零稅率與免稅之適用範圍，及其所需之證明文件。

一、零稅率之適用範圍及其證明文件

適用零稅率之情形如下（營 7）：

1.外銷貨物。

2.與外銷有關之勞務，或在國內提供而在國外使用之勞務。

3.依法設立之免稅商店銷售與過境或出境旅客之貨物。

4.銷售與保稅區營業人供營運之貨物或勞務。

5.國際間之運輸。但外國運輸事業在中華民國境內經營國際運輸業務者，應以各該國對中華民國國際運輸事業予以相等待遇或免徵類似稅捐者為限。

6.國際運輸用之船舶、航空器及遠洋漁船。

7.銷售與國際運輸用之船舶、航空器及遠洋漁船所使用之貨物或修繕勞務。

8.保稅區營業人銷售與課稅區營業人未輸往課稅區而直接出口之貨物。

9.保稅區營業人銷售與課稅區營業人存入自由港區事業或海關管理之保稅倉庫、物流中心以供外銷之貨物。

營業人適用零稅率應具備之文件如下（營細 11）：

1.外銷貨物除報經海關出口，免檢附證明文件外，委由郵政機構或依快遞貨物通關辦法規定經海關核准登記之快遞業者出口者，其離岸價格在新臺幣 5 萬元以下，為郵政機構或快遞業者掣發之執據影本；其離岸價格超過新臺幣 5 萬元，仍應報經海關出口，免檢附證明文件。

2.與外銷有關之勞務，或在國內提供而在國外使用之勞務，取得外匯結售或存入政府指定之銀行者，為政府指定外匯銀行掣發之外匯證明文件；取得外匯未經結售或存入政府指定之銀行者，為原始外匯收入款憑證影本。

3.依法設立之免稅商店銷售貨物與過境或出境旅客者，為經監管海關核准以電子媒體儲存載有過境或出境旅客護照或旅行證件號碼之售貨單。但設在國際機場、港口管制區內之免稅商店，其售貨單得免填列過境或出境旅客護照或旅行證件號碼。

4.銷售貨物或勞務與保稅區營業人供營運使用者，除報經海關視同出口之貨物，免檢附證明文件外，為各該保稅區營業人簽署之統一發票扣抵聯。

5.經營國際間之運輸者，為載運國外客貨收入清單。

6.銷售國際運輸用之船舶、航空器及遠洋漁船者，為銷售契約影本。

7.銷售貨物或提供修繕勞務與國際運輸用之船舶、航空器及遠洋漁船者，除報經海關出口之貨物，免檢附證明文件外，為海關核發已交付使用之證明文件或修繕契約影本。

8.保稅區營業人銷售貨物與課稅區營業人未輸往課稅區而直接出口者，為銷售契約影本、海關核發之課稅區營業人報關出口證明文件。

9.保稅區營業人銷售貨物與課稅區營業人存入自由港區事業或海關管理之保稅倉庫、物流中心以供外銷者，為銷售契約影本、海關核發之視同出口或進口證明文件。

10.其他經財政部核定之證明文件。

11.營業人經由營業稅法第 28 之 1 條規定，應申請稅籍登記之營業人，銷售電子勞務予境外自然人，依營業稅法第 7 條第 2 款規定適用零稅率者，除上述第 2 款文件外，並應檢附已依營業稅法第 28 之 1 條規定辦理稅籍登記之營業人所提供在國外

使用之證明文件（營細 11 之 1）。

二、免稅項目及其證明文件

免徵營業稅之項目如下（營 8、8 之 1、9、9 之 1）：

1.出售之土地。

2.供應之農田灌溉用水。

3.醫院、診所、療養院提供之醫療勞務、藥品、病房之住宿及膳食。

4.依法經主管機關許可設立之社會福利團體、機構及勞工團體，提供之社會福利勞務及政府委託代辦之社會福利勞務。

5.學校、幼稚園與其他教育文化機構提供之教育勞務及政府委託代辦之文化勞務。

6.出版業發行經主管教育行政機關審定之各級學校所用教科書，及經政府依法獎勵之重要學術專門著作。

7.職業學校不對外營業之實習商店銷售之貨物或勞務。

8.依法登記之報社、雜誌社、通訊社、電視臺與廣播電臺銷售其本事業之報紙、出版品、通訊稿、廣告、節目播映及節目播出。但報社銷售之廣告及電視臺之廣告播映，不包括在內。

9.合作社依法經營銷售與社員之貨物或勞務及政府委託其代辦之業務。

10.農會、漁會、工會、商業會、工業會依法經營銷售與會員之貨物或勞務及政府委託其代辦之業務，或依農產品市場交易法設立且農會、漁會、合作社、政府之投資比例合計占 70% 以上之農產品批發市場，依同法第 27 條規定收取之管理費。

11.依法組織之慈善救濟事業標售或義賣之貨物與舉辦之義演，其收入除支付標售、義賣及義演之必要費用外，全部供作該事業本身之用者。

12.政府機關、公營事業及社會團體，依有關法令組設經營不對外營業之員工福利機構，銷售之貨物或勞務。

13.監獄工廠及其作業成品售賣所銷售之貨物或勞務。

14.郵政、電信機關依法經營之業務及政府核定之代辦業務。

15.政府專賣事業銷售之專賣品及經許可銷售專賣品之營業人，依照規定價格銷售之專賣品。

16.代銷印花稅票或郵票之勞務。

17.肩挑負販沿街叫賣者銷售之貨物或勞務。

18.飼料及未經加工之生鮮農、林、漁、牧產物、副產物；農、漁民銷售其收穫、捕獲之農、林、漁、牧產物、副產物。

19.漁民銷售其捕獲之魚介。

20.稻米、麵粉之銷售及碾米加工。

21.非加值型之營業人，銷售其非經常買進、賣出而持有之固定資產。

22.保險業承辦政府推行之軍公教人員與其眷屬保險、勞工保險、學生保險、農、漁民保險、輸出保險及強制汽車第三人責任保險，以及其自保費收入中扣除之再保分出保費、人壽保險提存之責任準備金、年金保險提存之責任準備金及健康保險提存之責任準備金。但人壽保險、年金保險、健康保險退保收益及退保收回之責任準備金，不包括在內。

23.各級政府發行之債券及依法應課徵證券交易稅之證券。

24.各級政府機關標售贓餘或廢棄之物資。

25.銷售與國防單位使用之武器、艦艇、飛機、戰車及與作戰有關之偵訊、通訊器材。

26.肥料、農業、畜牧用藥、農耕用之機器設備、農地搬運車及其所用油、電。

27.供沿岸、近海漁業使用之漁船、供漁船使用之機器設備、漁網及其用油。

28.銀行業總、分行往來之利息、信託投資業運用委託人指定用途而盈虧歸委託人負擔之信託資金收入，及典當業銷售不超過應收本息之流當品。

29.金條、金塊、金片、金幣及純金之金飾或飾金。但加工費不在此限。

30.經主管機關核准設立之學術、科技研究機構提供之研究勞務。

31.經營衍生性金融商品、公司債、金融債券、新臺幣拆款及外幣拆款之銷售額。但佣金及手續費不包括在內。

32.進口關稅法第 49 條規定之貨物。但因轉讓或變更用途依照同法第 55 條規定補繳關稅者，應補繳營業稅。

33.進口本國之古物。

34.進口國際運輸用之船舶、航空器、遠洋漁船、肥料及金條、金塊、金片、金幣及純金之金飾或飾金。

35.受託人因公益信託而標售或義賣之貨物與舉辦之義演，其收入除支付標售、義賣及義演之必要費用外，全部供作該公益事業之用者。此項標售、義賣及義演之

收入，不計入受託人之銷售額。

36.為因應經濟特殊情況，調節物資供應，對進口小麥、大麥、玉米或黃豆應徵之營業稅，得由行政院機動調整，不受第 10 條規定限制。前項機動調整之貨物種類、調整幅度、實施期間與實際開始及停止日期，由財政部會同有關機關擬訂，報請行政院核定公告之。

營業人符合上述免稅要件者，在下列情況下應具備有關證明文件：

1.適用上列第 25 款者，應檢送國防部採購單位或其指定使用單位填具載有品名、規格、數量、單價、總金額及本產品（器材）符合本法（加值型及非加值型營業稅法）第 8 條第 1 項第 26 款規定之證明（營細 14）。

2.上列第 26 款所稱之農耕用機器設備，以整地、插植、施肥、灌溉、排水、收穫及其他供農耕用之機器設備為限；農地搬運車，以合於事業主管機關規定之規格者為限（營細 15）。適用上列第 26 款農耕用之機器設備及農地搬運車使用免徵營業稅燃料用油，應憑農業主管機關核定之用油標準及核發之購油證明辦理（營細 16 之 1）。

3.適用上列第 27 款供漁船使用免徵營業稅燃料用油，應依主管機關核定之用油基準及核發之購油證明辦理（營細 16 之 1）。

4.適用上列第 27 款免徵營業稅供漁船使用之機器設備，以漁撈設備、主機、副機、冷凍設備、發電設備、通訊設備、探漁設備、航海設備及其他供漁船使用之機器設備，且合於下列規定之一者為限（營細 16 之 2）：

⑴專供漁船使用，合於中央漁業主管機關所規定之規格者。

⑵非專供漁船使用，但確係售供漁船使用者。

營業人銷售前款貨物，應於開立統一發票時載明漁業證照號碼或主管機關核准建造漁船之公文文號並保存該公文影本，以備稽徵機關查核。

三、免稅之拋棄

所謂免稅，係指銷售貨物或勞務之營業額免徵營業稅，惟其進項稅額既不能扣抵，亦不得退還。在此種情況下，由於前階段所累積之稅款，在本免稅階段不能扣抵或退還，故營業人享受免稅是否有利，須視情況而定。就一般情況而言，營業人之銷售對象若為最終消費者，則享受免稅應屬有利；反之，營業人若係中間商，即銷售對象非最終消費者，則享受免稅並非必然有利。職是之故，營業人銷售免稅貨

物或勞務，經分析後若認為享受免稅反而不利時，得向財政部申請核准放棄適用免稅規定，改按一般規定計算營業稅額課徵營業稅，但經核准後 3 年內不得變更（營 8）。

第三節
統一發票使用規定

一、統一發票之種類

現行統一發票共分六種，茲將其種類及用途分別說明於次（統 7）：

㈠三聯式統一發票

專供加值型營業人銷售貨物或勞務與營業人時使用。第一聯為存根聯，由開立人保存；第二聯為扣抵聯，交付買受人作為依規定申報扣抵或扣減稅額之用；第三聯為收執聯，交付買受人作為記帳憑證。

㈡二聯式統一發票

專供加值型營業人銷售貨物或勞務與非營業人時使用。第一聯為存根聯，由開立人保存；第二聯為收執聯，交付買受人收執。

㈢特種統一發票

專供非加值型營業人銷售貨物或勞務時使用。第一聯為存根聯，由開立人保存；第二聯為收執聯，交付買受人收執。

㈣收銀機統一發票

專供加值型營業人銷售貨物或勞務，以收銀機開立統一發票時使用。其使用與申報，依「營業人使用收銀機辦法」之規定辦理。

㈤電子計算機統一發票

供營業人銷售貨物或勞務以電子計算機開立統一發票時使用。第一聯為存根聯，

由開立人保存；第二聯為扣抵聯，交付買受人作為依規定申報扣抵或扣減稅額之用，但買受人為非營業人時，由開立人自行銷毀；第三聯為收執聯，交付買受人作為記帳憑證，其供營業人銷售貨物或勞務，並依加值型及非加值型營業稅法第四章第二節規定計算稅額者（非加值型營業人），第一聯為存根聯，由開立人保存；第二聯為收執聯，交付買受人收執。

(六)電子發票

指營業人銷售貨物或勞務與買受人時，以網際網路或其他電子方式開立、傳輸或接收之統一發票；其應有存根檔、收執檔及存證檔，用途如下：

1. 存根檔：由開立人自行保存。

2. 收執檔：交付買受人收執，買受人為營業人者，作為記帳憑證及依本法規定申報扣抵或扣減稅額之用。

3. 存證檔：由開立人傳輸至財政部電子發票整合服務平臺(以下簡稱平臺)存證。

電子發票之開立人及買受人，得分別自存根檔或平臺存證檔，依規定格式與紙質下載列印電子發票證明聯，以憑記帳或兌領獎。

開立電子發票之營業人，應於開立後 48 小時內將統一發票資訊及買受人以財政部核准載具索取電子發票之載具識別資訊傳輸至平臺存證，並應使買受人得於該平臺查詢、接收上開資訊；買受人為營業人者，至遲應於電子發票開立後 7 日內，完成買受人接收及由開立人將統一發票資訊傳輸至平臺存證。如有發票作廢、銷貨退回或折讓、捐贈或列印電子發票證明聯等變更發票資訊時，亦同。

開立人符合前項規定者，視為已將統一發票交付買受人，買受人視為已取得統一發票。但有其他不可歸責於營業人之事由，致無法依前項規定辦理者，應於事由消滅之翌日起算 3 日內完成傳輸並向所在地主管稽徵機關申請，經該管稽徵機關核准者，視同已依規定交付（統 7）。

二、免用或免開統一發票之規定

凡合於下列情形之一者，得免用或免開統一發票（統 4）：

1. 小規模營業人。

2. 依法取得從事按摩資格之視覺功能障礙者經營，且全部由視覺功能障礙者提

供按摩勞務之按摩業。

3.計程車業及其他交通運輸事業客票收入部分。

4.依法設立之免稅商店及離島免稅購物商店。

5.供應之農田灌溉用水。

6.醫院、診所、療養院提供之醫療勞務、藥品、病房之住宿及膳食。

7.依法經主管機關許可設立之社會福利團體、機構及勞工團體,提供之社會福利勞務及政府委託代辦之社會福利勞務。

8.學校、幼稚園及其他教育文化機構提供之教育勞務,及政府委託代辦之文化勞務。

9.職業學校不對外營業之實習商店。

10.政府機關、公營事業及社會團體依有關法令組設經營,不對外營業之員工福利機構。

11.監獄工廠及其作業成品售賣所。

12.郵政、電信機關依法經營之業務及政府核定代辦之業務,政府專賣事業銷售之專賣品。但經營本業以外之部分,不包括在內。

13.經核准登記之攤販。

14.理髮業及沐浴業。

15.按查定課徵之特種飲食業。

16.依法登記之報社、雜誌社、通訊社、電視臺及廣播電臺銷售其本事業之報紙、出版品、通訊稿、廣告、節目播映、節目播出。但報社銷售之廣告及電視臺之廣告播映,不包括在內。

17.代銷印花稅票或郵票之勞務。

18.合作社、農會、漁會、工會、商業會、工業會依法經營銷售與社員、會員之貨物或勞務及政府委託其代辦之業務。

19.各級政府發行之債券及依法應課徵證券交易稅之證券。

20.各級政府機關標售賸餘或廢棄之物資。

21.法院、海關及其他機關拍賣沒入或查封之財產、貨物或抵押品。

22.銀行業。

23.保險業。

24.信託投資業、證券業、期貨業及票券業。

25.典當業之利息收入及典物孳生之租金。

26.娛樂業之門票收入、說書場、遊藝場、撞球場、桌球場、釣魚場及兒童樂園等之收入。

27.外國國際運輸事業在中華民國境內無固定營業場所，而由代理人收取自國外載運客貨進入中華民國境內之運費收入。

28.營業人取得之賠償收入。

29.依法組織之慈善救濟事業標售或義賣之貨物與舉辦之義演，其收入除支付標售、義賣及義演之必要費用外，全部供作該事業本身之用者。

30.經主管機關核准設立之學術、科技研究機構提供之研究勞務。

31.農產品批發市場之承銷人。

32.營業人外銷貨物，與外銷有關之勞務或在國內提供而在國外使用之勞務。

33.保稅區營業人銷售與課稅區營業人未輸往課稅區而直接出口之貨物。

34.其他經財政部核定免用或免開統一發票者。

三、統一發票開立時限

營業人開立統一發票之時限，除應依「營業人開立銷售憑證時限表」所規定之時限開立外，茲將一些特殊規定分別說明於次：

㈠外國國際運輸事業

凡外國國際運輸事業在中華民國境內無固定營業場所而有代理人者，其在中華民國境內載貨出境，應由代理人於船舶開航日前開立統一發票，並依下列規定填載買受人（統11）：

1.在中華民國境內收取運費者，以付款人為買受人。

2.未在中華民國境內收取運費者，以國外收貨人為買受人。

上述未在中華民國境內收取運費者，得以每航次運費收入總額彙開統一發票，並於備註欄註明航次及彙開字樣。

㈡物物交換

營業人以貨物或勞務與他人交換貨物或勞務者，應於換出時開立統一發票（統12）。

㈢派員推銷

營業人派出推銷人員攜帶貨物離開營業場所銷售者，應由推銷人員攜帶統一發票，於銷售貨物時開立統一發票交付買受人（統13）。

㈣發行禮券

營業人發行禮券者，應依下列規定時限開立統一發票（統14）：

1.商品禮券：禮券上已載明憑券兌付一定數量之貨物者，應於出售禮券時開立統一發票。

2.現金禮券：禮券上僅載明金額，由持有人按禮券上所載金額憑以兌購貨物者，應於兌付貨物時開立統一發票。若禮券訂明與其他特定之營業人約定憑券兌換貨物者，由承兌之營業人於兌付貨物時開立統一發票。

㈤分期付款銷貨

營業人以分期付款方式銷售貨物者，除於約定收取第一期價款時一次全額開立外，應於約定收取各期價款時開立統一發票（統18）。

㈥自動販賣機銷貨

營業人以自動販賣機銷售貨物，應於收款時按實際收款金額彙總開立統一發票（統18）。

㈦收受支票

依「營業人開立銷售憑證時限表」規定，以收款時為開立統一發票之時限者，其收受之支票，得於票載日開立統一發票（統16）。

㈧代購貨物

營業人經營代購業務者，將代購貨物送交委託人時，除按佣金收入開立統一發票外，應依代購貨物之實際價格開立統一發票，並註明「代購」字樣，交付委託人（統17）。

㈨代銷貨物

營業人委託代銷貨物，應於送貨時依合約規定銷售價格開立統一發票，並註明「委託代銷」字樣，交付受託代銷之營業人，作為進項憑證。受託代銷之營業人，應於銷售代銷貨物時，依合約規定銷售價格開立統一發票，並註明「受託代銷」字樣，交付買受人。受託代銷之營業人，應依合約規定結帳期限，按銷售貨物應收手續費或佣金開立統一發票及結帳單，載明銷售貨物品名、數量、單價、總價、日期及開立統一發票號碼，一併交付委託人，其結帳期間不得超過二個月。營業人委託農產品批發市場交易之貨物，得於結帳時按成交之銷售額開立統一發票，交付受託交易之批發市場（統 17）。

㈩按月彙總開立統一發票

營業人具備下列條件者，得向所在地主管稽徵機關申請核准後，就其對其他營業人銷售之貨物或勞務，按月彙總於當月月底開立統一發票：

1.無積欠已確定之營業稅及罰鍰、營利事業所得稅及罰鍰者。

2.最近 2 年度之營利事業所得稅係委託會計師查核簽證或經核准使用藍色申報書者。

營業人依上項規定申請按月彙總開立統一發票與其他營業人時，應檢附列有各該買受營業人之名稱、地址及統一編號之名冊，報送所在地主管稽徵機關。

營業人經核准按月彙總開立統一發票後，如有違反前開條件者，主管稽徵機關得停止其按月彙總開立統一發票，改按逐筆交易開立統一發票（統 15 之 1）。

茲將「營業人開立銷售憑證時限表」列示如下：

● 表 4-1　營業人開立銷售憑證時限表

業　別	範　圍	開立憑證時限	特別規定
買賣業	銷售貨物之營業。	1.以發貨時為限。但發貨前已收之貨款部分，應先行開立。 2.以書面約定銷售之貨物，必須買受人承認買賣契約始生效力者，以買受人承認時為限。	

製造業	凡使用自行生產或購進之原料,以人工與機械製銷產品之營業。	同買賣業。	
手工業	凡使用自行生產或購進之原料、材料,以人工技藝製銷產品之營業。包括裁縫、手工製造之宮燈、編織品、竹製品、藤製品、刺繡品、貝殼品、雕塑品、金屬裝飾品及其他產品等業。	同買賣業。	
新聞業	包括報社、雜誌社、通訊社、電視臺、廣播電臺等。	1.印刷費等以交件時為限,但交件前已收之價款部分,應先行開立。 2.廣告費以收款時為限。 3.銷售貨物部分,按買賣業開立。	
出版業	凡用機械印版或用化學方法印製之書籍、圖畫、錄音帶、發音片、錄影帶、影碟片,並由出版商名義發行出售之營業。包括書局、印書館、圖書出版社,唱片製造廠等業。	同買賣業。	
農林業	凡投資利用土地及器械從事植物生產之營業。包括農場、林場、茶園、花圃、果園及菇類培養場等。	同買賣業。	
畜牧業	凡投資利用牧場或其他場地,從事養殖動物之營業。包括牲畜、家禽、鳥類、蠶、蜜蜂等。	同買賣業。	
水產業	凡投資利用漁船、漁具或漁塭從事水產動植物之採捕或養殖之營業。包括漁業公司、水產公司。	同買賣業。	
礦冶業	凡以人工與機械開採或冶鍊礦產品或採取砂石之營業。	同買賣業。	
包作業	凡承包土木建築工程、水電煤氣裝置工程及建築物之油漆粉刷工程,而以自備之材料或由出包人作價供售材料施工者之營業。包括營造業、建築業、土木包作業、路面鋪設業、鑿井業、水電工程業、油漆承包業等。	依其工程合約所載每期應收價款時為限。	

印刷業	凡用機械印版或用其他方法承印印刷品之營業。	以交件時為限。但交件前已收之價款部分,應先行開立。	
公用事業	凡經營供應電能、熱能、給水之營業。包括電燈公司、電力公司、電話公司、煤氣公司、自來水公司等業。	以收款時為限。但經營本業以外之營業部分,應按性質類似之行業開立。	
娛樂業	凡以娛樂設備或演技供人視聽玩賞以娛身心之營業。包括: 1.音樂院、戲劇院、電影院、說書場、遊藝場、俱樂部、撞球場、導遊社、桌球場、網球場、高爾夫球場、保齡球場、溜冰場、釣魚場、兒童樂園、花園及其他遊藝場所等業。 2.戲班、劇團、歌舞團、馬戲團、魔術團、技術團、音樂隊、角力、拳擊、球類等比賽及臨時性影映等業。 3.舞廳、歌廳等營業。	以結算時為限。	
運輸業	凡具有運輸工具,以運載水陸空旅客貨物,或具有交通設備以利運輸工具之行駛停放及客貨起落之營業。包括具有船舶、車輛、飛機、道路及停車場站、碼頭、港埠等設備之機構。	以收款時為限。	
照相業	包括攝影、繪像、沖印等業。	以交件時為限,銷售器材按買賣業開立。	
裝潢業	凡經營室內裝潢設計製作,庭園設計施工,櫥窗鋪面設計修飾之營業。包括裝潢行及其他經營裝潢業務之組織。	以收款時為限。	
廣告業	凡經營廣告招牌繪製,各種廣告圖片、海報、幻燈片之設計製作,各種廣告節目製作之營業。包括廣告業、傳播業等。	以收款時為限。	
修理業	凡為客戶修理物品、器具、舟車、工具、機器等,使其恢復原狀或加強效能者之營業。包括修理車、船、飛機、工具、機械、水電、鐘錶、	以交件時為限。但交件前已收之價款部分,應先行開立。	

	眼鏡、自來水筆、電器、舊衣服織補及其他物品器具之修理等業。		
加工業	凡由客戶提供原料委託代為加工，經加工後以加工品交還委託人，而收取加工費之營業。包括碾米廠、榨油廠、磨粉廠、整理廠、漂染廠等業。	同修理業。	
旅宿業	凡以房間或場所供應旅客住宿或休憩之營業。包括旅館、旅社、賓館、公寓、客棧、附設旅社之飯店、對外營業之招待所等業。	以結算時為限。	
理髮業	包括理髮店、美容院等業。	以結算時為限。	
沐浴業	凡以洗滌設備供顧客沐浴之營業。包括浴室、浴池、澡堂等業。	以結算時為限。	
勞務承攬業	凡以提供勞務為主，約定為人完成一定工作之營業。包括貨物運送或起卸承攬、農林作物採伐承攬、錄音、錄影、打字、繪圖、晒圖、洗衣、清潔服務、白蟻驅除及其他勞務承攬等業。	以收款時為限。	
倉庫業	凡為他人堆藏及保管貨物而受報酬之營業。包括專營或兼營之倉庫、堆棧、冷藏庫等業。	以收款時為限。	
租賃業	凡以動產、不動產、無形資產出租與人交付使用，收取租賃費或報酬金之營業。包括出租工具、機械、器具、車輛、船舶、飛機、集會禮堂、殯儀館、婚喪禮服、儀仗及出租營業權、商標權、礦產權、出版權等業。	以收款時為限。	
代辦業	凡受人委託為其辦理業務之營業。包括報關行、船務行、備工介紹所等業。	按約定應收介紹費、手續費、報酬金時為限。	
行紀業	凡代客買賣或居間買賣貨物之營業。包括委託行、經紀行、拍賣行、代理行等業。	按約定應收佣金、手續費、報酬金時為限。	

技術及設計業	凡為他人作技術上之服務及為他人在生產技術、土木、機械、化學工程專業調查研究方案等方面，提供設計之營業。包括公共關係服務業、機械化學工程設計業、中外技術合作及提供專利或發明與他人使用之營業人等業。	按約定應收報酬金、設計費時為限。	
一般飲食業	凡供應食物或飲料品之營業。包括冷熱飲料店、專營自助餐廳、飯店、食堂、餐館、無女性陪侍之茶室、酒吧、咖啡廳、對外營業之員工福利社食堂，及娛樂業、旅宿業等兼營飲食供應之營業。	1. 憑券飲食者,於售券時開立。2. 非憑券飲食者，於結算時開立。3. 外送者，於送出時開立。	
特種飲食業	包括酒家、夜總會、有娛樂節目或女性陪侍之餐飲店、茶室、咖啡廳及酒吧等業。	1. 憑券飲食者,於售券時開立。2. 非憑券飲食者，於結算時開立。	
公證業	凡辦理保險標的物之查勘、鑑定及估價與賠款之理算、洽商而予證明，並收取費用之營業。包括公證行、公證公司及其他經營公證業務之組織。	按約定應收公證費、手續費、報酬金時為限。	
銀行業	凡經營存放款、匯兌、兌換之營業。包括銀行、信用合作社及農、漁會等兼營銀錢營業之信用部。	以收款時為限。	倉庫、保管箱等營運收入、租金及其他非專屬銀行業之銷售收入，可選擇依第四章第一節規定計算營業稅額。
保險業	凡經營保險業務之營業。包括人壽保險公司、產物保險公司、再保險公司及其他經營保險業務之事業。	以收款時為限。但經營不動產及其他非專屬保險業之銷售收入，分別按買賣業或其他性質類似之行業開立。	經營不動產及其他非專屬保險業之銷售收入，可選擇依第四章第一節規定計算營業稅額。
信託投資業	凡以受託人之地位，按照特定目的，收受、經理及運用信託資金與經營信託財產，或以投資中間人之地位，從事資本市場有關目的之投資之營業。包括信託公司及兼營信託投資業務之事業。	以收款時為限。	保管箱、機器等租金收入及其他非專屬信託投資業之銷售收入，可選擇依第四章第一節規定計算營業稅額。
證券業	經證券主管機關核准經營證券業務之營業。包括證券承銷商、證券經紀商、證券自營商及證券交易所等。	以收款時為限。	

期貨業	經期貨主管機關核准經營期貨業務之營業。包括期貨商、槓桿交易商、期貨交易所及期貨結算機構等。	以收款時為限。	
票券業	經主管機關核准經營票券買賣業務之營業。包括票券交易商及兼營票券買賣之事業。	以收款時為限。	
短期票券業	經主管機關核准經營短期票券買賣業務之營業。包括短期票券交易商及兼營短期票券買賣之事業。	以收款時為限。	
典當業	凡經營貸款於客戶並取得典質權之營業。包括典鋪、當鋪、質押鋪等。	以收款時為限。但流當品以交貨時為限。	

註：1.經核定使用統一發票者，除另有規定免開統一發票外，不得開立普通收據。

2.本表未規定之業別，其開立銷售憑證之時限，比照性質類似之業別辦理，無類似之業別者，由財政部核定之。

四、統一發票開立金額

營業人開立發票之金額，亦即銷售貨物或勞務之銷售額，關係稅額之計算甚鉅，稍有不慎，即可能造成短開發票，從而構成違章案件，故應謹慎為之。茲將現行法令有關開立發票金額之重要規定分述如次：

㈠銷售貨物或勞務者

營業人銷售貨物或勞務之銷售額，係指所收取之全部代價，包括貨物或勞務價額外所收取之一切費用。但本次銷售之營業稅額不包括在內（營16）。

㈡課徵貨物稅之貨物

銷售之貨物若係應課徵貨物稅、菸酒稅或菸品健康福利捐之貨物者，其銷售額應加計貨物稅額、菸酒稅額或菸品健康福利捐金額在內（營16）。

㈢國際運輸事業

凡國際運輸事業自中華民國境內載運客貨出境者，其銷售額依下列規定計算（營18）：

◇海運事業

指自中華民國境內承載旅客出境或承運貨物出口之全部票價或運費。

◇空運事業

⑴客運：指自中華民國境內承載旅客至中華民國境外第一站間之票價。所稱中
華民國境外第一站，由財政部定之。

⑵貨運：指自中華民國境內承運貨物出口之全程運費。但承運貨物出口之國際
空運事業，如因航線限制等原因，在航程中途將承運之貨物改由其他國際空
運事業之航空器轉載者，按承運貨物出口國際空運事業實際承運之航程運費
計算。

㈣自用或無償移轉

營業人以其產製、進口、購買供銷售之貨物，轉供營業人自用或無償移轉他人
所有者，其銷售額應以時價為準（營細 19）。所稱時價，係指當地同時期銷售該項
貨物或勞務之市場價格（營細 25）。

㈤以貨物抵償債務

營業人解散或廢止營業時所餘存之貨物，或將貨物抵償債務、分配與股東或出
資人者，其銷售額應以時價為準（營細 19）。

㈥受託代購

營業人經營代購業務者，應以代購貨物之實際價格為銷售額，開立發票交付委
託人（營細 19）。

㈦代銷貨物

營業人委託及代銷貨物者，以約定代銷之價格為銷售額開立發票（營細 19）。

㈧物物交換

營業人以貨物或勞務與他人交換貨物或勞務者，其銷售額應以換出或換入貨物
之時價，從高認定（營細 18）。

㈨土地與定著物合併出售者

營業人以土地及其定著物合併銷售時，除銷售價格按土地與定著物分別載明者外，依房屋評定標準價格（含營業稅）占土地公告現值及房屋評定標準價格（含營業稅）總額之比例，計算定著物部分之銷售額，其計算方式如下（營細 21）：

$$定著物部分之銷售價格 =$$

$$土地及其定著物之銷售價格 \times \frac{房屋評定標準價格 \times（1+徵收率）}{土地公告現值+房屋評定標準價格 \times（1+徵收率）}$$

$$定著物部分之銷售額 = 定著物部分之銷售價格 \div（1+徵收率）$$

假設某戶房屋及其持分土地之銷售價格為 5,000,000 元，房屋評定標準價格為 1,200,000 元，持分土地之公告現值為 1,800,000 元，若買賣契約中未分別載明土地與房屋之銷售價格，則房屋部分之銷售額為 1,960,785 元，其計算如下：

$$房屋銷售價格 = \$5,000,000 \times \frac{\$1,200,000 \times（1+5\%）}{\$1,800,000+\$1,200,000 \times（1+5\%）}$$

$$= \$2,058,824$$

$$房屋銷售額 = \$2,058,824 \div（1+5\%）$$

$$= \$1,960,785$$

㈩出租財產收取押金

1.加值型營業人出租財產所收取之押金，應按月計算銷售額，不滿一月者，不計。其計算公式如下（營細 24）：

$$銷售額 = \frac{押金 \times 該年 1 月 1 日郵政儲金匯業局之 1 年期固定利率 \div 12}{1+徵收率（即 5\%）}$$

2.非加值型營業人出租財產所收取押金，應按月計算銷售額，不滿一月者，不計。其計算公式如下（營細 24）：

$$銷售額 = 押金 \times 該年 1 月 1 日郵政儲金匯業局之 1 年期固定利率 \div 12$$

㈡分期付款銷貨

營業人以分期付款方式銷售貨物者，除約定收取第一期價款時以全部應收取的價款為銷售額外，以各期約定應收取之價款為銷售額開立發票（營細 20）。

㈢預收貨款

營業人銷售貨物或勞務，於貨物交付前或勞務提供前經開立統一發票者，應以開立統一發票之金額為銷售額（營細 22）。

㈣價格偏低之調整

營業人以較時價顯著偏低之價格銷售貨物或勞務而無正當理由者，主管稽徵機關得依時價認定其銷售額（營 17）。所謂時價，係指當地同時期銷售該項貨物或勞務之市場價格（營細 25）。

㈤銷售貨物或勞務予非營業人

營業人銷售貨物或勞務時，若買受人為非營業人時，銷售額與銷項稅額應合併開立統一發票，即銷項稅額改為內含，此時銷售額與銷項稅額之計算如下（營細 32之 1）：

$$銷項稅額 = \frac{當期開立統一發票總額}{(1 + 徵收率)} \times 徵收率$$

$$銷售額 = 當期開立統一發票總額 - 銷項稅額$$

上列銷項稅額尾數不滿通用貨幣 1 元者，按四捨五入計算。

五、統一發票使用之其他有關規定

㈠應按時序開立並蓋章

營業人使用統一發票，應按時序開立，並於扣抵聯及收執聯加蓋規定之統一發

票專用章（統8）。所謂按時序開立，係指已按流水號碼印製之統一發票，應依日期之時間先後順序開立，若有日期顛倒時，則日期在後之發票，視為遲開。

使用電子計算機統一發票或以網際網路或其他電子方式開立、傳輸之電子發票者，得以條列方式列印其名稱、地址及統一編號於「營業人蓋用統一發票專用章」欄內，免加蓋統一發票專用章。

(二)不同課稅類別應分別開立

凡屬加值型營業人，於使用統一發票時，應區分應稅、零稅率或免稅，並就不同之課稅類別，分別開立統一發票（統8）。

(三)自用或無償移轉應開立發票

營業人以其產製、進口、購買供銷售之貨物，轉供營業人自用，或無償移轉他人所有者，應於領用或移轉時，以時價為銷售額，開立發票，至發票之買受人應填寫營業人本身。

(四)貨物以號碼代替品名應報備

營業人開立統一發票時，其銷售之貨物以分類號碼代替品名者，應先將代替品名之分類號碼對照表，報請主管稽徵機關核備，異動時亦同（統9）。

(五)零星交易得彙開發票

營業人每筆銷售額與銷項稅額合計未滿新臺幣50元之交易，除買受人要求者外，得免逐筆開立統一發票。但應於每日營業終了時，按其總金額彙開一張統一發票，註明「彙開」字樣，並應在當期統一發票明細表備考欄註明「按日彙開」字樣，以供查核。營業人以網際網路或其他電子方式開立電子發票、使用收銀機開立統一發票或使用收銀機收據代替逐筆開立統一發票者，不適用此項規定（統15）。

(六)應記載項目必須逐項填列

營業人開立統一發票，除應分別依規定格式據實載明交易日期、品名、數量、單價、金額、銷售額、課稅別、稅額及總計外，並應依下列規定辦理，但其買受人為非營業人者，應以定價開立（統9）：

　　1.營業人使用三聯式統一發票或電子計算機統一發票者，並應載明買受人名稱及統一編號。但電子計算機不能列印買受人名稱者，得僅列印買受人之營利事業統一編號。

　　2.製造業或經營進口貿易之營業人，銷售貨物或勞務與非營業人開立之統一發票，應載明買受人名稱及地址，或身分證統一編號。

　　3.營業人對買受人為非營業人所開立之統一發票，除前款規定外，得免填買受人名稱及地址。但經買受人要求者，不在此限。

　　4.營業人銷售貨物或勞務與持用簽帳卡之買受人者，應於開立統一發票時，於發票備註欄載明簽帳卡號碼末四碼。但開立二聯式收銀機統一發票者不在此限。

(七)違章補開

　　營業人漏開、短開統一發票經查獲者，應補開統一發票，並於備註欄載明「違章補開」字樣，由主管稽徵機關執存核辦。此項漏開、短開統一發票之行為，如經買受人檢舉查獲者，其補開之統一發票，得交付買受人，並毋須在備註欄書明「違章補開」字樣，另由該營業人切結承認其違章事實（統 19）。

(八)空白未用部分應截角作廢

　　營業人對當期購買之統一發票剩餘空白未使用部分，應予截角作廢保存，以供稽徵機關抽查，並於填報之統一發票明細表載明其字軌及起訖號碼（統 22）。

(九)不得使用跨期發票

　　非當期之統一發票，不得開立使用。但經主管稽徵機關核准者，不在此限（統 21）。

　　營業人購買之統一發票或稽徵機關配賦之統一發票字軌號碼，不得轉供他人使用（統 21）。

(十)銷項稅額之記載

　　營業人對於應稅貨物或勞務之定價，應內含營業稅（營 32）。

　　營業人銷售貨物或勞務時，若買受人為營業人者，銷項稅額與銷售額應於統一發票上分別載明；若買受人為非營業人者，應以定價開立統一發票（營 32）。

六、以電子計算機開立統一發票之規定

㈠應經主管稽徵機關核准

營業人利用電子計算機製作進銷紀錄，按月列印進貨、銷貨及存貨清單，或營運量紀錄清單，並置有專業會計人員者，得申請主管稽徵機關核准以電子計算機開立統一發票（統25）。

㈡申請手續

營業人向主管稽徵機關申請使用電子計算機開立統一發票時，應檢送下列文件（統25）：

1.依其使用種類，具備三聯式統一發票或特種統一發票之格式。

2.依據會計系統編製之最近月份進貨、銷貨及存貨清單或營運量紀錄清單。

3.銷售管理系統作業規定或手冊。

4.使用電子計算機設備概況表。

5.實施電子計算機開立統一發票計畫書。包括實施範圍、預定計畫進度、使用單位名稱及防弊措施檢查號碼之計算公式等。

自中華民國106年1月1日起停止核准營業人以電子計算機開立統一發票。

㈢使用之有關規定

營業人以電子計算機開立統一發票，應依下列規定辦理：

1.營業人使用電子計算機開立統一發票，應於首次使用前30日，估計當年度各期使用數量，並於以後每年12月1日前，估計次年度各期使用數量，向主管稽徵機關申請起訖號碼依序開立，如有不足，應於5日前，向主管稽徵機關申請增加配號（統26）。

2.營業人使用電子計算機開立統一發票者，其統一發票明細表應分別依電子計算機或特種統一發票明細表格式，以電子計算機套版列印申報（統27）。

3.營業人遇有機器故障，致不能開立電子計算機（或以網際網路或其他電子方式）統一發票時，應以人工依照規定開立，並於填報明細表時註明（統24-1）。

4.營業人開立之統一發票，其字軌號碼如因列印或開立錯誤致發生代發獎金單位溢付獎金者，該溢付獎金應由該營業人償還（統24-2）。

5.買受人為非營業人時，仍應開立三聯式發票，其中收執聯交付買受人，扣抵聯仍由開立人自行銷毀。

七、以收銀機開立發票或收據之規定

營業人使用收銀機已日趨普遍，政府為顧及實務上之需，爰於加值型及非加值型營業稅法第32條中明定：「主管稽徵機關，得核定營業人使用收銀機開立統一發票，或以收銀機收據代替逐筆開立統一發票；其辦法由財政部定之。」財政部乃根據上開法律之授權規定，訂定「營業人使用收銀機辦法」。茲將該辦法之有關規定分別說明於次：

㈠收銀機開立統一發票

◇應具備條件

營業人若具備下列條件者，得向主管稽徵機關申請核定使用收銀機開立統一發票（銀3）：

⑴加值型營業人。

⑵經營零售業務者。

⑶銷售之貨物或勞務可編號並標示價格者。

此外，主管稽徵機關亦得視營業人之性質與能力，核定其使用收銀機開立統一發票。

◇貨物編號應報備

營業人應先將其銷售貨物或勞務之編號，報請主管稽徵機關核備，遇有新增或變動時，應於次月15日以前為之。會計制度健全之百貨業、超級市場及其他營業人，其銷售貨物或勞務之品名及編號有帳載可資查對，經主管稽徵機關核准者，得免向主管稽徵機關報明其新增或變動之編號（銀5）。

◇發票應記載事項

營業人使用收銀機開立二聯式統一發票，應列印交易日期、貨物或勞務之編號、課稅別記號、數量、單價、金額、總計、收銀機編號及交易序號，買受人為營業人

時，並應加印其統一編號。存根聯由開立人保存，收執聯交付買受人收執。

　　營業人使用收銀機開立三聯式統一發票，除應依前項規定辦理外，買受人為營業人時，銷售額與銷項稅額應於統一發票上分別載明之。第一聯為扣抵聯，交付買受人作為依本法規定申報扣抵或扣減稅額之用，但買受人為非營業人時，由開立人自行銷燬，第二聯為收執聯，交付買受人作為記帳憑證，第三聯為存根聯，由開立人保存。

　　營業人依上述規定開立統一發票，已列印其名稱、地址及統一編號者，免加蓋統一發票專用章（銀6）。

◇派員推銷時

　　使用收銀機開立統一發票之營業人，派出推銷人員攜帶貨物離開營業場所銷售者，應另行購用二聯式、三聯式統一發票，由推銷人員於銷售貨物時開立交付買受人（銀7）。

◇申報規定

　　營業人使用收銀機開立二聯式統一發票，於每期申報銷售額所檢附之收銀機統一發票明細表，應載明每部收銀機每日開立統一發票起訖號碼、應稅發票總金額、免稅銷售額及作廢發票號碼，並彙總計算當期銷售總額及營業稅額，載明於首頁明細表。前項營業人每部收銀機銷售金額日報表及月報表，應於各該期營業稅報繳後，至少保留5年。

　　前項日報表及月報表，得報經主管稽徵機關核准後，以縮影機或電子計算機磁鼓、磁碟、磁片、磁帶、光碟等媒體按序縮影或儲存後依前項規定年限保存，其原始報表得予銷燬。但主管稽徵機關或財政部指定之調查人員依法進行調查時，如須複印報表者，營業人應負責免費複印提供。

　　營業人使用收銀機開立三聯式統一發票，於每期申報銷售額所檢附之收銀機統一發票明細表，應載明營業人之名稱、地址、統一編號及每月開立統一發票之字軌、起訖號碼；買受人為營業人者，其統一編號、銷售額、營業稅額；買受人為非營業人者，為發票總計金額，並彙總計算當期銷售總額及營業稅額，載明於末頁明細表（銀8）。

　　營業人遺失空白未使用之收銀機統一發票者，應即日敘明原因及遺失之收銀機統一發票種類、字軌號碼，向主管稽徵機關申報核銷。

　　營業人對當期購買之收銀機統一發票剩餘空白未使用部分，除採電磁紀錄媒體

申報及網際網路申報之營業人外，應依規定格式填具銷燬清冊，於每期申報銷售額時，併同營業稅申報書送交主管稽徵機關後，於申報當月 24 日前自行銷燬，必要時稽徵機關得派員監督銷燬。

營業人如依前項規定自行銷燬有困難者，應於每期申報銷售額時，併同營業稅申報書及前揭銷燬清冊，繳回主管稽徵機關清點查收後銷燬。

空白未使用發票遺失如未向主管稽徵機關申報核銷或剩餘空白未使用發票未依規定銷燬，致發生不正當使用、被重複領獎、冒領獎金或逃漏稅款等情事者，除該被溢領之獎金應由該營業人償還外，其違反法令規定，並應依有關法令規定處罰與究辦其刑責（銀 9）。

(二)收銀機開立收據代替發票

◇應具備條件

營業人具備下列條件者，得向主管稽徵機關申請核定使用收銀機開立收據代替逐筆開立統一發票（銀 10）：

(1)股份有限公司組織且會計制度健全者。

(2)經營零售業務者。

(3)銷售之貨物或勞務可編號並標示價格者。

此外，主管稽徵機關亦得視營業人之性質與能力，核定其使用收銀機開立收據，代替逐筆開立統一發票。

◇報備規定

營業人應先將其銷售貨物或勞務之編號，報請主管稽徵機關核備，遇有新增或變動時，應於次月 15 日以前為之（銀 12）。

◇收據之登記驗印

營業人應自備收銀機收據紙帶，使用前應檢附驗印報告單敘明卷數，報請主管稽徵機關登記驗印，遇有遺失空白未使用者，應即日敘明原因向主管稽徵機關報備（銀 13）。

◇使用規定

營業人使用收銀機開立收據代替逐筆開立統一發票者，應將收銀機收據之收執聯交付買受人，並保留存根聯。買受人得以收銀機收據之收執聯換取統一發票，營業人不得拒絕（銀 14）。此外，營業人使用收銀機開立收據代替逐筆開立統一發票

者，應每日按收銀機收據存根聯總計金額，扣除已開立統一發票之金額後，彙開一張二聯式統一發票，註明「彙開」字樣自行保存，並於每期申報銷售額所檢附之統一發票明細表註明之（銀15）。

八、銷貨退回及折讓

營業人銷售貨物或勞務，於開立統一發票後，發生銷貨退回、掉換貨物或折讓等情事，應於事實發生時，分別依下列各款規定辦理；其為掉換貨物者，應按掉換貨物之金額，另行開立統一發票交付買受人（統20）。

(一)買受人為營業人者

1.開立統一發票之銷售額尚未申報者，應收回原開立統一發票收執聯及扣抵聯，黏貼於原統一發票存根聯上，並註明「作廢」字樣。但原統一發票載有買受人之名稱及統一編號者，得以買受人出具之銷貨退回、進貨退出或折讓證明單代之。

2.開立統一發票之銷售額已申報者，應取得買受人出具之銷貨退回、進貨退出或折讓證明單。但以原統一發票載有買受人之名稱、統一編號者為限。

(二)買受人為非營業人者

1.開立統一發票之銷售額尚未申報者，應收回原開立統一發票收執聯，黏貼於原統一發票存根聯上，並註明「作廢」字樣。

2.開立統一發票之銷售額已申報者，除應取得買受人出具之銷貨退回、進貨退出或折讓證明單外，並應收回原開立統一發票收執聯。如收執聯無法收回，得以收執聯影本替代。但雙方訂有買賣合約，且原開立統一發票載有買受人名稱及地址者，可免收回原開立統一發票收執聯。

前項銷貨退回、進貨退出或折讓證明單一式四聯，第一聯及第二聯由銷售貨物或勞務之營業人，作為申報扣減銷項稅額及記帳之憑證，第三聯及第四聯由買受人留存，作為申報扣減進項稅額及記帳之憑證。

九、統一發票遺失及書寫錯誤

㈠遺失空白發票

　　營業人遺失空白未使用之統一發票者,應即日敘明原因及遺失之統一發票種類、字軌號碼, 向主管稽徵機關申報核銷(統 23)。

㈡遺失發票存根聯

　　營業人遺失已開立統一發票存根聯,如取得買受人蓋章證明之原收執聯影本者,得以收執聯影本代替存根聯(統 23)。

㈢遺失扣抵聯或收執聯

　　營業人遺失統一發票扣抵聯或收執聯,如取得原銷售營業人蓋章證明之存根聯影本, 或以未遺失聯之影本自行蓋章證明者,得以影本替代扣抵聯或收執聯, 作為進項稅額扣抵憑證或記帳憑證(統 23)。

㈣開立發票書寫錯誤

　　營業人開立統一發票書寫錯誤者,應另行開立, 並將誤寫之統一發票收執聯及扣抵聯註明「作廢」字樣,黏貼於存根聯上,於當期之統一發票明細表註明(統 24)。

習 題

1. 何謂零稅率? 零稅率與免稅有何不同? 免稅可否拋棄?

2. 依我國稅法規定, 那些銷售列為可適用零稅率?

3. 百貨公司發行禮券時應如何開立發票?

4. 何謂視同銷貨? 請舉例說明之。

5. 某公司於 105 年 8 月簽立一份銷貨合約, 總金額 1,000,000 元, 同時收到 200,000 元訂金, 105 年 10 月 1 日交貨, 收到現金 300,000 元及票載日為 105 年 12 月 1 日支票乙紙

計 500,000 元，請問該公司應於何時開立發票？開立發票金額若干？

6. 某公司於 105 年 8 月進貨 600,000 元，取得統一發票扣抵聯及收執聯。同年 9 月申報營業稅時，發現扣抵聯遺失，請問該公司應如何處理？若扣抵聯及收執聯皆遺失，應如何處理？

7. 某公司開立一張二聯式發票，金額 60,000 元，營業稅率為 5%，請計算該筆交易之銷售額及銷項稅額。

第五章

營業稅及其會計處理㈡

第四章業已介紹營業稅之課稅範圍、減免規定，及統一發票使用規定，本章將繼續說明營業稅之各種稅率，舉例說明加值型與非加值型營業人、兼營營業人、進口貨物及購買國外勞務之稅額計算方法、存貨退稅、會計處理實務、申報實務，以及獎懲等有關規定。

第一節
稅率及稅額計算

一、稅　率

現行營業稅之稅率可分為五類，茲分別說明於次：

㈠適用於一般稅額計算之營業人

係指加值型營業人，其適用稅率如次：

◇一般營業人

係指在中華民國境內銷售貨物或勞務之營業人，稅率最低不得少於 5%，最高不得超過 10%，其徵收率由行政院定之。依行政院所定之現行實際徵收率為 5%（營 10）。

◇外銷業

指經營外銷或類似外銷業務者，其稅率為零（營 7），有關零稅率之適用範圍請參閱本書第四章第二節。

㈡適用特種稅額計算之營業人

係屬非加值型營業人，其適用稅率如次：

◇金融保險業

指銀行業、保險業、信託投資業、證券業、期貨業、票券業及典當業，其營業稅稅率如下：

　　1.經營非專屬本業之銷售額適用營業稅法第 10 條規定之稅率（稅率最低不得少於 5%，最高不得超過 10%，目前實際徵收率為 5%）。

　　2.銀行業、保險業經營銀行、保險本業銷售額之稅率為 5%；其中保險業之本業銷售額應扣除財產保險自留賠款。但保險業之再保費收入之稅率為 1%。

　　3.前二款以外之銷售額稅率為 2%。

前項非專屬本業及銀行、保險本業之範圍，由財政部擬訂相關辦法，報行政院核定（營 11）。

◇特種飲食業（營 12）

　　⑴夜總會及有娛樂節目之餐飲店，其稅率為 15%。

　　⑵酒家及有陪侍服務之茶室、咖啡廳、酒吧等之營業人，其稅率為 25%。

◇小規模營業人

指規模狹小，平均每月銷售額未達財政部規定標準而按查定課徵營業稅之營業人、依法取得從事按摩資格之視覺功能障礙者經營，且全部由視覺功能障礙者提供按摩勞務之按摩業及其他經財政部規定免予申報銷售額之營業人，其稅率為 1%。農產品批發市場之承銷人及銷售農產品之小規模營業人，其稅率為 0.1%（營 13）。

二、一般稅額計算方法

㈠稅額計算公式

一般稅額計算方法適用於加值型營業人，其計算方式係採稅額相減法，即由銷項稅額減去進項稅額而得應付或溢付稅額，其計算公式如下：

> 銷項稅額－進項稅額＝應納（或溢付）稅額

上式若為正值，即銷項稅額大於進項稅額，為當期應納營業稅額。反之，若為負值，即進項稅額大於銷項稅額，表示當期溢付之營業稅額，可用以留抵次期應納稅額，或由主管稽徵機關查明後退還之（有關留抵或退還之規定，容後說明）。

(二)銷項稅額

所謂銷項稅額，係就銷售貨物或勞務之銷售額，按規定稅率計算而得，其計算公式如下：

銷項稅額＝銷售額×稅率

銷項稅額尾數不滿通用貨幣 1 元者，按四捨五入計算。

上列式中之銷售額，係指營業人銷售貨物或勞務所收取之全部代價，包括營業人在貨物或勞務之價額外所收取之一切費用，以及銷售貨物時所應加計之貨物稅額在內，但不包括本次銷售之營業稅額在內。有關計算銷售額之規定，請參閱第四章第三節四、統一發票開立金額之說明。

營業人因銷貨退回或折讓而退還買受人之營業稅額，應於發生退回或折讓之當期銷項稅額中扣減之（營 15）。有關銷貨退回或折讓所應具備之合法憑證，請參閱第四章第三節八、銷貨退回及折讓之說明。

營業人依經銷契約所支付之獎勵金，應依銷貨折讓處理（營細 23）。

(三)進項稅額

所謂進項稅額，係指營業人購買貨物或勞務時，依規定支付之營業稅額（營 15）。進項稅額得用以扣抵銷項稅額，有關進項稅額憑證及扣抵規定分別說明於次：

◇進項稅額憑證

營業人向主管稽徵機關申報銷售額、應納或溢付營業稅額時，應檢附之退抵稅款及其他有關文件，依營業稅法第 33 條、施行細則第 38 條及其他有關法令規定，包括下列各項：

⑴營業人購買貨物或勞務時，所取得載有營業稅額之統一發票扣抵聯。

⑵營業人將貨物轉供自用或無償移轉他人所有而視為銷售貨物或勞務時，自行開立載有營業稅額之統一發票扣抵聯。

⑶載有營業稅額之海關代徵營業稅繳納證扣抵聯。

⑷載有營業人統一編號之二聯式收銀機統一發票收執聯影本。

⑸銷貨退回、進貨退出或折讓證明單及海關退還溢繳營業稅申報單。

⑹載有買受人名稱、地址及統一編號之水、電、瓦斯等公用事業開立抬頭為中華民國 104 年 12 月以前之收據扣抵聯。

⑺營業人須與他人共同分攤之水、電、瓦斯等費用所支付之進項稅額，為前款收據扣抵聯之影本及分攤費用稅額證明單。繳費通知單或已繳費憑證抬頭為中華民國 105 年 1 月以後者，為統一發票之影本及分攤費用稅額證明單；其為無實體電子發票者，為載有發票字軌號碼或載具流水號之分攤費用稅額證明單。

⑻員工出差取得運輸事業開立之火（汽）車、高鐵、船舶、飛機等收據或票根之影本。

⑼適用零稅率應具備之文件（營細 11）。

⑽免稅營業人應檢送之證明（營細 14）。

⑾營業人購買舊乘人小汽車及機車進項憑證明細表。

⑿海關拍賣或變賣貨物填發之貨物清單扣抵聯。

⒀載有營業人統一編號及營業稅額之電子發票證明聯。

⒁其他經財政部核定載有營業稅額之憑證或影本。

營業人有下列情形之一者，得向稽徵機關申請以進項憑證編列之明細表，代替進項稅額扣抵聯申報（營細 38）：

⑴營利事業所得稅委託會計師查核簽證申報者。

⑵經核准使用藍色申報書申報營利事業所得稅者。

⑶股份有限公司組織，且股票已上市者。

⑷連續營業 3 年以上，每年營業額達 1 億元以上，且申報無虧損者。

⑸進項憑證扣抵聯數量龐大者。

營業人以載有其統一編號之二聯式收銀機統一發票收執聯影本，或火（汽）車、高鐵、船舶、飛機等收據或票根影本，作為退抵稅款證明文件者，應按期彙總計算進項稅額，其計算公式如下：

$$進項稅額 = 憑證總計金額 \times \frac{徵收率}{1 + 徵收率}$$

上列進項稅額，尾數不滿通用貨幣 1 元者，按四捨五入計算。

　　營業人取得公用事業開立之無實體電子發票及該銷售額發生之銷貨退回、進貨退出或折讓出具之證明單，應以憑證編列之明細表，代替原憑證申報。

◇**不得扣抵之進項稅額**

　　營業人購買貨物或勞務時，依規定所支付之營業稅額，原則上皆可扣抵銷項稅額，但有下列情形之一者，其進項稅額不得扣抵銷項稅額（營 19）：

(1)非供業務使用之貨物或勞務：購進之貨物或勞務，若非供本業及附屬業務使用，其進項稅額不准扣抵。但為協助國防建設、慰勞軍隊及對政府捐獻者，其進項稅額仍准扣抵。

(2)交際應酬用之貨物或勞務：此多屬消費性支出，故為防杜支出之浮濫，爰規定其進項稅額不得扣抵。

(3)酬勞員工之貨物或勞務：由於員工薪資不得列入進項稅額之計算，故酬勞員工之貨物或勞務，其進項稅額亦不得扣抵。

(4)自用乘人小汽車。

(5)免稅貨物或勞務：營業人銷售合於免稅規定之貨物或勞務，由於此項營業行為免納營業稅，爰規定其進項稅額亦不准扣抵，蓋若准予扣抵勢必退還前各階段已納之營業稅額。

(6)違章補開之發票：統一發票扣抵聯經載明「違章補開」者，不得作為扣抵銷項稅額或扣減查定稅額之憑證。但該統一發票係因買受人檢舉而補開者，不在此限。有下列情形之一者，經海關補徵之營業稅額，不得列入扣抵銷項稅額：

・營業人進口貨物，經查獲短報進口貨物完稅價格，並有營業稅法第 51 條第 1 項各款情形之一。

・保稅區營業人或海關管理之免稅商店、離島免稅購物商店辦理保稅貨物盤存，實際盤存數量少於帳面結存數量（營細 30）。

◇**進貨退出或折讓**

　　營業人因進貨退出或折讓而收回之營業稅額，應於發生進貨退出或折讓之當期進項稅額中扣減之（營 15）。

　　營業人依經銷契約所取得之獎勵金，應按進貨折讓處理（營細 23）。

◇**虛報進項稅額之處罰**

　　營業人以不得扣抵之進項稅額用以扣抵銷項稅額，或虛列進項稅額扣抵銷項稅

額者，除追繳稅款外，並應按所漏稅額處 5 倍以下罰鍰，並得停止其營業（營 51）。

　　納稅義務人有前項情形，如其取得非實際交易對象所開立之憑證，經查明確有進貨事實及該項憑證確由實際銷貨之營利事業所交付，且實際銷貨之營利事業已依法補稅處罰者，免依前項規定處罰（營 51）。

㈣應納或溢付稅額

◇應納稅額之處理

　　營業人當期銷項稅額若大於進項稅額，其差額即為當期應納稅額，應於次期開始 15 日以前填具「營業人申報銷售額與稅額繳款書」自動向公庫繳納。

◇溢付稅額之處理

　　營業人當期銷項稅額若小於進項稅額時，其差額即為當期溢付稅額，此項溢付稅額可退還營業人或留抵次期應納稅額，茲分別說明於次：

⑴退還營業人：營業人申報之溢付稅額，有下列情形之一者，應由主管稽徵機
　關查明後退還之（營 39）：

　‧適用零稅率：即營業人因銷售零稅率貨物或勞務而溢付之營業稅，其可退
　　還之稅額，為零稅率銷售額依規定徵收率 5% 所計算之金額（營細 42）。舉
　　例言之，設某公司某期之進貨及費用計 10,000,000 元，可扣抵進項稅額
　　500,000 元，當期銷售額8,000,000元，全部皆適用零稅率，則當期溢付稅額
　　為 500,000 元，可退還之營業稅為 400,000 元，其計算如下：

銷項稅額：$8,000,000×0% = \$\ \ \ \ \ \ \ \ \ 0$
進項稅額：$\underline{\ \ \ \ \ 500,000}$
溢付稅額：$\underline{\$500,000}$
可退還稅款 = 零稅率銷售額 $8,000,000×5% = \$400,000$

　‧取得固定資產：營業人因取得固定資產而溢付之營業稅，亦可申請退還，
　　其可退還之稅額，為該固定資產之進項稅額（營細 43）。舉例言之，設某
　　公司某期進貨及費用 10,000,000 元，可扣抵進項稅額500,000元；購置固定
　　資產 2,000,000 元，進項稅額 100,000 元；銷售額8,000,000元，全部內銷。
　　該公司當期溢付稅額為 200,000 元，可退還之營業稅為 100,000 元，即購置
　　固定資產之進項稅額。至於進貨而溢付之稅額 100,000 元，僅可留抵次期

應納稅額。

· 合併、轉讓、解散或廢止：營業人因合併、轉讓、解散或廢止申請註銷登記者，以其不再營業，故溢付之營業稅亦應退還營業人。

· 經財政部核准者：營業人溢付之稅額，若情形特殊者，得報經財政部核准退還之。

(2)留抵應納稅額：營業人溢付之稅額，除上述四種情形得退還營業人外，其他情況之溢付稅額，應由營業人留抵應納稅額，不得退還之（營 39）。若次期留抵後尚未抵完，可在以後各期繼續留抵，直至溢付稅額全部抵完為止。

㈤稅額計算釋例

例一

銷項稅額大於進項稅額——應納稅額

假設甲公司某期銷售額 2,000,000 元，全部皆係內銷，銷貨退回 100,000 元。當期進貨及費用 1,450,000 元，可扣抵進項稅額 72,500 元，進貨退出 50,000 元。該公司當期應納稅額為 25,000 元，其計算如下：

銷項稅額：$2,000,000 × 5%	= $100,000	
減：銷貨退回 $100,000 × 5%	= 5,000	$95,000
進項稅額：進貨及費用	$ 72,500	
減：進貨退出 $50,000 × 5%	= 2,500	70,000
應納稅額		$25,000

例二

進項稅額大於銷項稅額——溢付稅額留抵

設乙公司某期銷售額 2,000,000 元，全部皆內銷，當期進貨及費用 3,000,000 元，可扣抵進項稅額 150,000 元，溢付稅額 50,000 元，其計算如下：

銷項稅額：$2,000,000 × 5%	= $100,000
進項稅額：	150,000
溢付稅額：（留抵應納稅額）	$ 50,000

例三

進項稅額大於銷項稅額——溢付稅額退還營業人

　　設丙公司某期銷售額 2,000,000 元，全部皆係外銷，當期進貨及費用 1,500,000 元，可扣抵進項稅額 75,000 元，溢付稅額 75,000 元全部退還營業人，其計算如下：

　　　　銷項稅額：$2,000,000 \times 0\% = \$$　　　　0
　　　　進項稅額：　　　　　　　　　　　75,000
　　　　溢付稅額：（全部退還）　　　　$75,000

例四

進項稅額大於銷項稅額——溢付稅額部分退還部分留抵

　　設丁公司某期銷售額 4,000,000 元，內外銷各占一半；當期進貨及費用為 5,000,000 元，可扣抵之進項稅額 250,000 元。當期溢付稅額為 150,000 元，其中 100,000 元退還丁公司，其餘 50,000 元留抵次期應納稅額，茲計算如下：

　　　　銷項稅額：　$2,000,000 \times 5\% = \$100,000$
　　　　　　　　　　$2,000,000 \times 0\% =$　　　　0　　$100,000$
　　　　進項稅額：　　　　　　　　　　　　250,000
　　　　溢付稅額：　　　　　　　　　　　　$150,000
　　　　可退稅款：$2,000,000 \times 5\% = \$100,000$
　　　　留抵稅款：$150,000 - 100,000 = \$50,000$

例五

購置固定資產

　　設戊公司某期銷售額 4,000,000 元，內外銷各占一半；當期進貨及費用 5,000,000 元，可扣抵之進項稅額 250,000 元；購置固定資產 2,000,000 元，進項稅額 100,000 元，當期溢付稅額 250,000 元，其中 200,000 元可退還，尚餘 50,000 元留抵次期應納稅額，其計算如下：

$$銷項稅額：\$2,000,000 \times 5\% = \$100,000$$
$$\$2,000,000 \times 0\% = \underline{\qquad 0} \quad \$100,000$$
$$進項稅額：進貨及費用 \qquad \$250,000$$
$$購置固定資產 \qquad \underline{100,000} \quad 350,000$$
$$溢付稅額： \qquad \qquad \underline{\$250,000}$$
$$可退稅款：\$2,000,000 \times 5\% + \$100,000 = \$200,000$$
$$留抵稅款：\$250,000 - \$200,000 = \$50,000$$

例六

不得扣抵之進項稅額

　　設己公司某期銷售額 4,000,000 元，全部皆內銷；當期進貨及費用為 4,000,000 元，其中 3,500,000 元取有可扣抵之進項稅額憑證，稅額計175,000元，其餘 500,000 元取得收據。此外，該公司另支付交際費 100,000 元，進項稅額 5,000 元；購置乘人小汽車 800,000 元，進項稅額 40,000 元。該公司當期應納稅額為 25,000 元，其計算如下：

$$銷項稅額：\$4,000,000 \times 5\% = \$200,000$$
$$進項稅額： \qquad \qquad \underline{175,000}$$
$$應納稅額： \qquad \qquad \underline{\$\ 25,000}$$

　　在本例中，取得收據部分計 500,000 元，因無進項稅額，故不得扣抵銷項稅額。另支付交際費之進項稅額 5,000 元，及購置乘人小汽車之進項稅額 40,000 元，由於依法不得扣抵銷項稅額，在計算稅額時不得自銷項稅額項下抵減之，而應分別將其列為交際費及汽車之成本，方屬允當。

三、進口貨物

　　進口貨物，除合於營業稅法第 9 條規定於進口時免徵營業稅者外，均應於貨物進口時，由海關代徵營業稅。其徵收及行政救濟程序準用關稅法及海關緝私條例之規定辦理。茲將進口貨物課徵營業稅之有關規定分別說明於次：

(一)納稅義務人

進口貨物之收貨人或持有人為營業稅之納稅義務人。

㈡課稅範圍

貨物有下列情形之一為進口，應依規定課徵營業稅：

1.貨物自國外進入中華民國境內者。但進入保稅區之保（免）稅貨物，不包括在內。

2.保（免）稅貨物自保稅區進入中華民國境內之其他地區者。

㈢減免範圍

貨物進口有下列情形之一者，免徵營業稅：

1.進口下列貨物，免徵營業稅（營9）：

⑴國際運輸用之船舶、航空器及遠洋漁船，憑交通主管機關或漁業主管機關證明辦理。

⑵肥料。

⑶關稅法第49條規定之貨物。但因轉讓或變更用途依照同法第55條規定補繳關稅者，應補徵營業稅。

⑷本國之古物。

⑸金條、金塊、金片、金幣及純金之金飾或飾金。

2.下列貨物，非屬進口貨物，不徵營業稅：

⑴待退運出口、待轉運出口之未通關貨物。

⑵海關送達稅款繳納證後，納稅義務人未依限繳稅提領之貨物。

⑶加工出口區內之區內事業、科學工業園區內之園區事業、農業科技園區內之園區事業及海關管理之保稅工廠、保稅倉庫或物流中心銷售非保稅貨物與國內課稅區營業人，或接受課稅區營業人委託加工，未添加任何保稅原料、物料之銷售勞務案件，無須報關，亦免由海關代徵營業稅。

3.進口郵包，符合郵包物品進出口通關辦法規定之免稅限額者，免徵營業稅。其超出部分或依上開辦法不適用免稅之規定者，均應於進口時按關稅完稅價格全額課徵營業稅。

4.入境旅客攜帶行李物品符合旅客攜帶自用物品免徵進口稅品目範圍者，免徵營業稅，其超出部分應課徵營業稅。入境旅客購自免稅商店之貨物，視同自國外採

購攜帶入境，應俟入境通關時，由海關就超逾免稅限額部分，依法代徵營業稅。

5.銀行業進口印有面額之旅行支票，視同銀行票據，免徵營業稅。

6.銀行業自國外運入外幣現鈔，免徵營業稅。

7.同批進口貨物，完稅價格在新臺幣 3,000 元以下者，免徵營業稅。但菸酒及實施關稅配額之農產品不適用之。

8.為因應經濟特殊情況，調節物資供應，對進口小麥、大麥、玉米或黃豆應徵之營業稅，得由行政院機動調整，不受第 10 條規定限制。前項機動調整之貨物種類、調整幅度、實施期間與實際開始及停止日期，由財政部會同有關機關擬訂，報請行政院核定公告之（營 9 之 1）。

㈣稅額計算方法

進口貨物應按關稅完稅價格加計進口稅捐後之數額，依規定稅率計算營業稅額，若係應徵貨物稅、菸酒稅或菸品健康福利捐之貨物，應另加計貨物稅額、菸酒稅額或菸品健康福利捐金額後計算營業稅額（營 20），其計算公式可列示如下：

> 進口貨物之營業稅額 =（關稅完稅價格 + 進口稅捐 + 貨物稅、菸酒稅或菸品健康福利捐金額）× 營業稅稅率 5%

假設某機關自國外進口電器一批，關稅完稅價格為 1,000,000 元，進口稅捐 200,000 元，貨物稅稅率為 10%，則該項進口貨物之營業稅為66,000元，其計算如下：

$$貨物稅 = (\$1,000,000 + \$200,000) \times 10\% = \$120,000$$

$$營業稅 = (海關完稅價格 \$1,000,000 + 進口稅捐 \$200,000 + 貨物稅$$
$$\$120,000) \times 5\% = \$66,000$$

㈤繳納時間

進口貨物應課徵之營業稅，究應於何時繳納，胥視進口人身分之不同而異，茲分別說明於次：

◇加值型營業人

凡適用一般稅額計算之營業人，即加值型營業人，進口貨物除符合營業稅法第

9 條規定免徵營業稅者外，均應於進口時，由海關依法代徵營業稅。茲假設某公司自國外進口貨物一批總價為 2,000,000 元，進口稅捐 300,000 元，應由海關代徵營業稅 115,000 元。若該批貨物出售價格為 3,000,000 元，則應納稅額為 35,000 元，其計算如下：

銷項稅額：	$3,000,000 × 5%	= $150,000
進項稅額：	($2,000,000 + $300,000) × 5%	= 115,000
應納稅額：		$ 35,000

營業人應檢附載有營業稅額之海關代徵營業稅繳納證扣抵聯作為退抵稅款之證明文件。

◇非加值型營業人、機關、團體或個人

此種類型之進口人，應於貨物進口時依本節所示進口貨物營業稅額計算公式之規定，計算營業稅額，由海關代徵之。

◇兼營營業人

凡加值型營業人兼營免稅貨物者，自 91 年 1 月 1 日起其進口貨物所應課徵之營業稅，於進口時由海關代徵。兼營營業人進口貨物，自申報 91 年 1 月份之銷售額及營業稅額起，應依「兼營營業人營業稅額計算辦法」規定，將進口貨物由海關代徵之營業稅，併入「進項稅額」內，計算扣抵銷項稅額，無須再依上開辦法計算及調整進口貨物應納之營業稅額。

◇進口乘人小汽車

凡由國外進口乘人小汽車者，不論其是否供營業使用，應一律於進口時由海關代徵營業稅。

(六)準用規定

進口貨物由海關代徵營業稅者，其徵收及行政救濟程序，準用關稅法及海關緝私條例之規定辦理。由海關代徵之營業稅額，亦比照海關徵稅規定，新臺幣元以下之尾數捨棄不計。

四、購買國外勞務

外國事業機關、團體、組織在中華民國境內銷售勞務者，其課徵營業稅之有關規定分別說明於次：

㈠勞務買受人為加值型營業人

凡適用一般稅額計算之營業人，即加值型營業人，其購進國外勞務，若專供經營應稅貨物或勞務之用者，免予課徵營業稅（營 36）。

㈡勞務買受人為非加值型營業人

外國之事業、機關、團體、組織，在中華民國境內無固定營業場所而有銷售勞務者，若買受人係非加值型營業人，或國內之機關團體者，則應由勞務買受人於給付報酬之次期開始 15 日以前，依規定稅率（一般稅率為 5%，保險業再保費收入之稅率為 1%、金融業專屬本業勞務稅率為 2% 或 5%）計算營業稅繳納之，其計算公式如下：

> 應納稅額＝購買勞務之價額×稅率

茲假設某政府機關委託國外機構規劃都市捷運系統，約定規劃費用為 5,000,000 元，則應納營業稅為 250,000 元，其計算如下：

$$應納營業稅額 = \$5,000,000 \times 5\% = \$250,000$$

㈢兼營營業人

凡加值型營業人兼營免稅貨物者，其購買國外勞務應課徵之營業稅，應併同當期營業稅額於次期開始 15 日以前自動申報繳納。有關兼營營業人購買國外勞務應徵營業稅之計算方法，請參閱本章第二節之說明。

五、特種稅額計算方法

凡屬非加值型營業人，其稅額計算方法，係逕以銷售額乘規定稅率而得之，以其應納稅額非按銷項稅額扣減進項稅額計之，故稱為特種稅額計算。茲將特種稅額

計算之適用對象分別說明於次：

㈠金融保險業

係指銀行業、保險業、信託投資業、證券業、期貨業、票券業及典當業，除經營非屬本業之銷貨額適用第 10 條規定之營業稅稅率外，其稅額計算公式如下：

> 應納稅額＝屬本業之銷售額×稅率 2% 或 5%

若屬保險業之再保費收入，其稅率為 1%，另典當業得依查定之銷售額，依上列公式計算應納稅額（營 11、21）。

㈡特種飲食業

係指夜總會、有娛樂節目之餐飲店、酒家及有陪侍服務之茶室、咖啡廳、酒吧等，其稅額計算公式如下：

> 應納稅額＝銷售額×稅率 15% 或 25%

主管稽徵機關亦得依查定之銷售額，按上列公式計算應納稅額（營 12、22）。

㈢農產品批發市場承銷人及小規模營業人

凡規模狹小及其他經財政部規定免予申報銷售額之營業人，除申請按加值型方式課稅外，其稅額計算方法如下：

> 應納稅額＝主管稽徵機關查定之銷售額×稅率 1% 或 0.1%

此類營業人由主管稽徵機關查定其銷售額及稅額，於 1 月、4 月、7 月及 10 月底前分別按查定稅額填發繳款書，通知營業人繳納（營細 45），納稅義務人應於繳款書送達之次日起，10 日內向公庫繳納之（營 42）。此種營業人購買營業上使用之貨物或勞務，取得載有營業稅額之憑證，並依規定申報者，主管稽徵機關應按其進項稅額 10% 在查定稅額內扣減（營 25），其進項憑證應分別於 1 月、4 月、7 月及 10 月之 5 日前，向主管稽徵機關申報，並以當期各月份之進項憑證為限（營細 44）。

若查定稅額未達起徵點者，不適用此項扣抵規定。

小規模營業人及其他經財政部規定免予申報銷售額之營業人，依財政部規定之現行營業稅起徵點如表 5-1。

● 表 5-1　營業稅起徵點

	業　別	起徵點（每月銷售額）
第一欄	買賣業、製造業、手工業、新聞業、出版業、農林業、畜牧業、水產業、礦冶業、包作業、印刷業、公用事業、娛樂業、運輸業、照相業、一般飲食業。	新臺幣 80,000 元
第二欄	裝潢業、廣告業、修理業、加工業、旅宿業、理髮業、沐浴業、勞務承攬業、倉庫業、租賃業、代辦業、行紀業、技術及設計業、公證業。	新臺幣 40,000 元

營業人如兼營一、二兩欄之營業，其各欄銷售額占各該欄起徵點之百分比合計數超過 100% 者，應予課徵，其計算公式如次：

$$\frac{\text{第一欄銷售額}}{\text{第一欄起徵點}} + \frac{\text{第二欄銷售額}}{\text{第二欄起徵點}} \geq \frac{100}{100}$$

第二節
兼營營業人稅額計算

一、何謂兼營營業人

凡營業人有下列情形之一者，即為兼營營業人：

◇加值型營業人，兼營應稅及免稅貨物或勞務者

例如超級市場同時出售各種雜貨與稻米時，因各項雜貨屬應稅貨物，稻米屬免稅貨物，故該超級市場即屬兼營營業人。

◇加值型營業人，兼營特種稅額計算之業務者

例如國際觀光飯店，其出租客房及餐飲收入，係屬加值型，應按一般稅額計算方法課徵營業稅。若有兼營夜總會時，由於夜總會收入屬非加值型銷售額，應按特

種稅額計算方法計徵營業稅，故該國際觀光飯店即屬兼營營業人。

凡係兼營營業人，其每期之進項稅額，應依進項稅額不得扣抵銷項稅額之比例（以下簡稱不得扣抵比例），計算不得扣抵之進項稅額。茲將兼營營業人稅額計算之有關規定，分別說明於次。

二、稅額計算方法

依財政部發布之「兼營營業人營業稅額計算辦法」規定，兼營營業人稅額計算方法有間接扣抵法與直接扣抵法，茲分別說明如下：

㈠間接扣抵法

所謂間接扣抵法，係指兼營營業人在計算當期應納或溢付營業稅額時，其進項稅額係依銷售淨額比例計算可扣抵及不得扣抵之進項稅額。在間接扣抵法下之稅額計算公式如次：

$$應納或溢付稅額 = 銷項稅額 - （進項稅額 - 依營業稅法第 19 條第 1 項規定不得扣抵之進項稅額） \times （1 - 當期不得扣抵比例）$$

茲將間接扣抵法之相關規定及稅額計算舉例說明於次：

◇稅額計算步驟

兼營營業人稅額計算可遵循下列步驟：

⑴第一步：計算當期不得扣抵比例。

即計算營業人當期或當年度免稅銷售淨額或依特種稅額計算部分之銷售淨額，占全部銷售淨額之比例，其計算公式如下：

$$當期（年度）不得扣抵比例 = \frac{當期（年度）免稅銷售淨額（包括特種計稅銷售淨額）}{當期（年度）全部銷售淨額}$$

上述銷售淨額，係指銷售總額扣減銷貨退回或折讓後之餘額，包括適用免稅、零稅率、應稅及非加值型之銷售淨額。但土地、各級政府發行之債券，及依

法應課徵證券交易稅之證券銷售額，不列入上列計算公式中之銷售淨額。例如：某公司某期之銷售淨額為 10,000,000 元，其中土地 2,000,000 元，免稅貨物 2,400,000 元，由於土地銷售額不列入計算公式，故不得扣抵比例為 30%，其計算如下：

$$不得扣抵比例 = \frac{\$2,400,000}{\$10,000,000 - \$2,000,000} \times 100\% = 30\%$$

(2)第二步：計算可扣抵進項稅額。

每期可扣抵之進項稅額，其計算公式如下：

> 可扣抵進項稅額 =（當期全部進項稅額 − 不得扣抵進項稅額）×（1 − 當期不得扣抵比例）

(3)第三步：計算應納或溢付稅額。

> 應納稅額 = 銷項稅額 − 可扣抵進項稅額
>
> 銷項稅額 =（全部銷售淨額 − 免稅銷售淨額）×5%

◇兼營營業人購買國外勞務

應就購買國外勞務給付額，依規定稅率計算其營業稅額，再按當期不得扣抵比例計算應納稅額，併同給付當期營業稅額，於次期開始 15 日前申報繳納，其計算公式如下：

> 應納稅額 = 給付額 × 徵收率 × 當期不得扣抵比例

◇年底調整

兼營營業人於報繳當年度最後一期營業稅時，應按當年度不得扣抵比例調整稅額後，併同最後一期營業稅額辦理申報繳納，其計算公式如下：

> 調整稅額 = 當年度已扣抵之進項稅額 −（當年度進項稅額 − 當年度依營業稅法第 19 條第 1 項規定不得扣抵之進項稅額）×（1 − 當年度不得扣抵比例）

兼營營業人如有進口供營業用之貨物或購買加值型及非加值型營業稅法第 36 條第 1 項國外之勞務者，並應依下列公式調整：

> 調整稅額＝當年度購買勞務給付額 × 徵收率 × 當年度不得扣抵比例 － 當年度購買
> 勞務已納營業稅額

兼營營業人於年度中開始營業，其當年度實際營業期間未滿 9 個月者，當年度免辦調整，俟次年度最後一期比照前二項規定調整之。

兼營營業人申請註銷登記，應於申報註銷當月份營業稅時，依上列規定辦理調整，併同申報。

◇稅額計算釋例

茲為舉例說明兼營營業人稅額計算方法，假設有關資料如下：

月份	銷售淨額	免稅銷售淨額	進項稅額（不含進口貨物及勞務）	不得扣抵之進項稅額	進口貨物		海關代徵營業稅額	購買國外勞務
					完稅價格	進口稅捐		
4	$ 1,200,000	$ 300,000	$ 40,000	$ 8,000				
5	2,000,000	560,000	60,000	10,000	$500,000	$100,000	$30,000	
⋮								
12	2,400,000	720,000	100,000	15,000				$400,000
合計	$10,000,000	$2,000,000	$400,000	$100,000	$800,000	$200,000	$50,000	$400,000

註：當年度已納稅額（不含進口貨物及勞務）計 106,000 元。

茲依上列資料將各期應納稅額分別計算於次：

⑴ 103 年 4 月份應納稅額為 21,000 元，其計算如下：

第一步：計算不得扣抵比例

$300,000 \div $1,200,000 \times 100\% = 25\%$

第二步：計算可扣抵進項稅額

$($40,000 - $8,000) \times (1 - 25\%) = $24,000$

第三步：計算應納稅額

銷項稅額：$($1,200,000 - $300,000) \times 5\%$	$45,000
減：可扣抵進項稅額（第二步）	24,000
應納稅額	$21,000

(2) 103 年 5 月份應納稅額為 14,400 元，其計算如下：

第一步：計算不得扣抵比例

$$\$560,000 \div \$2,000,000 \times 100\% = 28\%$$

第二步：計算可扣抵進項稅額

$$(\$60,000 + \$30,000 - \$10,000) \times (1 - 28\%) = \$57,600$$

第三步：計算應納稅額

銷項稅額：$(\$2,000,000 - \$560,000) \times 5\%$	$72,000
減：可扣抵進項稅額（第二步）	57,600
應納稅額	$14,400

(3) 103 年 12 月份應納稅額為 42,500 元，其計算如下：

第一步：計算不得扣抵比例

$$\$720,000 \div \$2,400,000 \times 100\% = 30\%$$

第二步：計算可扣抵進項稅額

$$(\$100,000 - \$15,000) \times (1 - 30\%) = \$59,500$$

第三步：購買國外勞務應納稅額

$$\$400,000 \times 5\% \times 30\% = \$6,000$$

第四步：計算 12 月份稅額

銷項稅額：$(\$2,400,000 - \$720,000) \times 5\%$	$84,000
減：可扣抵進項稅額（第二步）	59,500
小計	$24,500
加：購買國外勞務應納稅額	6,000
103 年 12 月份稅額	$30,500

第五步：計算調整稅額

1. 當年度不得扣抵比例：

$$\$2,000,000 \div \$10,000,000 \times 100\% = 20\%$$

2. 當年度可扣抵進項稅額：

$$(\$400,000 + \$50,000 - \$100,000) \times (1 - 20\%) = \$280,000$$

3. 當年度已納稅額 $106,000

4. 調整稅額：

當年度銷項稅額：

($10,000,000 − $2,000,000)×5%		$400,000
減：當年度可扣抵進項稅額	$280,000	
當年度已納稅額	106,000	386,000
調整稅額（應納稅額）		$ 14,000

第六步：計算進口勞務調整稅額

$400,000×5%×20% − $6,000 = −$2,000（溢付）

第七步：計算 103 年 12 月份應納稅額

12 月份稅額（第四步）	$30,500
加：調整稅額（第五步）	14,000
小計	$44,500
減：進口貨物與勞務調整稅額（第六步）	2,000
103 年 12 月份應納稅額	$42,500

㈡直接扣抵法

　　所謂直接扣抵法，係指購買貨物或勞務之進項稅額，按其實際用途直接扣抵銷項稅額，而非採前述間接扣抵法之比例扣抵。例如：兼營營業人其購買貨物，係專供經營免稅之用者，則其購買貨物之進項稅額全部皆不得扣抵銷項稅額，而非如前述間接扣抵法之按銷售淨額計算不得扣抵比例。以下將分別說明直接扣抵法之相關規定及稅額計算方式。

◇適用條件

兼營營業人採用直接扣抵法時，應具備下列要件：

⑴帳簿記載完備：兼營營業人帳簿記載完備，能明確區分所購買貨物、勞務或進口貨物之實際用途者，得採用直接扣抵法，按貨物或勞務之實際用途計算進項稅額可扣抵銷項稅額之金額及購買加值型及非加值型營業稅法第 36 條第 1 項勞務之應納稅額。但經採用後 3 年內不得變更。

⑵帳上應明確記載購買貨物或勞務之用途：兼營營業人採用直接扣抵法時，應將購買貨物、勞務或進口貨物、購買國外勞務之用途，區分為下列三種，並應於帳簿上明確記載：

・專供應稅營業用者（含零稅率）。

・專供免稅營業用者。

．供應稅及免稅共同使用者。

◇當期應納或溢付稅額之計算

兼營營業人當期應納或溢付營業稅額之計算公式如下：

> 應納或溢付稅額＝銷項稅額－（進項稅額－依營業稅法第 19 條第 1 項規定不得扣
> 抵之進項稅額－專供經營免稅營業用貨物或勞務之進項稅額－
> 共同使用貨物或勞務之進項稅額×當期不得扣抵比例）

◇購買國外勞務時稅額之計算

兼營營業人購買國外之勞務，應依下列公式計算應納營業稅額，併同當期營業稅額申報繳納：

> 應納稅額＝專供免稅營業用勞務之給付額×徵收率＋共同使用勞務之給付額×徵
> 收率×當期不得扣抵比例

◇年底調整

兼營營業人於報繳當年度最後一期營業稅時，應按當年度不得扣抵比例調整稅額後，併同最後一期營業稅額辦理申報繳納，其計算公式如下：

> 調整稅額＝當年度已扣抵之進項稅額－（當年度進項稅額－當年度依營業稅法第 19
> 條第 1 項規定不得扣抵之進項稅額－當年度專供免稅營業用之貨物或
> 勞務之進項稅額－當年度共同使用之貨物或勞務之進項稅額×當年度
> 不得扣抵比例）

兼營營業人如有購買國外勞務者，並應依下列公式調整：

> 調整稅額＝（當年度進口專供免稅營業用勞務給付額＋當年度購買供共同使用勞務
> 給付額×當年度不得扣抵比例）×徵收率－當年度購買勞務已納營業稅
> 額

◇其他重要規定

(1)年度進行中改採直接扣抵法者：兼營營業人於年度中經採用直接扣抵法計算

營業稅額者，其當年度已經過期間，應於改採直接扣抵法前報繳稅款之當期，視為當年度最後一期，依前述間接扣抵法有關年底調整之規定辦理。

(2)年底免辦調整之適用：兼營營業人於年度中採用直接扣抵法計算營業稅額之期間未滿 9 個月者，當年度免辦調整，俟次年度最後一期再依上開「年底調整」之規定調整之。

(3)委託會計師簽證之規定：兼營營業人於調整報繳當年度最後一期之營業稅，具有下列情形之一者，應經會計師或稅務代理人查核簽證：

‧經營製造業者。

‧當年度銷售金額合計逾新臺幣 10 億元者。

‧當年度申報扣抵之進項稅額合計逾 20,000,000 元者。

兼營營業人於調整報繳當年度最後一期之營業稅，未依上開規定辦理查核簽證者，主管稽徵機關得核定停止其採用直接扣抵法，該兼營營業人於 3 年內應依間接扣抵法計算其應納營業稅額，不得變更。

第三節
稅籍登記與申報實務

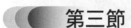 一、稅籍登記

㈠在中華民國境內有固定營業場所之營業人

營業人之總機構及其他固定營業場所，應於開始營業前，分別向主管稽徵機關申請稅籍登記（營 28）。所稱其他固定營業場所，指經營銷售貨物或勞務事業之固定場所，包括總機構、管理處、分公司、有限合夥分支機構、事務所、工廠、保養廠、工作場、機房、倉棧、礦場、建築工程場所、展售場所、聯絡處、辦事處、服務站、營業所、分店、門市部、拍賣場及其他類似之場所（營細4）。

依稅籍登記規則（以下簡稱稅登）第 3 條規定，營業人有下列情形之一者，應於開始營業前，向主管稽徵機關申請稅籍登記：

　1.新設立。

2. 因合併而另設立。

3. 因受讓而設立。

4. 因變更組織而設立。

5. 設立分支機構。

公司、獨資、合夥及有限合夥組織之稅籍登記，由主管稽徵機關依據公司、商業或有限合夥登記主管機關提供登記基本資料辦理，並視為已依營業稅法第 28 條規定申請辦理稅籍登記。

稅籍登記事項有變更者，應自事實發生之日起 15 日內，填具變更登記申請書，檢同有關證件，向主管稽徵機關申請變更登記。但遷移地址者，應向遷入地稽徵機關申請變更登記（稅登 8）。

公司、獨資、合夥及有限合夥組織之營業人對於已登記之事項申請變更登記者，應於辦妥公司、商業或有限合夥變更登記之日起 15 日內為之。以自動販賣機銷售貨物或勞務者，其自動販賣機營業台數增減、放置處所變更時，應於事實發生之日起 15 日內，向營業人所在地稽徵機關報備（稅登 8）。

營業人解散、廢止、轉讓或與其他營業人合併而消滅者，應自事實發生之日起 15 日內，填具註銷登記申請書，向主管稽徵機關申請註銷登記（稅登 10）。

㈡在中華民國境內無固定營業場所，銷售電子勞務予境內自然人之營業人

外國之事業、機關、團體、組織，在中華民國境內無固定營業場所，銷售電子勞務予境內自然人之營業人（以下簡稱境外電商營業人，例如音樂軟體、訂房網、販售手機貼圖，或是 AppStore、Google Play、Apple Store、Agoda、Booking.com、Airbnb、亞馬遜等商店），其年銷售額逾一定基準者（依財政部 1060322 台財稅字第 10604539420 號令規定為年銷售額逾新臺幣 480,000 元，自民國 106 年 5 月 1 日生效），應自行或委託中華民國境內居住之個人或有固定營業場所之事業、機關、團體、組織為其報稅之代理人，向主管稽徵機關申請稅籍登記。依該規定委託代理人者，應報經代理人所在地主管稽徵機關核准；變更代理人時，亦同（營 28 之 1）。

依上述規定應申請稅籍登記者，自 106 年 5 月 1 日至 107 年 12 月 31 日，得依統一發票使用辦法第 4 條第 35 款規定免開統一發票，由營業人自動報繳稅款（財政部 1060224 台財稅字第 10604506690 號令）。

◇稅籍登記

境外電商營業人或其委託報稅之代理人，應至財政部稅務入口網（網址：www.etax.nat.gov.tw／境外電商課稅專區／申請稅籍登記）登載設立登記申請書，線上申請稅籍（設立）登記，併同上傳登記規則第 14 條規定之文件電子檔。

1.稅籍登記主管稽徵機關如下（稅登 12）：

⑴自行申請稅籍登記者，為中央政府所在地主管稽徵機關。

⑵委託報稅之代理人申請稅籍登記者，為代理人所在地主管稽徵機關。

2.稅籍登記平台及登記事項

營業人應至財政部稅籍登記平台申請稅籍登記，其登記事項依稅籍登記規則第 13 條規定辦理。

3.變更登記

營業人稅籍登記事項有變更者（包含變更委託報稅之代理人、變更代理期間或代理範圍），應自事實發生之日起 15 日內，至財政部稅籍登記平台申請變更登記（稅登 15）。

4.停業或展延停業期間

營業人應於暫停營業前至財政部稅籍登記平台申報核備停業，復業時亦同。前項申報核備停業或展延停業期間，每次最長不得高過 1 年（稅登 16）。

5.註銷登記

營業人有下列情形之一者，應自事實發生之日起 15 日內，至財政部稅籍登記平台申請註銷登記（稅登 17）：

⑴於註冊國家解散或廢止。

⑵註銷網域名稱及網路位址。

⑶已依營業稅法第 28 條規定辦妥稅籍登記。

6.廢止稅籍登記

營業人有前揭第 5 點⑴及⑵所定情事，逾 6 個月未申請註銷登記，經主管稽徵機關通知仍未辦理者，主管稽徵機關得依職權，廢止其稅籍登記（稅登 18）。

7.境外電商營業人應於接獲主管稽徵機關核准稅籍（設立）登記之通知時，依該通知所載之統一編號、稅籍編號及註冊國家之註冊號碼至財政部稅務入口網（網址：www.etax.nat.gov.tw／境外電商課稅專區／申請帳號密碼）申請專屬帳號及密碼，憑以辦理後續線上申請稅籍異動登記、申報繳納營業稅及上傳、下載相關公文書等事宜。

二、帳簿憑證

營業人有關帳簿設置、使用與管理，暨憑證之使用規定，請參閱本書第三章。有關統一發票使用之規定，請參閱本書第四章第三節。

三、申報實務

(一)申報期限

有關營業稅之申報期限，將視情況之不同而異，茲分別說明於次：

◇一般規定

營業人除法令另有規定外，不論有無銷售額，除申請核准以每月為一期申報者外，應以每 2 個月為一期，分別於每年 1 月、3 月、5 月、7 月、9 月、11 月之 15 日前，填具規定格式之申報書，檢附退抵稅款及其他有關文件，向主管稽徵機關申報銷售額、應納或溢付營業稅額。其有應納營業稅額者，應先向公庫繳納後，檢同繳納收據一併申報。

營業人銷售貨物或勞務，依規定適用零稅率者，得申請以每月為一期，於次月 15 日前依前項規定向主管稽徵機關申報銷售額、應納或溢付營業稅額。但同一年度內不得變更（營 35，營細 38 之 1）。

營業人使用統一發票者，並應檢附統一發票明細表。

◇外國機構

外國之事業、機關、團體、組織在中華民國境內無固定營業場所而有銷售勞務者，應由勞務買受人於給付報酬之次期開始 15 日內，就給付額依規定稅率計算營業稅額繳納之。但買受人為加值型營業人，其購進之勞務，專供經營應稅貨物或勞務之用者，免予繳納；其為兼營免稅貨物或勞務者，應依本章第二節有關兼營營業人稅額計算之規定，計算營業稅額繳納之（營 36）。

境外電商營業人，依營業稅法第 28 之 1 條規定須申請稅籍登記者，應就銷售額按規定稅率，計算營業稅額，自行或委託中華民國境內報稅之代理人依上述一般規定申報繳納。

外國之事業、機關、團體、組織在中華民國境內，無固定營業場所而有銷售供教育、研究或實驗使用之勞務予公私立各級學校、教育或研究機關者，勞務買受人免依前條第一項規定辦理（營 36 之 1）。

◇外國國際運輸事業

其在中華民國境內，無固定營業場所而有代理人在中華民國境內銷售勞務，其代理人應於載運客、貨出境之次期開始 15 日內，就銷售額按規定稅率計算營業稅額申報繳納（營 36）。

◇外國技藝表演業

其在中華民國境內演出之營業稅，應於每月 15 日以前，向演出地主管稽徵機關申報上一月份銷售額及營業稅額。但在同地演出期間不超過 30 日者，應於演出結束後 15 日內報繳。須在報繳期限屆滿前離境者，應於離境前報繳之（營 37）。

㈡申報處所

◇總分支機構個別申報者

營業人之總機構及其他固定營業場所，設於中華民國境內各地區者，應分別向主管稽徵機關申報銷售額、應納或溢付營業稅額（營 38）。

◇總分支機構合併申報者

加值型營業人得向財政部申請核准，就總機構及所有其他固定營業場所銷售之貨物或勞務，由總機構合併向所在地主管稽徵機關申報銷售額、應納或溢付營業稅額（營 38），但其所有其他固定營業場所，仍應向所在地主管稽徵機關申報銷售額及進項憑證（營細 39）。

㈢申報應附送之文件

◇使用統一發票明細表

第一聯為存查聯，由營業人存查；第二聯為申報聯，申報主管稽徵機關。

◇申報銷售額與稅額繳款書

第一聯為申報聯，由公庫收款蓋章後，交納稅義務人持向稽徵機關申報；第二聯為收執聯，由公庫收款蓋章後，交納稅義務人於申報時，併同申報聯交由稽徵機關核章後收執，作為納稅憑證；第三聯為報核聯，由公庫收款蓋章後，連同稅收日報表送稽徵機關，以憑辦理稅款劃解；第四聯為存查聯，由公庫收款蓋章後，自行留存備查。

◇**進項稅額憑證**

有關進項稅額憑證之規定，請參閱本章第一節之說明。

◇**零稅率銷售額清單及證明文件**

有關零稅率之證明文件，請參閱本書第四章第二節之說明。

◇**免稅證明文件**

請參閱本書第四章第二節之說明。

㈣拍賣、變賣貨物營業稅之徵納

◇**由海關拍賣或變賣**

海關拍賣或變賣應課徵營業稅之貨物，應於拍定或成交後，將營業稅款向公庫繳納，並填寫拍賣或變賣貨物清單交付買受人，作為列帳及扣抵憑證。

◇**由法院或行政執行機關拍賣或變賣**

⑴執行法院或行政執行機關執行拍賣或變賣貨物，應於拍定或准許承受 5 日內，將拍定或承受價額通知當地主管稽徵機關查復營業稅之稅額，並由執行法院、行政執行機關代為扣繳。

⑵前項營業稅額，應以執行法院、行政執行機關拍定或承受價額依規定稅率計算之。

⑶主管稽徵機關應於取得執行法院、行政執行機關扣繳稅額後，就該稅款填發營業稅繳款書向公庫繳納（營細 47）。

㈤申報範例

營業稅申報之程序，以填寫「銷售額與稅額申報書」最為複雜，茲就臺北市稅捐稽徵處所提供之繳款書填報範例列示於次，以供參考。

◇**專營應稅營業人**

假定某專營應稅營業人 103 年 7～8 月份與營業稅有關之資料如下：

⑴開立三聯式統一發票 75 份，其內容包括應稅銷售額 2,000,000 元，稅額 100,000 元，其中固定資產 100,000 元，稅額 5,000 元。

⑵開立二聯式統一發票 125 份，其內容包括應稅銷售額 1,575,000 元。

⑶上期應稅銷售額 100,000 元，稅額 5,000 元，於本期退回。

⑷本期進貨及費用支出 2,800,000 元，稅額 140,000 元，取得三聯式統一發票扣

抵聯，其中交際費及酬勞員工貨物 100,000 元，稅額 5,000 元。

(5)本期購買固定資產 200,000 元，稅額 10,000 元，取得三聯式統一發票扣抵聯。

(6)本期取得載有稅額之其他憑證之費用 15,000 元，稅額 750 元（假定可扣抵）。

(7)上期進貨本期退出 80,000 元，收回稅額 4,000 元。

(8)進口貨物（非固定資產），經海關核定之完稅價格 1,000,000 元，進口稅捐 200,000 元，貨物稅 40,000 元。

(9)購買國外勞務 500,000 元。

(10)上期累積留抵稅額 10,000 元。

該營業人繳款書之填報範例如表 5-2。

◇專營應稅營業人（有零稅率銷售額者）

假定某營業人為專營應稅營業人 103 年 7～8 月份與營業稅有關資料如下：

(1)開立三聯式統一發票 45 份，其內容包括：

・應稅銷售額 2,000,000 元，稅額 100,000 元，其中固定資產 300,000元，稅額 15,000 元。

・零稅率銷售額 1,000,000 元。

(2)開立二聯式統一發票 155 份，其內容包括：

・應稅銷售額 1,260,000 元。

・零稅率銷售額 2,500,000 元。

(3)上期應稅銷售額 100,000 元，稅額 5,000 元，於本期退回。

(4)本期進貨及費用支出 6,800,000 元，稅額 340,000 元，取得三聯式統一發票扣抵聯，其中交際費及酬勞員工貨物 100,000 元，稅額 5,000 元。

(5)本期購買固定資產 500,000 元，稅額 25,000 元，取得三聯式統一發票扣抵聯。

(6)本期取得載有稅額之其他憑證之費用 20,000 元，稅額 1,000 元（假定可扣抵）。

(7)上期進貨 40,000 元，於本期退出收回稅額 2,000 元。

(8)無進口貨物及購買國外勞務。

(9)上期累積留抵稅額 40,000 元。

該營業人繳款書之填報範例如表 5-3。

◇兼營免稅營業人

假定某兼營免稅營業人 103 年 7～8 月份與營業稅有關資料如下：

(1)開立三聯式統一發票 50 份，其內容包括：

● 表 5-2

財政部臺北市國稅局
營業人銷售額與稅額申報書（401）
（一般稅額計算－專營應稅營業人使用）

第一聯：申報聯 營業人持向稽徵機關申報

核准 按月申報
按計課稅 總繳稽徵機關編號
合併 總繳 營業人持向稽徵機關申報
總繳 聯 名稱位位分別申報

統一編號	1 2 3 4 5 6 7 8
營業人名稱	復興企業股份公司
稅籍編號	3 4 5 6 7 8 9 10 11 12
負責人姓名	李木德

營業地址 臺北市 中孝西路 弄/234號 /1 樓 之 室
所屬年月份：103 年 7-8月

金額單位：新台幣元

銷項

項目	區分	應　稅		零稅率銷售額	
		銷售額	稅額		
三聯式發票、電子計算機發票	1	2 000 000	2 100 000	3 非經海關出口應附證明文件者	
收銀機發票（三聯式）	5		6	7	
二聯式發票、收銀機發票（二聯式）	9	1 500 000	10 75 000	11 經海關出口免附證明文件者	15
免用發票	13		14		
減：退回及折讓	17		18 5 000	19	
合計	21 ①	3 400 000 22 ②	170 000	23 ③	
銷售額總計 ①＋③	25	3,400,000 元（內含銷售 固定資產 100,000元）			100,000元

進項

項目	區分	得　扣　抵　進　項	
		金額	稅額
統一發票扣抵聯（包括電子計算機發票）	進貨及費用 28	2 100 000	29 135 000
	固定資產 30	200 000	31 10 000
三聯式收銀機發票扣抵聯	進貨及費用 32		33
	固定資產 34		35
載有營業稅額之其他憑證（包括二聯式收銀機發票）	進貨及費用 36	15 000	37 750
	固定資產 38		39
海關代徵營業稅繳納證扣抵聯	進貨及費用 78	1 240 000	79 62 000
	固定資產 80		81
減：退出、折讓及海關退還溢繳稅款	進貨及費用 40	80 000	41 4 000
	固定資產 42		43
合計	進貨及費用 44	3 275 000	45 ⑨ 193 750
	固定資產 46	200 000	47 ⑩ 10 000
進項總金額（包括不得扣抵憑證及普通收據）	48	4,055,000	
進口免稅貨物 73		200,000	49
購買國外勞務 74		500,000	

稅額計算

	項　目	代號	稅　額
1.	本期（月）銷項稅額合計	101 ②	1 70 000
7.	得扣抵進項稅額合計	107 ⑨＋⑩	2 03 750
8.	上期（月）累積留抵稅額	108	10 000
10.	小計（7+8）	110	2 13 750
11.	本期（月）應實繳稅額（1-10）	111	
12.	本期（月）申報留抵稅額（10-1）	112	43 750
13.	得退稅限額合計	113 ①×5%＋⑩	10 000
14.	本期（月）應退稅額（如13超過⑫則為⑫）	114	10 000
15.	本期（月）累積留抵稅額（12-14）	115	33 750

本期（月）應退稅額 處理方式 □利用存款帳戶劃撥 □領取退稅支票

申報單位蓋章處（統一發票專用章）

附記			
1. 統一發票明細表		4	份
2. 進貨憑證	3	冊	165 份
3. 海關代徵營業稅繳納證	1	份	
4. 退回（出）、折讓證明單及海關退還溢繳稅款申報單		4	份
5. 營業稅繳款書申報聯		0	份
6. 零稅率銷售額清單		0	份

申報日期： 年 月 日 核收機關及人員蓋章

申辦情形：□自行申報 □委任申報

代理人：			身分證統一編號	姓 名	年 月 日	電 話	登錄文（字）號
核收日期： 年 月 日							

說明：
一、本申報書適用專營應稅銷售額（月）之營業人申報稅零稅率之營業人填報。
二、如營業人申報含有免稅、特種稅額計算銷售額者，請改用（403）申報書申報。

99.10.68,500份(1x4) (#81)
紙張尺度(350×250)公厘

● 表 5-3

財政部臺北市國稅局
營業人銷售額與稅額申報書（401）
（一般稅額計算－專營應稅營業人使用）

（專供通用零稅率營業人使用）

統一編號：1 2 3 4 5 6 7 8
營業人名稱：復興企業股份有限公司
稅籍編號：3 4 5 6 7 8 9 1 1 2
負責人姓名：李大偉

所屬年月份：103年7-8月
營業地址：臺北市 ○○區 ○○里 再123號11樓
金額單位：新台幣元

項 目	區分	銷 售 額	稅 額	零稅率銷售額
三聯式發票、電子計算機發票	銷 1	2 0000000	2	3
收銀機發票（三聯式）	5		6	7 (申報海關出口證明文件者) 1 0000000
二聯式發票、收銀機發票（二聯式）	9	1 2000000	10	11 (經海關出口免開統一發票者)
免用發票	13		14 60000	15
減：退回及折讓	17		18 5 00000	19 2500000
合計	25 ①	31 000000	22 ②	23 ③ 3500000
銷 售 總 額 ① + ③			內銷售 6,600,000 固定資產 300,000 元	

項 目	區分	金 額	稅 額
統一發票扣抵聯（包括電子計算機發票）	進貨及費用 28	6700000	29 335000
	固定資產 30	500000	31 25000
三聯式收銀機發票扣抵聯	進貨及費用 32		33
	固定資產 34		35
載有稅額之其他憑證（包括二聯式收銀機發票）	進貨及費用 36	20000	37 1000
	固定資產 38		39
海關代徵營業稅繳納證扣抵聯	進貨及費用 40	40000	41 2000
	固定資產 42		43
減：退出、折讓及海關退還溢繳稅款	進貨及費用 44		45
	固定資產 46		47
合計	進貨及費用 48	6680000	334000
	固定資產 49	500000	25000

	代號	項 目	稅 額
本期（月）計算	1.	本期（月）銷項稅額合計 ②	101 155000
	7.	得扣抵進項稅額合計 ⑩+⑪	107 359000
	8.	上期（月）累積留抵稅額	108 40000
	小計 (7+8)	110 399000
	11.	本期（月）應實繳稅額 (1-10)	111
	12.	本期（月）應退稅額 (10-1)	112 244000
	13.	得退稅限額合計 ③×5%+⑩ 113	200000
	14.	本期（月）應退還留抵稅額(如13則為12)	114 200000
	15.	本期（月）累積留抵稅額(12-14)	115 44000

進口免稅貨物 73
購買國外勞務 74

說明：
一、本申報書適用專營應稅及零稅率營業人填報。特種稅額計算且有免稅、特種稅額計算之營業人，請改用（403）申報書申報。
二、如營業人申報當期（月）之銷售額包括有免稅、

99.10.68,500份(1×4) (A81)

紙張尺度(350×250)公厘

136

- 應稅銷售額 1,000,000 元,稅額 50,000 元。其中固定資產銷售額 200,000 元,稅額 10,000 元。
- 零稅率銷售額 1,000,000 元。
- 免稅銷售額 200,000 元,其中土地銷售額 100,000 元。

⑵開立二聯式統一發票 70 份,其內容包括:

- 應稅銷售額 3,150,000 元。
- 免稅銷售額 400,000 元(不含土地)。

⑶上期應稅銷貨 100,000 元,稅額 5,000 元,於本期退回。

⑷本期進貨及費用支出 3,000,000 元,稅額 150,000 元,取得三聯式統一發票扣抵聯,其中交際費支出 10,000 元,稅額 500 元。

⑸本期購買固定資產取得三聯式統一發票扣抵聯,金額 4,200,000 元,稅額 210,000 元。

⑹取得載有稅額之其他憑證之費用支出 10,000 元,稅額 500 元(假定可扣抵)。

⑺進口貨物(非固定資產)經海關核定之完稅價格為 3,000,000 元,進口稅捐 720,000 元,貨物稅 500,000 元。

⑻上期進貨,於本期退出 10,000 元,收回稅額 500 元。

⑼上期累積留抵稅額 1,000 元。

該營業人繳款書之填報範例如表 5-4。

四、跨境電子勞務交易課徵營業稅規範

財政部為規範外國之事業、機關、團體、組織在中華民國境內無固定營業場所,銷售電子勞務予境內自然人之營業人,其營業稅課徵規定,依營業稅法及其他相關法令規定,訂定「跨境電子勞務交易課徵營業稅規範」(以下簡稱本規範),並自中華民國 106 年 5 月 1 日生效(財政部 1060424 台財稅字第 10600549520 號令)。

㈠名詞定義

本規範中對於電子勞務及境內自然人皆有明確規範,茲分別說明於次:

◇電子勞務

1.經由網際網路或其他電子方式傳輸提供下載儲存至電腦設備或行動裝置(如

表 5-4

財政部臺北市國稅局
營業人銷售額與稅額申報書（403）
（一般稅額計算－兼營免稅、特種稅額計算營業人、辦理現購、辦理現場、額退稅特定營業人使用）

第一聯：申報聯 營業人持向稽徵機關申報。

核准 總機構彙總繳稅
核准 合計 繳稅總機
註記欄 各單位分別申報 123

所屬年月份：103 年 7、8 月　金額單位：新台幣元

統一編號：12345678
營業人名稱：復興企業股份有限公司
稅籍編號：34567891112
負責人姓名：李大德

營業地址：臺北市 中正 區 忠孝東路 弄1234號 11 樓 室

銷項	項目	區分		應　銷　售　額			稅　額		零稅率銷售額	
	三聯式、電子計算機發票	25%	1	100,000,00		5,00000	2		4	
一般稅額	收銀機發票（三聯式）	15%	5	300,000,00		1,50000	6		8	
計算稅額	二聯式發票、收銀機發票	2%	9				10		12	
	免用及普通收據	1%	13				14		16	
	減：退回及折讓		17				18		20	
	合計		21	300,000,00	①	1,95000	22	②	24	④

應 銷 售 額 稅 額 免 銷 售 額

4,200,000
5,500,000−100,000 = 9

26,100,000 元
27,100,000 元

本期(月)申報退稅額合計 ③×5%＋⑩ 67,155

100. 6. 56. 000份 (1x3) (#82)

智慧型手機或平板電腦等）使用之勞務。

2.不須下載儲存於任何裝置而於網際網路或以其他電子方式使用之勞務，包括線上遊戲、廣告、視訊瀏覽、音頻廣播、資訊內容（如電影、電視劇、音樂等）、互動式溝通等數位型態使用之勞務。

3.其他經由網際網路或其他電子方式提供使用之勞務，例如經由境外電商營業人之網路平台提供而於實體地點使用之勞務。

◇境內自然人

1.購買之勞務無實體使用地點者，指在中華民國境內有住所或居所之個人或有下列情況之個人：

⑴運用電腦設備或行動裝置透過電子、無線、光纖等技術連結網際網路或其他電子方式購買勞務，設備或裝置之安裝地在中華民國境內。

⑵運用行動裝置購買勞務，買受人所持手機號碼，其國碼為中華民國代碼 (886)。

⑶與交易有關之資訊可判斷買受人為中華民國境內之自然人，例如買受人之帳單地址、支付之銀行帳戶資訊、買受人使用設備或裝置之網路位址（IP 位址）、裝置之用戶識別碼（SIM 卡）。

2.購買之勞務在中華民國境內有實體使用地點者，其買受之個人。勞務使用地之認定如下：

⑴勞務之提供與不動產具有關聯性（如住宿勞務或建築物修繕勞務等），其不動產所在地在中華民國境內。

⑵運輸勞務之提供，其使用地在中華民國境內。

⑶各項表演、展覽等活動勞務之提供，其使用地在中華民國境內。

⑷其他勞務使用地在中華民國境內者。

㈡稅籍登記

請參閱本書第五章第三節。

㈢課徵範圍及方式

跨境電子勞務交易之型態多樣化，本規範爰依不同交易型態分別訂定其課徵範圍及方式，茲分別說明於次。

1.境外電商營業人運用自行架設之網站或建置之電子系統銷售電子勞務予境內

自然人者，應就收取之全部價款，依營業稅法第 35 條規定報繳營業稅。

　　2.在中華民國境內無固定營業場所之外國事業、機關、團體或組織（以下簡稱外國業者 A）運用境外電商營業人 B 架設之網站或建置之電子系統銷售勞務予境內自然人乙，並自行收取價款者：

　　⑴銷售之勞務無實體使用地點

　　　・外國業者 A 認屬境外電商營業人，符合應辦理稅籍登記規定者，其自買受人乙收取之全部價款，應依營業稅法第 35 條規定報繳營業稅。

　　　・境外電商營業人 B 自外國業者 A 收取之服務費用（如手續費或佣金），非屬我國營業稅課稅範圍。

　　⑵銷售之勞務有實體使用地點

　　　・如該使用地點在中華民國境內：甲、外國業者 A 認屬境外電商營業人，符合應辦理稅籍登記規定者，其自買受人乙收取之全部價款，應依營業稅法第 35 條規定報繳營業稅。乙、境外電商營業人 B 自外國業者 A 收取之服務費用（如手續費或佣金），非屬我國營業稅課稅範圍。

　　　・如該使用地點非在中華民國境內：非屬我國營業稅課稅範圍。

　　3.外國業者 A 運用境外電商營業人 B 架設之網站或建置之電子系統銷售勞務予境內自然人乙，並由境外電商營業人 B 收取價款者：

　　⑴銷售之勞務無實體使用地點

　　　・境外電商營業人 B 自買受人乙收取之全部價款，應依營業稅法第 35 條規定報繳營業稅。

　　　・外國業者 A 自境外電商營業人 B 收取之價款，非屬我國營業稅課稅範圍。

　　⑵銷售之勞務有實體使用地點

　　　・如該使用地點在中華民國境內：甲、境外電商營業人 B 自買受人乙收取之全部價款，應依營業稅法第 35 條規定報繳營業稅。乙、外國業者 A 自境外電商營業人 B 收取之價款，非屬我國營業稅課稅範圍。

　　　・如該使用地點非在中華民國境內：非屬我國營業稅課稅範圍。

　　4.國內營業人甲運用境外電商營業人 B 架設之網站或建置之電子系統銷售勞務予境內自然人乙，並自行收取價款者：

　　⑴銷售之勞務無實體使用地點

　　　・國內營業人甲自買受人乙收取之全部價款，應依營業稅法第 35 條規定報繳

營業稅。

- 境外電商營業人 B 自國內營業人甲收取之服務費用(如手續費或佣金)，由國內營業人甲依營業稅法第 36 條第 1 項規定報繳營業稅。

(2)銷售之勞務有實體使用地點

- 如該使用地點在中華民國境內：甲、國內營業人甲自買受人乙收取之全部價款，應依營業稅法第 35 條規定報繳營業稅。乙、境外電商營業人 B 自國內營業人甲收取之服務費用(如手續費或佣金)，由國內營業人甲依營業稅法第 36 條第 1 項規定報繳營業稅。

- 如該使用地點非在中華民國境內：非屬我國營業稅課稅範圍。

5.國內營業人甲運用境外電商營業人 B 架設之網站或建置之電子系統銷售勞務予境內自然人乙，並由境外電商營業人 B 收取價款者：

(1)銷售之勞務無實體使用地點

- 境外電商營業人 B 自買受人乙收取之全部價款，應依營業稅法第 35 條規定報繳營業稅。

- 國內營業人甲自境外電商營業人 B 收取之價款，應依營業稅法第 35 條規定報繳營業稅。

(2)銷售之勞務有實體使用地點

- 如該使用地點在中華民國境內：甲、境外電商營業人 B 自買受人乙收取之全部價款，應依營業稅法第 35 條規定報繳營業稅。乙、國內營業人甲自境外電商營業人 B 收取之價款，應依營業稅法第 35 條規定報繳營業稅。

- 如該使用地點非在中華民國境內：非屬我國營業稅課稅範圍。

6.前開 1. 至 5. 交易型態以外之跨境銷售電子勞務予境內自然人者，仍應依營業稅法規定課徵營業稅，如有疑義，由主管稽徵機關報請財政部解釋。

㈣申報繳納

1.已辦理稅籍登記之境外電商營業人，應於營業稅法第 35 條規定期限內至財政部稅務入口網（網址：www.etax.nat.gov.tw／境外電商課稅專區／申報繳納營業稅）申報繳納營業稅。

2.境外電商營業人有合併、轉讓、解散或廢止營業之情事者，應依營業稅法施行細則第 33 條規定，於事實發生之日起 15 日之內申報繳納當期營業稅。

　　3.境外電商營業人自國內營業人取得載有稅額之進項憑證,如無營業稅法第19條第1項規定不得扣抵情事,且係專供銷售電子勞務予境內自然人使用並符合營業稅法施行細則第38條第1項規定者,得申報扣抵銷項稅額。

　　4.境外電商營業人銷售電子勞務之銷售額如以外幣計價,其依營業稅法第35條規定申報銷售額、應納或溢付營業稅額時,應依臺灣銀行下列日期牌告外幣收盤之即期買入匯率(如無,採現金買入匯率)折算為新臺幣金額:

　　⑴申報所屬期間之末日。

　　⑵有合併、轉讓、解散或廢止營業者,以事實發生日前一申報所屬期間之末日。

　　⑶前2目期間之末日如為星期日、國定假日或其他休息日者,以該日之次日為期間之末日;遇星期六者,以其次星期一為期間末日。

　　5.前款日期之匯率公告於財政部稅務入口網(網址: www.etax.nat.gov.tw／境外電商課稅專區／申報繳納營業稅／各期匯率查詢)。

　　6.境外電商營業人應以新臺幣繳納營業稅,其以匯款方式繳納營業稅者,應自行負擔匯費及相關處理手續費用。

㈤其他規定

　　1.為調查課稅資料,稅捐稽徵機關或財政部賦稅署指定之調查人員,得依稅捐稽徵法第30條規定進行調查,境外電商營業人應負協力義務。

　　2.境外電商營業人如涉有未依規定辦理稅籍登記或申報繳納營業稅等違章情事,應依稅捐稽徵法、營業稅法及其相關規定處罰。

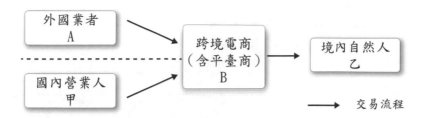

收取價款方式	交易模式	適用規定	報繳營業稅主體
A 自行收取	A－B－乙*	第 2 款第 1 目	A
甲自行收取	甲－B－乙	第 4 款第 1 目	甲
由 B 收取	A－B－乙	第 3 款第 1 目	B
	甲－B－乙	第 5 款第 1 目	B、甲

* 依跨境電子勞務交易課徵營業稅規範第 2 點第 2 款第 1 目規定，指在
中華民國境內有住所或居所之個人或有其所列情況之個人。
資料來源：財政部

● 圖 5-1　跨境電子勞務交易課徵營業稅範圍及方式（本規範第 4 點第 2 款至第 5 款各款第
　　　　　1 目無實體使用地點者）

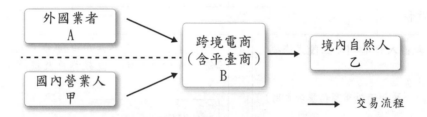

收取價款方式	交易模式	適用規定	報繳營業稅主體
A 自行收取	A－B－乙*	第 2 款第 2 目之 1	A
甲自行收取	甲－B－乙	第 4 款第 2 目之 1	甲
由 B 收取	A－B－乙	第 3 款第 2 目之 1	B
	甲－B－乙	第 5 款第 2 目之 1	B、甲

* 依跨境電子勞務交易課徵營業稅規範第 2 點第 2 款第 2 目規定，指買受之
個人。
資料來源：財政部

● 圖 5-2　跨境電子勞務交易課徵營業稅範圍及方式（本規範第 4 點第 2 款至第 5 款各款第
　　　　　2 目且實體使用地點在我國境內者）

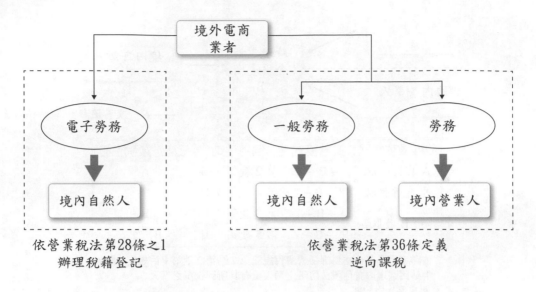

依營業稅法第28條之1　　　　　　依營業稅法第36條定義
辦理稅籍登記　　　　　　　　　　逆向課稅

```
                規劃徵課（含繳款書及匯款機制）
                        稽徵作業
```

　臨櫃繳稅　　　　　　　　　　　　　　　　　專戶匯款繳稅

新增（進入稅務入口網列印三段式條碼　　　由系統自動帶出營業稅申報書「本期應實繳稅
繳款書）　　　　　　　　　　　　　　　　額」欄位之稅額、匯款專戶及提醒文字說明：
(1)營業稅繳款書
(402一般稅額計算—境外電商務業者專用)
(2)自動補報補繳繳款書
(402一般稅額計算—境外電商務業者專用)

　　　　　　　　　　　　　　　　　　　應納稅額新臺幣○○○元

　　　　　　　　　　　　　　　1、匯款名稱及帳號：
　　　　　　　　　　　　　　　　銀行：○○銀行○○分行
　　　　　　　　　　　　　　　　帳戶名稱：財政部臺北國稅局－境外電子商務○○○專戶
　　　　　　　　　　　　　　　　帳號：○○○○○○○○○○○○
　　　　　　　　　　　　　　　2、匯款專戶為新臺幣計價且收費明細
　　　　　　　　　　　　　　　　71A(Details Of Charges)為OUR：
　　　　　　　　　　　　　　　　請於匯款備註欄填寫：「統一編號及所屬年期別」。

資料來源：財政部

　　🔵 圖 5-3　　境外電商繳納營業稅方式

五、核定課徵

營業人有下列情形之一者，主管稽徵機關得依查得資料，核定其銷售額及應納稅額並補徵之（營 43）：

1. 逾規定申報期限 30 日，尚未申報銷售額。

2. 未設立帳簿，帳簿逾規定期限未記載且經通知補記載仍未記載，遺失帳簿憑證，拒絕稽徵機關調閱帳簿憑證，或於帳簿為虛偽不實之記載。

3. 未辦妥稅籍登記即行開始營業，或已申請歇業仍繼續營業，而未依規定申報銷售額。

4. 短報、漏報銷售額。

5. 漏開統一發票或於統一發票上短開銷售額。

6. 經核定應使用統一發票而不使用。

7. 營業人申報之銷售額顯不正常者,主管稽徵機關得參照同業情形與有關資料,核定其銷售額或應納稅額並補徵之。

第四節
會計處理實務

一、新設科目詮釋

我國加值型營業稅之稅額係採外加方式，應納稅額之計算則採稅額扣抵法，故在會計處理上，有若干新設之會計科目，茲將其使用方法分別說明於次：

㈠進項稅額

係指加值型營業人購買貨物或勞務時，依規定所支付之營業稅額，支付時記入本科目之借方；當進貨退出或折讓而收回營業稅額時，記入本科目貸方；每月底應將本科目餘額沖轉銷項稅額。

㈡銷項稅額

　　係加值型營業人銷售貨物或勞務時，依規定所收取之營業稅額，收取時記入本科目之貸方；當銷貨退回或折讓而退還營業稅額時，記入本科目之借方；每月底應將本科目餘額與進項稅額沖轉，將差額記入應付稅額、留抵稅款，或應收退稅款。

㈢應付稅額

　　營業人每月底應將進項稅額與銷項稅額沖轉，若銷項稅額大於進項稅額時，其差額即記入應付稅額之貸方，俟次期 15 日前報繳營業稅時再沖銷本科目。在編製財務報表時，本科目應列入資產負債表之流動負債項下。

㈣留抵稅款

　　營業人每月份之進項稅額大於銷項稅額時，其差額即為溢付稅額，此項差額若不得退還營業人，即應記入本科目之借方，用以抵減以後月份之應納稅額，當抵減時記入本科目之貸方。在編製財務報表時，本科目應列入資產負債表之流動資產項下。

㈤應收退稅款

　　營業人若係因適用零稅率或購置固定資產而產生之溢付稅額，得依規定向主管稽徵機關申請退還之，故此項溢付稅額應記入本科目借方，俟收到退稅款時記入貸方。本科目應列入資產負債表之流動資產項下。

二、會計處理釋例

　　茲為便於說明有關營業稅之會計處理，假設某公司某月份之交易事項及其會計處理分別列示於次。

㈠購買貨物或勞務

　　1.賒購材料 8,000,000 元，稅額 400,000 元。

材　料	8,000,000	
進項稅額	400,000	
應付帳款		8,400,000

2.向小規模營業人購入文具一批 5,000 元。

| 營業費用──文具用品 | 5,000 | |
| 　現　金 | | 5,000 |

3.支付辦公室電費 15,000 元，工廠電費 50,000 元，稅額 3,250 元。

營業費用──水電費	15,000	
製造費用──水電費	50,000	
進項稅額	3,250	
現　金		68,250

4.購入房屋 2,000,000 元，土地 1,500,000 元，稅額 100,000 元。

房　屋	2,000,000	
土　地	1,500,000	
進項稅額	100,000	
現　金		3,600,000

5.由國外進口機器總價 3,000,000 元，進口稅捐 450,000 元及報關費用 50,000 元。

機器設備	3,500,000	
進項稅額	172,500	
現　金		3,672,500

6.支付公司薪資 400,000 元，工廠薪資 100,000 元，工資 500,000 元，扣繳稅款 30,000 元。

營業費用──薪資	400,000	
製造費用──薪資	100,000	
在製品	500,000	
代收稅款		30,000
現　金		970,000

7.由國外進口材料總價 2,000,000 元，進口稅捐 240,000 元及進口費用 10,000 元。

材　料	2,250,000	
進項稅額	112,000	
現　金		2,362,000

8.預付貨款 100,000 元，取有統一發票。

預付貨款	100,000	
進項稅額	5,000	
現　金		105,000

9.向個人租用門市部房屋，支付本月份租金 50,000 元，押金 100,000 元。

營業費用——租金支出	50,000	
存出保證金	100,000	
代收稅款		5,000
現　金		145,000

10.向某公司租用辦公室房屋，支付本月租金 100,000 元，押金200,000元。

營業費用——租金支出	100,000	
存出保證金	200,000	
進項稅額	5,000	
現　金		305,000

11.本月進貨退出 100,000 元，稅額 5,000 元。

應付帳款	105,000	
進貨退出		100,000
進項稅額		5,000

㈡不得扣抵之進項稅額

1.支付宴客餐費 10,000 元，稅額 500 元。

| 營業費用——交際費 | 10,500 | |
| 　現　金 | | 10,500 |

2.購買布料 30,000 元，稅額 1,500 元，用以酬勞員工。

營業費用──職工福利	31,500	
現　金		31,500

3.購買乘人小汽車 1 部計 600,000 元，稅額 30,000 元。

運輸設備	630,000	
現　金		630,000

㈢銷售貨物或勞務

1.本月份銷貨 12,000,000 元，其中內外銷各占半數。

現　金	12,300,000	
銷貨──應稅		6,000,000
銷貨──零稅率		6,000,000
銷項稅額		300,000

2.出售固定資產(機器)成本 400,000 元，累計折舊 200,000 元，售價 150,000 元。

現　金	157,500	
累計折舊	200,000	
出售資產損失	50,000	
機器設備		400,000
銷項稅額		7,500

3.以分期收款方式銷貨 400,000 元，成本 300,000 元，收到第 1 期款 20,000 元。

現　金	21,000	
應收分期帳款	380,000	
分期付款銷貨		400,000
銷項稅額		1,000
分期付款銷貨成本	300,000	
存　貨		300,000

4.出售房屋及土地總價 4,000,000 元,買賣契約載明土地與房屋各為 2,000,000 元。

現　金	4,100,000	
銷貨──應稅		2,000,000
銷貨──免稅		2,000,000
銷項稅額		100,000

5.將房屋出租每月租金 200,000 元,押金 1,000,000 元,1 年期固定利率為 6%。

現　金	1,210,000	
租金收入		200,000
銷項稅額		10,000
存入保證金		1,000,000

押金應另計算銷售額及稅額如下:

$$銷售額 = \frac{\$1,000,000 \times 6\% \div 12}{1 + 5\%} = \$4,762$$

$$營業稅額 = \$4,762 \times 5\% = \$238$$

利息支出	5,000	
租金收入		4,762
銷項稅額		238

6.發生銷貨退回 100,000 元。

銷貨退回	100,000	
銷項稅額	5,000	
現　金		105,000

7.購入機器 1 部,公允價值 1,000,000 元,將其出租予某公司,租期 5 年,每半年支付租金一次,每期租金 150,000 元,保證金 100,000 元,租期屆滿時機器歸承租人所有。

・購入機器時:

出租資產	1,000,000	
進項稅額	50,000	
現　金		1,050,000

・簽訂租賃契約時：

應收租賃款	1,500,000	
出租資產		1,000,000
融資租賃之未賺得融資收益		500,000

・收取第 1 期租金及保證金時：

現　金	257,500	
應收租賃款		150,000
銷項稅額		7,500
存入保證金		100,000

㈣視為銷售貨物

　　營業人以其產製、進口、購買供銷售之貨物，轉供自用，或無償移轉他人所有者，依營業稅法第 3 條第 3 項第 1 款後段規定，應按時價開立發票計算銷項稅額，惟仍應按實際成本列帳，辦理當年度所得稅結算申報時，此項開立統一發票之銷售額，應自營業收入調節欄項下減除（參見查 15 之 1）。惟為簡化作業，凡屬供本業及附屬業務使用之贈送樣品、辦理抽獎贈送獎品、銷貨附送贈品、依合約規定售後服務免費換修零件者，所贈送之物品及免費換修之零件及固定資產，除應設帳記載外，可免開立統一發票（參見財政部 75 年 12 月 29 日台財稅字第 7523583 號函及 79 年 2 月 6 日台財稅字第 790623924 號函）。以下將舉數例以說明其會計處理。

　　1.將公司產品一批捐贈勞軍，成本 200,000 元，售價 250,000 元。

營業費用——捐贈	200,000	
進項稅額	12,500	
存　貨		200,000
銷項稅額		12,500

　　2.將公司生產之產品一批用以酬勞員工，成本 100,000 元，售價120,000元。

營業費用——職工福利	106,000	
存　貨		100,000
銷項稅額		6,000

3.贈送客戶樣品一批，成本 10,000 元，售價 12,000 元。

營業費用——樣品費	10,000	
存　貨		10,000

4.將公司產品一批贈送來訪客戶，成本 20,000 元，售價 25,000 元。

營業費用——交際費	21,250	
存　貨		20,000
銷項稅額		1,250

5.將貨物一批用以抵償借款，成本 350,000 元，售價 400,000 元。

短期借款	420,000	
銷貨——應稅		400,000
銷項稅額		20,000

銷貨成本	350,000	
存　貨		350,000

㈤代購與代銷貨物

現行法令對於代購與代銷開立發票及所得稅申報之有關規定如次：

⑴營業人以自己名義代為購買貨物交付與委託人，按代購貨物之實際價格作為銷售額開立發票者，於辦理當期所得稅結算申報時，除代購之佣金收入仍應列報收入外，該項銷售額應於營業收入調節欄項下予以減除，免列為銷貨收入。

⑵營業人委託他人代銷貨物，於送貨時已先按送貨之數量及約定代銷之價格作為其銷售額開立發票者，於年度終了時，其尚未經代銷之貨物價額，應於辦理當期所得稅結算申報時，將該項銷售額於營業收入調節欄項下予以減除，免列為銷貨收入。

⑶受他人委託代銷貨物，按約定代銷之價格作為其銷售額開立發票者，於辦理當期所得稅結算申報時，除代銷之佣金收入仍應列報收入外，該項銷售額應於營業收入調節欄項下予以減除，免列為收入（參見查 15 之 1）。

⑷有關開立統一發票之規定，請參閱第四章第三節。

茲將代購與代銷貨物之會計處理釋例如下：

1.設甲公司受乙公司之委託代購貨物一批計 1,000,000 元，代購佣金為貨價之 5%，有關分錄如下：

甲公司（受託人）　　　　　　乙公司（委託人）

(1)甲公司代購貨物時，應取得進貨發票並作如下分錄：

代購貨物	1,000,000	無分錄
進項稅額	50,000	
現　金	1,050,000	

(2)甲公司交付代購貨物時，應開立發票交付乙公司，分錄如下：

現　金	1,050,000	進　貨	1,000,000
代購貨物	1,000,000	進項稅額	50,000
銷項稅額	50,000	現　金	1,050,000

(3)甲公司收取佣金時，應開立發票交付乙公司，分錄如下：

現　金	52,500	佣金支出	50,000
佣金收入	50,000	進項稅額	2,500
銷項稅額	2,500	現　金	52,500

2.設 A 公司委託 B 公司代銷貨物，代銷佣金按當月份代銷貨物價額 5% 計算。A 公司本月份交付 B 公司貨物計 5,000,000 元（成本 3,500,000 元），B 公司出售 4,000,000 元（成本 2,800,000 元），有關分錄如下：

A 公司（委託人）　　　　　　B 公司（受託人）

(1) A 公司交付代銷貨物時，應開立發票交付 B 公司，分錄如下：

應收寄銷款	5,250,000	代銷貨物	5,000,000
未實現寄銷銷貨	5,000,000	進項稅額	250,000
銷項稅額	250,000	應付承銷款	5,250,000
寄銷品存貨	3,500,000		
存　貨	3,500,000		

(2) B 公司出售代銷貨物時，應開立發票交付買受人，分錄如下：

無分錄		現　金	4,200,000
		代銷貨物	4,000,000
		銷項稅額	200,000

(3)雙方結帳時，B 公司開立發票交付 A 公司，分錄如下：

現　金	3,990,000	應付承銷款	4,200,000
佣金支出	200,000	佣金收入	200,000
進項稅額	10,000	銷項稅額	10,000
應收寄銷款	4,200,000	現　金	3,990,000

未實現寄銷銷貨	4,000,000
銷貨收入	4,000,000

銷貨成本	2,800,000
寄銷品存貨	2,800,000

㈥月底結帳

假設某公司本月份進項稅額計 631,350 元，銷項稅額 714,088 元，應納稅額為 82,738 元，有關分錄如下：

銷項稅額	714,088	
進項稅額		631,350
應付稅額		82,738

㈦報繳營業稅

應付稅額	82,738	
現　金		82,738

(八)兼營營業人

凡依「兼營營業人營業稅額計算辦法」規定，計算不得扣抵之進項稅額，得分別歸屬原支出科目，或以其他費用列支。假設某公司銷售淨額 10,000,000 元，免稅銷售淨額 2,000,000 元，故不得扣抵比例為 20%，其有關進項資料如下：

會計科目	金　額 (1)	進項稅額 (2)	不得扣抵進項稅額 (3) = (2) × 20%
製造費用——水電費	$　500,000	$　25,000	$　5,000
製造費用——修繕費	150,000	7,500	1,500
營業費用——文具用品	50,000	2,500	500
營業費用——旅費	100,000	5,000	1,000
材　料	6,000,000	300,000	60,000
合　計	$6,800,000	$340,000	$68,000

上列不得扣抵之進項稅額 68,000 元，其會計處理方法有二，一為將其歸屬原支出科目，二係將其列為其他費用，茲分別列示如下：

製造費用——水電費	5,000	
製造費用——修繕費	1,500	
營業費用——文具用品	500	
營業費用——旅費	1,000	
材　料	60,000	
進項稅額		68,000

或

製造費用——其他費用	66,500	
營業費用——其他費用	1,500	
進項稅額		68,000

第五節

獎懲規定

一、統一發票之給獎

為防止逃漏、控制稅源及促進統一發票之推行，財政部爰訂定統一發票給獎辦法，每單月 25 日開獎一次，共分八獎，特別獎獎額高達新臺幣 10,000,000 元，其經費由全年營業稅收入總額中提出 3% 以資支應（營 58）。

二、處罰規定

㈠從新從輕之處罰原則

營業人違反營業稅法後，法律有變更者，適用裁罰時之罰則規定，但裁罰前之法律有利於營業人者，適用有利於營業人之規定（營 53 之 1）。

㈡行為罰與漏稅罰擇一從重處罰

納稅義務人同時觸犯租稅行為罰與漏稅罰相關罰則案件，採擇一從重處罰，處理方式如下：

1. 納稅義務人觸犯營業稅法第 45 條或第 46 條，如同時涉及營業稅法第 51 條各款規定者，勿庸併罰，應擇一從重處罰。

2. 營業人觸犯營業稅法第 51 條各款，如同時涉及稅捐稽徵法第 44 條規定者，勿庸併罰，應擇一從重處罰。

3. 納稅義務人觸犯營業稅法第 45 條或第 46 條，如同時涉及稅捐稽徵法第 44 條及營業稅法第 51 條各款規定者，勿庸併罰，應擇一從重處罰。

4. 納稅義務人觸犯所得稅法第 110 條第 1 項，如同時涉及稅捐稽徵法第 44 條規定者，另依稅捐稽徵法第 44 條處理。（財政部 85 年 4 月 26 日台財稅字第 851903313 號函）。

㈢違章漏稅之處罰

1. 漏稅之處罰

納稅義務人有下列情形之一者，除追繳稅款外，按所漏稅額處 5 倍以下罰鍰，並得停止其營業（營 51）：

(1)未依規定申請稅籍登記而營業。

(2)逾規定期限 30 日未申報銷售額或統一發票明細表，亦未按應納稅額繳納營業稅。

(3)短報或漏報銷售額。

(4)申請註銷登記後，或經主管稽徵機關停止其營業後，仍繼續營業。

(5)虛報進項稅額。納稅義務人有此情形，如其取得非實際交易對象所開立之憑證，經查明確有進貨事實及該項憑證確由實際銷貨之營利事業所交付，且實際銷貨之營利事業已依法補稅罰款者，免依此項規定處罰。

(6)逾規定期限 30 日未依營業稅法第 36 條第 1 項規定繳納營業稅（按該項規定：外國之事業、機關、團體、組織，在中華民國境內無固定營業場所而有銷售勞務者，應由勞務買受人於給付報酬之次月 15 日以前，就給付額依規定稅率計算營業稅額繳納之）。

(7)其他有漏稅事實。

2. 短漏開統一發票之處罰

營業人漏開統一發票或於統一發票上短開銷售額，於法定申報期限前經查獲者，應就短漏開銷售額按規定稅率計算稅額繳納稅款外，處 5 倍以下罰鍰。但處罰金額不得超過新臺幣 1,000,000 元。一年內經查獲達三次者，並停止其營業（營 52）。

㈣未依規定辦理稅籍登記之處罰

1. 未依規定申請稅籍登記者，除通知限期補辦外，並得處新臺幣 3,000 元以上 30,000 元以下罰鍰，屆期仍未補辦者，得按次處罰（營 45）。

2. 營業人有下列情形之一者，除通知限期改正或補辦外，並得處新臺幣 1,500 元以上 15,000 元以下罰鍰，屆期仍未改正或補辦者，得按次處罰（營 46）：

(1)未依規定申請變更、註銷登記或申報暫停營業、復業。

(2)申請營業、變更或註銷登記之事項不實。

㈤違反統一發票使用規定之處罰

1.納稅義務人有下列情形之一者，除通知限期改正或補辦外，並得處新臺幣 3,000 元以上 30,000 元以下罰鍰；屆期仍未改正或補辦者，得按次處罰，並得停止其營業（營 47）：

⑴核定應使用統一發票而不使用。

⑵將統一發票轉供他人使用。

⑶拒絕接受營業稅繳款書。

2.應行記載事項未依規定記載者：營業人開立統一發票應行記載事項未依規定記載或所載不實者，除通知限期改正或補辦外，並按統一發票所載銷售額，處 1% 罰鍰，其金額最低不得少於新臺幣 1,500 元，最高不得超過新臺幣 15,000 元。屆期仍未改正或補辦，或改正或補辦後仍不實者，按次處罰。若未依規定記載或所載不實事項為買受人名稱、地址或統一編號者，其第二次以後處罰罰鍰為統一發票所載銷售額之 2%，其金額不得少於新臺幣 3,000 元，不得超新臺幣 30,000 元（營 48）。

㈥滯報之處罰

營業人未依規定期限申報銷售額或統一發票明細表，其未逾 30 日者，每逾 2 日按應納稅額加徵 1% 滯報金，其金額不得少於新臺幣 1,200 元，最高不得超過新臺幣 12,000 元；其逾 30 日者，按核定應納稅額加徵 30% 怠報金，金額不得少於新臺幣 3,000 元，最高不得超過新臺幣 30,000 元。其無應納稅額者，滯報金為新臺幣 1,200 元，怠報金為新臺幣 3,000 元（營 49）。

㈦滯納之處罰

納稅義務人逾期繳納稅款者，應自繳納期限屆滿之次日起，每逾 2 日按滯納之金額加徵 1% 滯納金，逾 30 日仍未繳納者，除移送法院強制執行外，並得停止其營業。應納之稅款，應自滯納期限屆滿之次日起，至納稅義務人自動繳納或法院強制執行徵收繳納之日止，依郵政儲金之 1 年期定期儲金固定利率，按日計算利息，一併徵收（營 50）。

(八)定價未內含營業稅之處罰

營業人對於應稅貨物或勞務之定價，未依規定內含營業稅，經通知限期改正，屆期未改正者，處新臺幣 1,500 元以上 15,000 元以下罰鍰（營 48 之 1）。

(九)境外電商營業人代理人未依規定期間代理申報繳納營業稅之處罰

境外電商營業人之代理人，未依規定期間代理申報繳納營業稅者，處新臺幣 3,000 元以上 30,000 以下罰鍰（營 49 之 1）。

習 題

1. 請問加值型營業稅與非加值型營業稅之稅額計算方法有何不同？

2. 依我國稅法規定，那些進項稅額不得扣抵銷項稅額？

3. 何謂營業稅之溢付稅額？營業人有溢付稅額時，依法應如何處理？

4. 何謂兼營營業人？請舉例說明之。又其稅額計算方法與非兼營營業人有何不同？

5. 加值型營業稅之營業人、非加值型營業稅之營業人及小規模營業人，對於營業稅之申報與繳納期限有何不同？請分別說明之。

6. 某公司 103 年 3～4 月銷售額 20,000,000 元，全部皆係內銷，當期進貨及費用 18,000,000 元皆取具載有營業稅額之三聯式發票，惟其中 100,000 元之貨用，稅額 5,000 元，係酬勞員工之用。試作：

   (1)請計算當期銷項稅額。

   (2)請計算當期可扣抵進項稅額。

   (3)請計算當期應納稅額。

7. 某公司 103 年 8 月銷售額 50,000,000 元，內外銷各占一半，內銷部分皆開立三聯式發票，當期進貨及費用 42,000,000 元，進項稅額 2,100,000 元，其中交際費 200,000 元，稅額 10,000 元，當期另購機器設備 10,000,000 元，稅額 500,000 元；購買乘人小汽車 2,000,000 元，稅額 100,000 元；銷貨退回 150,000 元，稅額 7,500 元；進貨退出 80,000 元，稅額 4,000 元。試作：

   (1)請計算當期銷項稅額。

(2)請計算當期可扣抵進項稅額。

(3)請計算當期應納或溢付稅額。

(4)若有溢付稅額，請說明其留抵稅額及可退稅金額若干？

8. 請列示下列交易之分錄：

(1)銷貨 30,000,000 元，內銷開立三聯式發票 10,000,000 元，開立二聯式發票 10,000,000 元，外銷開立發票 10,000,000 元。

(2)進口一批貨物，完稅價格 1,200,000 元，進口稅捐（不含營業稅）300,000 元。

(3)將公司生產之產品用於酬勞員工，成本 100,000 元，售價 150,000 元。

(4)將公司之辦公室出租，每月租金 100,000 元，另收取押金 300,000 元，1 年期定存利率 3%。

(5)購買乘人小汽車 1 部 2,500,000 元，稅額 125,000 元。

(6)公司出售辦公室，售價 10,000,000 元，土地公告現值 4,000,000 元，房屋評定標準價格 1,000,000 元。

第六章

房地合一課徵所得稅介紹

　　我國對於土地交易所得之課稅，原僅課徵土地增值稅，免納所得稅。惟民國（以下同）104 年 6 月 24 日總統修正公布所得稅法增列第 4 條之 4，規定個人及營利事業自 105 年 1 月 1 日起，房屋及土地之交易所得皆應課徵所得稅。本章將介紹房地合一課徵所得稅之課徵範圍、減免規定、稅率、課稅所得額與應納稅額之計算、稽徵及罰則之相關規定。

第一節
課徵範圍

　　依所得稅法第 4 條之 4 規定，個人及營利事業自 105 年 1 月 1 日起，房屋及土地交易所得應課徵所得稅之範圍分別說明於次。

一、房屋及土地（所 4 之 4）

　　1. 房屋。
　　2. 房屋及其座落基地。
　　3. 依法得核發建造執照之土地。
　　4. 不包括依農業發展條例申請興建之農舍。

二、房屋使用權

　　以設定地上權取得之房屋使用權，其交易視同房屋交易（所 4 之 4）。

三、課稅起始日

自 105 年 1 月 1 日起，符合下列情形之一者，其交易所得應依規定課徵所得稅（所 4 之 4）：

1. 交易之房屋、土地於 103 年 1 月 1 日之次日以後取得，且持有期間在 2 年以內者。即 103 年 1 月 2 日以後取得之房屋、土地，其持有期間在 2 年以內交易者，應課徵所得稅。

2. 交易之房屋、土地於 105 年 1 月 1 日以後取得者。

四、舊制之適用

房屋、土地交易所得不適用新制規定課稅者，仍繼續沿用舊制規定課稅。茲分別說明如下：

1. 於 103 年 1 月 1 日以前取得之房屋、土地，其交易所得僅就房屋部分課稅，土地部分則課徵土地增值稅，免納所得稅。

2. 於 103 年 1 月 2 日以後取得之房屋、土地，其持有期間在 2 年以內交易者，房屋、土地之交易所得皆應課徵所得稅。其持有期間在 2 年以上者，仍用舊制課稅，即房屋交易所得應課徵所得稅，土地交易所得僅課徵土地增值稅，免納所得稅。

五、繼承取得之房屋、土地

個人於 105 年 1 月 1 日以後，交易因繼承取得之房屋、土地，其課徵所得稅之規定（財政部 104 年 8 月 19 日台財稅字第 10404620870 號令），茲分別說明於次。

㈠適用舊制之要件

納稅義務人於 105 年 1 月 1 日以後，交易因繼承取得之房屋、土地，符合下列情形之一者，非屬所得稅法第 4 條之 4 第 1 項各款適用範圍，應依所得稅法第 14 條第 1 項第 7 類規定，計算房屋部分之財產交易所得，併入綜合所得總額課稅，不適用分離課稅規定。至於土地部分則免納所得稅。同時依所得稅法第 71 條規定，應於

每年 5 月 1 日起至 5 月 31 日止之期限內，辦理結算申報：

1.交易之房屋、土地，係納稅義務人於 103 年 1 月 1 日之次日至 104 年 12 月 31 日間繼承取得，且納稅義務人及被繼承人持有期間合計在 2 年以內。

2.交易之房屋、土地，係被繼承人於 104 年 12 月 31 日以前取得，且納稅義務人於 105 年 1 月 1 日以後繼承取得。

㈡自住房屋、土地得選用新制或舊制課稅

1.納稅義務人於 105 年 1 月 1 日以後，交易上述因繼承取得之房屋、土地，若符合所得稅法第 4 條之 5 第 1 項第 1 款規定之自住房屋、土地者，納稅義務人得選擇所得稅法第 14 條之 4 規定，計算房屋、土地交易所得，亦即採用新制規定計算房屋、土地所得，適用分離課稅規定。同時依所得稅法第 14 條之 5 規定，於房屋、土地完成所有權移轉登記日之次日起算 30 日內申報房屋、土地交易所得，繳納所得稅。

2.納稅義務人未依前述規定期間（完成所有權移轉登記日之次日起 30 日）內申報，但於房屋、土地交易日之次年綜合所得稅結算申報期限前，依所得稅法第 14 條之 4 規定計算房屋、土地交易所得，並自動補報及補繳稅款，稽徵機關應予受理。惟應認屬逾期申報案件，依所得稅法第 108 條之 2 第 1 項有關未依限申報規定，處新臺幣 3,000 元以上 30,000 元以下之罰鍰；該補繳之稅款，得適用稅捐稽徵法第 48 條之 1 自動補報補繳之規定，免依所得稅法第 108 條之 2 第 2 項規定（處以所漏稅額 2 倍以下罰鍰）處罰及加徵滯納金。惟應依各年度 1 月 1 日郵政儲金 1 年期定期儲金固定利率，按日加計利息，一併徵收。

3.納稅義務人已依前述規定選擇新制按所得稅法第 14 條之 4 及第 14 條之 5 規定，計算及申報房屋、土地交易所得，於房屋、土地交易日之次年綜合所得稅結算申報期限（5 月 1 日起至 5 月 31 日止）前，得向稽徵機關申請註銷申報，並依所得稅法第 14 條第 1 項第 7 類規定，計算房屋部分之財產交易所得，併入綜合所得稅總額課稅，不適用分離課稅規定，土地部分免納所得稅。同時依所得稅法第 71 條規定，於 5 月 1 日起至 5 月 31 日止之期限內辦理結算申報。

第二節
減免規定

房地合一課徵所得稅後，相關所得稅優惠規定如下：

㈠自住房屋、土地符合下列規定者免納所得稅（所 4 之 5）

　1. 個人或其配偶、未成年子女辦竣戶籍登記，持有並居住於該房屋連續滿 6 年。

　2. 交易前 6 年內，無出租、供營業或執行業務使用。

　3. 個人與其配偶及未成年子女於交易前 6 年內未曾適用本款規定。個人與其配偶因分居而得各自辦理綜合所得稅結算申報及計算稅額者，該個人與其配偶得個別認定（要點 14）。

　4. 房屋、土地交易之課稅所得額未超過 4,000,000 元。

㈡符合農業發展條例第 37 條及第 38 條之 1 規定，得申請不課徵土地增值稅之土地（所 4 之 5）

㈢被徵收或被徵收前先行協議價購之土地及其改良物（所 4 之 5）

㈣尚未被徵收前移轉依都市計畫法指定之公共設施保留地（所 4 之 5）

㈤前述二至四之土地、土地改良物，其交易損失不得自交易所得中減除，亦免依規定向該管稽徵機關辦理申報（所 4 之 5）

㈥自住房屋、土地重購退稅（所 14 之 8）

◇先賣後買

個人出售自住房屋、土地交易所得，所繳納之所得稅額，自完成移轉登記之日或房屋使用權交易之日起算 2 年內重購者，得於重購自住房屋、土地完成移轉登記或房屋使用權交易之次日起算 5 年內申請，按重購價額占出售價額之比率，自繳納稅額中計算退還。

◇先買後賣

個人於先購買自住房屋、土地後，自完成移轉登記之日或房屋使用權交易之日起算 2 年內，出售其他自住房屋、土地者，得於申報交易所得時，按重購價額佔出售價額之比率，計算扣抵稅額，在不超過應納稅額之限額內減除。

◇退稅比率

重購價額÷出售價額×100%

◇用途變更之追繳

重購之房屋、土地，於重購後 5 年內改作其他用途或再行移轉時，應追繳原扣抵或退還稅額（所 14 之 8）。

◇以配偶之一方出售自住房屋、土地，而以配偶之他方名義重購者，亦得適用重購退稅之規定（要點 17）

第三節
稅　率

房地合一課徵所得稅之稅率，分為 10%、15%、17%、20%、35% 及 45%，茲分別說明於次。

一、中華民國境內居住之個人（所 14 之 4）

1. 持有期間在 1 年以內者，稅率為 45%。

2. 持有期間超過 1 年，未逾 2 年者，稅率為 35%。

3. 持有期間超過 2 年，未逾 10 年者，稅率為 20%。

4. 持有期間超過 10 年者，稅率為 15%。

5. 因財政部公告之調職、非自願性離職或其他非自願性因素，持有期間在 2 年以下者，稅率為 20%。

6. 個人以自有土地與營利事業合作興建房屋，自土地取得之日起算 2 年內完成並銷售該房屋、土地者，稅率為 20%。其適用範圍包括合建分屋、合建分售、合建分成或自地自建（要點 16）。

7.自住房屋、土地交易之課稅所得額超過 4,000,000 元部分，稅率為 10%。

二、非中華民國境內居住之個人（所 14 之 4）

1.持有期間在 1 年以內者，稅率為 45%。

2.持有期間超過 1 年者，稅率為 35%。

三、營利事業總機構在中華民國境內者（所 24 之 5）

1.房屋、土地交易所得，計入營利事業所得額課稅，稅率為 17%。

2.不考慮持有期間。

四、營利事業總機構在中華民國境外者（所 24 之 5）

1.持有期間在 1 年以內者，稅率為 45%。

2.持有期間超過 1 年者，稅率為 35%。

3.採分離課稅。

第四節
個人房地交易所得、課稅所得額及應納稅額之計算

一、計算公式（所 14 之 4，要點 6）

㈠交易所得

　1.出價取得

> 房屋、土地交易所得＝交易時成交價額－原始取得成本－因取得、改良及移轉而支
> 付之費用

2.繼承或受贈取得

> 房屋、土地交易所得＝交易時成交價額－繼承或受贈時之房屋評定現值及公告土
> 地現值按政府發布之消費者物價指數調整後之價值－因取
> 得、改良及移轉而支付之費用

㈡課稅所得額

> 房屋、土地課稅所得額＝交易所得－當次交易依土地稅法規定計算之土地漲價總
> 數額－前三年房屋、土地交易損失

㈢應納稅額

> 房屋、土地應納稅額＝房屋、土地課稅所得額 × 適用稅率

　　個人房屋、土地交易所得係採分離課稅，故不併計綜合所得總額課稅。

二、成交價額之認定

㈠以交易時之實際成交價額為準。

㈡成交價額之核定（所 14 之 6）

　　有下列情形之一者，稽徵機關得依時價或查得資料核定成交價額：
　　1.個人未依所得稅法第 14 之 5 條規定申報者。
　　2.申報之成交價額較時價偏低而無正當理由者。

㈢成交價額核定之依據（要點 9）

　　稽徵機關除已查得交易時之實際成交價額外，應參酌下列時價資料認定其成交
價額：

1. 金融機構貸款評定之價格。

2. 不動產估價師之估價資料。

3. 大型仲介公司買賣資料扣除佣金加成估算之售價。

4. 法院拍賣或國有財產署等出售公有房屋、土地之價格。

5. 報章雜誌所載市場價格。

6. 其他具參考性之時價資料。

7. 時價資料同時有數種者，得以其平均數認定。

三、成本之認定（要點 10）

1. 買賣取得者，以成交價額為準。

2. 個人提供土地與營利事業合建分成或合建分售者，以該土地之取得成本為準。

3. 個人以自有土地與營利事業合建分屋所取得之房屋、土地，其土地以取得成本為準；房屋以換出土地之取得成本為準，並依下列情形調整（認定）：

⑴換入房屋之價值低於換出土地之價值，所收取價金部分之成本，應自成本中扣除。

⑵換入房屋之價值高於換出土地之價值，另給付價金部分，應計入成本。

⑶以適用所得稅法第 4 條第 1 項第 16 款規定免徵所得稅之土地換入房屋者，房屋之成本應按換入時之價值（即營利事業開立統一發票所載含稅銷售價格）認定。

4. 個人自地自建房屋，其土地以取得成本為準；房屋以實際建造成本為準。

5. 因區段徵收領回抵價地或土地重劃領回重劃後土地，以原取得被徵收土地或重劃前土地之取得成本為準。但徵收或重劃時已領取補償金部分之成本，應自成本中扣除。

6. 以房屋、土地為信託財產，嗣因信託行為不成立、無效、解除或撤銷而塗銷信託登記，該房屋、土地所有權回復登記於委託人名下，以委託人原取得房屋、土地之成本為準。

7. 配偶之一方依民法第 1030 條之 1 規定，行使剩餘財產差額分配請求權取得之房屋、土地，以配偶之他方原取得房屋、土地之成本為準。

8. 因繼承或受贈取得之房屋、土地，以繼承或受贈時之房屋評定現值及公告土

地現值，按政府發布之消費者物價指數調整後之價值為準。

　　9.分割共有物取得房屋、土地，以原取得共有物之成本為準。但該共有物係因繼承或受贈取得者，應按前款規定認定。

　　10.購入房屋、土地達可供使用狀態前支付之必要費用（如契稅、印花稅、代書費、規費、公證費、仲介費等），及房屋、土地於所有權移轉登記完成前向金融機構借款之利息，提示證明文件者（要點 11）。

　　11.取得房屋後，於使用期間支付能增加房屋價值或效能且非 2 年內所能耗竭之增置、改良或修繕費，提示證明文件者（要點 11）。

　　12.個人未提示原始取得成本之證明文件者,稽徵機關得依查得資料核定其成本,無查得資料，得依原始取得時房屋評定現值及公告土地現值，按政府發布之消費者物價指數調整後，核定其成本（要點 10）。

　　依前述第 8 款及第 10 款規定,按政府發布之消費者物價指數調整後之數額認定成本，指按交易日所屬年月已公告之最近臺灣地區消費者物價總指數調整（要點 10）。

四、費用之認定

　　1.個人依土地稅法施行細則第 51 條規定,經主管稽徵機關核准減除之改良土地已支付之下列費用（要點 12）：

　⑴改良土地費用。

　⑵工程受益費。

　⑶土地重劃負擔總費用。

　⑷因土地使用變更而無償捐贈作為公共設施用地其捐贈土地之公告現值總額。

　　2.交易房屋、土地所支付之必要費用，如仲介費、廣告費、清潔費、搬運費等。未提示上開費用之證明文件或所提示之費用證明金額未達成交價額 5% 者，稽徵機關得按成交價額 5% 計算其費用（要點 13）。

　　3.不得列為費用減除之項目：

　⑴依土地稅法規定繳納之土地增值稅（所 14 之 4）。

　⑵取得房屋、土地所有權後，繳納之房屋稅、地價稅、管理費、清潔費、金融機構借款利息等，屬使用期間之相對代價，不得列為費用減除（要點 13）。

五、前三年房屋、土地交易損失之減除

1.個人房屋、土地交易損失,得自交易日以後 3 年內之房屋、土地交易所得減除(所 14 之 4),不適用所得稅法第 17 條有關財產交易損失扣除之規定。

2.依所得稅法第 14 條第 1 項第 7 類規定計算之財產交易損失,不得自依所得稅法第 14 條之 4 第 1 項規定計算之房屋、土地交易所得中減除(要點 15)。

例一

李大偉於 105 年 1 月 10 日購入一戶房屋總價 8,000,000 元,於同年 2 月 15 日完成所有權移轉登記。本戶房屋於 106 年 12 月 31 日出售,並於 107 年 1 月 20 日完成所有權移轉登記。交易價額 10,000,000 元。其他相關成本及費用包括:取得時之仲介費 80,000 元,契稅及印花稅 120,000 元;持有期間之房屋稅及地價稅 30,000 元,管理費 200,000 元,利息費用 220,000 元;出售之仲介費 400,000 元,契稅 125,000 元,土地增值稅 200,000 元,清潔費 50,000 元,土地漲價總數額 1,000,000 元。茲將交易所得、課稅所得額及應納稅額分別計算如下:

1.交易所得為 1,350,000 元,計算如下:

交易時成交價額		$10,000,000
減:原始取得成本	$8,000,000	
因取得、改良及移轉而支付之費用	650,000	8,650,000
交易所得		$ 1,350,000

說明:持有期間之房屋稅、地價稅、管理費及利息費用皆不得減除。出售時之契稅係由買方負擔,土地增值稅依法不得減除。故可減除之費用僅為 650,000 元。

2.課稅所得額為 350,000 元,計算如下:

　　1,350,000 元 − 1,000,000 元 = 350,000 元。

3.應納稅額為 122,500 元,計算如下:

　　350,000 元 × 35% = 122,500 元。

說明:本案持有期間超過 1 年未逾 2 年,故適用稅率 35%。持有期間之計算,係以完成所有權移轉登記日為準。

第五節
營利事業房地交易所得及課稅所得額之計算

一、計算公式（所 24 之 5）

㈠交易所得額

> 房屋、土地交易所得額＝收入－相關成本、費用或損失

1. 依土地稅法規定繳納之土地增值稅，不得列為成本費用。
2. 有關交易所得額之計算，應依所得稅法及營利事業所得稅查核準則規定辦理。

㈡課稅所得額

> 房屋、土地課稅所得額＝交易所得額－依土地稅法規定計算之土地漲價總數額

例二

　　假設惠眾公司之總機構在中華民國境內，該公司於 105 年 6 月 1 日購入辦公室總價 20,000,000 元，於同年 6 月 30 日完成所有權移轉登記。該辦公室於 108 年 5 月 1 日出售，成交金額 25,000,000 元，於同年 6 月 4 日完成所有權移轉登記。其他相關資料包括：購入時之契稅及印花稅 300,000 元，仲介費 200,000 元，代書費 30,000 元。出售時之仲介費 300,000 元，土地增值稅 600,000 元，契稅 320,000 元。持有期間之管理費 400,000 元，房屋稅及地價稅 250,000 元，利息費用 1,000,000 元，累計折舊 360,000 元。土地漲價總數額 2,000,000 元。有關交易所得額及課稅所得額，分別計算如下：

1. 交易所得額為 4,530,000 元，計算如下：

收入		$25,000,000
減：出售日帳面金額	$20,170,000	
出售費用	300,000	20,470,000
交易所得額		$ 4,530,000

說明：

(1)依所得稅法第 45 條規定，凡資產出價取得，指取得價格包括取得之代價，及因取得並為適於營業上使用而支付之一切必需費用。因此本例之入帳成本包括買價 20,000,000 元，購入時所支付之仲介費 200,000 元，契稅及印花稅 300,000 元，代書費 30,000 元。

(2)出售時之帳面金額 = 入帳成本 20,530,000 元 - 累計折舊 360,000 元 = 20,170,000 元。

(3)出售費用為出售之仲介費 300,000 元。至於契稅係由買方負擔，土地增值稅於計算交易所得額時，不得列為成本費用。

(4)持有期間之管理費、房屋稅、地價稅及利息費用，已於發生年度列為當年度費用，故計算交易所得額時不得減除。

2.課稅所得額為 2,530,000 元，計算如下：

4,530,000 元 - 2,000,000 元 = 2,530,000 元。

說明：本例之課稅所得額 2,530,000 元，為正數，依所得稅法第 24 條之 5 第 1 項規定，應計入營利事業所得額課稅。

例三

仍沿例二資料，假設土地漲價總數額為 5,000,000 元，其餘資料不變，則課稅所得額為負數 470,000 元，計算如下：

4,530,000 元 - 5,000,000 元 = -470,000 元。

說明：依所得稅法第 24 條之 5 第 1 項規定，當交易所得額為正數，而其減除土地漲價總數額後之餘額為負數者，其計入營利事業所得額之數額，應以零計算，亦即該負數全額不得自房屋、土地交易以外之營利事業所得額中減除。

例四

仍沿用例二資料，假設出售之交易金額為 19,000,000 元，其餘資料不變，則交易所得額為負數 1,470,000 元，計算如下：

收入		$ 19,000,000
減：帳面金額	$20,170,000	
出售費用	300,000	20,470,000
交易所得額（損失）		$ - 1,470,000

說明：依所得稅法第 24 條之 5 第 1 項規定，交易所得額為負數者，得自營利事業所得額中減除，但不得減除土地漲價總數額。故本例可自營利事業所得額中減除之金額為 1,470,000 元，而非 3,470,000 元（即 −1,470,000 元 −2,000,000 元 ＝ −3,470,000 元）。

二、營利事業總機構在中華民國境內者

㈠併入營利事業所得額課稅（所 24 之 5）

房屋、土地交易所得額為正數者，於減除該筆交易依土地稅法規定計算之土地漲價總數額後之餘額，計入營利事業所得額課稅，餘額為負數者，以零計算；其交易所得額為負數者，得自營利事業所得額中減除，但不得減除土地漲價總數額。

㈡同年度有 2 筆以上交易之處理

當年度交易 2 筆以上之房屋、土地者，應逐筆計算交易所得額及減除該筆交易之土地漲價總數額後之餘額，計入營利事業所得額課稅或自營利事業所得額中減除（要點 19）。

三、營利事業總機構在中華民國境外者

㈠房屋、土地交易所得額應分開計算應納稅額，合併報繳（所 24 之 5）

1.房屋、土地交易所得額為正數者，於減除該筆交易依土地稅法規定計算之土地漲價總數額後之餘額，依規定稅率計算應納稅額；餘額為負數者，以零計算；其交易所得額為負數者，不得自該營利事業之其他營利事業所得額中減除。

2.當年度交易 2 筆以上之房屋、土地者，應逐筆計算交易所得額及減除該筆交易之土地漲價總數額後之餘額，其交易所得額為負數者，得自適用相同稅率交易計算之餘額中減除，減除不足者，得自適用不同稅率交易計算之餘額中減除，依規定稅率計算應納稅額，惟不得自該營利事業之其他營利事業所得額中減除。

3.該營利事業在中華民國境內有固定營業場所者，由固定營業場所分開計算應

納稅額，合併報繳；其在中華民國境內無固定營業場所者，由營業代理人或其委託之代理人向房屋、土地所在地稽徵機關代為申報納稅（要點19）。

例五

假設大眾公司之總機構在中華民國境外，該公司於105年7月1日購入辦公室15,000,000元，於同年7月29日完成所有權移轉登記。該辦公室於109年8月1日出售，成交金額21,000,000元，於同年8月28日完成所有權移轉登記。其他相關資料包括：購入時之仲介費150,000元，契稅及印花稅220,000元，代書費30,000元。出售時之仲介費420,000元，土地增值稅500,000元，契稅230,000元。持有期間之房屋稅與地價稅210,000元，管理費350,000元，利息費用900,000元，累計折舊300,000元。土地漲價總數額2,500,000元。有關交易所得額、課稅所得額及應納稅額，分別計算如下：

1. 交易所得額為5,480,000元，計算如下：

收入		$21,000,000
減：出售日帳面金額	$15,100,000	
出售費用	420,000	15,520,000
交易所得額		$ 5,480,000

說明：(1)入帳成本 = 15,000,000元 + 150,000元 + 220,000元 + 30,000元 = 15,400,000元。
(2)出售日帳面金額 = 15,400,000元 − 300,000元 = 15,100,000元。

2. 課稅所得額為2,980,000元，計算如下：

5,480,000元 − 2,500,000元 = 2,980,000元。

3. 應納稅額為1,043,000元，計算如下：

2,980,000元 × 35% = 1,043,000元。

說明：(1)大眾公司持有房屋、土地之期間超過1年，故稅率為35%。
(2)交易所得採分離課稅，合併報繳。

例六

仍沿例五資料，假設土地漲價總數額為6,000,000元，其餘資料不變，則課稅所得額為負數520,000元，計算如下：

5,480,000元 − 6,000,000元 = −520,000元。

說明：依所得稅法第24條之5第1項規定，課稅所得額為負數者，以零計算。

例七

仍沿例五資料，假設出售之交易金額為 15,000,000 元，其餘資料不變，則交易所得額為負數 520,000 元，計算如下：

收入		$15,000,000
減：出售日帳面金額	$15,100,000	
出售費用	420,000	15,520,000
交易所得額（損失）		$ −520,000

說明：此項交易損失 520,000 元，不得自大眾公司之其他營利事業所得額中減除【參見要點第 19 點(二)】。

(二)交易境外公司股權

◇課稅規定

營利事業之總機構在中華民國境外，交易其直接或間接持有股份或資本總額過半數之中華民國境外公司之股權，該股權之價值 50% 以上係由中華民國境內之房屋、土地所構成，其股權交易所得額，按所得稅法第 24 條之 5 第 3 項規定之稅率及申報方式納稅（所 24 之 5）。

◇股權交易所得之計算及應檢附之證明文件（要點 20）

1. 股權持有期間應以股權移轉登記日為準；無從查考時，稽徵機關應依買賣契約或查得資料認定。

2. 持有股權比例之認定，指直接或間接持有該境外公司有表決權之股份或資本額，超過其已發行有表決權之股份總數或資本總額 50% 以上。

3. 境內房屋、土地價值占該境外公司股權價值之認定，指交易時中華民國境內房屋、土地之時價占該境外公司全部股權時價之比例。

4. 該股權交易之所得，按出售股權收入減除其成本、費用或損失計算，並於申報股權交易所得額時，檢附下列計算股權交易所得之證明文件：

(1)股權轉讓前、後之境外公司股權登記資料、股權結構圖、被交易之境外公司與直接或間接持有中華民國境內房屋、土地之境內公司相關年度財務報表。

(2)股權轉讓合約及中華民國境內房屋、土地與境外公司全部股權時價之評價報告（外文文件應附中譯本）。

(3)股權轉讓交易之相關成本、費用等資料。

(4)其他足資證明文件。

四、個人視為營利事業之認定原則

個人之房屋、土地交易，符合下列情形之一者，該個人認屬營利事業，應依所得稅法第 24 條之 5 規定，課徵營利事業所得稅（要點 18）：

1.個人以自有土地與營利事業合建分售或合建分成，同時符合下列各款規定：

(1)個人與屬「中華民國稅務行業標準分類」營造業或不動產業之營利事業間，或個人與合建之營利事業間，係營利事業所得稅不合常規移轉訂價查核準則第 4 條第 1 項第 2 款所稱關係人。

(2)個人 5 年內參與之興建房屋案件逾 2 案。

(3)個人以持有期間在 2 年內之土地，與營利事業合建。但以繼承取得者，不在此限。

2.個人以自有土地自地自建或與營利事業合建，設有固定營業場所（包含設置網站或加入拍賣網站等）、具備營業牌號（不論是否已依法辦理登記）或僱用員工協助處理土地銷售。

3.個人依加值型及非加值型營業稅法相關規定應辦理營業登記。

 第六節

稽　徵

一、申報期限及應檢附文件

個人交易房屋、土地，不論有無應納稅額，應於房屋、土地完成所有權移轉登記日之次日，或房屋使用權交易日之次日起算 30 日內自行填具申報書，檢附契約書影本及其他有關文件，向該管稽徵機關辦理申報；其有應納稅額者，應一併檢附繳納收據（所 14 之 5，要點 7）。

二、免辦理申報之情形

1.交易之房屋、土地符合所得稅法第 4 條之 5 第 1 項第 2 款至第 4 款規定情形。

2.個人以自有土地與營利事業合建分屋，以土地交換房屋。但因換入房屋之價值低於換出土地之價值，所收取價金部分，仍應按比例計算所得，申報納稅（要點 7）。

三、申報處所

㈠個　人

應向其申報時戶籍所在地之稽徵機關辦理。但非中華民國境內居住之個人，應向房屋、土地所在地稽徵機關申報。交易之房屋、土地為信託財產者，除受益人為營利事業外，得由受託人依規定向該管稽徵機關辦理申報納稅（要點 8）。

㈡營利事業

1.營利事業總機構在中華民國境內者，計入營利事業所得額向總機構所在地申報。

2.營利事業總機構在中華民國境外者，由固定營業場所合併申報。其無固定營業場所者，由營業代理人或其委託之代理人，向房屋、土地所在地之稽徵機關代為申報納稅（要點 19）。

四、未依限申報之核定

個人未依規定期限辦理申報者，稽徵機關得依所得稅法第 14 條之 6 規定，核定所得額及應納稅額，通知其依限繳納（所 14 之 7）。

五、房屋、土地交易日之認定

應以所出售或交換之房屋、土地完成所有權移轉登記日為準。但有下列情形之

一者，依其規定（要點3）：

　　1.因強制執行於辦理所有權登記前已移轉所有權，為拍定人領得權利移轉證書之日。

　　2.無法辦理建物所有權登記（建物總登記）之房屋，為訂定買賣契約之日。

　　3.所得稅法第4條之4第2項規定之房屋使用權，為權利移轉之日。

　　4.建設公司配合政府政策之建築開發案（限定：合宜住宅招商投資興建契約，或與國營事業簽訂合建分屋附買回條件契約），其土地取得日為契約簽訂日，據以認定應否適用房地合一新制規定計算土地交易所得課徵所得稅（財政部106年5月2日台財稅字第10600502920號令）。

六、房屋、土地取得日之認定

　　應以所取得之房屋、土地完成所有權移轉登記日為準。但有下列情形之一者，依其規定（要點4）：

㈠出價取得：

　　1.因強制執行於辦理所有權登記前已取得所有權，為拍定人領得權利移轉證書之日。

　　2.無法辦理建物所有權登記（建物總登記）之房屋，為訂定買賣契約之日。

　　3.所得稅法第4條之4第2項規定之房屋使用權，為權利移轉之日。

㈡非出價取得：

　　1.興建房屋完成後第一次移轉，為核發使用執照日。但無法取得使用執照之房屋，為實際興建完成日。

　　2.因區段徵收領回抵價地，為所有權人原取得被徵收土地之日。

　　3.經土地重劃後重行分配與原土地所有權人之土地，為所有權人原取得重劃前土地之日。

　　4.營利事業實施都市更新事業，依權利變換或協議合建取得都市更新後之房屋、土地，為都市更新事業計畫核定之日。

　　5.營利事業受託辦理土地重劃，或個人、營利事業（出資者）以資金參與自辦

土地重劃，取得抵繳開發費用或出資金額之折價抵付之土地（抵費地），為重劃計畫書核定之日。

6.配偶之一方，依民法第 1030 條之 1 規定，行使剩餘財產差額分配請求權取得之房屋、土地，為配偶之他方原取得該房屋、土地之日。

7.繼承取得之房屋、土地，為繼承開始日。

8.因分割共有物取得與原權利範圍相當之房屋、土地，為原取得共有物之日。

9.以房屋、土地為信託財產，受託人於信託關係存續中，交易該信託財產，以下列日期認定。信託關係存續中或信託關係消滅，受託人依信託本旨交付信託財產與受益人後，受益人交易該房屋、土地者，亦同：

⑴受益人如為委託人，為委託人取得該房屋、土地之日。

⑵受益人如為非委託人，或受益人不特定或尚未存在，為訂定信託契約之日；信託關係存續中，追加房屋、土地為信託財產者，該追加之房屋、土地，為追加之日。

⑶信託關係存續中，如有變更受益人之情事，為變更受益人之日；受益人由不特定或尚未存在而為確定，為確定受益人之日。

10.信託關係存續中，受託人管理信託財產所取得之房屋、土地，嗣受託人交易該信託財產，為受託人取得該房屋、土地之日；該房屋、土地持有期間內，如有變更受益人之情事，為變更受益人之日；如有受益人由不特定或尚未存在而為確定，為確定受益人之日。信託關係存續中或信託關係消滅，受託人依信託本旨交付該房屋、土地與受益人後，受益人交易該房屋、土地者，亦同。

11.以房屋、土地為信託財產，嗣因信託行為不成立、無效、解除或撤銷而塗銷信託登記，該房屋、土地所有權回復登記於委託人名下，為委託人原取得房屋、土地之日。

⎝七、房屋、土地持有期間之計算

自房屋、土地取得之日起算至交易之日止。如有下列情形者，其持有期間得依下列規定合併計算（要點 5）：

1.個人因繼承、受遺贈取得房屋、土地，得將被繼承人、遺贈人持有期間合併計算。但依所得稅法第 4 條之 5 第 1 項第 1 款規定計算持有期間，得併計之期間，

應以被繼承人、遺贈人或其配偶、未成年子女已於該房屋辦竣戶籍登記並居住，且無出租、供營業或執行業務使用為限。

2.個人取自其配偶贈與之房屋、土地，得將配偶持有期間合併計算。但依所得稅法第 4 條之 5 第 1 項第 1 款規定計算持有期間，得併計之期間，應以個人或其配偶、未成年子女已於該房屋辦竣戶籍登記並居住，且無出租、供營業或執行業務使用為限。

3.個人拆除自住房屋自地自建或與營利事業合建分屋，出售該自建或取得之房屋，依所得稅法第 4 條之 5 第 1 項第 1 款規定計算持有期間，得將拆除之自住房屋持有期間合併計算，得併計之期間，應以個人或其配偶、未成年子女已於該房屋辦竣戶籍登記並居住，且無出租、供營業或執行業務使用為限。

4.個人出售自地自建之房屋或以自有土地與營利事業合建分屋所取得之房屋，依所得稅法第 14 條之 4 第 3 項規定計算房屋持有期間，應以該土地之持有期間為準。

第七節
罰　則

一、違章漏稅罰

1.個人已依規定辦理申報，而有漏報或短報情事，處以所漏稅額 2 倍以下之罰鍰（所 108 之 2）。

2.個人未依規定自行辦理申報，除依法核定補徵應納稅額外，應按補徵稅額處 3 倍以下之罰鍰（所 108 之 2）。

二、行為罰

㈠未依限辦理申報之處罰

個人違反所得稅法第 14 條之 5 規定，未依限辦理申報，處新臺幣 3,000 元以上

新臺幣 30,000 元以下罰鍰（所 108 之 2）。

㈡逾期繳納稅款之處罰

個人逾所得稅法第 14 條之 5 規定繳納應納稅額者，應依所得稅法第 112 條規定加徵滯納金及移送強制執行（要點 21）。

三、短繳自繳稅款加計利息

個人依所得稅法第 14 條之 4 及第 14 條之 6 規定，列報減除之各項成本、費用或損失等超過規定之限制，致短繳自繳稅款，準用所得稅法第 100 條之 2 規定加計利息（所 14 之 7）。

習 題

1. 依所得稅法第 4 條之 4 規定，自 105 年 1 月 1 日起，房屋、土地之交易所得那些情況下始應課徵所得稅？

2. 自 105 年 1 月 1 日起，房屋、土地之交易，那些情況能適用舊制，僅就房屋交易所得課徵所得稅，土地免納所得稅？

3. 自住房屋、土地須具備那些條件？

4. 個人房屋、土地交易損失如何扣除？

5. 外國營利事業持有我國境內之房屋、土地時，該外國公司將其股權出售時，何種情況應課徵所得稅。

6. 假設萬眾公司之總機構在中華民國境內，會計年度採曆年制，有關房屋、土地之交易資料如下：

(1) 105 年 2 月 1 日購入房屋及土地總價 30,000,000 元，完成所有權移轉登記日為 105 年 2 月 26 日。

(2) 購入時支付仲介費 300,000 元，代書費 40,000 元，契稅及印花稅 460,000 元，另支付房屋整修及空調費用 1,000,000 元。

(3) 106 年 3 月 1 日出售，交易價額 36,000,000 元，完成所有權移轉登記日為 106 年 3 月 31 日。

(4)出售時支付仲介費 600,000 元，土地增值稅 300,000 元。

(5)土地漲價總數額 2,500,000 元，出售日累計折舊 200,000 元。

試作：

(1)請計算交易所得額。

(2)請計算課稅所得額。

(3)該筆交易所得稅應於何時申報？

(4)假設土地漲價總數額為 5,000,000 元。請問交易所得額及課稅所得額各為若干？

(5)若萬眾公司係於 103 年 1 月 2 日購入，同年 2 月 26 日完成所有權移轉登記，請問交
易所得額及課稅所得額各為若干？

7.假設千眾公司之總機構在中華民國境外，其餘資料皆與第 6 題相同。

試作：

(1)請計算交易所得額。

(2)請計算課稅所得額。

(3)請計算應納稅額。

(4)該筆交易所得稅如何申報？

(5)假設出售之交易價格為 31,000,000 元。請問交易所得額、課稅所得額及應納稅額各為
若干？

附錄　房地合一課徵所得稅簡表

一、個人部分

項　目			內　容
課稅範圍 （含日出條款）			1.出售房屋、房屋及其坐落基地或依法得核發建造執照之土地。 2.105 年 1 月 1 日起交易下列房屋、土地者： (1) 105 年 1 月 1 口以後取得。 (2) 103 年 1 月 1 日之次日以後取得，且持有期間在 2 年以內（繼承或受遺贈取得者，得將被繼承人或遺贈人持有期間合併計算）。
課稅稅基			房地收入−成本−費用−依土地稅法計算之土地漲價總數額。
課稅	境內居住者		1.持有 1 年以內：45%、持有 2 年以內超過 1 年：35%、持有 10 年以內超過 2 年：20%、持有超過 10 年：15%。 2.因財政部公告之調職、非自願離職或其他非自願性因素，交易持有期間在 2 年以下之房屋、土地及個人以自有土地與營利事業合作興建房屋，自土地取得之日起算 2 年內完成並銷售該房屋、土地：20%。
	非境內居住者		1.持有 1 年以內：45%。 2.持有超過 1 年：35%。
	境內居住者 自住房地	減免	1.個人或其配偶、未成年子女設有戶籍；持有並實際居住連續滿 6 年且無供營業使用或出租。 2.按前開課稅稅基（即課稅所得）計算在 4,000,000 元以下免稅；超過 4,000,000 元部分，按 10% 稅率課徵。 3. 6 年內以 1 次為限。
		重購退稅	1.換大屋：全額退稅（與現制同）。 2.換小屋：比例退稅。 3.重購後 5 年內不得改作其他用途或再行移轉。
	繼承或受遺贈取得者，得將被繼承人或遺贈人持有期間合併計算。		
	課稅方式		分離課稅，所有權完成移轉登記之次日起算 30 天內申報納稅。
	稅收用途		課稅收入循預算程序用於住宅政策及長期照顧服務支出。

二、營利事業部分

項　目	內　容
課稅範圍及稅收用途	同個人。
課稅稅基	房地收入−成本−費用−依土地稅法計算之土地漲價總數額。
課稅稅率	1. 17%（與現制同）。 2.總機構在中華民國境外之營利事業： (1)持有 1 年以內：45%；(2)持有超過 1 年：35%。
課稅方式	併入年度結算申報課稅（與現制同）。

NOTE

第七章

所得稅兩稅合一制之認識

在民國 86 年以前，我國係採營利事業所得稅與個人綜合所得稅獨立課稅制（或稱兩稅並課制），亦即營利事業之所得在課徵營利事業所得稅後，其盈餘分配予股東時須再課徵股東個人所得稅，兩稅分別獨立並無關聯。惟因獨立課稅制存在著(1)營利所得重複課稅。(2)兩者合計最高邊際稅率達 55%，稅賦過重，缺乏投資吸引力。(3)扭曲企業財源（資本）籌措方式。(4)公司可藉未分配盈餘之保留規避稅負。(5)借助各種租稅減免獎勵投資，形成行業間所得稅負不公等重大缺失。基於上述因素，政府為減輕納稅人稅負、力求租稅公平，並改善投資環境、提高投資意願，自 87 年度開始，我國採取合併課稅制（或稱兩稅合一制），亦即認為營利事業是法律之虛擬體，不具獨立納稅能力，僅係作為盈餘傳至股東的導管，故營利事業階段之所得（營利所得）與股東階段之股利（亦即營利事業分配之營利所得），應僅課一次所得稅；方法上，我國係採取營利事業階段所繳納之所得稅，可以扣抵個人階段因包含該營利所得後，應繳納的綜合所得稅，此即我國兩稅合一制的基本觀念；其所採用之方法稱為「設算扣抵法」，亦即股東得扣抵所得稅之數額，以公司所繳納之所得稅為依據，在公司繳納的所得稅之範圍內，股東乃有一定比例扣抵之適用，其扣抵稅額，不得超過公司所繳納的營利事業所得稅額。兩稅合一實施前後，營利所得總稅負效果如表 7–1 所示（依當時營利事業所得稅稅率 25% 進行比較）。

● 表 7–1　兩稅合一實施前後營利所得總稅負效果

項　目	投資人適用綜合所得稅率以 40% 為例	
	實施前	實施後
1.營利事業階段		
稅前純益	$1,000,000	$1,000,000
減：營利事業所得稅 (A)	250,000	250,000
稅後純益	$ 750,000	$ 750,000

2.投資人階段		
盈餘淨額	$ 750,000	$ 750,000
加：可扣抵稅額	0	250,000
盈餘總額	$ 750,000	$1,000,000
應納綜合所得稅	$ 300,000	$ 400,000
減：可扣抵稅額	0	250,000
應補稅額 (B)	$ 300,000	$ 150,000
3.總稅負 (C = A + B)	$ 550,000	$ 400,000
邊際稅率(C ÷ $1,000,000)	55%	40%

　　政府考量我國自 87 年度起實施兩稅合一完全設算扣抵制度，雖使營利所得避免重複課稅，惟對促進投資無明顯助益，且每年造成國庫稅收減少，影響財政健全，參考國際稅制改革趨勢並衡酌我國經濟財政狀況，修正兩稅合一設算扣抵制度，於 104 年 1 月 1 日起將現行兩稅合一「完全設算扣抵」制度修正為「部分設算扣抵」制度，調整我國境內居住個人股東（社員）獲配股利（盈餘）淨額之可扣抵稅額為原可扣抵稅額之半數；為衡平租稅負擔，規定非我國境內居住股東（社員）獲配之股利（盈餘）淨額中已加徵 10% 營利事業所得稅部分之稅額，僅得以其半數抵繳該股利（盈餘）淨額之應扣繳稅額。

第一節
兩稅合一制之基本規定與配合措施

　　通常對兩稅合一制之認識，首先由其法令基本規定及其配合措施開始，並充分瞭解兩稅合一之適用範圍與適用年度。

一、兩稅合一之基本規定

　　根據所得稅法第 3 條之 1 規定：營利事業繳納屬 87 年度或以後年度之營利事業所得稅，除本法另有規定外，得於盈餘分配時，由其股東或社員將獲配股利總額或盈餘總額所含之稅額，自當年度綜合所得稅結算申報應納稅額中扣抵。

　　吾人可進一步瞭解：

㈠兩稅合一之適用年度

係指營利事業繳納 87 年度及以後年度之營利事業所得稅有其適用。繳納 86 年度及其以前或政府補徵或減少退還 86 年度及其以前之營所稅均不適用。

㈡兩稅合一營所稅之適用對象

係指總機構在中華民國境內之營利事業（包括公司、合作社及其他營利性質有分配盈餘之組織），而總機構在中華民國境外之外國公司，其在臺分支機構或代理人則不適用（未分配盈餘加徵 10% 營利事業所得稅部分實際繳納之稅額例外）；非營利性質之教育、文化、公益、慈善機關或團體亦不適用。

㈢兩稅合一綜所稅之適用對象

係指中華民國境內居住之個人且有營利所得之綜所稅納稅義務人（包括獨資資本主與合夥之合夥人）；而非中華民國境內居住之個人，則不適用。亦即，非中華民國境內居住之個人，其所取得 87 年度以後股利總額或盈餘總額中所含之「可扣抵稅額」，不得扣抵其應扣繳之稅額。但獲配股利總額或盈餘總額所含稅額，其屬加徵 10% 營利事業所得稅部分實際繳納之稅額，得抵繳該股利淨額或盈餘淨額之應扣繳稅額。

㈣兩稅合一採設算扣抵制

營利事業階段已繳納所得稅，透過盈餘或股利分配，依稅法規定稅額扣抵比率據以計算各股東獲配股利或盈餘淨額之可扣抵稅額。87 年至 103 年實施「完全設算扣抵」制度，於 104 年 1 月 1 日起實施「部分設算扣抵」制度。

㈤獨資、合夥組織之課徵

獨資、合夥組織之營利事業於 103 年度及以前年度辦理營利事業所得稅結算申報時，無須計算及繳納其應納之結算稅額；其營利事業之所得額，由獨資資本主或合夥組織合夥人列為營利所得課徵綜合所得稅。

配合兩稅合一「完全設算扣抵制」修正為「部分設算扣抵制」，納稅義務人為獨資、合夥組織之營利事業，於辦理 104 年度及以後年度結算申報，以其全年度應納

稅額之半數，減除尚未抵繳之扣繳稅額，計算其應納之結算稅額，於申報前自行繳納；其營利事業所得額減除應納稅額半數後之餘額，應由獨資資本主或合夥組織合夥人依所得稅法第 14 條第 1 項第 1 類規定列為營利所得，課徵綜合所得稅。

◖ 二、兩稅合一之配合措施

政府為使所得稅之改制合理、合宜，除營利事業所得稅之扣抵規定外，尚有若干配合措施，例如：(1)營利事業轉投資其投資收益課稅問題。(2)分配股利扣繳問題。(3)上市公司股利適用儲蓄投資特別扣除額問題。(4)未分配盈餘加徵 10% 所得稅問題。及(5)設置股東可扣抵稅額帳戶問題等，均應明確訂定，以資遵循。

㈠ 87 年 1 月 1 日起營利事業轉投資其股利收入免計入所得額課稅

相關規定請參閱第十三章。

㈡ 87 年 1 月 1 日起營利所得分配股利扣繳之規定

相關規定請參閱第十五章。

㈢ 88 年 1 月 1 日起取得上市公司股利，不適用儲蓄投資特別扣除規定（所 17、17 之 3）

1.87 年 12 月 31 日以前，納稅義務人及與其合併報繳之配偶暨受其扶養親屬於金融機構之存款利息、儲蓄性質信託資金之收益及公司公開發行並上市之記名股票之股利，合計全年不超過 270,000 元者，得全數扣除，其超過 270,000 元者，以扣除 270,000 元為限。但依郵政儲金匯兌法規定免稅之存簿儲金利息及所得稅法規定分離課稅之利息不包括在內。立法原因為 87 年度所分配之盈餘，係屬 86 年度及其以前年度之盈餘，尚無兩稅合一制度之適用，故應准其繼續適用儲蓄投資特別扣除規定，始屬合理。

2.納稅義務人及與其合併報繳之配偶暨受其扶養親屬，自 88 年 1 月 1 日起，取得公開發行並上市之記名股票之股利，不適用上項儲蓄投資特別扣除額之規定。政府取消適用之理由為：在兩稅合一制下，股東獲配股利中公司所繳納之營所稅，得用以扣抵其應納之綜所稅，股利已無重複課稅情事，故予取消上市記名股票其股利

適用儲蓄投資特別扣除額，俾免重複減免。

㈣ 87 年度起未分配盈餘加徵 10% 營所稅

我國實施兩稅合一制度之後，營利事業所得稅與綜合所得稅之稅率維持不變，因此，99 年度起營利事業所得稅最高邊際稅率 17%（98 年度以前為 25%），與綜合所得稅最高邊際稅率 40% 相較，仍有 23% 之差距；基本上，營利事業藉保留盈餘以規避股東稅負之誘因仍然存在，為降低股東此項意圖，故制度設計上，對公司未分配盈餘加徵 10% 營所稅。依法課徵 10% 營所稅後之未分配盈餘，則可無限制保留。而此一加徵之稅額屬預繳性質，嗣後盈餘分配時，仍可作為股東之可扣抵稅額。

㈤ 自 87 年度起設置股東可扣抵稅額帳戶

有關股東可扣抵稅額帳戶之設置，財政部訂頒有「稅捐稽徵機關管理營利事業股東可扣抵稅額帳戶設置要點」（詳見表 7–13）。性質上，此帳戶乃是會計帳簿以外之法定備忘錄，乃連續性帳戶，不需逐年設置。基本上，此項帳戶應於會計年度決算程序辦理終了後，至少保存 10 年。而其憑證，應於會計年度決算程序辦理終了後，至少保存 5 年。有關股東可扣抵稅額帳戶內容與可扣抵比例計算要點，詳見下節。

股東可扣抵稅額帳戶之設置義務人為依所得稅法課徵營所稅之營利事業，但下列營利事業或機關、團體，則免予設置（所 66 之 1）：
  (1)總機構在中華民國境外者。
  (2)獨資、合夥組織。
  (3)所得稅法第 11 條第 4 項規定之教育、文化、公益、慈善機關或團體。
  (4)依其他法令或組織章程規定，不得分配盈餘之團體或組織。

第二節
股東可扣抵稅額帳戶內容與可扣抵比例計算原則

誠如上節所述，營利事業應自 87 年度起設置當年度股東可扣抵稅額帳戶，其期初餘額為零；新設立營利事業時，亦同。其以後年度股東可扣抵稅額帳戶期初餘額，應等於其上年度期末餘額。有關股東可扣抵稅額帳戶應計入項目為何？金額若干？其計入時點？減除項目為何？金額若干？其減除時點？盈餘分配時，可扣抵比例如

何計算？有哪些限制或規定，本節擬進一步說明之。

一、股東可扣抵稅額之計入項目與計入時點

營利事業應計入當年度股東可扣抵稅額帳戶餘額之項目、內容及其計入時點（日期），詳如表 7–2（所 66 之 3）。

另營利事業依所得基本稅額條例規定自行繳納已扣抵國外所得稅額之基本稅額與一般所得稅額之差額、繳納經調查核定補徵之稅額，其計入時點，比照結算申報自繳稅款及經稽徵機關調查核定增加規定。

● 表 7–2　股東可扣抵稅額之計入項目及計入時點

記載項目	內　容	記入時點
1.繳納屬 87 年度或以後年度營利事業所得稅	1.結算申報應納稅額： (1)暫繳稅款與扣繳稅款實際抵繳應納稅額。 (2)結算申報自繳稅款。 2.經稽徵機關調查核定增加稅額： (1)調增應補稅額。 (2)調減應退稅額。 3.未分配盈餘加徵之營利事業所得稅： (1)結算申報自繳稅款。 (2)以當年度結算申報應退稅額抵繳。	年度決算日 繳納日 繳納日 核定通知書送達日 繳納日 年度決算日
2.投資國內其他營利事業，獲配屬 87 年度或以後年度股利或盈餘所含可扣抵稅額	股利通知書所載稅額。	獲配日
3.以法定盈餘公積或特別盈餘公積撥充資本所含之可扣抵稅額	就歷次提列公積已減除之稅額按比例計算。	撥充資本日
4.合併承受消滅公司可扣抵稅額	承受金額不得超過消滅公司帳載累積未分配盈餘，按額扣抵比率上限計算之稅額。	合併生效日（合併消滅之營利事業，依所得稅法第 75 條第 1 項規定辦理當期決算申報之日）
5.其他經財政部核定項目及金額	(1)存續公司繳納消滅公司合併前之應納稅額（財政部 93 年 6 月 21 日台財稅字第 0930453173 號令）。	繳納日

	(2)合併而消滅公司，於合併生效前，因核定減少稅額致餘額為負數，存續公司亦應承受（財政部93年9月22日台財稅字第0920455920號令）。	合併生效日
	(3)國際金融業務分行之總機構在中華民國境內，其依所得稅法第73條之1規定繳納稅額（財政部88年11月15日台財稅字第881958058號函）。	繳納稅款日
	(4)資產證券化受益證券之利息所得之扣繳稅款（財政部93年8月2日台財稅字第09304103361號令）。	利息所得實際分配日
	(5)100年6月9日起補繳超額分配之可扣抵稅額及之前補繳尚未核課確定案件。（財政部100年6月9日台財稅字第10000061340號令）	補繳日

二、不得計入股東可扣抵稅額帳戶餘額之項目

營利事業有下列各款金額，不得計入當年度股東可扣抵稅額帳戶餘額（所66之3）：

1.依所得稅法第98條之1規定扣繳之營利事業所得稅。亦即總機構在中華民國境外之營利事業，其在我國境內之營利事業所得額依規定繳納的營所稅，因本身不適用兩稅合一制，故不得計入。

2.以受託人身分經營信託業務所繳納營利事業所得稅及獲配股利或盈餘之可扣抵稅額。因該可扣抵稅額，係屬信人所有。

3.改變為應設股東可扣抵稅額帳戶前所繳納之營利事業所得稅。例如獨資合夥組織轉換為公司組織，或外國公司原以分公司型態經營而轉換為子公司型態經營，由於轉換前所繳納之所得稅或已全數扣抵當年度綜所稅，或非屬設算扣抵範圍，故不可計入股東可扣抵帳戶餘額。

4.繳納屬86年度或以前年度之營利事業所得稅。

5.繳納之滯報金、怠報金、滯納金、罰鍰及加計利息。基本上，上述這些款項均非屬營所稅性質，不得計入股東可扣抵稅額帳戶中。

6.營利事業因超額分配，於 100 年 6 月 9 日前且屬已確定案件，已自動補繳超額分配之可扣抵稅額並加計利息者，免予處罰，惟該補繳之稅額，不得計入股東可扣抵稅額帳戶餘額。

三、股東可扣抵稅額帳戶之減除項目及減除時點

營利事業應自當年度股東可扣抵稅額帳戶中減除之項目、內容及其減除時點(日期)，詳如表 7–3（所 66 之 4）。另依所得基本稅額條例規定，經調查核定減少稅額，其計入時點為核定通知書送達日。

表 7–3　股東可扣抵稅額帳戶之減除項目及減除時點

記載項目	內　容	記入時點
1.分配屬 87 年度或以後年度股利淨額或盈餘淨額，依所得稅法第 66 條之 6 規定之稅額扣抵比率計算之金額	按每一股東獲配股利淨額或盈餘淨額乘以稅額扣抵比率之合計數。	分配日
2. 87 年度或以後年度結算申報應納中華民國營利事業所得稅，經稽徵機關調查核定減少稅額	調減營利事業所得稅結算申報應納稅額及未分配盈餘申報應加徵之稅額。	核定退稅通知書送達日
3.依法提列之法定盈餘公積、公積金、公益金或特別盈餘公積所含之當年度已納營利事業所得稅額	按提列數乘以稅額扣抵比率。	提列日
4.依合作社章程分派理監事及職工紅利或酬勞金所含之當年度已納營利事業所得稅額	按分派數乘以稅額扣抵比率。	分派日
5.其他經財政部核定項目及金額	(1)上市上櫃公司轉讓或註銷庫藏股票時交易損失，沖抵 87 年度以後盈餘乘以轉讓日或註銷變更登記日之稅額扣抵比率（參見財政部 92 年 12 月 4 日台財稅字第 0920456602 號令）。	庫藏股票轉讓日或註銷變更登記日
	(2)母公司非按比例認購子公	長期投資帳面價值調整日

司增發新股,致投資股權淨值減少數以 87 年度或以後年度之累積未分配盈餘沖抵,所含之可扣抵稅額（參見財政部 97 年 11 月 28 日台財稅字第 09704081950 號函）。	
(3)公司分割減資按減資比例沖減股本及溢價之資本公積因不足而沖減保留盈餘,其保留盈餘包含尚未申報及加徵 10% 營利事業所得稅盈餘,所含扣抵稅額（參見財政部 97 年 12 月 20 日台財稅字第 0970032110 號函）。	分割減資之基準日

在「完全設算扣抵制」與「部分設算扣抵制」下,分配盈餘或股利時,股東可扣抵稅額帳戶於分配日應減除金額＝股利（或盈餘）淨額×稅額扣抵比率。在「部分設算扣抵制」下,我國境內居住個人股東與法人股東獲配股利總額,其所含股東可扣抵稅額會有所不同,舉例說明如下:

臺北公司於 103 年度稅前淨利 200 萬元,已繳納營利事業所得稅 34 萬元,稅後淨利 166 萬元,在不考慮法定公積等其他因素下,於 104 年全數分配予股東,稅額扣抵比率為 20.48%。而臺北公司股東為甲公司（為我國境內法人股東）、張三（為我國境內居住個人股東）,股份各為 50%。

● 表 7–4　完全設算扣抵制與部分設算扣抵制比較

項　目	完全設算扣抵制	部分設算扣抵制
股東可扣抵稅額帳戶於分配 103 年度股利淨額應減除金額	34 萬元 （166 萬元×20.48%）	34 萬元 （166 萬元×20.48%）
甲公司獲配股利總額所含可扣抵稅額	17 萬元 （166 萬元×50%×20.48%）	17 萬元 （166 萬元×50%×20.48%）
張三獲配股利總額所含之可扣抵稅額	17 萬元 （166 萬元×50%×20.48%）	8.5 萬元 （166 萬元×50%×20.48%×50%）

四、稅額扣抵比率之計算與其分配規定

◇營利事業分配屬 87 年度或以後年度之盈餘時，得分配予股東或社員之可扣抵稅額，以股利或盈餘之分配日，其股東可扣抵稅額帳戶之餘額為限（所 66 之 5）

基本上，應以股利或盈餘之分配日，其股東可扣抵稅額帳戶餘額，占其帳載累積未分配盈餘帳戶餘額之比率，作為稅額扣抵比率，按各股東或社員獲配股利淨額或盈餘淨額計算其可扣抵之稅額，併同股利或盈餘分配。有關計算公式如下（所 66 之 6）：

$$稅額扣抵比率 = \frac{股東可扣抵稅額帳戶餘額}{累積未分配盈餘帳戶餘額}$$

股東（或社員）可扣抵稅額＝股利（或盈餘）淨額×稅額扣抵比率

配合兩稅合一「完全設算扣抵制」修正為「部分設算扣抵制」，自 104 年 1 月 1 日起，中華民國境內居住之個人股東（或社員）之可扣抵稅額＝股利（或盈餘）淨額×稅額扣抵比率×50%。

值得注意的，此處所稱營利事業帳載累積未分配盈餘，係指營利事業依商業會計法規定處理之 87 年度或以後年度之累積未分配盈餘。惟營利事業截至 86 年度止，如為累積虧損者，依公司法第 232 條第 1 項規定，必先以自 87 年度起累積之盈餘彌補虧損後，始可分派盈餘，故依商業會計法規定處理之 87 年度或以後年度之累積未分配盈餘，應包括 86 年度止之累積虧損（參見財政部 89 年 11 月 23 日台財稅字第 0890457117 號函）。

所以在計算稅額扣抵比率時，其 87 年度以後累積未分配盈餘帳戶餘額，可減除 86 年度以前累積虧損。若營利事業至 86 年度以前為累積盈餘，而 87 年度以後有虧損者，由於盈餘是採累積的觀念，在計算稅額扣抵比率之分母時，應將截至 86 年底之累積盈餘一併計算。惟 86 年底之累積盈餘經抵減 87 年度以後虧損後仍有盈餘，則此 86 年度以後淨盈餘，應從累積未分配盈餘帳戶餘額中排除，以其餘額計算稅額扣抵比率之分母。舉例說明，臺北公司歷年度帳載累積未分配盈餘如表 7-5：

● 表 7-5　臺北公司歷年度帳載累積未分配盈餘表

年　度	情況一	情況二	情況三	情況四
86 及以前年度	$1,500,000	$(1,000,000)	$ 600,000	$1,000,000
87～97 年度	1,300,000	2,000,000	(1,300,000)	(400,000)
98 及以後年度	2,300,000	3,000,000	5,000,000	4,000,000
合　計	$5,100,000	$ 4,000,000	$ 4,300,000	$4,600,000

則臺北公司於 101 年中分配盈餘時，其計算稅額扣抵比率之分母應為：

(1)情況一：$1,300,000 + $2,300,000 = $3,600,000

(2)情況二：$(1,000,000) + $2,000,000 + $3,000,000 = $4,000,000

(3)情況三：$600,000 + $(1,300,000) + $5,000,000 = $4,300,000

(4)情況四：$1,000,000 + $(400,000) + $4,000,000 − $600,000 = $4,000,000

再者，在計算稅額扣抵比率時，計算至第五位，四捨五入至第四位；股東或社員可扣抵稅額尾數不滿 1 元者，按四捨五入計算。

◇稅額扣抵比率上限之規定

政府為避免營利事業超額發放可扣抵稅額，故有稅額扣抵比率之計算公式以搭配股東（或社員）可扣抵稅額之計算，惟仍有稅額扣抵比率上限之規定，當營利事業依上項規定計算之稅額扣抵比率超過該上限時，以上限為準，計算股東或社員之可扣抵稅額。

所謂稅額扣抵比率上限是指：營利事業的所得全部按最高名目稅率納稅時，其每 1 元盈餘所含稅額的比率。而就我國營所稅之稅率結構，98 年度以前最高邊際稅率 25%，自 99 年度起稅率為 17%。另對 87 年度及其以後年度之各年度未分配盈餘加徵 10% 營所稅，因此，依照盈餘有無加徵 10% 營所稅，有下列三種稅額扣抵比率上限（所 66 之 6）：

● 表 7-6　稅額扣抵比率上限彙總表

累積未分配盈餘 分配盈餘所屬年度	未加徵 10%	已加徵 10%
98 年度以前盈餘	33.33%	48.15%
99 年度以後盈餘	20.48%	33.87%
分配盈餘屬部分未加徵、部分已加徵 10%	為各依其占累積未分配盈餘比例，按上述稅額扣抵比率上限計算之合計數。	

表 7–6 稅額扣抵比率上限，以計算式說明如下：

1. 未分配盈餘未加徵 10% 者：

⑴ 98 年度以前為 33.33%，為 [25% ÷ (1 – 25%)] = 33.33%。

⑵ 99 年度以後為 20.48%，為 [17% ÷ (1 – 17%)] = 20.48%。

2. 未分配盈餘已加徵 10% 者：

⑴ 98 年度以前為 48.15%，為 [(25% + 75% × 10%) ÷ (1 – 25% – 7.5%)] = 48.15%。

⑵ 99 年度以後為 33.87%，為 [(17% + 83% × 10%) ÷ (1 – 17% – 8.3%)] = 33.87%。

3. 未分配盈餘部分加徵 10%、部分未加徵 10% 者，按其占累積未分配盈餘的比例，分別依 20.48%、48.15% 及 33.87% 加權平均計算，公式如下：

> $20.48\% \times A + 48.15\% \times B + 33.87\% \times (1 – A – B)$
>
> A：99 年度以後未加徵 10% 營利事業所得稅的盈餘占累積未分配盈餘比例。
>
> B：98 年度以前已加徵 10% 營利事業所得稅的盈餘占累積未分配盈餘比例。
>
> 1 – A – B：99 年度以後已加徵 10% 營利事業所得稅的盈餘占累積未分配盈餘比例。

◇營利事業採用國際財務報導準則後之股東可扣抵稅額計算規定依財政部 102 年 10 月 17 日台財稅字第 10204562810 號令規定

1. 自 102 會計年度起，營利事業依金融監督管理委員會有關法令規定或依經濟部規定，採用經該會認可之國際財務報導準則編製財務報告，於首次採用國際財務報導準則之當年度依所得稅法第 66 條之 6 規定計算稅額扣抵比率時，其帳載累積未分配盈餘應包含因首次採用國際財務報導準則產生之保留盈餘淨增加數或淨減少數。

2. 首次採用國際財務報導準則產生之保留盈餘淨增加數，於採用當年度及次一年度，屬 99 年度以後未加徵 10% 營利事業所得稅之累積未分配盈餘，計算該二年度股利分配日稅額扣抵比率時，其稅額扣抵比率上限為 20.48%；於上開二年度以後之年度，該淨增加數尚未分配部分，屬 99 年度以後已加徵 10% 營利事業所得稅之累積未分配盈餘，計算股利分配日稅額扣抵比率時，其稅額扣抵比率上限為 33.87%。

3. 首次採用國際財務報導準則產生之保留盈餘淨減少數者，應以股利分配日帳載累積未分配盈餘，依所得稅法第 66 條之 6 第 2 項規定計算稅額扣抵比率上限；股利分配日帳載累積未分配盈餘為負數者，稅額扣抵比率以 0 計算。帳載累積未分配

盈餘調整該淨減少數時,無需自股東可扣抵稅額帳戶餘額中減除其所含可扣抵稅額。

　　4.公開發行公司依金融監督管理委員會 101 年 4 月 6 日金管證發字第 1010012865 號令規定,將首次採用國際財務報導準則就帳列股東權益項下之未實現重估增值及累積換算調整數(利益)轉入保留盈餘所提列之特別盈餘公積,並未計入首次採用國際財務報導準則年度之稅後純益,不得依所得稅法第 66 條之 9 第 2 項第 7 款規定自當年度稅後純益中減除;又未實現重估增值及累積換算調整數(利益)無當年度已納營利事業所得稅額,該特別盈餘公積無需依所得稅法第 66 條之 4 第 1 項第 3 款規定自股東可扣抵稅額帳戶減除可扣抵稅額。

　　5.第 4 點提到之特別盈餘公積於限制原因消滅轉回累積未分配盈餘時,得於轉回累積未分配盈餘之日,依所得稅法施行細則第 48 條之 4 規定計算可扣抵稅額,並依所得稅法第 66 條之 3 第 1 項第 6 款規定計入股東可扣抵稅額帳戶;於限制原因消滅之次一會計年度結束前,未作分配部分,無須加徵 10% 營利事業所得稅。

　　6.證券商依金融監督管理委員會 100 年 1 月 13 日金管證券字第 09900738571 號令規定,將已提列之買賣損失準備及違約損失準備餘額轉列特別盈餘公積;保險業依 100 年 12 月 15 日修正發布保險業各種準備金提存辦法第 8 條第 4 項及第 18 條第 4 項規定,將已提列之特別準備金餘額轉列特別盈餘公積;臺灣證券交易所股份有限公司依金融監督管理委員會 101 年 10 月 30 日金管證交字第 1010047392 號令規定,將已提撥之賠償準備轉列特別盈餘公積,比照前二點規定辦理。

　　以下例一至例三特別說明保留盈餘之變動對稅額扣抵比率計算之影響。❶

例一

保留盈餘淨增加數之稅額扣抵比率計算

　　甲上市公司自 102 年度起開始採用國際財務報導準則(以下稱 IFRSs),102 年 1 月 1 日因首次採用 IFRSs 調整而產生保留盈餘淨增加數 1,000 萬元,其中包含未實現重估增值 200 萬元,依金融監督管理委員會規定應提列特別盈餘公積。

---

❶ 例一至例三引用自財政部賦稅署之稽核上課資料。

甲公司 102 年 1 月 1 日資產負債表（股東權益部分）

單位：萬元

會計項目	依我國財務會計公報規定編製	轉換至 IFRSs 之調整數	依 IFRSs 規定編製
股　本	5,000	–	5,000
特別盈餘公積	1,000	200	1,200
未分配盈餘	3,000	800	3,800
未實現重估增值	200	(200)	0

1. 102 年度（採用 IFRSs 當年度）分配股利時，稅額扣抵比率計算公式之帳載累積未分配盈餘應包含首次採用 IFRSs 產生之保留盈餘淨增加數 800 萬元；該淨增加數屬 99 年度以後未加徵 10% 營利事業所得稅之盈餘，稅額扣抵比率上限為 20.48%。

$$\text{102 年股利分配日之稅額扣抵比率} = \frac{\text{股東可扣抵稅額帳戶餘額}}{\text{帳載累積未分配盈餘 3,800 萬元（含淨增加數 800 萬元）}}$$

税額扣抵比率上限 20.48%

2. 103 年度（採用 IFRSs 次一年度）及 104 年度分配股利時：

103 年股利分配日之稅額扣抵比率 =

$$\frac{\text{股東可扣抵稅額帳戶餘額}}{\text{帳載累積未分配盈餘 3,800 萬元（含淨增加數 800 萬元 + 102 年稅後純益）}}$$

税額扣抵比率上限 20.48%

104 年股利分配日之稅額扣抵比率 =

$$\frac{\text{股東可扣抵稅額帳戶餘額}}{\text{帳載累積未分配盈餘 3,800 萬元}}$$
（含淨增加數 800 萬元 + 102 年稅後純益 + 103 年稅後純益）

税額扣抵比率上限 33.87%

税額扣抵比率上限 20.48%

例二

保留盈餘淨減少數之稅額扣抵比率計算

乙上櫃公司自 102 年度起開始採用 IFRSs，102 年 1 月 1 日因首次採用 IFRSs 調整而產生保留盈餘淨減少數 1,200 萬元，其截至 101 年 12 月 31 日之帳載累積未分配盈餘為 3,000 萬元。帳載沖抵該淨減少數如下：

單位：萬元

沖抵年度	保留盈餘			合　計
	87 年度至 98 年度	99 年度至 100 年度	101 年度稅後損益	
帳載金額	500	2,600	(100)	3,000
沖抵金額	–	(1,200)	–	(1,200)
101 年度虧損之撥補	–	(100)	100	0
餘　額	500	1,300	0	1,800

1. 102 年度（採用 IFRSs 當年度）分配股利時，稅額扣抵比率計算公式之帳載累積未分配盈餘，應包含首次採用 IFRSs 產生之保留盈餘淨減少數 1,200 萬元，102 年 1 月 1 日調整該淨減少數時，無需自股東可扣抵稅額帳戶餘額中減除其所含可扣抵稅額。

$$102 \text{ 年股利分配日之稅額扣抵比率} = \frac{\text{股東可扣抵稅額帳戶餘額}}{\text{帳載累積未分配盈餘 1,800 萬元}}$$
（扣除淨減少數 1,200 萬元後之餘額）

2. 102 年分配股利時之稅額扣抵比率上限為 37.84%，計算如下：

$$\text{稅額扣抵比率上限為 } 37.84\% = \frac{\text{股利分配日屬 98 年度以前已加徵 10\%}}{\text{股利分配日累積未分配盈餘帳戶餘額}} \times 48.15\% +$$
$$\frac{\text{股利分配日屬 99 年度以後已加徵 10\%}}{\text{股利分配日累積未分配盈餘帳戶餘額}} \times 33.87\%$$

3. 假設乙公司 102 年 1 月 1 日產生之保留盈餘淨減少數為 3,200 萬元，102 年之股利分配日帳載累積未分配盈餘帳戶餘額為負 200 萬元，稅額扣抵比率以 0% 計算。

例三

依金融監督管理委員會命令提列特別盈餘公積之處理

　　承例一，甲上市公司 102 年首次採用 IFRSs 時，就原帳列股東權益項下之固定資產「未實現重估增值」200 萬元轉入保留盈餘，並依金管會 101 年 4 月 6 日金管證發字第 1010012865 號令規定，分別提列相同數額之特列盈餘公積，該公司於 104 年度處分該資產時，就該特別盈餘公積轉回保留盈餘分派股利。

1. 提列時：102 年 1 月 1 日提列特別盈餘公積時，無需自股東可扣抵稅額帳戶減除可扣抵稅額。

2. 轉回保留盈餘分派股利：依所得稅法施行細則第 48 條之 4 規定計算可扣抵稅額，依所得稅法第 66 條之 3 第 1 項第 6 款規定計入股東可扣抵稅額帳戶。

甲上市公司就上開特別盈餘公積轉回保留盈餘應計入之可扣抵稅額 =

$$轉回之保留盈餘 200 萬元 \times \frac{歷次提列法定盈餘公積或特別盈餘公積依所得稅法第 66 條之 4 第 1 項第 3 款規定減除之可扣抵稅款餘額}{歷次提列之法定盈餘公積或特別盈餘公積 1,200 萬元（含該轉回數）}$$

◇營利事業採用企業會計準則公報之股東可扣抵稅額及未分配盈餘計算規定

財政部 105 年 12 月 30 日台財稅字第 10504682830 號令規定

　　自 105 會計年度起，營利事業依 103 年 6 月 18 日修正公布商業會計法、103 年 11 月 19 日修正發布商業會計處理準則及經濟部 104 年 9 月 16 日經商字第 10402425290 號函「財團法人中華民國會計研究發展基金會所公開之各號企業會計準則公報及其解釋」（以下簡稱企業會計準則公報）編製財務報告者，應依下列規定計算稅額扣抵比率及當年度未分配盈餘：

1. 稅額扣抵比率

(1)營利事業於首次採用企業會計準則公報之當年度依所得稅法第 66 條之 6 規定，計算稅額扣抵比率時，其帳載累積未分配盈餘，應包含首次採用企業會計準則公報產生之保留盈餘淨增加數或淨減少數。

(2)首次採用企業會計準則公報產生之保留盈餘淨增加數，於採用當年度及次一年度，屬 99 年度以後未加徵 10% 營利事業所得稅之累積未分配盈餘，計算該二年度股利分配日稅額扣抵比率時，其稅額扣抵比率上限為 20.48%；於上開二年度以後之年度，該淨增加數尚未分配部分，屬 99 年度以後已加徵 10% 營利事業所得稅之累積未分配盈餘，計算股利分配日稅額扣抵比率時，其稅額扣抵比率上限為 33.87%。

(3)首次採用企業會計準則公報產生之保留盈餘淨減少數，應沖抵帳載累積未分配盈餘，該沖抵之未分配盈餘所含之可扣抵稅額，無需自股東可扣抵稅額帳戶餘額減除。股利分配日應依沖抵後之累積未分配盈餘，分別按所得稅法第 66 條之 6 第 2 項規定計算稅額扣抵比率上限；股利分配日帳載累積未分配盈餘為負數者，稅額扣抵比率以 0 計算。

2. 當年度未分配盈餘

(1)營利事業依所得稅法第 66 條之 9 第 2 項規定計算之未分配盈餘，應以當年度依商業會計法、商業會計處理準則及企業會計準則公報規定處理之本期稅後淨利，及由其他綜合損益項目轉入當年度未分配盈餘之數額之合計數，減除同條項各款後之餘額計算之。

(2)營利事業首次採用企業會計準則公報之期初保留盈餘淨減少數，致採用當年度之帳載累積未分配盈餘產生借方餘額（累積虧損），其以當年度稅後盈餘實際彌補該借方餘額之數額，得列為當年度未分配盈餘之減除項目。

◇其他分配或可扣抵稅額註銷之規定

原則上，營利事業免設置股東可扣抵稅額帳戶者，不得分配可扣抵稅額予其股東或社員扣抵其應納所得稅。例如：總機構在中華民國境外者、教育、文化、公益、慈善機關或團體，以及其他依法令或組織章程規定不得分配盈餘之團體或組織。另為簡政便民，獨資、合夥組織之營利事業仍應以所得稅法第 71 條規定辦理結算申報，但無須計算及繳納其應納之結算稅額，其營利事業所得額直接歸課獨資資本主或合夥組織合夥人綜合所得稅，免填列股利憑單，亦無未分配盈餘加徵 10% 問題。

至於當營利事業解散或合併時，其股東可扣抵稅額帳戶餘額如何處理？說明如下：

(1)當營利事業遇有解散情事，其清算完結分派剩餘財產後，已不可能有後續之盈餘可作分配，故應於清算完結日就其股東可扣抵稅額帳戶之餘額予以註銷（所 66 之 5）。

(2)營利事業合併時，因合併而消滅之公司，應於合併生效日註銷其股東可扣抵稅額帳戶餘額（所 66 之 5）。主要理由係合併消滅公司股東可扣抵稅額帳戶之餘額，係消滅公司於存續期間，其股東可用以扣抵其綜所稅的權利，如公司因合併而消滅，其股東自不得再享有扣抵權利，故應於合併生效日註銷之。惟讀者注意：消滅公司帳載累積未分配盈餘按稅額扣抵比率上限所計算之股東可扣抵稅額，仍可依法先行轉至合併存續公司之股東可扣抵稅額帳戶餘額中，其轉列後之餘額才應註銷。

◇有關稅額扣抵比率釋例說明

臺北公司截至 104 年底帳載累積未分配盈餘為 3,000 萬元，其中 1,000 萬元係 86 年度以前所累積；300 萬元係 87 至 98 年度所累積；700 萬元係 99 年度以後所累積；1,000 萬元係 104 年度稅後純益。105 年 7 月 1 日開股東大會，經股東會決議分配 2,300 萬元股利，計動用 104 年盈餘 1,000 萬元；99 年度以後盈餘 700 萬元；87 至 98 年度盈餘 300 萬元；86 年度以前累積盈餘 300 萬元。臺北公司於分配日股東可扣抵稅額帳戶餘額為 450 萬元，其稅額扣抵比率及稅額扣抵比率上限計算如下：

1.稅額扣抵比率：

450 萬元÷（1,000 萬元＋700 萬元＋300 萬元）＝22.5%

2.稅額扣抵比率上限：

A＝99 年度以後未加徵 10% 營利事業所得稅的盈餘占累積未分配盈餘比例

＝1,000 萬元÷（1,000 萬元＋700 萬元＋300 萬元）＝50%

B＝98 年度以前已加徵 10% 營利事業所得稅的盈餘占累積未分配盈餘比例

＝300 萬元÷（1,000 萬元＋700 萬元＋300 萬元）＝15%

C＝99年度以後已加徵10%營利事業所得稅的盈餘占累積未分配盈餘比例

　＝700萬元÷（1,000萬元＋700萬元＋300萬元）＝35%

　＝1－A－B＝1－50%－15%

稅額扣抵比率上限＝A×20.48%＋B×48.15%＋（1－A－B）×33.87%

　　　　　　　　＝50%×20.48%＋15%×48.15%＋35%×33.87%

　　　　　　　　＝29.31%

3. 分配盈餘所含之可扣抵稅額：

稅額扣抵比率22.5%＜稅額扣抵比率上限29.31%

適用稅額扣抵比率依所得稅法第66條之6規定，取較小者。

股東可扣抵稅額＝2,000萬元×22.5%＝450萬元

◇營利事業以法定盈餘公積或特別盈餘公積撥充資本之相關股東可扣抵稅額計算規定，依財政部105年6月30日台財稅字第10504500080號令

1. 有關營利事業以法定盈餘公積或特別盈餘公積撥充資本之可扣抵稅額計算規定：

　(1)營利事業以87年度或以後年度法定盈餘公積撥充資本或分配現金股利者，依所得稅法施行細則第48條之4規定，計算撥充資本日應計入當年度股東可扣抵稅額帳戶餘額之可扣抵稅額時，無須區分該法定盈餘公積提列年度為98年度以前及99年度以後。營利事業以87年度或以後年度特別盈餘公積撥充資本、分配現金股利或轉回保留盈餘時，亦同。

　(2)營利事業於本令發布日前辦理法定（特別）盈餘公積撥充資本、分配現金股利或轉回保留盈餘，已依上開所得稅法施行細則第48條之4規定辦理，惟計算應計入之可扣抵稅額時，採區分年度計算致有超過其應分配股東之可扣抵稅額者，其屬尚未核課確定案件，除依所得稅法第114條之2第1項第1款規定補稅外，免予處罰。

2. 營利事業依公司法第241條規定，經股東會決議以依法提列法定盈餘公積超過實收資本額25%部分撥充資本或分配現金股利，倘其提列日、撥充資本日與該次

盈餘分配日為同一日者，為資簡化，其屬 87 年度或以後年度提列之法定盈餘公積部分，應先將法定盈餘公積撥充資本或分配現金股利之金額及按所得稅法施行細則第 48 條之 4 規定計算之可扣抵稅額，計入該次盈餘分配日之帳載累積未分配盈餘帳戶餘額及股東可扣抵稅額帳戶餘額，再依所得稅法第 66 條之 6 規定計算稅額扣抵比率，據以計算當年度所提列法定盈餘公積及分配盈餘所含之股東可扣抵稅額。營利事業以 87 年度或以後年度特別盈餘公積撥充資本、分配現金股利或轉回保留盈餘者，亦同。上開計算規定，自本令發布日起適用。

例四

甲公司 102 年底實收資本額 3,000 萬元，本期損益（稅後）500 萬元，法定盈餘公積及可扣抵稅額明細如下：

年　　度	法定盈餘公積	可扣抵稅額
87 至 98 年度	3,500,000	1,166,550
99 及以後年度	3,700,000	757,760
合　　計	7,200,000	1,924,310

1. 103 年度股東會日期為 103 年 6 月 30 日（股東會前之法定盈餘公積餘額尚未超過實收資本額 25%）。

2. 103 年分配前股東可扣抵稅額帳戶餘額 115 萬元，累積未分配盈餘 100 萬元（假設皆為 87 至 98 年度盈餘）。

3. 103 年股東會為盈餘分配時，決議提列 10% 法定盈餘公積後，分配 102 年度盈餘 450 萬元，並按公司法第 241 條規定，將超過實收資本額 25% 之法定盈餘公積 20 萬元（720 萬元 +（500 萬元 × 10%%）－（3,000 萬元 × 25%））發給股東新股或現金（公司決議以 87 至 98 年度之法定盈餘公積發放）。

相關應計入或減除之可扣抵稅額及稅額扣抵比率計算方式如下：

⑴以法定盈餘公積撥充資本，應計入撥充資本年度股東可扣抵稅額帳戶餘額金額之計算方式：

應計入之可扣抵稅額

$$= 撥充資本之法定盈餘公積 \times \frac{撥充資本日該營利事業歷次提列法定盈餘公積依所得稅法第 66 條之 4 第 1 項第 3 款規定減除之可扣抵稅額餘額}{撥充資本日該營利事業歷次提列之法定盈餘公積}$$

$$= 200,000 \text{ 元} \times \frac{1,924,310 \text{ 元}}{7,200,000 \text{ 元}}$$

$$= 53,453 \text{ 元}$$

⑵分配屬超過實收資本額 25% 之法定盈餘公積 20 萬元部分，其稅額扣抵比率之計算方式：

稅額扣抵比率

$$= \frac{截至分配日止股東可扣抵稅額帳戶餘額}{截至分配日止 87 年度以後帳載累積未分配盈餘帳戶餘額}$$

$$= \frac{分配前股東可扣抵稅額帳戶餘額\ 1,150,000 \text{ 元} + 以法定盈餘公積撥充資本應計入之可扣抵稅額\ 53,453 \text{ 元}}{累積未分配盈餘\ 1,000,000 \text{ 元} + 本期稅後損益\ 5,000,000 \text{ 元} + 以法定盈餘公積撥充資本\ 200,000 \text{ 元}}$$

$$= 19.41\%$$

　　未超過依所得稅法第 66 條之 6 規定計算之稅額扣抵比率上限 19.59%，故稅額扣抵比率為 19.41%。

- 分配盈餘應減除之可扣抵稅額

  (4,500,000 元 + 200,000 元) × 19.41% = 912,270 元

- 提列法定盈餘公積應減除之可扣抵稅額

  (5,000,000 元 × 10%) × 19.41% = 97,050 元

例五

　　甲公司 102 年底實收資本額 2,500 萬元，本期損益（稅後）500 萬元，法定盈餘公積及可扣抵稅額明細如下：

年　　度	法定盈餘公積	可扣抵稅額
87 至 98 年度	3,500,000	1,166,550
99 及以後年度	3,700,000	757,760
合　　計	7,200,000	1,924,310

1. 103 年度股東會日期為 103 年 6 月 30 日（股東會前之法定盈餘公積餘額已超過實收資本額 25%）。

2. 103 年分配前股東可扣抵稅額帳戶餘額 115 萬元，累積未分配盈餘 100 萬元（假設皆為 87 至 98 年度盈餘）。

3. 103 年股東會為盈餘分配時，決議提列 10% 法定盈餘公積後，分配 102 年度盈餘 450 萬元，並按公司法第 241 條規定，將超過實收資本額 25% 之法定盈餘公積 145 萬元（720 萬元 + (500 萬元 × 10%) − (2,500 萬元 × 25%)）發給股東新股或現金（公司決議以 87 至 98 年度之法定盈餘公積發放）。

相關應計入或減除之可扣抵稅額及稅額扣抵比率計算方式如下：

⑴以法定盈餘公積撥充資本，應計入撥充資本年度股東可扣抵稅額帳戶餘額金額之計算方式：

應計入之可扣抵稅額

$$= 撥充資本之法定盈餘公積 \times \frac{撥充資本日該營利事業歷次提列法定盈餘公積依所得稅法第 66 條之 4 第 1 項第 3 款規定減除之可扣抵稅額餘額}{撥充資本日該營利事業歷次提列之法定盈餘公積}$$

$$= 1,450,000 \, 元 \times \frac{1,924,310 \, 元}{7,200,000 \, 元}$$

$$= 387,585 \, 元$$

⑵分配屬超過實收資本額 25% 之法定盈餘公積 20 萬元部分，其稅額扣抵比率之計算方式：

稅額扣抵比率

$$= \frac{\text{截至分配日止股東可扣抵稅額帳戶餘額}}{\text{截至分配日止 87 年度以後帳載累積未分配盈餘帳戶餘額}}$$

$$= \frac{\text{分配前股東可扣抵稅額帳戶餘額 1,150,000 元}}{\text{累積未分配盈餘 1,000,000 元 + 本期稅後損益 5,000,000 元}}$$
$$+ \text{以法定盈餘公積撥充資本應計入之可扣抵稅額 387,585 元}$$
$$+ \text{以法定盈餘公積撥充資本 1,450,000 元}$$

$$= 20.64\%$$

　　未超過依所得稅法第 66 條之 6 規定計算之稅額扣抵比率上限 26.69%，故稅額扣抵比率為 20.64%。

　・分配盈餘應減除之可扣抵稅額

　　$(4,500,000 \text{ 元} + 1,450,000 \text{ 元}) \times 20.64\% = 1,228,080 \text{ 元}$

　・提列法定盈餘公積應減除之可扣抵稅額

　　$(5,000,000 \text{ 元} \times 10\%) \times 20.64\% = 103,200 \text{ 元}$

　　由財政部解釋令及釋例得知,營利事業以 87 年度或以後年度法定盈餘公積或特別盈餘公積撥充資本或分配現金股利，可自行決議以何年度提列法定盈餘公積撥充資本或分配現金股利，惟依所得稅法第 66 條之 3 規定應計入之可扣抵稅額的計算，則應遵守所得稅法施行細則第 48 條之 4 規定採加權平均方式來計算。

第三節
兩稅合一制下未分配盈餘之課稅與計算

一、基本規定

　　自 87 年度起（不包括 86 年度及其以前年度之未分配盈餘），營利事業當年度之盈餘未作分配者，應就該未分配盈餘加徵 10% 營利事業所得稅（所 66 之 9）。換言之，未分配盈餘加徵 10% 營所稅之課稅原則，係以每一年度做基礎，而非歷年累積計算。而且營利事業於未分配盈餘繳納 10% 營所稅後，即可無限制保留其盈餘，不

受累積未分配盈餘超限時強制分配之約束。

二、未分配盈餘之計算

　　兩稅合一稅制實施後，未分配盈餘加徵 10% 營利事業所得稅，在 87～93 年度，原則上係以稅捐稽徵機關核定之課稅所得額加減若干項目計算，此與公司法、商業會計法及財務會計準則公報規範下可供分配之稅後盈餘不盡相同，導致公司帳上實際無可供分配盈餘卻仍需被加徵 10% 稅款之不合理現象。

　　自 94 年度起，營利事業計算未分配盈餘應依商業會計法規定處理之稅後盈餘，減除下列各款後之餘額：

　　1.彌補以往年度之虧損及經會計師查核簽證之次一年度虧損。

　　2.已由當年度盈餘分配之股利淨額或盈餘淨額。

　　3.已依公司法或其他法律規定由當年度盈餘提列之法定盈餘公積，或已依合作社法規定提列之公積金及公益金。

　　4.依本國與外國所訂之條約，或依本國與外國或國際機構就經濟援助或貸款協議所訂之契約中，規定應提列之償債基金準備，或對於分配盈餘有限制者，其已由當年度盈餘提列或限制部分。

　　5.已依公司或合作社章程規定由當年度盈餘給付之董、理、監事職工紅利或酬勞金。

　　6.依其他法律規定，由主管機關命令自當年度盈餘已提列特別盈餘公積或限制分配部分。

　　7.依其他法律規定，應由稅後純益轉為資本公積者。

　　8.（刪除）

　　9.其他經財政部核准之項目。

　　前項第 2 款至第 7 款，應以截至各該所得年度之次一會計年度結束前，已實際發生者為限。

　　營利事業當年度之財務報表經會計師查核簽證者，第 1 款所稱之稅後純益，應以會計師查定數為準。其後如經主管機關查核通知調整者，應以調整更正後之數額為準。

　　營利事業依第 4 款及第 7 款規定限制之盈餘，於限制原因消滅年度之次一會計

年度結束前，未作分配部分，應併同限制原因消滅年度之未分配盈餘計算，加徵 10% 營利事業所得稅。

第四節
營利事業所得稅及股東可扣抵稅額帳戶會計處理

兩稅合一制度實施後，營利事業所得稅在財務會計上仍是營利事業的費用（非預付稅款），其會計處理方式與改制前相同。至於股東可扣抵稅額帳戶，係依稅法規定於會計帳簿外另設置備忘性質之帳戶，專用以記錄營利事業應納且已納之所得稅額及分配予股東扣抵綜合所得稅之稅額，其帳戶餘額之多寡與營利事業之財務狀況無關，亦無須於資產負債表上表達。有關股東可扣抵稅額帳戶計入項目及時點，請參閱表 7–2；減除項目及時點，請參閱表 7–3。相關之會計處理，參考如下：

例六

臺北公司 104 年 1 月 1 日假設股東可扣抵稅額帳戶餘額為 500,000 元，帳載 87 年以後至 98 年度累積未分配盈餘為 6,000,000 元，99 年度至 100 年度累積未分配盈餘為 1,000,000 元，104 年 9 月 30 日辦理所得稅暫繳，繳納暫繳稅款 2,000,000 元，104 年 10 月 1 日以 985,000 元買入面額 1,000,000 元之 2 個月短期票券，並持有至到期日兌償。104 年 12 月 20 日收到銀行存款利息淨額 108,000 元，已扣繳稅款 12,000 元。104 年 12 月 31 日全年帳列稅前純益為 4,000,000 元，減除證券交易免稅所得 500,000 元，並加計交際費超限 250,000 元，全年課稅所得為 3,750,000 元（假設不考慮跨期間所得稅分攤之暫時性差異），並估計 103 年度未分配盈餘應加徵 10% 之稅款 450,000 元。試作相關會計分錄並記載股東可扣抵稅額帳戶。

1. 104 年 9 月 30 日辦理所得稅暫繳。

預付所得稅	2,000,000	
銀行存款		2,000,000

2. 104 年 10 月 1 日買入短期票券。

短期票券——投資	985,000	
銀行存款		985,000

3. 兌償日。

銀行存款	998,500	
預付所得稅	1,500	
短期票券──投資		985,000
利息收入		15,000

註：99 年 1 月 1 日起依所得稅法第 24 條之 1 規定，短期票券利息收入依規定扣繳稅款，並計入營利事業所得額課稅

4. 104 年 12 月 20 日利息收入 120,000 元；扣繳稅款 12,000 元。

銀行存款	108,000	
預付所得稅	12,000	
利息收入		120,000

5. 104 年 12 月 31 日決算日，估計應納所得稅為 637,500 元（3,750,000 元 ×17%）。

所得稅費用	637,500	
預付所得稅		637,500

6. 104 年 12 月 31 日估計 103 年度未分配盈餘應加徵 10% 之稅款 450,000 元，並以 101 年暫繳稅款抵繳。

所得稅費用	450,000	
預付所得稅		450,000

例七

　　承例六，105 年 5 月 31 日辦理 101 年度營利事業所得稅結算申報，應退稅款為 926,000 元，105 年 7 月 1 日股東會決議分派現金股利 3,500,000 元，並提列 10% 法定公積 291,250 元。

　　1. 105 年 5 月 31 日辦理 104 年度營利事業所得稅結算申報，應退稅款為 926,000 元。

應收退稅款*	926,000	
預付所得稅		926,000

* 應收退稅款 $926,000 = 預付所得稅（暫繳 $2,000,000 + 短票息扣繳稅款 $1,500 + 利息收入扣繳稅款 $12,000）− 104 年度結算申報應納所得稅 $637,500 − 103 年度未分配盈餘加徵 10% 所得稅 $450,000

2. 105 年 7 月 1 日股東會決議分派現金股利 3,500,000 元，並提列 10% 法定盈餘公積 291,250 元。

保留盈餘	3,791,250	
法定盈餘公積*		291,250
應付股利		3,500,000

* 法定盈餘公積 $291,250 =（稅前淨利 $4,000,000 − 104 年度結算申報所得稅費用 $637,500 − 103 年度未分配盈餘加徵 10% 所得稅 $450,000）× 10%

- 稅額扣抵比率 16.02% = $1,587,500 ÷ $9,912,500

- 股東可扣抵稅額帳戶餘額 $1,587,500 = $500,000 + $637,500 + $450,000

- 累積未分配盈餘 $9,912,500 =（帳載 87 年以後至 98 年度累積未分配盈餘 $6,000,000 + 99 年度以後至 100 年度累積未分配盈餘 1,000,000 元 + 104 年度稅前淨利 $4,000,000 − 104 年度結算申報所得稅費用 $637,500 − 103 年度未分配盈餘加徵 10% 所得稅 $450,000）

- 稅額扣抵比率上限 38.58%
  = ($2,912,500 ÷ $9,912,500 × 20.48%) + ($1,000,000 ÷ $9,912,500 × 33.87%) + ($6,000,000 ÷ $9,912,500 × 48.15%)

- 稅額扣抵比率上限 38.58% > 稅額扣抵比率 16.02%

- 提列法定盈餘公積應減除之可扣抵稅額 = 提列數 × 稅額扣抵比率
  = $291,250 × 16.02%
  = $46,658

- 分配股利應減除之可扣抵稅額 = 分配數 × 稅額扣抵比率
  = $3,500,000 × 16.02%
  = $560,700

臺北公司股東可扣抵稅額帳戶

日 期	憑證編號	摘 要	計入金額	減除金額	餘 額
104/1/1		上期結轉	500,000		500,000
104/12/31		104 年度結算以暫繳及扣繳稅款抵繳	637,500		1,137,500
104/12/31		103 年度未分配盈餘加徵 10% 稅款以104 年度暫繳及扣繳稅款抵繳	450,000		1,587,500
104/12/31		結轉下期		1,587,500	0
105/1/1		上期結轉	1,587,500		1,587,500
105/7/1		提列法定公積		46,658	1,540,842
105/7/1		分配股利		560,700	980,142

第五節
兩稅合一有關之稽徵程序

　　所得稅之稽徵程序包括：暫繳、結算申報、調查、扣繳、自繳、盈餘申報及行政救濟等，惟盈餘申報部分則完全新增作業程序。本節擬對稽徵程序中兩稅合一制略加探討說明。至於詳細程序則參見第十五章所得稅稽徵及會計處理。

一、股利憑單及全年股利分配彙總資料之申報規定

　　1.凡依所得稅法第 66 條之 1 規定，應設置股東可扣抵稅額帳戶的營利事業，應於每年 1 月底前，將上一年內分配予股東之股利或社員的盈餘，填具股利憑單、全年股利分配彙總資料，一併彙報該管稽徵機關查核；並應於 2 月 10 日前將股利憑單填發納稅義務人。但營利事業有解散廢止、合併或轉讓時，應隨時就已分配的股利或盈餘填具股利憑單，並於 10 日內向該管稽徵機關辦理申報（所 92、102 之 1）。

　　2.非中華民國境內居住之個人，或在中華民國境內無固定營業場所之營利事業，有所得稅法第 88 條規定各類所得（包括營利所得）時，扣繳義務人應於代扣稅款之日起 10 日內，將所扣稅款向國庫繳清，並開具扣繳憑單，向該管稽徵機關申報核驗後，發給納稅義務人（所 92）。

二、非居住者與在我國境內無固定營業場所部分可扣抵稅額之抵繳規定

　　兩稅合一制實施，非中華民國境內居住之個人、在中華民國境內無固定營業場所及營業代理人之營利事業，及在中華民國境內無固定營業場所而有營業代理人之營利事業，在我國境內取得之股利或盈餘，因免辦綜合所得稅結算申報，所得稅法第 73 條之 2 規定其獲配之股利總額或盈餘總額所含之可扣抵稅額，不適用所得稅法第 3 條之 1 規定。另因營利事業每一年度稅後盈餘未於次一年度辦理分配，需就此未分配盈餘加徵 10% 營利事業所得稅，將造成非中華民國境內居住之個人及總機構在中華民國境外之營利事業及僑外投資者等，因兩稅合一制實施，反而有稅負加重之現象，影響其投資意願。實施當時營利事業所得稅稅率為 25%，現行為 17%，以當時 25% 之稅率（係以 87 年度為基準年）舉例分析如下：

表 7-7　華僑及外國投資者兩稅合一實施前後稅負比較

	實施前	實施後
營利事業稅前盈餘	$1,000,000	$1,000,000
繳納所得稅(A)	(250,000)	(250,000)
稅後純益	750,000	750,000
分配盈餘予僑外投資人扣繳 20% (B)	(150,000)	（當年度未分配）
稅後獲配淨利	600,000	
加徵 10% 所得稅(C)		(75,000)
稅後淨利		675,000
於隔年分配扣繳 20% (D)		(135,000)
稅後獲配淨利		540,000
總稅負(A)＋(B)＋(C)＋(D)	400,000	460,000

　　為避免兩稅合一制實施而影響僑外投資者，所得稅法乃規定非中華民國境內居住之個人及總機構在中華民國境外之營利事業，其獲配股利總額或盈餘總額中，屬未分配盈餘加徵 10% 營利事業所得稅部分之稅額，應以實際繳納者，始得抵繳該股利淨額或盈餘淨額之應扣繳稅款。該抵繳稅額之計算公式如下（所得稅法第 73 條之 2；所得稅法施行細則第 61 條之 1）：

$$抵繳稅額 = \begin{array}{c}股利或盈餘分配日營利事\\業已實際繳納之各年度未\\分配盈餘加徵10\%\,營利事\\業所得稅之餘額\end{array} \times \dfrac{\begin{array}{c}分配屬已加徵10\%\,營利事\\業所得稅之股利淨額或盈\\餘淨額\end{array}}{\begin{array}{c}股利或盈餘分配日已加徵\\10\%\,營利事業所得稅之累\\積未分配盈餘\end{array}} \times \begin{array}{c}分配日本法\\第\,73\,條之\\2\,所定股東\\之持股比例\end{array}$$

$$抵繳稅額上限 = 本法第\,73\,條之\,2\,所定股東獲配屬已加徵10\%\,營利事業所得稅之股$$
$$利淨額或盈餘淨額 \times 10\%$$

自 104 年 1 月 1 日起，在「部分設算扣抵」制度下，非我國內居住股東（社員）獲配之股利（盈餘）淨額中已加徵 10% 營利事業所得稅部分之稅額，僅得以其半數抵繳該股利（盈餘）淨額之應扣繳稅額。

前項所稱已實際繳納之各年度未分配盈餘加徵 10% 營利事業所得稅之餘額，指截至分配日前，營利事業已實際繳納之各年度未分配盈餘加徵 10% 營利事業所得稅累積稅額，減除各年度經稽徵機關調查核定減少之未分配盈餘加徵稅額及各年度已分配予全體股東之未分配盈餘加徵稅額後之餘額。

前項所定已分配予全體股東之未分配盈餘加徵稅額，以依第 1 項計算之抵繳稅額，除以分配日本法第 73 條之 2 所定股東之持股比例計算之；如分配日本法第 73 條之 2 所定股東之持股比例為零者，以 1 為準，按第 1 項抵繳稅額公式計算已分配予全體股東之未分配盈餘加徵稅額。

假設臺北股份有限公司外國人股東持股比例為 40%，並符合外國人投資條例，於 101 年 7 月 1 日股東會決議分配股利，相關帳載資料如下：87～99 年度盈餘為 600,000 元（為已加徵 10%）；100 年度稅後純益為 400,000 元（為未加徵 10%）；截至分配日已實際繳納之各年度未分配盈餘加徵 10% 稅款餘額為 60,000 元。

⑴決議分配 1,000,000 元：

稅額抵繳前應扣繳稅款：$\$1,000,000 \times 40\% \times 20\% = \$80,000$

抵繳稅額：$\$60,000 \times \dfrac{\$600,000}{\$600,000} \times 40\% = \$24,000$

抵繳稅額上限：$\$600,000 \times 10\% = \$60,000$

稅額抵繳後應扣繳稅款：$\$80,000 - \$24,000 = \$56,000$

⑵決議分配 500,000 元（屬 100 年度 400,000 元及已加徵未分配盈餘 100,000元）：

稅額抵繳前應扣繳稅款：$\$500,000 \times 40\% \times 20\% = \$40,000$

抵繳稅額：$\$60,000 \times \dfrac{\$100,000}{\$600,000} \times 40\% = \$4,000$

抵繳稅額上限：$\$100,000 \times 10\% = \$10,000$

稅額抵繳後應扣繳稅款：$\$40,000 - \$4,000 = \$36,000$

三、股東可扣抵稅額帳戶餘額之申報

依所得稅法第 66 條之 1 規定，應設置股東可扣抵稅額帳戶之營利事業，應於辦理結算申報時，依規定格式填列上一年度內股東可扣抵稅額帳戶變動明細資料，併同結算申報書申報該管稽徵機關查核。但營利事業遇有解散者，應於清算完結日辦理申報；其為合併者，消滅公司應於合併生效日辦理申報（所 102 之 1）。

所稱「股東可扣抵稅額帳戶變動明細資料」，係指股東可扣抵稅額帳戶之期初餘額、當年度增加金額明細、減少金額明細及其餘額（所 102 之 1）。

四、兩稅合一對未分配盈餘申報之規定

㈠未分配盈餘之申報期限

營利事業應於其各該所得年度辦理結算申報的次年 5 月 1 日起至 5 月 31 日止，辦理各該年度未分配盈餘的申報（所 102 之 2）。換言之，即於辦理各年度營利事業所得稅結算申報時，併同辦理其上一年度未分配盈餘的申報。茲說明如次：

1.採曆年制的營利事業，應於每年 5 月 1 日起至 5 月 31 日止，依規定計算其前年度的未分配盈餘及應加徵 10% 的營利事業所得稅額，自行繳納稅款後，填具申報書向稽徵機關辦理申報。例如：105 年 5 月 1 日至 5 月 31 日止應辦理 103 年度未分配盈餘的申報。

2.採特殊會計年度的營利事業，應於年度結束後第 5 個月內，依規定計算其前年度的未分配盈餘及應加徵 10% 的營利事業所得稅額，自行繳納稅款後，填具申報書向稽徵機關辦理申報。例如：營利事業的會計年度採 7 月制者，其 103 會計年度為 103 年 7 月 1 日至 104 年 6 月 30 日，應於 105 年 11 月 1 日至 11 月 30 日止辦理

103 年度未分配盈餘的申報。

3.營利事業依規定計算的未分配盈餘為零或負數者，仍應依前述規定期間自行辦理申報。

4.營利事業辦理未分配盈餘申報時，除填具未分配盈餘申報書表外，應檢附自繳稅款繳款書收據及其他證明文件、單據，以供核對。

㈡解散或合併時未分配盈餘之申報

營利事業於未分配盈餘結算申報期限前經解散或合併者，應於解散或合併日起45 日內（以主管機關核准解散之日為準），填具申報書，就截至解散日或合併日尚未加徵 10% 營利事業所得稅之未分配盈餘，向該管稽徵機關申報，並計算應加徵之稅額，於申報前自行繳納。營利事業未依規定期限申報者，稽徵機關應即依查得資料核定其未分配盈餘及應加徵之稅額，通知營利事業繳納（所 102 之 2）。例如採曆年制的營利事業，於 105 年 6 月 30 日解散，則其 104 年度的未分配盈餘均尚未加徵10% 營利事業所得稅，故應於 105 年 8 月 14 日前就該未分配盈餘辦理申報（以主管機關核准解散之日為準起算 45 日），除非有特殊理由依法辦理延期申報，否則稽徵機關應即依查得資料處理之。

營利事業解散或因合併而消滅之，其未分配盈餘申報涉及 2 個年度以上者可否合併申報：所得稅法第 66 條之 9 第 1 項規定：「自 87 年度起，營利事業『當年度』之盈餘未作分配者，應就該未分配盈餘加徵 10% 營利事業所得稅」，依上開規定，有關未分配盈餘之課徵，係按個別年度計算課稅，從而應依個別年度分別辦理申報，不因營利事業遇有解散或合併情事而變更。

因合併而消滅之營利事業，其合併年度之當期決算所得額及前一年度之盈餘，應由合併後存續或另立之營利事業，按該盈餘所屬之所得年度，依所得稅法第 102 條之 2 第 1 項規定期限辦理未分配盈餘申報。由於因合併而消滅之營利事業，與合併後存續之營利事業，在合併前係屬分別獨立之營利事業，故合併後存續之營利事業，於辦理消滅之營利事業上開年度之未分配盈餘申報時，自應與其本身之未分配盈餘分開計算，並分別辦理申報（參見財政部 90 年 9 月 25 日台財稅字第 0900455182 號函）。

㈢變更會計年度時未分配盈餘之申報

營利事業於報經該管稽徵機關核准，變更其會計年度者，應就變更前（未滿 1

年期間）尚未申報加徵 10% 營利事業所得稅之未分配盈餘，併入變更後會計年度之未分配盈餘內計算，並依上述規定之申報期限及程序辦理（所 102 之 2）。例如：104 會計年度原採 7 月制的營利事業，自 105 年 1 月 1 日起經申請變更為曆年制，則其 104 年度（104 年 7 月 1 日至 104 年 12 月 31 日）的未分配盈餘，應併入 105 年度（105 年 1 月 1 日至 105 年 12 月 31 日）的未分配盈餘，於 107 年 5 月 1 日起至 5 月 31 日止辦理申報。至變更前其餘年度尚未辦理申報之未分配盈餘，應以個別年度為基礎，按其原處會計年度，依同法第 1 項規定期限辦理申報（參見財政部 89 年 3 月 29 日台財稅字第 0890452342 號函）。

㈣未分配盈餘延遲申報之催報

稽徵機關應協助及催促營利事業，依限辦理未分配盈餘申報，並於申報期限屆滿前 15 日填具催報書，提示延期申報之責任。催報書得以公告方式為之。

營利事業未依規定期限，辦理未分配盈餘申報者，稽徵機關應即填具滯報通知書，送達營利事業，限於接到滯報通知書之日起 15 日內補辦申報；其逾限仍未辦理申報者，稽徵機關應依查得資料，核定其未分配盈餘及應加徵之稅額，並填具核定稅額通知書，連同繳款書，送達營利事業依限繳納；嗣後如經調查另行發現課稅資料，仍應依稅捐稽徵法有關規定辦理（所 102 之 3）。

㈤未分配盈餘申報後之調查與核定

稽徵機關接到未分配盈餘申報書後，應派員調查，核定其未分配盈餘及應加徵之稅額。其調查核定之作業程序，均比照營利事業所得稅結算申報之規定（所 102 之 4）。

㈥兩稅合一制實施後，稽徵機關退還 87 年度或以後年度所得稅款之限制

由於營利事業所得稅係落後徵收，稽徵機關對於營利事業所得稅結算申報案件的核定，通常已在營利事業當年度盈餘分配之後，尤其對於營利事業申請行政救濟案件的核定，更是落後多年。稽徵機關依所得稅法第 100 條第 3 項規定，對營利事業經復查、或訴願、或行政訴訟決定應退稅案件辦理退稅時，營利事業股東可扣抵稅額帳戶的餘額如小於應退稅款，表示營利事業已將行政救濟繳納的二分之一所得稅額部分或全部分配予股東或社員扣抵其應納的綜合所得稅，稽徵機關如仍將該應退稅款全數退還，實際上係退還營利事業已納所得稅額中已分配予股東或社員申報

扣抵或退還的稅額,形成政府以稅收補貼營利事業的現象,因此於所得稅法第 100 條之 1 第 1 項規定稽徵機關退還營利事業經行政救濟確定應退稅款時,應以營利事業股東可扣抵稅額帳戶的餘額為限。但為避免扭曲營利事業與其股東間的稅負,並規定其未退還部分可留抵營利事業以後年度應納的所得稅額,藉其以後年度應納稅額及可分配予股東或社員可扣抵稅額的減少,調整營利事業與其股東間的稅負。

㈦對股東可扣抵稅額、未分配盈餘主管稽徵機關核定不服,依法可申請行政救濟

納稅義務人對於「股東可扣抵稅額帳戶變動明細申報表核定通知書」、「未分配盈餘申報書核定通知書」之核定內容不服時,應依稅捐稽徵法第 35 條規定申請復查。基本上,股東可扣抵稅額帳戶變動與各年度未分配盈餘之計算與加徵,乃係納稅義務人之權益,若核定內容有所不當,自影響納稅義務人的利益,依法應准予行政救濟(包括復查、訴願、行政訴訟),方才符合公平正義原則(參見財政部 90 年 6 月 5 日台財稅字第 0900452482 號令)。

㈧免申報未分配盈餘之機關團體或組織

原則上,營利事業如百分之百由下列之機關、團體或組織個別或共同投資成立者,免依所得稅法第 66 條之 9 及第 100 條之 2 規定計算未分配盈餘申報。

1. 各級政府機關。
2. 所得稅法第 11 條第 4 項規定之教育、文化、公益、慈善機關或團體。
3. 依其他法律規定不得分配盈餘之團體或組織。

第六節
違反兩稅合一規定之處罰

一、不當規避或減少納稅義務之調整

個人或營利事業與國內外其他個人或營利事業、教育、文化、公益、慈善機關或團體相互間,如有藉股權之移轉或其他虛偽之安排,不當為他人或自己規避或減少納稅義務者,稽徵機關為正確計算相關納稅義務人之應納稅金額,得報經財政部

核准，依查得資料，按實際應分配或應獲配之股利、盈餘或可扣抵稅額予以調整
（所 66 之 8）。

二、違反設置股東可扣抵稅額帳戶規定之處罰

營利事業依規定應設置股東可扣抵稅額帳戶而不設置，或不依規定記載者，處
3,000 元以上 7,500 元以下罰鍰，並應通知限於 1 個月內依規定設置或記載；期滿仍
未依照規定處理者，處 7,500 元以上 15,000 元以下罰鍰，並再通知於 1 個月內依規
定設置或記載；期滿仍未依照規定設置或記載者，得按月連續處罰，至依規定設置
或記載時為止（所 114 之 1）。

三、超額分配可扣抵稅額之處罰

營利事業有下列各款情形之一者，應就其超額分配之可扣抵稅額，責令營利事
業限期補繳，並按超額分配之金額，處 1 倍以下之罰鍰（自動補報免罰）（所 114 之
2）：

　　1.虛增股東可扣抵稅額帳戶金額，或短計帳載累積未分配盈餘帳戶之金額，致
分配予股東或社員之可扣抵稅額，超過其應分配之可扣抵稅額者。

　　2.分配予股東或社員之可扣抵稅額，超過股利或盈餘分配日其股東可扣抵稅額
帳戶餘額者。

　　3.分配股利淨額所適用之稅額扣抵比率，超過規定比率，致所分配之可扣抵稅
額，超過依規定計算之金額者。

本項超額分配所補繳之稅款與罰鍰，均不得列計股東可扣抵稅額之加項，以免
重複分配。

自 104 年 1 月 1 日起，營利事業併同股利（或盈餘）淨額分配予中華民國境內
居住之個人股東可扣抵稅額，依所得稅法第 66 條之 6 第 1 項但書規定，係股利（或
盈餘）淨額依同條項規定之稅額扣抵比率計算金額之半數，營利事業有同法第 114 條
之 2 規定超額分配可扣抵稅額情事者，稽徵機關應以股利（或盈餘）淨額依稅額扣
抵比率計算金額之半數與實際分配可扣抵稅額之差額，計算超額分配應補稅額及裁
罰基準；營利事業依稅捐稽徵法第 48 條之 1 規定，自動向稅捐稽徵機關補報並補繳

超額分配稅款者，亦同。（參見財政部 104 年 12 月 30 日台財稅字第 10404030450 號令）

四、違反不得分配可扣抵稅額規定之處罰

依所得稅法規定，總機構在中華民國境外之營利事業或公益財團、社團法人，免予設置股東可扣抵稅額帳戶，同時不得分配可扣抵稅額予其股東或社員扣抵其應納所得稅額，若上述營利事業違反規定，分配可扣抵稅額予其股東或社員，扣抵其應納稅額者，應就分配之可扣抵稅額，責令營利事業限期補繳，並按分配之金額處 1 倍以下之罰鍰（所 114 之 2）。❷

五、未依限或按實填報（發）股利憑單之處罰

營利事業未依規定之期限，按實填報或填發股利憑單者，除限期責令補報或填發外，應按股利憑單所載可扣抵稅額之總額處 20% 罰鍰，但最高不得超過 30,000 元，最低不得少於 1,500 元；逾期自動申報或填發者，減半處罰。營利事業若經稽徵機關限期責令補報或填發股利憑單，營利事業仍未依限按時補報或填發者，應按可扣抵稅額之總額處 3 倍以下之罰鍰，但最高不得超過 60,000 元，最低不得少於 3,000 元（所 114 之 3）。

所謂依規定填報股利憑單，應將所得人姓名或名稱、住址、統一編號、所得年度、股利總額或盈餘總額、可扣抵稅額、股利淨額或盈餘淨額等，依規定格式詳實填列。其未依規定詳實填報者或填報不實者，依上述規定處罰。

六、未依限或據實申報股東可扣抵稅額帳戶變動明細資料之處罰

營利事業未依限申報或未據實申報股東可扣抵稅額帳戶變動明細資料者，處 7,500 元罰鍰，並通知限期補報；逾期不補報者，得按月連續處罰至依規定補報為止（所 114 之 3）。

---

❷ 若遇該營利事業有歇業、倒閉或他遷不明之情形者，稽徵機關應就該營利事業超額分配或不應分配予股東或社員扣抵之可扣抵稅額，向股東或社員追繳。

七、未依限辦理未分配盈餘申報之處罰

營利事業未依限辦理未分配盈餘申報,但已在接到滯報通知書起 15 日內補辦申報,經稽徵機關據以調查核定其未分配盈餘及應加徵之稅額者,應按核定應加徵之稅額另徵 10% 滯報金。滯報金之金額,最高不得超過 30,000 元,最低不得少於 1,500 元。

若營利事業超過滯報通知書 15 日仍未辦理申報,經稽徵機關依查得資料核定其未分配盈餘及應加徵之稅額者,應按核定應加徵之稅額另徵 20% 怠報金。怠報金之金額,最高不得超過 90,000 元,最低不得少於 4,500 元(所 108 之 1)。

八、漏報或短報未分配盈餘之處罰

營利事業已依規定辦理未分配盈餘之申報,但有漏報或短報未分配盈餘者,處以所漏稅額 1 倍以下之罰鍰(所 110 之 2)。

營利事業未依規定期限自行辦理申報,而經稽徵機關調查,發現有應依規定申報之未分配盈餘者,除依法補徵應加徵之稅額(並處行為罰怠報金)外,應照補徵稅額,處 1 倍以下之罰鍰(所 110 之 2)。

○ 表 7-8

股 利 憑 單

（限分配日於 104 年 1 月 1 日以後之盈餘專用）

營利 事業	統一 編號	
	名稱	
	地址	
	負責人	

編號：

格式代號 所得類別	54C 營利所得（股利或盈餘）		所屬分配次數	□第 1 次　□第 2 次　□第（　　）次		
所得人姓 名或單位 名　　稱		國民身分證統一編號 或所得單位統一編號				
所 得 人 地　　址	市 縣　　區鎮 市鄉　　里 村　　鄉　　路 街　　段　　巷　　弄　　號之 樓之					
所得所屬 年　　度	所得給付 年　　度	股利總額 （A＝D＋C）	稅額扣抵比率% （B）	可扣抵稅額 【C＝C1 或 C2】	股利淨額（D＝D1+D2+ D3）	
年度	年度	(A)綜合所得稅 納稅義務人 結算申報 時，應按本欄 數額填報。	% (B)依營利事業 分配比率填 報。	□個人股東扣抵稅額【C1＝（D-D1）xBx50%】 □非個人股東扣抵稅額【C2＝（D-D1）xB】	(D1)無可扣抵稅 額資本公積 現 金 股 利	(D2)其他 現金股利	(D3)股票股利 （　　　股）
			(C)扣抵稅額至元為止。		(D)營利事業所得稅納稅義務人結算申報 時，應按本欄數額依規定填報。	
掃瞄編號 ※本欄請 勿填寫或 蓋　　章				備　　　　　　　　　註		
				第 1 聯：報核聯　由營利事業單位申報交稽徵機關 　　　　　據以登錄歸戶。		

※為避免財政資訊中心掃瞄結果模糊不清，本聯應直接以黑色原子筆填寫，不得移作複寫。
※營利事業如有超額分配可扣抵稅額情事，應依所得稅法第 114 條之 2 規定補繳稅款並受罰。

222

● 表 7-9

財政部○○國稅局
股利憑單申報書
（分配屬 87 年度或以後年度盈餘部分）
所屬分配次數 □第 1 次 □第 2 次 □第 次
本單位自 年 月 日至 年 月 日
止分配股利所得資料申報如下：

格式	機關	檔案編號

營利事業單位稅籍編號

營利事業	統一編號	
	名稱	
	地址	
	負責人	

項目 憑單類別及代號	個　人 (1)					非　個　人 (2)				
	份　數	起訖號碼	股利淨額	稅額扣抵比率%	可扣抵稅額	份　數	起訖號碼	股利淨額	稅額扣抵比率%	可扣抵稅額
股利憑單　C										

※公司依財政部 101 年 8 月 17 日台財稅字第 10100097670 號令第 1 點規定將資本公積之一部或全部，按股東原有股份之比例發給現金，該資本公積屬不具股東出資額性質之項目，股東因而取得之現金股利共＿＿＿＿＿＿＿元。

本申報書所送營利所得資料均屬實在。

　　此致
財政部○○國稅局

營利事業單位蓋章：　　　　　　　　　　　　聯絡人：

負責人簽名或蓋章：　　　　　　　　　　　　聯絡電話：

營利事業聯絡電話：　　　　　　　　　　　　申報日期：　　年　　月　　日

※ 填寫前請詳閱第 1 聯背面說明。
※ 本聯應直接以黑色原子筆填寫，不得移作複寫。
（第 1 聯報核聯：由稽徵機關建檔後存查）

表 7-10

各類所得扣免繳暨憑單

編號：

利息所得存款帳號

格　式	代　號	所　得　及　類　別（請打 ˇ ，不同類別應分開填寫）
50□薪資	53□權利金	9A□執行業務 執行業務別或代號（　　） 93□退職所得
51□租賃	利息	9B□稿費及講演鐘點費等 7 項 97□受贈所得
	5A□金融業利息	98□非自行出版 95□政府補助款 □A 實報實銷
	5B□其他利息	99□自行出版 □B 非實報實銷
	營利所得	91□競技競賽及機會中獎獎金 94□員工認股權所得
固定資產 □房屋	54 □86 年度或以前年度股利或盈餘	92□其他（　　）
□L土地 □J其他（　）	54Y□其他	
非固定資產 □K債券租借 □I其他（　）		

所得人姓名 或單位名稱	國民身分證統一編號 或所得單位統一編號	
所得人地址	市縣 區鎮市鄉 里村 鄰 路街 段 巷 弄 號之 樓之
所得所屬年月	所得給付年度 年度
自 年 月 至 年 月	扣繳率 照所得扣繳率標準填寫	給付總額(A) (A)納稅義務人結算申報，按本欄數額填寫。	扣繳稅額(B) (B)扣繳稅額 至元為止	給付淨額(C=A－B) (C)本欄數字係供參考，請扣繳義務人填寫	依勞退條例或教職員退撫條例自願定撥（撥）繳之金額(D) (D)本欄數字係供參考，請扣繳義務人填寫
坐落地址	市縣 區鎮市鄉 里村 鄰 路街 段 巷 弄 號之 樓之
租賃房屋稅籍編號（請依房屋稅繳款書上列印之稅籍編號填寫）	備 註
※掃描欄請勿填寫或蓋章	第 1 聯：報核聯　由扣繳義務人申報文檔數機關據以登錄歸戶

※申報所得格式代號 5II、5IJ、54Y、92 或 9A 者，請於所得類別欄位括弧內填註給付項目，執業別或代號。

※為避免財稅資料中心掃描結果模糊不清，影響詢問納稅服務，本聯應直接以黑色原子筆填寫，不得移寫作複寫。

※本單如有匿報短扣情事，扣繳義務人願依法受罰。

※依勞工退休金條例規定自願提繳之退休金或年金保險費，合計在每月工資 6% 範圍內，或依學校法人及其所屬私立學校教職員退休撫卹離職儲金條例規定提繳之儲金，免計入薪資給付總額，其金額應另行填寫於(D)欄，該欄納稅義務人結算申報時無需填寫。

● 表 7-11

<table>
<tr><td colspan="3">格式　機關　檔案編號</td><td rowspan="3" colspan="4">財政部○○國稅局
各類所得扣繳暨免扣繳憑單申報書

本單位自　年　月　日至　年　月　日止
給付各類扣繳暨免扣繳所得資料申報如下：</td><td colspan="2">統一編號</td></tr>
<tr><td colspan="3">扣繳單位稅籍編號</td><td>扣繳
單位</td><td>名稱</td></tr>
<tr><td colspan="3">扣繳單位地址之房屋稅籍編號
(請依房屋稅繳款書上列印之稅籍編號填寫)</td><td></td><td>地址</td></tr>
<tr><td></td><td></td><td></td><td></td><td></td><td>扣繳
義務人</td><td></td></tr>
</table>

<table>
<tr>
<td colspan="2" rowspan="2">區分
(適用者以V
表示並分別填
造本申報書)　項別
所得
類別及代號</td>
<td colspan="4">個人(1)</td>
<td colspan="4">非個人(2)</td>
</tr>
<tr>
<td>份數</td><td>起訖
號碼</td><td>給付總額
(含免扣繳部分)</td><td>扣繳稅額及股利
或盈餘抵繳稅額</td>
<td>份數</td><td>起訖
號碼</td><td>給付總額
(含免扣繳部分)</td><td>扣繳稅額及股利
或盈餘抵繳稅額</td>
</tr>
<tr><td rowspan="2">1□是
2□否</td><td>薪　　資　3</td><td></td><td></td><td></td><td></td><td></td><td></td><td></td><td></td></tr>
<tr><td>執行
業務
報酬　一般(稽徵
機關抽辦)　2 1</td><td></td><td></td><td></td><td></td><td></td><td></td><td></td><td></td></tr>
<tr><td rowspan="11">境內居
住之個
人
或
在境內
有固定
營業場
所之營
利事業</td><td>稿費等項　2 2</td><td></td><td></td><td></td><td></td><td></td><td></td><td></td><td></td></tr>
<tr><td>利　　息　4</td><td></td><td></td><td></td><td></td><td></td><td></td><td></td><td></td></tr>
<tr><td>租　　賃　5 1</td><td></td><td></td><td></td><td></td><td></td><td></td><td></td><td></td></tr>
<tr><td>權　利　金　5 2</td><td></td><td></td><td></td><td></td><td></td><td></td><td></td><td></td></tr>
<tr><td>營利
所得　86年度或以前
年度股利或盈餘　1 1</td><td></td><td></td><td></td><td></td><td></td><td></td><td></td><td></td></tr>
<tr><td>87年度或以後
年度股利或盈餘　1 2</td><td></td><td></td><td></td><td>扣繳
抵繳</td><td></td><td></td><td></td><td>扣繳
抵繳</td></tr>
<tr><td>其　　他　1 3</td><td></td><td></td><td></td><td></td><td></td><td></td><td></td><td></td></tr>
<tr><td>競技、競賽及
機會中獎獎金　8</td><td></td><td></td><td></td><td></td><td></td><td></td><td></td><td></td></tr>
<tr><td>退職所得　9</td><td></td><td></td><td></td><td></td><td></td><td></td><td></td><td></td></tr>
<tr><td>其他所得　A</td><td></td><td></td><td></td><td></td><td></td><td></td><td></td><td></td></tr>
<tr><td>合　　計</td><td></td><td></td><td></td><td>扣繳
抵繳</td><td></td><td></td><td></td><td>扣繳
抵繳</td></tr>
</table>

※依勞工退休金條例規定自願提繳之退休金或年金保險費，合計在每月工資 6% 範圍內，或依學校法
　人及其所屬私立學校教職員退休撫卹離職資遣條例規定撥繳之款項，免計入薪資給付總額，該自願
　提(撥)繳金額共_____元。

此 致
　　財政部○○國稅局

扣繳單位蓋章：

扣繳義務人簽章：

聯絡電話：

聯絡人：

聯絡電話：

申報日期：　　年　　月　　日

＊填寫前請詳閱第 1 聯背面說明。
＊本聯應直接以黑色原子筆填寫，不得移作複寫。
（第 1 聯報核聯：由稽徵機關建檔後存查）

表 7-12

獨資或合夥組織之營利事業免填本頁次。

105年度股東可扣抵稅額帳戶變動明細申報表

資料期間：自民國　　年　　月　　日起至　　年　　月　　日止

營利事業名稱			
項	目	代號	營利事業申報數
(一) 期 初 餘 額(附註四)		0 1	
(二) 計入項目合計(代號11+……+24)		0 2	
(1)以暫繳及扣繳稅額抵繳結算申報應納稅額 計算如下：			
結算申報應納稅額……………………………… 03			
＋已扣抵國外所得稅額之基本稅額與一般所得稅額之差額(第1頁1百118欄) 03a			
－依境外所得來源國稅法規定繳納之所得稅可扣抵之稅額 …… 04			
－大陸地區來源所得在大陸地區及第三地區已繳納之所得稅可抵之稅額 04a			
－依法律規定之投資抵減稅額於本年度抵減之稅額………… 05			
－尚未抵減之行政救濟留抵稅額於本年度抵減額………… 06		1 1	
＝實際應繳納之結算申報稅額(07欄<0者，以 0 計) …… 07			
暫繳稅額(附註五)……………………… 08			
＋扣繳稅額…………………………………… 09			
＝暫繳及扣繳合計數……………………… 10			
A.如07≧10，實抵金額為10，請填入代號11欄			
B.如07＜10，實抵金額為07，請填入代號11欄			
(2)繳納結(決)算申報之自繳稅額(年度別：　　　　)(附註五、六)		1 2	
(3)自動更正申報補繳之稅額(年度別：　　　　)		1 3	
(4) 結(決)算申報經稽徵機關調查核定增加之稅額： A.繳納經調查核定補徵之稅額(年度別：　　　　)(附註六)		1 4	
B.經調查核定減少之退稅額(年度別：　　　　)		1 5	
(5) 未分配盈餘加徵10%稅額： A.自行(含自動更正)申報繳納之稅額(年度別：　　　　)(附註五)		1 6	
B.繳納經稽徵機關調查核定補徵之稅額(年度別：　　　　)		1 7	
C.以結算申報退稅額抵繳之金額		2 4	
(6)因投資於中華民國境內其他營利事業，獲配股利總額或盈餘總額所含之可扣抵稅額		1 8	
(8)法定(特別)盈餘公積撥充資本、派充股息紅利或提列原因消滅轉回累積未分配盈餘，原已依規定減除之可扣抵稅額		2 0	
(10)本年度補繳以前年度暫繳稅額並用以抵繳各該年度結算應納稅額之稅額(年度別：　　　)		2 2	
(11)其他經財政部核定之項目(請附明細表)(附註八)		2 3	
(三) 減除項目合計(代號31+……+36)		3 0	
(1)分配股利淨額或盈餘淨額(含分配給非居住者及緩課股票股利)依規定之稅額扣繳比率計算之金額		3 1	
(2)結(決)算申報經稽徵機關調查核定減少之稅額(年度別：　　　　)(附註六)		3 2	
(3)經稽徵機關調查核定減少之未分配盈餘加徵稅額(年度別：　　　　)		3 3	
(4)依公司法或其他法令規定，提列之法定盈餘公積、公積金、公益金或特別盈餘公積所含之當年度已納營利事業所得稅額		3 4	
(5)依合作社章程規定，分派理監事職工之紅利或酬勞金所含之當年度已納營利事業所得稅額(附註七)		3 5	
(6)其他經財政部核定之項目(請附明細表)		3 6	
(四) 期 末 餘 額(一)＋(二)－(三)		4 0	

(五) 法定(特別)盈餘公積及可扣抵稅額變動明細：

項　目		法定(特別)盈餘公積明細				可扣抵稅額明細		
		法定盈餘公積提列金額(一)	法定盈餘公積撥充資本或分配現金股利金額(二)	法定盈餘彌補虧損金額(三)	法定盈餘餘額(四)=(一)-(二)-(三)	可扣抵稅額減除金額(五)	可扣抵稅額計入金額(六)	可扣抵稅額餘額(七)=(五)-(六)
截至上年度止	87至98年度	5A₁	5B₁	5C₁	5D₁	5E₁	5F₁	5G₁
	99及以後年度	6A₁	6B₁	6C₁	6D₁			
本年度	87至98年度	51₁	52₁	53₁	54₁	55₁	56₁	57₁
	99及以後年度	61₁	62₁	63₁	64₁			
合計	87至98年度	71₁	72₁	73₁	74₁	75₁	76₁	77₁
	99及以後年度	81₁	82₁	83₁	84₁			

項　目		特別盈餘公積提列金額(一)	特別盈餘公積撥充資本、分配現金股利或轉回金額(二)	特別盈餘彌補虧損金額(三)	特別盈餘餘額(四)=(一)-(二)-(三)	可扣抵稅額減除金額(五)	可扣抵稅額計入金額(六)	可扣抵稅額餘額(七)=(五)-(六)
截至上年度止	87至98年度	5A₂	5B₂	5C₂	5D₂	5E₂	5F₂	5G₂
	99及以後年度	6A₂	6B₂	6C₂	6D₂			
本年度	87至98年度	51₂	52₂	53₂	54₂	55₂	56₂	57₂
	99及以後年度	61₂	62₂	63₂	64₂			
合計	87至98年度	71₂	72₂	73₂	74₂	75₂	76₂	77₂
	99及以後年度	81₂	82₂	83₂	84₂			

附註：
一、本表各項目之稅額均係繳納屬於87年度或以後年度之營利事業所得稅，並請填寫年度別。
二、期末餘額應與105年度決算日股東可扣抵稅額帳戶餘額相符。
三、國資、合夥組織、總機構在中華民國境外之營利事業、依其他法令或組織章程規定不得分配盈餘之團體或組織等，依法免予設置股東可扣抵稅額帳戶者及公寓大廈管理委員會免填。
四、期初餘額等於上年度稽徵機關核定之期末餘額：上年度尚未核定者，則以上年度申報數餘額(含前經稽徵機關調整之金額)填列。
五、暫繳稅額未於全年度決算日前繳納者，不予計入，自繳稅額若有溢繳者，本欄項繳以減除申請退稅數或溢繳數之餘額計入。
六、依所得基本稅額條例規定自行計納之已扣抵國外所得稅額之基本稅額與一般所得稅額之差額、繳納經調查核定補徵之稅額及經調查核定減少之稅額，請分別填入第12、14及32欄。
七、合作社依合作社章程規定，分派理監事職工之酬勞金所含之當年度已納營利事業所得稅，於89年3月30日後，應自當年度股東可扣抵稅額帳戶餘額中減除。
八、本年度機關超額分配之可扣抵稅額，請填入第23欄。
九、營利事業當年度以其法定(特別)盈餘公積撥充資本或分配現金發給股東(即所得稅法第73條之2所定股東)之營利事業，應依財政部105年6月30日台財稅字第10504500080號令規定，計算應計入當年度股東可扣抵稅額帳戶餘額之可扣抵稅額。
十、有非居住者股東或預期以後年度有非居住者股東(即所得稅法第73條之2所定股東)之營利事業，應填報其他申報書第C5頁。

簽證會計師：　　　　　　　　　　　　　(蓋章)
(單行本印製時，請加印營利事業名稱、負責人、代表人或管理人及簽證會計師之簽章、營業地址及簽證會計師電話等欄位)

營利事業統一編號		(第10頁)	分局稽徵所收件編號	

第1冊 副聯 (稽徵機關存查)
第2冊 副聯 (彙行結算申報收執聯) (附給各簽證會計師及蓋章欄位)
第3冊 副聯 (供掃描建檔用，各項數據務須填寫清楚) (附給簽證會計師結算蓋章欄位)

● 表 7-13　　稅捐稽徵機關管理營利事業股東可扣抵稅額帳戶設置要點

一、為促使營利事業保持足以正確計算其股東可扣抵稅額帳戶金額之憑證及記錄，特訂定本要點。

二、依所得稅法第 66 條之 1 規定應設置股東可扣抵稅額帳戶之營利事業，應自 87 年度設置股東可扣抵稅額帳戶，其格式如附件。

三、營利事業依所得稅法第 66 條之 2 第 1 項規定，申請變更其股東可扣抵稅額帳戶之起訖日期者，得於申請稽徵機關核准變更會計年度起訖日期時，併同提出申請；或於其會計年度結束前，檢附其會計年度變更核准函影本，向該管稽徵機關申請。

四、營利事業總機構以外之其他固定營業場所，免設置股東可扣抵稅額帳戶。

五、營利事業設置之股東可扣抵稅額帳戶應採訂本式。但經主管稽徵機關核准採用機器記帳或電子計算機處理帳務者，不在此限。

六、營利事業應於股東可扣抵稅額帳戶使用前依序逐頁編號。主管稽徵機關得於年度中輔導檢查營利事業之股東可扣抵稅額帳戶，並加蓋查驗章。

七、股東可扣抵稅額帳戶之記載，除數字適用阿拉伯字外，應以中文為主。但因業務實際需要，得加註或併用外國文字。記帳本位，應以新臺幣為主。

八、營利事業採用機器記帳或電子計算機處理帳務，得以代號代替股東可扣抵稅額帳戶之計入項目或減除項目，但應於使用前編列對照表送主管稽徵機關核備，增列或變更時，亦同。

九、營利事業應保持足資證明其股東可扣抵稅額帳戶計入金額、項目，與減除金額、項目之憑證。但期末結帳與結帳後轉入次期之帳目，得不檢附憑證。

十、營利事業之股東可扣抵稅額帳戶，除為緊急避免不可抗力災害損失、或有關機關因公調閱或送交合格會計師查核簽證外，應留置於營業場所，以備主管稽徵機關隨時查核。

十一、營利事業設置之股東可扣抵稅額帳戶，應於會計年度決算程序辦理終了後，至少保存十年。但因不可抗力之災害而損毀或滅失，報經主管稽徵機關查明屬實者，不在此限。

十二、營利事業股東可扣抵稅額帳戶之憑證，應於會計年度決算程序辦理終了後，至少保存五年。

十三、本要點自中華民國 87 年 1 月 1 日施行。

習　題

1. 何謂兩稅合一制？試論述我國兩稅合一制基本規定與配合措施。

2. 請就股東可扣抵稅額帳戶計入與減除項目明細及時點說明。

3. 何謂股東可扣抵稅額比率上限的限制？並說明如何計算。

4. 不得計入股東可扣抵稅額帳戶項目有那些？

5. 何謂超額分配？有無處罰規定？

6. 截至 102 年底，臺北公司帳載累積未分配盈餘 2,600 萬元，其中 200 萬元係 86 年度以前所累積之盈餘；500 萬元係 87 年至 98 年已加徵 10% 稅款之累積盈餘；1,300 萬元係 99 年至 101 年度已加徵 10% 稅款之累積盈餘；600 萬元係 102 年度尚未加徵 10% 稅款之盈餘。103 年 7 月臺北公司經股東會決議分配 2,500 萬元股利，計動用 102 年度盈餘 600 萬元、99 年至 101 年盈餘 1,300 萬元、87 年至 98 年盈餘 500 萬元及 86 年度以前盈餘 100 萬元，分配日股東可扣抵稅額帳戶餘額為 650 萬元，請計算：

(1) 帳上稅額扣抵比率。

(2) 稅額扣抵比率上限。

(3) 分配日股東可扣抵稅額帳戶應減除金額。

7. 光華公司 103 年底實收資本額為 5,000 萬元，本期（稅後）損益 1,500 萬元，法定盈餘公積及可扣抵稅額明細如下：

年　度	法定盈餘公積	可扣抵稅額
87 至 98 年度	5,680,000	2,066,480
99 及以後年度	5,900,000	1,272,416
合　計	11,580,000	3,338,896

(1) 104 年度股東會日期為 103 年 7 月 1 日。

(2) 104 年分配前股東可扣抵稅額帳戶餘額 2,705,619 元，累積未分配盈餘 300 萬元（假設皆為 87 至 98 年度盈餘）。

(3) 104 年股東會為盈餘分配時，決議提列 10% 法定盈餘公積後，分配 103 年度盈餘 1,350 萬元，並按公司法第 241 條規定，將超過實收資本 25% 之法定盈餘公積 58 萬元（11,580,000 元 +（15,000,000 元 ×10%）-（50,000,000 元 ×25%））發給股東現金股利（公司決議以 87 至 98 年度法定盈餘公積發放）。

試計算：

(1)以法定盈餘公積發放股東現金，應計入發放年度股東可扣抵稅額帳戶餘額之金額。

(2)稅額扣抵比率。

(3)分配盈餘應減除之可扣抵稅額。

(4)提列法定盈餘公積應減除之可扣抵稅額。

NOTE

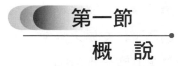

第八章

營業收入㈠

經營企業首在取得收入，以備吸納所付出的代價——各種成本與費用，以及賺取適當的利潤；而如何取得收入，又因產品種類、銷售範圍、推銷方式以及收款方式等之不同，呈現出複雜萬端的交易狀態。只有經由基本的分類，從中剖析各種交易的本質，才能掌握稅法規定與會計處理的神髓。本章將先行介紹常見的一些交易型態，包括內銷、外銷、代銷及分期付款銷貨等，特殊行業之營業收入，則將於下一章討論。

第一節

概　說

一、意義與分類

任何企業皆以追求利潤為首要目標，而利潤則根源於收入之獲得。從會計觀點言，收入有收益與利得之分，所謂收益 (Revenue)，係指企業在一定期間內，因主要業務而交付貨物，提供勞務等活動，所產生的資產流入或負債之清償；所謂利得 (Gain)，係指企業在一定期間由於附屬業務所產生之淨資產的增加。

我國所得稅法，將收入劃分為營業收入與非營業收入兩大類，所謂營業收入係指營利事業每年主要且經常發生之收入，而非營業收入則指營業收入以外之非經常性附帶收入。依照營利事業所得稅結算申報書格式，係將投資收益（包括股息與紅利）、利息收入、租賃收入、出售資產增益、佣金收入、兌換盈益及其他收入歸為非營業收入範圍，惟此種分類法應指一般行業而言，若為專營投資、行紀、出租財產或以賺取利息為營業目的之企業，則上述投資收益、佣金收入、租賃收入或利息收入應屬各該企業之營業收入。

再者，營業收入乃係一總稱，為說明方便起見，可根據不同標準予以分類：

◇以賺取收入之交換物劃分

可分為銷貨收入與業務收入。前者指銷售貨物之收入，如買賣業、製造業、手工業、農林漁牧業等屬之；後者指提供勞務之收入，如印刷業、公用事業、運輸業、加工業等屬之。

◇以銷售產品或提供勞務之地區劃分

可分為內銷收入與外銷收入。前者以國內市場為其供售對象，後者則以國外市場為其供售對象。

◇以推銷方式劃分

可分為自銷、經銷與代銷收入。自銷指企業透過自己的銷售管道銷售產品賺取收入，而經銷指企業透過中間商或經銷商銷售產品賺取收入，至於代銷則指企業委託代銷商銷售產品賺取收入。

◇以付款方式劃分

可分為現銷與賒銷收入。現銷乃一方交付貨物，他方給予現金之交易，賒銷則為一方交付貨物，他方則負延期給付貨款之義務而已。賒銷為現代交易之常態，晚近更發展出分期付款，融資租賃等特殊之賒銷之方式，將於第九章分別討論。

◇以行業別劃分

可分為買賣收入、製造收入、印刷收入、廣告收入、營建收入、運輸收入、勞務收入、利息收入、保險收入、加工收入等。

現代企業經營複雜，可能既銷售貨物，又提供勞務；銷售範圍可能包括國內及國外市場；推銷方式可能兼及自銷、經銷與代銷；付款方式也可能涵蓋現銷、賒銷或分期付款等，而經營型態更可能跨越多種行業。凡此不同之營業收入，稅法對之即有不同的規範，其會計處理也因而大異其趣。本章自第二節始，將專節介紹多種常見的營業收入。

二、營業收入之承認與統一發票之開立

㈠營業收入之承認

所得稅法第 24 條第 1 項：「營利事業所得之計算，以其本年度收入總額減除各項成本費用、損失及稅捐後之純益額為所得額。……」因此，決定某年度之收入總

額乃為計算營利事業所得額之首要步驟，此即會計上所謂收入之承認問題。綜合我國所得稅有關法令，有下列三種收入承認之時點：

◇銷貨時點

所得稅法第 22 條：「會計基礎，凡屬公司組織者，應採用權責發生制，……」，其所謂「權責發生」，在收入承認問題上，通常指應於商品發送或勞務提供完竣之時，承認該項收入業已實現。惟稅法對權責發生之解釋，未必與會計上之權責基礎相吻合，例如：查核準則第 15 條之 2：「營利事業外銷貨物或勞務……外銷貨物應列為外銷貨物報關日所屬會計年度之銷貨收入處理。」此項釋令未考慮到會計上權責發生基礎，所謂收入之承認會因交易條件係起運點交貨或目的地交貨而有別，仍強行以報關日為收入承認之時點。又如營利事業銷售貨物或勞務，如有隨銷售附贈禮券、獎勵積點或保固服務等，該附贈部分相對應之收入應於銷售時認列，不得遞延。不過，在稅法未明文規定的場合，帳務的處理仍應以會計上的含意為運用之依據。

◇收款時點

即於帳款收現時承認收入之實現。營利事業所得稅查核準則第 16 條允許營利事業分期付款之銷貨，得以採用毛利百分比法承認收入，為其著例。

◇生產時點

此以完工比例法為代表，即依工程完工比例計算其效益。查核準則第 24 條規定營建工程完工期間在 1 年以上者，應按當年度完工部分，比例計算其收入，即為以生產時點認列收入之例。

(二)統一發票之開立

一般所謂發票乃賺取收入之表徵，通常企業個體應就每筆完成之交易開立發票或收據，交付對方作為支付憑證，並作為己方記載收入之基礎。各國通例，發票或收據均係由企業自行設計印製，惟我國於 39 年時首創由政府規定發票統一格式並印製發售給營業人按月使用。它是營業人銷售貨物或勞務及購買貨物或勞務以及一般費用的合法憑證，除依法可免用或免開統一發票之事業及事項外，每一企業之絕大部分收入均須開立統一發票，因此，統一發票乃成為計算收入的基礎，也成為營業稅和營利事業所得稅稽徵的重要工具。

統一發票之開立既為課徵營業稅之依據，那麼何時開立統一發票亦應有明確之規範，俾企業一致遵循。除特殊性質銷售開立統一發票之規定將在以後數節營業收

入說明中提及外，茲將營業人開立銷售憑證時限表之規定，統一發票之開立時限作下列通則之說明：

◇於發貨時開立者

買賣業、製造業、手工業、新聞業之銷售貨物部分、出版業、農林業、畜牧業、水產業、礦冶業等銷售貨品，應於發貨時開立統一發票，但發貨前已收之貨款，應先行開立。

◇於收款時開立者

新聞業之廣告費、倉庫業、租賃業、運輸業、廣告業、裝潢業、金融保險業、典當業、信託投資業、證券業、短期票券業、期貨業、票券業等收入，於收款時開立發票。分期付款銷貨，除於約定收取第 1 期價款時一次全額開立外，應於約定收取各期價款時開立統一發票。

◇於買受人承認時開立者

營利事業以書面約定銷售之貨物，必須買受人承認，買賣契約始生效力者，此種試驗買賣，賣方可俟買方承認標的物時，方行開立統一發票。

◇於交件時開立者

新聞業之印刷費、印刷業、照相業、修理業、典當業之流當品及加工業所收之各項費用與工料價額，應於交件時開立統一發票。

◇於約定應收時開立者

包作業、公證業、技術及設計業、行紀業及代辦業，其承包工料價額與各項費用，應於約定應收價款時，開立統一發票。

◇於結算時開立者

娛樂業、旅宿業、理髮業、沐浴業等所收之費用及飲食業非憑券飲食者，於客戶結算時開立統一發票。

◇於售券時開立者

包括飲食業憑券飲食者，以及營利事業發行商品禮券，其禮券上已載明憑券兌付一定數量之貨物者，皆應於售券時開立統一發票。

◇於月底開立者

營業人具備下列條件者，得向所在地主管稽徵機關申請核准後，就其對其他營業人銷售之貨物或勞務，按月彙總於當月月底開立統一發票：

(1)無積欠已確定之營業稅及罰鍰、營利事業所得稅及罰鍰者。

(2)最近 2 年度之營利事業所得稅係委託會計師查核簽證或經核准使用藍色申報書者。

以上係開立統一發票之最後時限，若遲於此一最後時限，則屬未依規定給予他人憑證，應依稅捐稽徵法第 44 條規定，就其金額，處 5% 罰鍰，處罰金額最高不得超過新臺幣 1,000,000 元。但若營利事業提前開立發票，則為法所不禁。

(三)營業收入與統一發票之關係

稅法上有關營業收入之承認時點與統一發票之開立時限，已如上述。惟對兩者關係，擬作進一步說明，俾避免讀者之觀念混淆：

1.營業收入之承認時點乃規範某項收入應於何時認列入帳，為計算營利事業所得的第一步驟；至於統一發票之開立時限則在規定企業履行「銷貨應給予他人憑證」之義務的時間，並據以作為課徵營業稅之基礎。

2.統一發票之開立時限除於發貨時開立者，於買受人承認時開立者，於交件時開立者外，並未與承認營業收入之權責觀念完全一致。換言之，對於若干行業，其營業收入之承認與統一發票之開立時點不能混為一談。如經營長期工程建造之營造業，應依其工程合約所載每期應收價款時開立發票，然其工程收入則應依工程完工比例計算之。

3.除依法可免用或免開統一發票之事業及事項外，每一企業之營業收入均須開立統一發票。換言之，營業收入承認之時間與統一發票之開立時間容或有所不同，而其總金額應屬一致；否則不是漏開或短開發票，即屬漏報或短報收入。前者依加值型及非加值型營業稅法第 52 條規定：營業人漏開統一發票或於統一發票上短開銷售額，於法定申報期限前經查獲者，應就短漏開銷售額按規定稅率計算稅額繳納稅款，並按該稅額處 5 倍以下罰鍰。但處罰金額不得超過新臺幣 1,000,000 元。1 年內經查獲達三次者，並停止其營業；後者應依所得稅法第 110 條規定，處以所漏稅額 2 倍或 3 倍以下之罰鍰。

4.按照加值型及非加值型營業稅法第 3 條規定，凡營業人有以下行為者，視同銷售貨物，包括營業人以其產製、進口、購買供銷售之貨物，轉供營業人自用或無償移轉他人所有；營業人解散、廢止營業時以存貨償債或分配於股東或出資人；營業人代購或代銷等，以上行為均視同銷售開立統一發票，並繳納營業稅，但從損益計算觀點，上述並非為企業的營業收入，是以統一發票之開立未必即為營業收入。

5.營業收入與統一發票之調節：由於營業收入之承認時點與統一發票之開立時限之差異，故於年底結算申報營利事業所得稅時，針對本年度結算申報營業收入總額與總分支機構開立統一發票金額之差異調節說明。調節項目列示如下：

開立統一發票金額	$ ×××, ×××
加：上期結轉本期預收款	×××, ×××
本期應收未開立發票金額	×××, ×××
本期三角貿易採買賣方式列帳之營業收入	×××, ×××
其　他	×××, ×××
減：本期預收款	(×××, ×××)
上期應收本期開立發票金額	(×××, ×××)
視為銷貨開立發票金額	(×××, ×××)
本期專案作廢發票金額	(×××, ×××)
佣金收入	(×××, ×××)
租賃收入	(×××, ×××)
出售下腳廢料	(×××, ×××)
出售資產	(×××, ×××)
代收款	(×××, ×××)
其　他	(×××, ×××)
結算申報營業收入總額	$ ×××, ×××

三、營業收入之調整

　　會計上有所謂「實質重於形式」的原則，稅法則採「實質與形式並重」或「形式重於實質」原則，亦即納稅義務人對其交易事項之主張，必須交易之形式與實質均符合稅法之規定，始得為之，其交易之實質與形式不一致時，稽徵機關即得擇其較有利於課稅之一方加以核定。稅法上規定營業收入之調整項目有下列諸端：

　　1.營利事業之銷售，未給予他人銷貨憑證，或未將銷貨憑證存根保存者，稽徵機關將按當年度當地同時期同業帳載或新聞紙刊載或其他可資參證之該項貨品之最高價格，核定其銷貨價格。

　　2.銷貨價格顯較時價為低者，如銷貨與關係企業以外之非小規模營利事業，經查明其銷貨價格與進貨廠商列報成本或費用之金額相符者，應予認定；如銷貨與小規模營利事業或非營利事業者，無法提出正當理由，或未能取得證明文據，或經稽徵機關查對不符時，應按時價核定其銷貨價格。所謂時價，應參酌下列資料認定之：

(1)報章雜誌所載市場價格。

(2)各縣市同業間帳載貨品同一月份之加權平均售價。

(3)時價資料同時有數種者，得以其平均數為當月份時價。

(4)進口貨物得參考同期海關完稅價格換算時價。

3.作廢統一發票收執聯及扣抵聯未予保存者，或銷貨退回未能取得有關憑證者，仍按銷貨認定，並依同業利潤標準核計其所得額。但能證明確無銷貨事實者，不在此限。

4.營利事業委託或受託代銷貨物，雙方未訂立書面合約，且無法證明其確有委託關係存在者，應分別認定為自銷或自購。

第二節
一般營業收入

就買賣業及製造業而言，較常見的營業收入即指銷貨收入，因銷貨地區不同，而有內銷與外銷之分，是本節討論之主題。

一、內銷銷貨收入

(一)銷貨收入承認之時點

除以書面約定銷售之貨物，必須買受人認可，始生買賣契約之效力者外，應以交付貨物予買方之日，為承認銷貨收入之基準日。

(二)統一發票開立之時限

1.以發貨為限，但發貨前已收之貨款部分應先行開立。

2.以書面約定，銷售之貨物必須買受人承認，買賣契約始生效力者，以買受人承認時為限。

3.派出推銷員攜帶貨物兜售者，應由推銷員攜帶統一發票，於售貨時開立之。

4.發行現金禮券，其上僅載明金額，由持有人持憑兌購貨物者，應由兌付貨物之營利事業於兌付貨物時開立發票。

5.銷售貨品予政府機關或公營事業，須俟驗收合格後方能具領價款者，准於領取價款時開立統一發票；其先領取部分價款者，應於領款時就已領價款開立統一發票，並於驗收合格後，再依所收尾款開立統一發票。

㈢會計處理

內銷會計處理方式依不同情況分別例示其分錄如下：

例一

現金銷貨

假設東陽食品公司門市部銷售食品 2,000 元，另加營業稅 5%，並當場收取現金，則其分錄為：

現　金	2,100	
銷貨收入		2,000
銷項稅額		100

例二

賒　銷

東陽食品公司批售食品乙批，價款 50,000 元外加營業稅 5%，除收取訂金 10,000 元外，餘款於送貨 1 個月後收到對方開立 2 個月期之支票抵充，則有關分錄如下：

⑴收取訂金時：

現　金	10,500	
預收貨款		10,000
銷項稅額		500

⑵送貨後：

應收帳款	42,000	
預收貨款	10,000	
銷貨收入		50,000
銷項稅額		2,000

(3)收款時：

應收票據	42,000	
應收帳款		42,000

(4)支票獲兌現時：

銀行存款	42,000	
應收票據		42,000

二、外銷銷貨收入

(一)銷貨收入承認之時點

營利事業會計基礎如採權責發生制，其外銷貨物收入，仍應於權責發生時依法列帳，亦即應列為外銷貨物報關日所屬會計年度之銷貨收入處理。但以郵政及快遞事業之郵政快捷郵件或陸空聯運包裹寄送貨物外銷者，應列為郵政及快遞事業掣發執據蓋用戳記日所屬會計年度之銷貨收入處理。銷售與外銷有關之勞務或在國內提供而在國外使用之勞務，應列為勞務提供完成日所屬會計年度之銷貨收入處理。

(二)統一發票之開立

1.營業人外銷貨物或勞務予國外買受人，自86年7月1日起，得免用或免開立統一發票。因按現行國際貿易實務，營業人外銷貨物或勞務，均以其所開立之商業發票 (Commercial Invoice) 交付買方作為交易之原始憑證，且因其買受人係屬國外廠商，亦無索取及保存我國營業人所開立統一發票之必要，尚不涉及國內上下游廠商開立及取具進銷項憑證勾稽問題，故准營業人外銷貨物或勞務予國外買受人得免開統一發票。

2.貿易商轉開國內信用狀予供應商之交易：

(1)出口報單以貿易商名義輸出貨物，應按收受國外信用狀金額視為銷貨收入處理。

(2)出口報單以供應商名義輸出貨物，得按國外信用狀與國內信用狀之差額，視為佣金收入。

㈢會計處理

常見的外銷付款方式包括信用狀 (L/C)、託收 (D/A 或 D/P) 及預收外匯 (T/T) 等，其會計處理亦不盡相同，分別例示如下：

◇以信用狀 (L/C) 方式外銷

例三

假設大原公司外銷日本成衣一批，價款為 CIF US$50,000，有關費用包括運費 15,000 元，保險費 5,000 元，佣金 60,000 元，結匯手續費 10,000 元及報關手續費 2,500 元。又貨物報關日美金即期買進匯率為 32.70，實際結匯匯率為 32.80，外銷適用零稅率，則其有關分錄應為：

(1)接到國外進口商開發信用狀時：

　　不必做分錄

(2)貨品製妥或購妥後，運至港口辦理報關時：

應收帳款	1,635,000	
銷貨收入——外銷		1,635,000

US$50,000 × 32.70 = $1,635,000

(3)支付運費領取提單時（國際運輸事業適用零稅率）：

運　費	15,000	
現金（銀行存款）		15,000

(4)貨品裝船後，將信用狀、提單及其他有關證件向銀行辦理押匯時：

銀行存款	1,565,000	
保險費	5,000	
佣金支出	60,000	
出口費用——結匯費用	10,000	
應收帳款		1,635,000
兌換盈益		5,000*

* (32.80 − 32.70) × US$50,000 = $5,000

(5)接獲報關行請款書時：

出口費用——報關費用	2,500	
進項稅額	125	
現金（銀行存款）		2,625

◇以付款交單 (D/P) 或承兌交單 (D/A) 方式外銷

例四

上例大原公司如其外銷方式改為付款交單 (D/P) 或承兌交單 (D/A)，交易條件改為 C&F，並取消佣金，則有關分錄應為：

(1)接到國外進口商訂單時：

不必做分錄

(2)貨物報關時，其分錄與信用狀方式同。

(3)支付運費領取提單時，其分錄與信用狀方式同。

(4)貨品裝船後，將訂單、提單及其他有關證件，送交銀行辦理託收手續時：

不必做分錄

(5)接獲報關行請款書時，其分錄與信用狀方式同。

(6)接到銀行通知，該項貨款已收妥時：

銀行存款	1,630,000*	
出口費用——銀行手續費	10,000	
應收帳款		1,635,000
兌換盈益		5,000

* 32.80×US$50,000 = $1,640,000，又設銀行手續費為 $10,000，則 $1,640,000 – $10,000 = $1,630,000

◇以預收外匯 (T/T) 方式外銷

例五

　　大原公司如其外銷改以預收外匯方式進行，結匯費用、運費及報關費用與例三同，且電匯時並未指明所購貨品內容，則有關分錄如下：

　　(1)接到國外進口商訂單時：

　　　　不必做分錄

　　(2)接到銀行通知國外匯入款，前往辦理預收外匯時：

銀行存款	1,630,000	
出口費用——銀行手續費	10,000	
預收貨款		1,640,000

　　設實際結匯匯率為 32.80，銀行手續費為 $10,000

　　(3)支付運費領取提單時，其分錄與信用狀方式同。

　　(4)貨品裝船後，將提單及有關單據寄交進口商時（設匯率為 32.60）：

預收貨款	1,640,000	
銷貨收入——外銷		1,630,000
兌換盈益		10,000

　　(5)接獲報關行請款書時，其分錄與信用狀方式同。

◇兌換損益之帳務處理

　　由上例可見外銷貨物於報關日承認收入，則於實際結匯時因匯率變動所發生之兌換損益，可以兌換損失或兌換盈益科目入帳。

三、三角貿易

㈠三角貿易之意義

　　所謂三角貿易，係指我國營利事業接受國外客戶訂購貨物，委由第三國供應商

直接對首開國外客戶交貨，或向第三國供應商進口貨物，辦理轉運（不通關進出口）予國外客戶之貿易方式，亦即我國廠商係以接受訂貨、委外出貨、收取貨款、承受呆帳等實質條件從事文件貿易行為，我國廠商與國外客戶之間，及我國廠商與國外供應商之間，雖有貨物買賣之執行，但卻沒有實體財貨之交付，貨物之移轉交付反在無法律買賣關係之國外客戶及國外供應商之間進行。

(二)統一發票開立與營業收入申報規定

營業人外銷勞務予國外買受人，自 86 年 7 月 1 日起，得免用或免開立統一發票，惟其營業收入申報依釋令 93 年 9 月 3 日台財稅字第 9304525270 號函規定：視營業人從事三角貿易是否負擔貨物之瑕疵擔保責任而有不同之規定：

◇不負擔貨物之瑕疵擔保責任，核屬「居間」法律行為者

⑴營業人接受國外客戶訂購貨物後，委由第三國供應商直接對首開國外客戶交貨，或向第三國供應商進口貨物，辦理轉運與國外客戶之三角貿易，該營業人得按收付信用狀之差額，視為佣金或手續費收入列帳及開立統一發票，並檢附進、出口結匯證實書及國內外信用狀影本，申報主管稽徵機關核定適用零稅率。

⑵外匯管制放寬後，營業人經營三角貿易，國外客戶訂購貨物時，未開立信用狀 (L/C)，以電匯 (T/T) 方式支付貨款，其取得之佣金或手續費收入，准憑政府指定外匯銀行掣發之外匯證明文件或原始外匯收入款憑證影本及有關交易證明文件（如國外客戶及第三國供應商訂貨單、提貨單或第三國供應商出貨文件影本）申報主管稽徵機關核定適用零稅率。

因上述部函所稱三角貿易確屬居間的法律關係，營業人應依行紀業之規定於約定應收佣金、手續費、報酬金作為收入承認時限。

◇負擔貨物之瑕疵擔保責任，核屬「買賣」法律行為者

⑴營業人接受國外客戶訂購貨物後，以自己之名義向第三國供應商購貨，並由第三國供應商將貨物逕運國外客戶或雖經我國但不經通關程序即轉運國外客戶之貿易型態，如經由營業人與國外客戶及另與一家或數家第三國供應商分別簽訂獨立買賣合約，且其貨款係按進銷貨全額匯出及匯入者，則其列帳方式得按進銷貨處理。

⑵前揭貿易型態，因銷售之貨物，其起運地非在中華民國境內，且第三國供應

商交付之貨物，亦未進入中華民國境內，尚非屬營業稅法所稱在中華民國境內銷售貨物或進口貨物，故非屬營業稅課稅範圍。

㈢會計處理

例六

設大方公司接獲美商 Alfa 公司訂購成衣一批，價款US$159,000，乃向泰商 KONA 公司購買價款 US$150,000，並委由該公司於 102 年 7 月 2 日出口，同日辦理該項貨款之結匯 US$159,000，匯率為 28.10，扣減支付泰商匯出款 US$150,000，銀行手續費 NT$2,400，實得 NT$250,500，則其有關分錄為：

⑴接到美國進口商開發信用狀時不必做分錄。

⑵轉開泰國信用狀時，設無保證金之支付，僅付開狀手續費NT$5,000。

銀行手續費	5,000	
現　金		5,000

⑶結匯日，按收付信用狀差額 US$9,000 @28.10 申報佣金收入 NT$252,900，扣減支付銀行手續費 NT$2,400，實得 NT$250,500。（設大方公司不負擔貨物之瑕疵擔保責任）

銀行手續費	2,400	
現　金	250,500	
佣金收入		252,900*

* US$9,000 × 28.10 = $252,900

四、銷貨退回及折讓

銷貨退回及折讓係銷貨收入之抵減項目，銷貨收入減除銷貨退回及折讓後，即為銷貨收入淨額，影響所得額之計算至為重大。所謂銷貨退回係指商品已售出並運交顧客後，因貨物之品質或規格有瑕疵，或客戶基於其他原因而遭退回之稱。所謂銷貨折讓係指賒銷帳款清結時，由於提早付款或品質規格、污損等原因，經顧客要求情讓部分欠款而言。現行稅法對於買賣行為成立後所發生之退回與折讓如何認定？原已隨貨掣給之統一發票如何處理？已繳之營業稅款如何扣抵？均有詳細規定。

㈠銷貨退回與折讓之認列要件

依照現行法令規定，營利事業如有銷貨退回或折讓事實，不論屬於本年度銷貨或以前年度銷貨所發生者，如符合規定要件者，均得於發生年度列為銷貨退回或折讓。

營業人銷售貨物或勞務，於開立統一發票後，發生銷貨退回、掉換貨物或折讓等情事，應於事實發生時，分別依下列各款規定辦理；其為掉換貨物者，應按掉換貨物之金額，另行開立統一發票交付買受人。

1. 買受人為營業人者：

⑴開立統一發票之銷售額尚未申報者，應收回原開立統一發票收執聯及扣抵聯，黏貼於原統一發票存根聯上，並註明「作廢」字樣。但原統一發票載有買受人之名稱及統一編號者，得以買受人出具之銷貨退回、進貨退出或折讓證明單代之。

⑵開立統一發票之銷售額已申報者，應取得買受人出具之銷貨退回、進貨退出或折讓證明單。但以原統一發票載有買受人之名稱、統一編號者為限。

2. 買受人為非營業人者：

⑴開立統一發票之銷售額尚未申報者，應收回原開立統一發票收執聯，黏貼於原統一發票存根聯上，並註明「作廢」字樣。

⑵開立統一發票之銷售額已申報者，除應取得買受人出具之銷貨退回、進貨退出或折讓證明單外，並應收回原開立統一發票收執聯。如收執聯無法收回，得以收執聯影本代替。但雙方訂有買賣合約，且原開立統一發票載有買受人名稱及地址者，可免收回原開立統一發票收執聯。

3. 營業人採永續盤存制者，遇有銷貨退回情事，除取得上列憑證外，並應在帳簿上記錄沖轉，亦即記錄存貨之收回，始符合規定之手續。

4. 外銷貨物之退回，其能提示海關之退貨資料等有關證明文件者，查明後應予核實認定。

銷貨退回如未能依照上述規定取得有關憑證，亦無其他確實證據證明銷貨退回事實者，銷貨退回不予認定，其按銷貨認定之收入，並依同業利潤標準核計其所得額。

5. 外銷貨物或勞務之折讓，其能提示國外廠商出具註明折讓原因、折讓金額及折讓方式（如減收外匯或抵減其他貨款等）之證明文件，經查明屬實者，應予認定。

6. 依經銷契約所支付之獎勵金應按銷貨折讓處理。

㈡營業稅之退還或抵繳

現行法令規定前項銷貨退回、進貨退出或折讓證明單一式四聯,第一聯及第二聯由銷售貨物或勞務之營業人,作為申報扣減銷項稅額及記帳之憑證,第三聯及第四聯由買受人留存,作為申報扣減進項稅額及記帳之憑證。

㈢會計處理釋例

例七

假設大原公司本月 5 日賒銷商品 5 件予天仁商行,計 50,000 元,外加營業稅 5%,成本 40,000 元,同月 20 日折讓 500 元(不含稅額),實收 49,500 元及外加稅額 5%,於次月 30 日退回商品 1 件並退還現金,則其有關分錄應為:

⑴賒銷時:

應收帳款	52,500	
銷貨收入		50,000
銷項稅額		2,500
銷貨成本	40,000	
存　貨		40,000

⑵收款時:

現金(銀行存款)	51,975	
銷貨折讓	500	
銷項稅額 ($500×5%)	25	
應收帳款		52,500

⑶發生退回時:

銷貨退回 ($49,500÷5)	9,900	
銷項稅額 ($9,900×5%)	495	
現　金 ($51,975×$\frac{1}{5}$)		10,395
存　貨	8,000	
銷貨成本		8,000

⑷次期開始 15 日前憑銷貨退回或折讓證明單申報扣減銷項稅額。

五、換入舊品銷售新品

營利事業以舊換新促銷家電用品，一方面解決消費者舊品的處理問題，另一方面可以舊品抵價以廣招徠。應如何開立統一發票？舊品如何處理與列帳？稅法均有規定。

㈠統一發票開立方式

依照現行統一發票使用辦法第 12 條規定：「營業人以貨物或勞務與他人交換貨物或勞務者，應於換出時，開立統一發票。」統一發票應按售出之新產品的市價開立，與舊品之作價無關。

㈡舊品之列帳與處理

營利事業換入之舊品，應以作價抵充金額，列記為存貨科目。其處理不外加以整修出售，或予以銷毀，假如加以整修，該費用應列計入舊品之成本，出售時以一般銷貨方式處理。報廢之存貨，除可依會計師查核簽證報告或年度所得稅查核簽證報告核實認定其報廢損失者外，應於事實發生後 30 日內檢具清單報請該管稽徵機關派員勘查監毀，或事業主管機關監毀並取具證明文件，核實認定。將該舊品帳載金額轉列其他損失科目處理。

㈢會計處理釋例

例八

假設大元電器有限公司本月舉辦週年慶促銷活動，冰箱每臺現銷價格 25,000 元，若有舊冰箱者，無論新舊每臺可抵充價款 3,000 元。本月以此方式計售出 20 臺，其中 10 臺整修花費 10,000 元，另行售得 50,000 元，營業稅 5% 外加，其餘 10 臺因不堪使用予以銷毀，則有關分錄如下：

⑴交易發生時：

銀行存款	465,000	
舊品存貨	60,000	
銷貨收入		500,000
銷項稅額		25,000

(2)整修換入舊冰箱時（設整修費用取得三聯式統一發票為憑證）：

舊品存貨	10,000	
進項稅額	500	
現　金		10,500

(3)將整修後舊品廉價出售時：

銀行存款	52,500	
銷貨收入		50,000
銷項稅額		2,500
銷貨成本	40,000	
舊品存貨		40,000

$60,000 \times \frac{1}{2} + \$10,000 = \$40,000$

(4)銷毀其餘舊品時：

其他損失	30,000	
舊品存貨		30,000

第三節
委託銷貨

一、意　義

　　銷售行為之完成有賴於建立銷售通路與據點，將產品送到消費者或購買者手中。一般廠商除本身自營之銷售通路以外，常須借重別人的銷售通路，以擴大產品的銷

售範圍；此種經由他人銷售通路銷售商品之方式，如以買斷方式進行，稱為經銷，如以寄賣方式進行，即是所謂委託銷貨。詳言之，委託銷貨（或稱代銷或寄銷）係指將產品運交他人，委請代為銷售並給付佣金之售貨方式。其中委託人稱為寄銷商，其行為稱寄銷；受託人稱承銷商或代銷商，其行為稱承銷或代銷。當寄銷品送達代銷商時，非屬寄銷商之銷貨，僅係商品儲存位置之移轉而已；對承銷商言，也並非購買，寄銷品在承銷商未出售前仍屬寄銷商之存貨。

稅法對於委託銷貨行為之認定，開立發票與繳納營業稅的方法，以及帳務處理等，均有特殊的規定，將於下面逐項說明。

二、委託銷貨行為之認定要件

依加值型及非加值型營業稅法第 3 條第 3 項第 4 款及第 5 款規定：「營業人委託他人代銷貨物者，及營業人銷售代銷貨物者，均視為銷售貨物」。又依加值型及非加值型營業稅法施行細則第 19 條規定：「委託及受託代銷者，應以約定代銷之價格為銷售額。營業人委託或受託代購、代銷貨物，雙方應訂立書面契約，以供查核。」

合約內容通常包括貨品名稱與規格、代銷價格、代銷區域之限制、佣金或手續費、結帳期限、合約有效期間及其他特約事項等，並將買賣客戶姓名、地址、貨物名稱、種類、數量、成交價格、日期及佣金等詳細記帳及保存有關文據，憑以認定之。

營利事業委託或受託代銷貨物，未依上項規定辦理，且無法證明其確有委託關係存在者，應分別認定為自銷或自購，除其未依規定給與、取得或保存憑證，應依稅捐稽徵法第 44 條規定處罰外，並應分別就委託代銷金額及代銷收入金額適用同業利潤標準之淨利率，核計委託事業及受託代銷事業按自銷自購認定之所得額，但該項核定所得額低於帳載委託代銷收益或代銷佣金收入時，仍以帳載數額為準。

三、統一發票之開立與營業稅之繳納

㈠統一發票之開立

1.營業人委託代銷貨物，應於送貨時依合約規定銷售價格開立統一發票並註明

「委託代銷」字樣，交付受託代銷之營業人，作為進項憑證。

2.受託代銷之營業人，應於銷售該項貨物時，依合約規定銷售價格開立統一發票並註明「受託代銷」字樣，交付買受人。

3.受託代銷之營業人，應依合約規定結帳期限，按銷售貨物應收手續費或佣金開立統一發票及結帳單，載明銷售貨物品名、數量、單價、總價、日期及開立統一發票號碼，一併交付受託人，其結帳期間不得超過 2 個月。

㈡營業稅之繳納

設甲公司本月以電視機 10 臺委託乙公司出售，每臺售價 50,000 元，成本 30,000 元，乙公司本月銷售 8 臺；則依上述說明，甲應於送貨予乙同時開立發票，銷售額為 500,000 元，銷項稅額為 25,000 元，甲當月份應納稅額則為 10,000 元（進項稅額為 300,000×5% ＝ 15,000 元）。乙取得甲開立之發票，載明稅額 25,000 元，後依合約規定價格銷售予買受人時，應以乙之名義開立發票，載明銷售額 400,000 元，稅額 20,000 元，則乙當月份尚有 5,000 元進項稅額可以留抵次月稅額（銷項稅額 20,000 元 − 進項稅額 25,000 元 ＝ −5,000 元溢付稅額）。經由此進項稅額扣抵之運作，委託人僅就加值部分繳納營業稅，而受託人依照合約價格代銷貨物，由於並無加值，無須繳納營業稅。

四、會計處理釋例及年終所得稅申報

寄銷與承銷依法律觀點而言，誠屬委託與被委託之關係，承銷人固有依約收取代銷佣金及代行賒銷商品之權利，亦須負起善盡保管代銷品、催收帳款及定期編製承銷報告單予寄銷人等責任及義務。

寄銷人雖將寄銷品運往承銷人處，仍屬寄銷人之存貨，故該項存貨成本之認定，依一般公認會計原則，應包括「使貨物達於可售狀態及地點所發生之一切必要支出」，所以除了原始成本外，寄銷運費、包裝費都應包括於內。

委託銷貨之會計處理為：

1.採寄銷損益與一般損益分開處理法，又因是否採永續盤存制而分為：⑴永續盤存。⑵定期盤存兩種情況。

2.寄銷損益與一般損益不分開，也再分為：⑴永續盤存。⑵定期盤存兩種情況。茲以 1.種情況下採永續盤存制者為例，並配合以承銷人之會計處理，說明如次：

例九

設甲公司（寄銷人）於 102 年 12 月 1 日以 10 臺電視機委託乙公司（承銷人）銷售，每臺定價 50,000 元，成本 30,000 元，包裝費用 2,000 元，由甲公司自行支付，另運送貨物發生 5,000 元運費由乙公司代墊，12 月份共銷售了 8 臺，合約訂定乙公司依銷售額 10% 收取佣金。以上資料，在加值型營業稅制之下，均須另加計 5% 營業稅，分錄如下：

<table>
<tr><td colspan="3">甲公司（寄銷人）</td><td colspan="3">乙公司（承銷人）</td></tr>
<tr><td colspan="3">1.發貨時：</td><td colspan="3">1.收貨時：</td></tr>
<tr><td>⑴應收寄銷款——乙</td><td>525,000</td><td></td><td>⑴代銷貨物</td><td>500,000</td><td></td></tr>
<tr><td>未實現寄銷銷貨</td><td></td><td>500,000</td><td>進項稅額</td><td>25,000</td><td></td></tr>
<tr><td>銷項稅額</td><td></td><td>25,000</td><td>應付承銷款——甲</td><td></td><td>525,000</td></tr>
<tr><td>⑵存　貨</td><td>300,000</td><td></td><td>⑵無分錄。</td><td></td><td></td></tr>
<tr><td>進項稅額</td><td>15,000</td><td></td><td></td><td></td><td></td></tr>
<tr><td>銀行存款</td><td></td><td>315,000</td><td></td><td></td><td></td></tr>
<tr><td>⑶寄銷存貨</td><td>300,000</td><td></td><td>⑶無分錄。</td><td></td><td></td></tr>
<tr><td>存　貨</td><td></td><td>300,000</td><td></td><td></td><td></td></tr>
<tr><td colspan="3">2.包裝費支出：</td><td colspan="3">2. 無分錄。</td></tr>
<tr><td>包裝費</td><td>2,000</td><td></td><td></td><td></td><td></td></tr>
<tr><td>進項稅額</td><td>100</td><td></td><td></td><td></td><td></td></tr>
<tr><td>銀行存款</td><td></td><td>2,100</td><td></td><td></td><td></td></tr>
<tr><td colspan="3">3. 無分錄。</td><td colspan="3">3.代墊運費：（$5,000 + $5,000×5%）</td></tr>
<tr><td></td><td></td><td></td><td>應付承銷款——甲</td><td>5,250</td><td></td></tr>
<tr><td></td><td></td><td></td><td>銀行存款</td><td></td><td>5,250</td></tr>
<tr><td colspan="3">4. 無分錄。</td><td colspan="3">4.銷售 8 臺：</td></tr>
<tr><td></td><td></td><td></td><td>銀行存款</td><td>420,000</td><td></td></tr>
<tr><td></td><td></td><td></td><td>代銷貨物</td><td></td><td>400,000</td></tr>
<tr><td></td><td></td><td></td><td>銷項稅額</td><td></td><td>20,000</td></tr>
</table>

5. 無分錄。

5. 計算佣金收入：

應付承銷款——甲	42,000	
佣金收入		40,000
銷項稅額		2,000

6. 依承銷單入帳：

6. 按合約訂定期間結算應付承銷款帳戶：

(1) 銀行存款　　　　　372,750
　　運　費　　　　　　5,000
　　佣金支出　　　　　40,000
　　進項稅額　　　　　2,250
　　　應收寄銷款——乙　　420,000

(1) 應付承銷款——甲　　372,750
　　　銀行存款　　　　　　　372,750
　　$400,000 – 代墊運費 $5,250
　　– 佣金收入 $42,000

(2) 未實現寄銷銷貨　　400,000
　　　寄銷銷貨　　　　　400,000

(2) 無分錄。

(3) 計算寄銷銷貨成本：

(3) 無分錄。

寄銷銷貨成本	245,600	
寄銷存貨		240,000
運費 ($5,000×80%)		4,000
包裝費 ($2,000×80%)		1,600

計算如下：
電視機 10 臺 @ 成本 $30,000	$300,000
包裝成本	2,000
運費支出	5,000
合　計	$307,000

未出售 2 臺電視機存貨成本：
$307,000 × 20% = $61,400
已出售 8 臺電視機銷貨成本：
$307,000 × 80% = $245,600

上項資料過帳後應付承銷款帳戶列示如下：

應付承銷款——甲			
		12/1 承銷進貨 (10 臺)	525,000
運費	5,250		
佣金	42,000		
現金	372,750		
		12/31 餘額 (2 臺)	105,000

損益計算如下：

寄銷銷貨收入	$ 400,000
減：寄銷銷貨成本	(245,600)
寄銷銷貨毛利	$ 154,400
減：佣金支出	(40,000)
寄銷銷貨利益	$ 114,400

7. 計算 12 月份應納稅額：

7. 計算 12 月份應納稅額：

銷項稅額	25,000	
進項稅額		17,350*
應付稅額		7,650
* $15,000 + $100 + $2,250 = $17,350		

銷項稅額	22,000	
留抵稅額	3,000	
進項稅額		25,000

在年終所得稅申報時，寄銷人與承銷人應分別調整如下：

◇寄銷人之調整

委託他人代銷貨物，於送貨時已先按送貨之數量及約定代銷之價格作為其銷售額者，於年度終了辦理當期所得稅結算申報時，將尚未經代銷之貨物價額，於營業收入調節欄項下予以減除。

◇承銷人之調整

受他人委託代銷貨物，按約定代銷之價格作為其銷售額者，於辦理當期所得稅結算申報時，除代銷之佣金收入仍應列報外，該項銷售額應於營業收入調節欄項下予以減除。

例十

上例中，設次年（103 年）1 月出售剩餘 2 臺，其會計處理例示如下：

1. 無分錄。

1. 2 臺全售出：

銀行存款	105,000	
代銷貨物		100,000
銷項稅額		5,000

2. 無分錄。

2. 計算佣金：

應付承銷款——甲	10,500	
佣金收入		10,000
銷項稅額		500

3. 依承銷帳單入帳：

銀行存款	94,500	
佣金支出	10,000	
進項稅額	500	
應收寄銷款——乙公司	105,000	

3. 結算承銷帳戶：

應付承銷款——甲	94,500	
銀行存款		94,500

第四節
分期付款銷貨

一、意　義

　　分期付款銷貨係屬賒銷的方式之一，原本活絡於耐久性的消費品市場，如家電產品、汽車等，顧客可先享受後付款，從而增加銷售數量。近年來分期付款銷貨方式更擴及工業用原物料，而專營分期付款業務的「分期付款」公司也如兩後春筍般地各處成立，使得分期付款銷貨的性質起了根本的變革。

　　傳統的分期付款銷貨係由購買者先行支付部分價款，即取得商品之占有，並依約定按期繳納部分價款，直到全部價款繳清之時，才能取得該商品之所有權。分期付款銷貨價格通常是由現銷價格加計分期付款期間之利息而得。至於當前所謂「分期付款公司」，其特色為：既非商品的製造商，也非商品的經銷商，論其實質應為商品之融資者。即當一般消費者或營利事業欲購買某種商品或原物料而又缺乏資金時，可與分期付款公司訂約，由該公司負責支付貨款予商品或原物料之提供者，並由消費者或營利事業立即取得貨品之占有，且負按期支付價款的義務；同樣地，所有權之移轉亦於繳清全部價款之時。這種交易方式其實是分期付款公司對欲購商品者之融資，從中賺取融資利息，惟現行稅法仍以一般分期付款銷貨行為視之，並無特殊的規範方法。

二、營業收入之承認及計算方法

　　分期付款既屬賒銷之一種，與一般銷貨無異，其營業收入原則上應於移轉貨品之占有時承認之，惟依現行稅法規定，分期付款銷貨當期損益之計算，得就下列三種方法擇一採用之。

(一)全部毛利法

　　依出售年度內全部銷貨金額，減除銷貨成本（包括分期付款貨品之全部成本）

後計算之。

㈡毛利百分比法

依出售年度約載分期付款之銷貨價額及成本，計算分期付款銷貨毛利率，以後各期收取之分期價款，並按此項比率計算其利益及應攤計之成本。上項分期付款銷貨利益並得按下列公式計算：

$$
分期付款銷貨本年度收款總額 \times \frac{\dfrac{分期付款銷貨未實}{現毛利年初餘額} + \dfrac{本年度分期付}{款銷貨毛利}}{\dfrac{分期付款銷貨應}{收帳款年初餘額} + \dfrac{本年度分期付}{款銷貨總額}}
$$

$$
= 分期付款銷貨毛利
$$

毛利百分比法之採用，根據營利事業所得稅結算申報查核準則第 16 條規定，以分期付款期限在 13 個月以上者為限，否則不得採用。

㈢普通銷貨法

除依現銷價格及成本，核計其當年度損益外，其約載分期付款售價高於現銷價格部分，為未實現之利息收入，嗣後分期按利息法認列利息收入。

前項各種計算損益方法既經採用，在本期內不得變更。相同種類產品同期分期付款銷貨損益均應採用同一計算方式。不同種類產品，得依規定分別採用不同的計算方法，但全期均應各就其擇定之同一方法計算其分期付款銷貨之損益，不得中途變更。前項分期付款銷貨在本期收回之帳款利益，應按前期銷貨時原採公式計算，不得變更其計算方法。

三、統一發票之開立

營利事業以分期付款方式出售貨品，除於約定收取第 1 期價款時一次全額開立外，應於約定收取各期價款時，開立統一發票。

四、違約收回商品或提前清償之會計處理

前已述及，營利事業以分期付款方式出售商品，在全部價款未付清前，商品之所有權通常並未移轉予購買人，如購買人未能履行分期付款之義務，則賣方有權收回所出售之商品。有時購買人為減輕利息負擔，也可能有提前清償之舉，其帳務處理分述如下：

㈠違約拒付

◇收回商品

分期付款銷貨購買人違約拒付而由出售人收回商品時，可以帳上應收款項減除遞延毛利或差價後之淨額列記退回貨品科目，並俟退回貨品再出售時，再行計算損益。

◇無法收回貨品

有時購買人除拒付分期價款外，甚且可能逃匿無蹤，根本無法收回原銷貨品，則視同發生呆帳，應根據稅法對呆帳損失有關規定辦理。

㈡提前清償

通常客戶提前清償時，出售商品之營利事業大都會折減若干未收分期付款價額，作為提前清償之獎勵。其處理方式應將帳面有關帳款及遞延毛利全數沖銷，與收現之差額則列記為提前清償損益。所應注意者，分期銷貨總價款與收現總和（即已收分期價款與提前清償時之收現價款之和）之差，依現行法令規定視同銷貨折讓，應依銷貨折讓有關取證規定，取得合法憑證，作為認剔準據。

五、會計處理釋例

例十一

設大中公司於 106 年 1 月 1 日將成本 600,000 元之汽車 1 部，言明以 1,251,070 元之價格，加計 5% 營業稅售予王先生，同日收取訂金 300,000 元，餘款約定以 6 個月為 1 期（6 月 30 日及 12 月 31 日為收款日），分 10 期平均

收取，每期收款 95,107 元。又悉該部汽車之現銷價為 1,000,000 元，分期付款價係按年息 12% 加計利息 251,070 元後之金額，其計算如下：

(1)期間 10 期，每期利息 6%，每 1 元之年金現值為 7.360087 元。

(2)700,000 ÷ 7.360087 = 每期年金 95,107 元。

1.以普通銷貨法列示其會計處理如下：

日　期	本金餘額	每期分期款	每期利息	每期還本數
106/1/1	700,000	–	–	–
106/6/30	700,000 (未扣本期收款前)	95,107	42,000	53,107
106/12/31	646,893	95,107	38,813	56,294
107/6/30	590,599	95,107	35,436	59,671
107/12/31	530,928	95,107	31,855	63,252
108/6/30	467,676	95,107	28,060	67,047
108/12/31	400,629	95,107	24,037	71,070
109/6/30	329,559	95,107	19,773	75,334
109/12/31	254,225	95,107	15,253	79,854
110/6/30	174,371	95,107	10,462	84,645
110/12/31	89,726	95,107	5,381	89,726
合　計		951,070	251,070	700,000

大中公司在 106 年度及 107 年度應有之分錄如下：

<u>106 年度</u>

1/1	銀行存款	315,000	
	應收帳款——分期付款銷貨	951,070	
	銷貨收入		1,000,000
	銷項稅額		15,000
	未實現利息收入		251,070
	銷貨成本	600,000	
	存貨——汽車		600,000

以分期付款方式銷售汽車 1 部

6/30	銀行存款	99,862	
	應收帳款——分期付款銷貨		95,107
	銷項稅額		4,755
	收第 1 期貨款		
	未實現利息收入	42,000	
	利息收入		42,000
	將已實現利息收入予以認列，並開立發票		
12/31	銀行存款	99,862	
	應收帳款——分期付款銷貨		95,107
	銷項稅額		4,755
	收第 2 期貨款		
	未實現利息收入	38,813	
	利息收入		38,813
	將已實現利息收入予以認列，並開立發票		

107 年度

6/30	銀行存款	99,862	
	應收帳款——分期付款銷貨		95,107
	銷項稅額		4,755
	收第 3 期貨款		
	未實現利息收入	35,436	
	利息收入		35,436
	將已實現利息收入予以認列，並開立發票		
12/31	銀行存款	99,862	
	應收帳款——分期付款銷貨		95,107
	銷項稅額		4,755
	收第 4 期貨款		
	未實現利息收入	31,855	
	利息收入		31,855
	將已實現利息收入予以認列，並開立發票		

　　因財務會計僅能採普通銷貨法,若稅務申報時改採全部毛利法或毛利百分比法，需予以調整，分述如下：

2.採全部毛利法

$$106\ 年度之銷貨收入 = \$1,251,070$$

106 年度之銷貨成本與採普通銷貨法相同。

106 年度及以後年度利息收入皆為 0。

故 106 年度稅務申報時,需調整增加銷貨收入為 1,251,070 元,調整減少利息收入為 0 元。

3.採毛利百分比法

$$毛利率 = \frac{(1,251,070 - 600,000)}{1,251,070} = 52.04\%$$

$$106\ 年度應認列毛利 = 已收現價款 \times 毛利率$$

$$= (300,000 + 95,107 \times 2) \times 52.04\%$$

$$= \$255,107$$

故 106 年度稅務申報時,應調整銷貨毛利為 255,107 元,並調整減少利息收入為 0 元。

習　題

1. 永利公司 103 年度開立發票數金額 27,600,000 元,今悉該公司有關收入及開立發票資料如下:

　(1)預收貨款期初 580,000 元、期末 980,000 元皆於收款時開立統一發票。

　(2)由大陸地區出口之三角貿易銷貨收入 6,560,000 元(永利公司負瑕疵擔保責任)。

　(3)租金收入開立發票數 600,000 元。

　(4)出售固定資產開立發票數 50,000 元。

　(5)出售下腳廢料 30,000 元。

　(6)發票作廢申請專案退回 120,000 元。

　(7)代收代付開立發票數 20,000 元。

　(8)佣金收入開立發票數 10,000 元。

　試計算永利公司 103 年度申報營業(銷貨)收入金額,並編制「開立統一發票金額與結算申報營業收入總額調節表」。

2. 大華公司(寄銷人)於 103 年 12 月 1 日以 20 臺電腦委託曉成公司(承銷人)銷售,每臺定價 60,000 元,成本 48,000 元,包裝費用 3,000 元,由大華公司自行支付,另運送

貨物發生 10,000 元運費由曉成公司代墊，12 月份共銷售了 10 臺，合約訂定曉成公司依銷售額 6% 收取佣金。以上資料，在加值型營業稅制之下，均須另加計 5% 營業稅，分錄為何？

3. 永昌公司 106 年 8 月 1 日以分期付款方式，銷售機器 1 部予大成公司，合約規定，8 月 1 日先付現金 40,000 元，其餘貨款約定以 3 個月為 1 期，分 10 期償還，分期付款售價為 1,000,000 元，現銷價格 880,198 元，營業稅 5% 依稅法規定售價外加，隱含年利率 10%; 該機器成本為 800,000 元，假設永昌公司採普通銷貨法，試作 106 年度相關分錄。

4. 承 3. 題，假設永昌公司採毛利百分比法，試說明 106 年度稅務申報時相關損益之調整。

5. 承 3. 題，假設永昌公司採全部毛利法，試說明 106 年度稅務申報時相關損益之調整。

第九章
營業收入㈡

經營事業不外藉銷售貨物或提供勞務賺取收入，第八章已介紹一般銷貨收入，本章將偏重服務性收入之說明，包括提供融資服務的租賃業務、提供運送服務的國際運輸事業、承包工程建築與經營房地買賣業務，以及承攬業、代理業、餐飲業等服務性行業。此外，外國營利事業在臺設有分支機構之納稅規範，也略加介紹。

第一節
融資租賃銷貨

一、意 義

近年來，一種與分期付款銷貨非常相近的賒銷方式——融資租賃，也頗為流行，其所售產品大都為較貴重之生產性機器設備、電腦、影印機等，而其交易對象則多以營利事業為主。流風所及，更產生許多以租賃之名，行融資之實的租賃公司，與分期付款公司並稱為二大金融周邊事業，為許多向銀行借不到錢的中小企業，提供融資服務。

傳統的租賃方式，係由出租人提供設備供承租人於承租期間使用，而由承租人支付相當代價，並於承租期間終了由出租人收回租賃物，其所有權並未移轉。現在所謂融資租賃或稱資本租賃，雖有租賃之名，但究其實質，卻是出租人將租賃物售予承租人，並給予融資——即以分期給付租金方式收回價款與利息，不過所有權通常到租賃期間結束時方移轉予承租人而已。在融資租賃的情形下，出租人雖仍保有租賃物的所有權，惟應視同銷售，於交予租賃物時承認銷貨收入；而承租人亦應同時於帳上列記該租賃資產與租賃負債，日後支付每期租金時，除將利息部分列記費用外，其餘應沖銷租賃負債；至於租賃物之折舊也應由承租人提列。

現行稅法對於融資租賃與傳統營業租賃的分野、如何開立統一發票，以及負擔

何種營業稅率，均有詳細的規定。

二、租賃類別

租賃分為營業租賃及融資租賃，凡融資租賃以外之租賃均為營業租賃。一項租賃如移轉附屬於租賃標的物所有權之幾乎所有風險與報酬，應分類為融資租賃。出租人及承租人符合下列條件之一者，該項租賃通常分類為融資租賃：

1.租賃期間屆滿時，資產所有權移轉予承租人。

2.承租人有權選擇購買該租賃資產，且能以明顯低於選擇權行使日該資產公允價值之價格購買，致在租賃開始日，即可合理確信此選擇權將被行使。

3.即使所有權未移轉，但租賃期間涵蓋租賃資產經濟年限之主要部分。

4.租賃開始日，最低租賃給付現值達該租賃資產幾乎所有之公允價值。

5.該租賃資產因具相當之特殊性，以致僅承租人無須重大修改即可使用。

有關各種專用名詞之定義，則可參考國際會計準則第十七號或企業會計準則公報第二十號「租賃」，茲不贅述。

三、統一發票之開立

現行加值型及非加值型營業稅法規定，出租人以融資租賃方式出租資產，應按約定收取各期租金、利息及手續費開立統一發票。

四、融資租賃之帳務處理規則

(一)承租人之融資租賃

1.承租人以融資租賃方式取得資產者，應於租賃開始時分別設「租賃資產」及「應付租賃款」科目處理。

2.每期支付租賃款時，租金及利息費用應取得出租人出具之統一發票（參見出租人開立發票之規定），以憑列帳。當期支付租金總額減除利息費用後之餘額，為當期償還之「應付租賃款」。

3.承租人所租賃之資產，除依照所得稅法規定之耐用年數，逐年提列折舊，其符合中小企業發展條例第 35 條規定者，並得依照該條款規定縮短其耐用年限。

4.承租人於租期屆滿取得租賃資產所有權時，應按其性質轉入相當之不動產、廠房及設備科目，其累計折舊亦同。

㈡出租人之融資租賃

1.出租人購入租賃物時，應以出租資產科目處理，簽訂租約時，應將「出租資產」改以「應收租賃款」科目列帳，其金額包括出租資產之成本、未實現之利息收入；該利息總額應貸記「未賺得融資收益」科目，並應設一明細帳簿，列示每一租賃交易每期應收金額。

2.出租人每期收取租賃款時，應沖轉「應收租賃款」，並將「未賺得融資收益」轉為「利息收入」。

3.租期屆滿移轉出租資產所有權時，所收之優惠承購價款應與「應收租賃款」沖轉。

4.中途解約收回資產時，應將原列「應收租賃款」及「未賺得融資收益」沖銷，並將收回之資產按帳面價值轉列「出租資產」科目。

5.出租人得就應收租賃款減除未賺得融資收益及存入保證金後之餘額，在 1%限度內，估列備抵呆帳。

㈢售後租回

營利事業將財產出售再租回者，依下列規定處理：

1.租賃合約屬融資租賃者，其資產出售價格與未折減餘額之差額，應列為未實現出售損益，予以遞延以後年度，按租賃期間調整折舊、其他收入或支出。

2.租賃合約屬營業租賃者，租金給付及資產出售價格均為時價，應按資產出售價格與未折減餘額之差額，立即認列損益。其資產出售價格低於時價之損失部分，或資產出售價格超過時價之利得部分，應予以遞延以後年度，按租賃期間調整租金支出。

五、會計處理釋例

例一

假設正泰公司（承租人）於 103 年 7 月 1 日向東方租賃公司（出租人）租用機器設備 1 臺，雙方簽訂租賃合約，其主要條款如下：

(1)出租人購置租賃設備日期及成本：103 年 7 月 1 日，總價新臺幣 2,676,676 元。

(2)租賃期間：3 年。

(3)租金每半年支付一次，第一次於 103 年 7 月 1 日支付，每期租金 500,000 元，外加營業稅 5%，折算其租約利率為年息 12%。

(4) 106 年 6 月 30 日租約屆滿，承租人得以 100,000 元外加 5% 營業稅優先購買。此價格明顯低於該日資產之公允價值。

又設上項租賃資產之法定耐用年限為 4 年，採平均法計提折舊，估計殘值為 0 元。有關分錄如下：

1.出租人

(1)購置租賃設備時：

出租資產	2,676,676	
進項稅額	133,834	
銀行存款		2,810,510

(2)租賃開始時：

應收租賃款	3,100,000	
出租資產		2,676,676
未賺得融資收益		423,324*

* 500,000 × 3 × 2 + 100,000 = 3,100,000
  3,100,000 − 2,676,676 = 423,324

銀行存款	525,000	
應收租賃款		500,000
銷項稅額		25,000

(3)收取租金時（第2期）：

銀行存款	525,000	
應收租賃款		500,000
銷項稅額		25,000
未賺得融資收益	130,601	
利息收入		130,601*

* $2,676,676 - $500,000 = $2,176,676

$$2,176,676 \times 12\% \times \frac{1}{2} = \$130,601$$

(4)租賃屆滿移轉所有權時：

銀行存款	105,000	
應收租賃款		100,000
銷項稅額		5,000

2.承租人

(1)租賃開始時：

租賃資產	2,676,676	
應付租賃款		2,676,676
應付租賃款	500,000	
進項稅額	25,000	
銀行存款		525,000

(2)支付租金時（第2期）：

應付租賃款	500,000	
進項稅額	25,000	
銀行存款		525,000
利息支出	130,601	
應付租賃款		130,601

(3) 103 年底提列折舊時:

折舊費用	334,585	
累計折舊──租賃資產		334,585

2,676,676 ÷ 4 = 669,169

103 年折舊費用為 $669,169 × $\frac{1}{2}$ = $334,585,以後每年折舊費用則為 $669,169

(4) 租期屆滿取得所有權時:

應付租賃款	100,000	
進項稅額	5,000	
銀行存款		105,000
機器設備	2,676,676	
累計折舊──租賃資產	1,003,755*	
租賃資產		2,676,676
累計折舊──機器設備		1,003,755

* $334,585 × 3 = $1,003,755

例二

　　設大華公司將其機器乙部帳面價值 1,000,000 元（成本 3,000,000 元，累計折舊 2,000,000 元），以 900,000 元售予臺租公司，再以合於營業租賃之條件租回 4 年，每年租金 300,000 元。售價 900,000 元係低於時價，此部分將由低於市價之租金彌補，則其有關分錄如下:

(1) 出售時:

銀行存款	945,000	
累計折舊	2,000,000	
未實現售後租回損失	100,000	
機　器		3,000,000
銷項稅額		45,000

(2) 每年支付租金時:

租金費用	300,000	
銀行存款		300,000

(3)每年之攤銷：

租金費用	25,000	
未實現售後租回損失		25,000

$100,000 ÷ 4 = $25,000

第二節
國際運輸業收入

我國由於國際貿易非常發達，使得從事國際間商品運輸與旅客運送之海運或空運事業亦蓬勃發展。其組織型態包括外國國際運輸事業之分支機構或代理人，以及我國國際運輸事業之總分支機構等；稅法對這些不同組織之運輸事業的業務收入與課徵方法，均有特殊的規定，分別討論之。

一、外國國際運輸事業

㈠營業收入之範圍

所得稅法第 25 條第 2 項對於外國國際運輸事業，在中華民國境內之營業收入，有如下之規定：

◇**海運事業**

指自中華民國境內承運出口客貨所取得之全部票價或運費。

◇**空運事業**

⑴客運：指自中華民國境內起站至中華民國境外第一站間之票價。

⑵貨運：指自中華民國境內承運貨物之全程運費。但載貨出口之國際空運事業，如因航線限制等原因，在航程中途將承運之貨物改由其他國際空運事業之航空器轉載者，按該國際空運事業實際載運之航程運費計算。

㈡營業稅之課徵範圍及統一發票之開立

依加值型及非加值型營業稅法第 4 條規定，國際運輸事業自中華民國境內載運客、貨出境者，係為中華民國境內銷售勞務，屬課徵營業稅之範圍，但依同法第 7 條第 5 款規定國際間之運輸可適用零稅率，因外國國際運輸事業零稅率之適用，係依互惠原則適用之，即以各該國對中華民國國際運輸事業予以相等待遇或免徵類似稅捐者，才能適用之。因為國際運輸事業收費品目繁多，因此有關其發票開立及稅率適用，財政部特於 77 年 12 月 30 日以台財稅字第 770667569 號函規定如表 9-1：

● 表 9-1　國際運輸海運業收入項目免徵營業稅核定表

（適用於國輪及符合加值型及非加值型營業稅法第 7 條第 5 款但書規定之外輪）

項　目		應否開立統一發票	營業稅率
1. 國輪出口貨物運費——國內收取部分		✓	0
2. 外輪出口貨物運費——國內收取部分		✓	0
3. 國輪出口貨物運費——國外收取部分		✓	0
4. 外輪出口貨物運費——國外收取部分		✓	0
5. 國輪進口貨物運費——國內收取部分		✕	—
6. 外輪進口貨物運費——國內收取部分		✕	—
7. 國輪進口貨物運費——國外預付部分		✕	—
8. 外輪來臺代理費（總代理與分代理）	出港代理費	✕	0
	進港代理費	✓	5%
9. 船員外借代理費		✕	0
10. 代理外輪進口貨佣金		✓	5%
11. 代理外輪出口貨佣金		✕	0
12. 不定期船在臺卸貨延滯（附加運費）費		✕	—
13. 不定期船在臺裝貨延滯（附加運費）費		✓	0
14. 貨櫃使用延滯費（進口貨）		✓	5%
15. 出口貨櫃在臺處理費(CFS 或 CY 費)	非船公司自行處理	✓	5%
	船公司自行處理	✓	0
16. 進口貨櫃在臺處理費(CFS 或 CY 費)	船公司自行處理	✕	—
	非船公司自行處理	✓	5%
17. 國輪定期備船費（國際線）	租與外國運輸事業計時或計程方式	✓	0
	租與外國運輸事業	✓	5%

		光船出租		
		租與我國運輸事業	✓	5%
18.	外輪定期傭船費（國際線）	租與外國運輸事業	×	－
		租與我國運輸事業	依第 36 條（購買國外勞務）辦理	
19.	國輪貨櫃船艙位租金收入（租與我國國際運輸事業）		✓	5%
20.	國輪貨櫃船艙位租金收入（租與外國國際運輸事業）		×	0

註： 1. "－"代表非課稅範圍。
    2. "✓"代表應開統一發票。
    3. "×"代表免開統一發票。
    4.依統一發票使用辦法第 4 條第 23 款規定，修正第 8.項出港代理費部分、第 9.項、第 11.項、
       第 17.項光船出租與外國運輸事業適用零稅率部分及第 20.項，改為得免開立統一發票。

上表中關於發票之開立有兩點值得注意：

    1.出口運費之統一發票開立時限，因代理人無法於貨物裝運放行之日前開立統一發票，因此准於船舶開航日前開立統一發票。在國外收取之出口運費部分，以每航次運費收入總額彙開一張統一發票，並在統一發票備註欄註明航次及彙開字樣。

    2.進口運費因非屬營業稅課徵範圍，故免開統一發票，改為開立普通收據交付買受人作為付款憑證。

    又外國國際運輸事業，因其組織型態不同，故繳納營業稅及統一發票開立方式亦因而有異，茲說明如下：

◇設有分支機構者

    應由分支機構依表 9-1 規定開立統一發票。

    該分支機構應將每期營業額按營業稅申報之有關規定，於次期開始 15 日以前，申報主管稽徵機關（參見第五章營業稅及其會計處理(二)）。

◇未設分支機構而有營業代理人者

    其在中華民國境內之營業，應由代理人依表 9-1 規定負責代為開立統一發票；又該代理人應將每期外國運輸事業之營業額，於次期開始 15 日以前，按營業稅申報之有關規定申報主管稽徵機關。

◇無分支機構及代理人者

    其在中華民國境內之營業，因無分支機構或營業代理人，自無開立統一發票之問題存在。則依加值型及非加值型營業稅法第 36 條規定，外國之事業、機關、團體、組織在中華民國境內無固定營業場所而有銷售勞務者，應由勞務買受人於給付報酬

之次期開始 15 日內，就給付額依適用稅率計算營業稅繳納之（計算公式：勞務價額 × 稅率 (5%) ＝購買國外勞務應納稅額）。但買受人為依加值型營業稅法第四章第一節規定計算稅額之營業人，其購進之勞務專供經營應稅貨物或勞務之用者，免予繳納。

㈢營利事業所得額之計算及稅款之繳納

依所得稅法第 25 條第 1 項之規定,外國營利事業在中華民國境內經營國際運輸業務，其成本費用分攤計算困難者，不論其在中華民國境內是否設有分支機構或代理人，得向財政部申請核准，或由財政部核定，以其在中華民國境內之營業收入之10%為中華民國境內之營利事業所得額，但不適用關於前 10 年虧損扣除之規定。應注意者，若未申請核准或未由財政部核定，即應由該分支機構或代理人設帳計算所得，上述乃考量記帳及查核困難等因素所為之特殊規定。

至於應納營利事業所得稅之繳納方式，分別說明如下：

◇設有分支機構者

應由該分支機構依規定繳納暫繳稅款並辦理暫繳申報，年度終了後，再依規定繳納結算應納稅款並辦理結算申報。

◇未設分支機構而有營業代理人者

應由營業代理人負責扣繳；如依約定不經收價款者，應照有關扣繳規定負責報繳，或報經主管稽徵機關核准由給付人扣繳。其扣繳率為中華民國境內營利事業所得額之 20%。扣繳義務人應於代扣稅款之日起 10 日內，將所扣稅款向國庫繳清，並開具扣繳憑單，向該主管稽徵機關申報核驗；其未經收價款者，則應於承運出口之貨物裝運之次月 10 日以前，負責向國庫繳清。

◇無分支機構及代理人者

應由給付人於給付時扣繳，並應於代扣稅款之日起 10 日內，繳清稅款及完畢申報義務。

◇與我國訂有租稅協定互免航運所得稅之國家

如美國等之國際運輸事業，則依協定之內容可免繳所得稅。

㈣會計處理釋例

例四

　　外商大古航運公司於臺北設立分公司，經營國際運輸業務，其平時及年度終了有關會計事項如下：

　　⑴設某航次出口運費，國內收取部分為 1,000,000 元，即開立統一發票交予出口商，國外收取部分為 2,000,000 元，當即彙開統一發票，並在備註欄註明航次及彙開字樣，其分錄為：

銀行存款	1,000,000	
應收帳款	2,000,000	
運費收入		3,000,000

　　⑵辦理暫繳申報時：假設該公司已經財政部核准，按營業收入之 10% 計算營利事業所得額。假設上年度（105 年度）之營業收入為 50,000,000 元，並依法繳納稅款，則分錄為：

預付所得稅	425,000	
銀行存款		425,000

$$(\$50,000,000 \times 10\% \times 17\%) \times \frac{1}{2} = \$425,000$$

　　⑶ 106 年度終了結算申報所得稅時：假設該公司全年在臺營業收入為 45,000,000元，並依規定繳納稅款，則分錄為：

所得稅	765,000*	
預付所得稅		425,000
銀行存款		340,000

* 全年所得稅額 = $\$45,000,000 \times 10\% \times 17\% = \$765,000$

例五

　　有關無分支機構而有營業代理人之會計事項釋例，請參閱第四節代收代付款項中之「船務代理業之代收代付」，於此不贅述。

例六

假設外商大古公司在臺未設分支機構或代理人,而接受萬利貿易公司之委託,承運其貨物之出口運輸,運費計 1,000,000 元,並由萬利公司(設屬加值型營業稅課稅範圍之營業人)代向財政部申請核准,以運費收入之 10% 為其營利事業所得額,並依法代為扣繳申報營利事業所得稅。其有關分錄為:

(1)支付運費並代扣稅款時:

運　費	1,000,000	
銀行存款		980,000
代扣稅款——外商大古公司		20,000*

* 代扣所得稅 ($1,000,000 × 10% × 20%) = $20,000

(2)報繳所得稅時:

代扣稅款——外商大古公司	20,000	
現　金		20,000

二、我國國際運輸事業

㈠營業收入之範圍

我國營利事業經營國際間之運輸,不論海空運之進出口或客貨運等運費收入,均屬其營業收入,皆為產生營利事業所得之來源。

㈡營業稅之課徵範圍及統一發票之開立

我國國際運輸事業營業稅之課徵範圍,與外國國際運輸事業相同,以其在中華民國境內之營業收入為度;惟其營業稅之徵免及統一發票之開立方式,悉如表 9-1(參見第 268 頁)之規定。

我國國際運輸事業在臺機構應將每期營業額,於次期開始 15 日以前,按營業稅申報之有關規定,申報主管稽徵機關(參見第五章營業稅)。

㈢所得額之計算及稅款之繳納

　　所得稅法第 3 條第 2 項規定，營利事業之總機構在中華民國境內者，應就其中華民國境內外全部營利事業之所得，合併課徵營利事業所得稅。但其來自中華民國境外之所得，已依所得來源國稅法規定繳納之所得稅，得由納稅義務人提出所得來源國稅務機關發給之同一年度納稅憑證，並取得所在地中華民國使領館或其他經中華民國政府認許機構之簽證後，自其全部營利事業所得結算應納稅額中扣抵。扣抵之數，不得超過因加計其國外所得，而依國內適用稅率計算增加之結算應納稅額。上述應納稅額之計算公式如下：

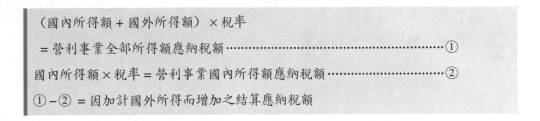

（國內所得額＋國外所得額）×稅率
＝營利事業全部所得額應納稅額……………………………………①
國內所得額×稅率＝營利事業國內所得額應納稅額……………………②
①－②＝因加計國外所得而增加之結算應納稅額

　　營利事業所得之計算要以帳載為基礎，經營國際運輸之我國營利事業自不例外，仍需依法設帳、辦理所得稅預估暫繳及結算申報程序。

　　惟自 100 年度起，總機構在中華民國境內經營海運業務之營利事業，符合一定要件，經中央目的事業主管機關核定者，其海運業務收入得選擇依下列規定按船舶淨噸位計算營利事業所得額；海運業務收入以外之收入，其所得額之計算則依所得稅法相關規定辦理。

　　營利事業每年度海運業務收入之營利事業所得額，得依下列標準按每年 365 日累計計算：

一、各船舶之淨噸位在一千噸以下者，每一百淨噸位之每日所得額為 67 元。
二、超過一千噸至一萬噸者，超過部分每一百淨噸位之每日所得額為 49 元。
三、超過一萬噸至二萬五千噸者，超過部分每一百淨噸位之每日所得額為 32 元。
四、超過二萬五千噸者，超過部分每一百淨噸位之每日所得額為 14 元。

　　營利事業經營海運業務收入經選擇依上述規定計算營利事業所得額者，一經選定，應連續適用 10 年，不得變更；適用期間如有不符合所定一定要件，經中央目的事業主管機關廢止核定者，自不符合一定要件之年度起連續 5 年，不得再選擇依淨噸位計算營利事業所得額。

營利事業海運業務收入選擇依淨噸位計算營利事業所得額者，其當年度營利事業所得稅結算申報，不適用所得稅法第39條關於虧損扣除及其他法律關於租稅減免規定。

(四)會計處理釋例

例七

假設大明海運公司經營中美航線之貨物運輸，但國外事務全部委由代理人辦理，並未設立分支機構，其平時及年終有關會計事項如下：

(1)設某航次出口運費，國內收款部分為1,000,000元，即開立統一發票交予出口商，國外收款部分為2,000,000元，當即彙開統一發票，並在備註欄註明航次及彙開字樣。其分錄為：

銀行存款	1,000,000	
應收帳款	2,000,000	
運費收入		3,000,000

(2)收到進口運費（國內收款部分）500,000元，開立收據給予付款人。

銀行存款	500,000	
運費收入		500,000

(3)美國代理行通知收妥上述出口運費（國外收款部分）2,000,000元及進口運費（國外收款部分）1,000,000元。

應收運費——××代理行	3,000,000	
運費收入		1,000,000
應收帳款		2,000,000

(4)辦理暫繳申報時：假設大明公司上年度（105年度）之課稅所得為10,000,000元，並依法繳納稅款，則其分錄為：

預付所得稅	850,000	
銀行存款		850,000

$$(\$10,000,000 \times 17\%) \times \frac{1}{2} = \$850,000$$

(5) 106 年度終了結算申報所得稅時：假設該公司本年度申報課稅所得額為 9,000,000 元，並依規定繳納稅款，則分錄應為：

所得稅	1,530,000*	
預付所得稅		850,000
應付所得稅		680,000

* 全年所得稅額 = $9,000,000 × 17% = $1,530,000

(6)次年度 5 月繳納所得稅時：

應付所得稅	680,000	
銀行存款		680,000

例八

　　假設上例大明海運公司，在國外設有分支機構，自行辦理招攬業務、收取價款等事務，並獨立計算損益，則平時及年終有關會計事項如下：

(1)設某航次出口運費，國內收取部分為 1,000,000 元，即開立統一發票交予出口商，國外收取部分為 2,000,000 元，當即彙開統一發票，並在備註欄註明航次及彙開字樣，其分錄為：

銀行存款	1,000,000	
應收帳款	2,000,000	
運費收入		3,000,000

(2)收到進口運費（國內收款部分）500,000 元，開立收據給予付款人。

銀行存款	500,000	
分公司往來——代收運費		500,000

(3)接到國外分公司收妥出口運費時：假設國外分公司本月份代總公司收妥出口運費 2,000,000 元，並立即電知總公司，則總公司應作分錄為：

××分公司往來	2,000,000	
應收帳款		2,000,000

(4)辦理暫繳申報時：假設大明公司上年度（105 年度）之課稅所得（包括

國外分公司之所得）為 10,000,000 元，則其繳納稅款之分錄與例七⑷相同。

⑸ 106 年度終了結算申報所得稅時：假設大明公司國內總公司本年度所得額為 5,000,000 元，國外分支機構當年度所得額為 4,000,000 元，已在當地稽徵機關繳納所得稅 600,000 元，則該公司本年度國內外實際應納稅額，計算如下：（最高稅率為 17%）

① ($5,000,000 + $4,000,000) × 17% = $1,530,000。

② $5,000,000 × 17% = $850,000。

③ $1,530,000 − $850,000 = $680,000。

④ $680,000 > $600,000（實際可扣抵稅額）。

⑤ $1,530,000 − $600,000 = $930,000（實際應納稅額）。

則分錄應為：

所得稅	930,000	
預付所得稅		850,000
銀行存款		80,000

應注意者，年終時應先將分公司損益結轉總公司，分錄如下：

××分公司往來	4,000,000	
本期損益		4,000,000

又分公司繳納國外所得稅時，總公司亦應作分錄如下：

所得稅	600,000	
××分公司往來		600,000

第三節
營建工程收入

一般所謂營建業包括營造廠商與建設公司兩大類。前者屬包作業或勞務承攬業，專司承包建築物、水壩、公路、隧道、橋樑及國防工程等營造之責，包括營造廠、

水電工程業、裝潢工程業、油漆粉刷承包商等；後者屬製造業（本身具備營造商資格者）或買賣業（未具備營造商資格者），主要在投資建造房屋出售。這些營建業有其共同的特徵，即工程期限通常較長，甚至有延至數載者，其營業收入之認定與一般銷貨收入迥然不同，特予專節介紹。

一、營造業之工程收入

㈠工程收入之承認時點

◇完工比例法

營利事業所得稅查核準則第 24 條規定：「工期在 1 年以上之長期工程，其工程損益應採用完工比例法。」根據上述可見稅法規定是工期 1 年以上，原則上應採用完工比例法，也就是第八章第一節所稱生產時點來認列收入，所謂完工比例，可採下列方法計算之：

(1)工程成本比例法，即按投入成本占估計總成本之比例計算。

(2)工時進度比例法，即按投入工時或人工成本占估計總工時或總人工成本之比例計算。

(3)產出單位比例法，即按工程之產出單位占合約總單位之比例計算。

在同一年度承包二個以上工程者，其工程成本應分別計算，如混淆不清，無法查帳核定其所得額時，得依查得資料或同業利潤標準核定其所得額。

◇成本回收法

在有下列情形之一，得採用成本回收法，在已發生工程成本之可回收範圍內認列收入，計算工程損益：

(1)各期應收工程價款無法估計。

(2)履行合約所須投入成本與期末完工程度均無法估計。

(3)歸屬於合約之成本無法辨認。

所謂完工係指實際完工而言，實際完工日期之認定，應以承造工程實際完成交由委建人受領之日期為準，如上揭日期無法查考時，其屬承造建築物工程，應以主管機關核發使用執照日期為準，其屬承造非建築物之工程者，應以委建人驗收日期為準。

又營利事業承包工程採成本回收法計算工程損益，其承包工程之工期有跨年度者，其管理費用應於費用發生之年度列報，不得遞延。

㈡統一發票之開立時限

營造廠商承包各類工程，如以自備之材料或由出包人作價供售材料施工者（一般稱為包工包料），屬包作業，其承包工料之價款應於工程合約所載每期應收款時為限，開立統一發票；如主要材料由出包人自備非作價供給，而以承包工務為主者，應於收款時為限，按其工價收入開立統一發票。又營造廠商如係經營室內裝潢設計製作等，屬裝潢業，其工料價額、設計費與製作費等，應於收款時開立統一發票。

㈢營業收入之調整

營造業確實以包工不包料方式承包工程，應按實際承包工程價額為準，依法課徵營業稅及營利事業所得稅，其查核方法如下：

(1)對於營造業包工不包料方式承包，應針對其承包工程合約書內容，工務機關核准之施工圖樣，應用各項材料數量，開、完工報告書等有關資料詳為查核。

(2)如業主無法提供進料憑證而情節重大者，必要時得蒐集業主及營造業者之資金往來資料，專案追蹤查核建材廠商有無短漏開發票或營造廠有無虛報包工不包料情事，依法查處，以杜逃漏稅。

㈣會計處理釋例

例九

假設大山公司承包大德建設公司三德大樓主體工程，合約屬包工包料性質，工程總價 117,800,000 元，營業稅 5% 係外加，預計成本 100,000,000 元，預計工程期間自 104 年 4 月至 106 年 3 月，收款方式為開工及完工時各收取 6,000,000 元，其餘分 23 期，每月 1 日收取 4,600,000 元。該公司於 104 年及 105 年底之實際工程進度分別為 40% 及 90%，而實際工程成本為 104 年 40,000,000 元，105 年 50,000,000 元，106 年 15,000,000 元，合計 105,000,000 元，則有關之分錄為：

1.完工比例法

　　(1)開工請款時（應開立統一發票）：

應收工程款	6,300,000	
預收工程款——三德大樓		6,000,000
銷項稅額		300,000

(2)每期請款時（應開立統一發票）：

應收工程款	4,830,000	
預收工程款——三德大樓		4,600,000
銷項稅額		230,000

(3)104年度發生成本時，設其中有20,000,000元成本係取得統一發票，營業稅5%為外加：

在建工程——三德大樓	40,000,000	
進項稅額	1,000,000	
銀行存款（或應付帳款）		41,000,000

(4)104年底承認部分工程損益時：

工程成本——三德大樓	40,000,000**	
在建工程——三德大樓(已實現損益)	7,120,000	
工程收入——三德大樓		47,120,000*

　* 工程總價 $117,800,000×40% = $47,120,000

　** 工程成本 $100,000,000×40% = $40,000,000

(5)105年度發生成本時，設其中40,000,000元為取得統一發票，營業稅5%為外加：

在建工程——三德大樓	50,000,000	
進項稅額	2,000,000	
銀行存款（或應付帳款）		52,000,000

(6)105年底承認部分工程損益時：

工程成本——三德大樓	50,000,000	
在建工程——三德大樓(已實現損益)	8,900,000	
工程收入——三德大樓		58,900,000*

　* 工程總價 $117,800,000×90% – 104年度已承認收入 $47,120,000 = $58,900,000

(7) 106 年度發生成本時，設其中 4,000,000 元為取得統一發票，營業稅 5% 為外加：

在建工程——三德大樓	15,000,000	
進項稅額	200,000	
銀行存款（或應付帳款）		15,200,000

(8) 完工請款時：

應收工程款	6,300,000	
預收工程款——三德大樓		6,000,000
銷項稅額		300,000

(9) 實際完工時：

①
工程成本——三德大樓	15,000,000	
在建工程——三德大樓		3,220,000
工程收入——三德大樓		11,780,000*

　*工程總價 $117,800,000 – $47,120,000 – $58,900,000 = $11,780,000

②
預收工程款	117,800,000*	
在建工程——三德大樓		105,000,000**
在建工程——三德大樓（已實現損益）		12,800,000***

　*預收工程款 $6,000,000 × 2 + $4,600,000 × 23 = $117,800,000

　**在建工程 $40,000,000 + $50,000,000 + $15,000,000 = $105,000,000

　***在建工程——已實現損益 $7,120,000 + $8,900,000 – $3,220,000 = $12,800,000

2. 成本回收法

(1) 開工請款時，分錄與完工百分比法同。

(2) 每期請款時，分錄與完工百分比法同。

(3) 104 年度發生成本時，分錄與完工百分比法同。

(4) 104 年底，認列工程成本及收入：

工程成本——三德大樓	40,000,000	
工程收入——三德大樓		40,000,000

(5) 105 年度發生成本時，分錄與完工百分比法同。

(6) 105 年底，認列工程成本及收入：

工程成本──三德大樓	50,000,000	
工程收入──三德大樓		50,000,000

(7) 106 年度發生成本時，分錄與完工百分比法同。

(8)完工請款時，分錄與完工百分比法同。

(9)實際完工時：

工程成本──三德大樓	15,000,000	
在建工程──三德大樓	12,800,000	
工程收入──三德大樓		27,800,000
預收工程款──三德大樓	117,800,000	
在建工程──三德大樓		117,800,000

以下以簡表表示完工比例法及成本回收法對於認列工程損益(工程收入減工程成本) 之差異：

年　度	完工比例法	成本回收法
101 年	$ 7,120,000	$ 　　－
102 年	8,900,000	－
103 年	(3,220,000)	12,800,000
合　計	$12,800,000	$12,800,000

二、建築業之營業收入

此處所謂建築業專指投資建造房屋出售之建設公司而言，一般之經營方式為購入並開發土地，自行或委託營造廠商建造建物，最後將建物售予購屋者並收取價款。

(一)營業收入之承認時點

依現行稅法規定，建屋出售其收益歸屬年度之認定，原則上係於所有權移轉登記日認列，惟在所有權移轉登記日前已交屋者，則以交屋日為準認列收入。兩者皆無從查考時，稽徵機關應依其買賣契約或查得資料認定之。

根據國際財務報導準則及企業會計準則者，當買方於建造開始前，能指定該不

動產設計之主要結構要素，且（或）一旦工程已在進行中，能指定主要結構變更時（不論其是否執行該能力），該不動產建造協議始符合建造合約之定義，始可依本章第三節（參見第 276 到 278 頁），採完工比例法或成本回收法。若買方僅具有限之能力以影響不動產之設計，例如僅自企業指定之選項範圍中挑選一項設計，或僅對基本設計指定微小之變動，則該協議係屬銷售商品之範圍。

㈡統一發票之開立時限及金額

建築業開立統一發票之方式，因經營型態之不同而異：

◇自地自建

應依「營業人開立銷售憑證時限表」包作業之規定，應依合約所載每期應收價款時開立；又購屋者以銀行貸款抵繳尾款時，得於取得貸款之日起 3 日內開立。土地及房屋價款應分別開立發票金額，前者免徵營業稅，後者則適用 5% 營業稅稅率。

◇合建分屋

乃建設公司與地主簽訂合建契約，由建設公司於地主提供之土地上建屋，房屋與土地則依約定比例由地主與建設公司分配。其統一發票之開立除出售分配所得房地，以出售總價款依上述自建自銷之方式處理外，於換入土地或換出房屋時，並就交換內容與地主（如地主為公司時）同時對開發票（如地主為自然人時，則地主係開出收據）。其銷售額之認定，應按土地或房屋當地市場銷售價格從高認定。

◇合建分售

乃地主與建設公司訂約，於地主提供之土地上建屋出售，惟土地價款由地主收取，房屋價款則由建設公司收取之謂。以本方式銷售房地產，地主與建設公司應分別和購屋者簽約，並分別收取土地款與房屋款。建設公司收取房屋款時，其統一發票之開立與自地自建方式相同。

◇合建分成

乃地主提供土地，建設公司出資合作興建房屋，並由地主與建設公司共同與購買人簽訂房屋及土地買賣合約，於房屋興建完成後，地主之土地與建設公司所建房屋按比例併同移轉給購買人，其出售房地之價款則依雙方約定之比例分配，例如約定地主分 55%，建設公司分 45%，每出售一戶，按此比例分配價款予地主及建設公司。

◇個人建屋出售

個人建屋出售，稽徵機關認為係建築業為規避稅負所作安排，依財政部 1060607

台財稅字第 10604591190 號令核釋個人售屋營業稅課徵相關規定，個人購屋或將持有之土地建屋並銷售，如符合下列要件之一者，應依法課徵營業稅：

　1.設有固定營業場所（除有形營業場所，亦包含設置網站或加入拍賣網站等）。

　2.具備營業牌號（不論是否已依法辦理稅籍登記）。

　3.經查有僱用員工協助處理房屋銷售事宜。

　4.具有經常性或持續性銷售房屋行為。但房屋取得後逾 6 年始銷售，或建屋前土地持有 10 年以上者，不在此限。

　另外，房地價款之拆分，在此一併說明如下：

　營利事業與地主合建分成、合建分售土地及房屋或自行以土地及房屋合併銷售時，其房屋款及土地款未予劃分或房屋款經查明顯較時價為低者，其房屋銷售價格（含營業稅）應依房屋評定標準價格（含營業稅）占土地公告現值及房屋評定標準價格（含營業稅）總額之比例計算。其計算公式如下：

$$房屋銷售價格（含營業稅）$$
$$= 土地及其房屋之銷售價格（含營業稅） \times \frac{[房屋評定標準價格 \times (1+5\%)]}{[土地公告現值 + 房屋評定標準價格 \times (1+5\%)]}$$

$$房屋銷售收入 = \frac{房屋銷售價格（含營業稅）}{(1+5\%)}$$

　房屋款或土地款之時價，應參酌下列資料認定之：

　1.金融機構貸款評定之價格。

　2.不動產估價師之估價資料。

　3.大型仲介公司買賣資料扣除佣金加成估算之售價。

　4.法院拍賣或國有財產署等出售公有房地之價格。

　5.報章雜誌所載市場價格。

　6.臨近地區政府機關或大建築商建造房屋之成本價格，加上同業之合理利潤估算之時價。

　7.出售土地帳載金額或房屋帳載未折減餘額估算之售價。

　8.其他具參考性之時價資料。

　9.時價資料同時有數種者，得以其平均數認定。

(三)違約賠償款及預收款退回之處理

　　客戶訂約購屋後，常因種種理由而中途解約退款，建設公司有鑑於此，常於契約中訂立賠償方式，於解約退款時，沒收部分預收款或另行收取賠償款項。如屬沒收部分預收款時，應轉列其他收入；如另行收取賠償款時，則應列記其他收入。至於退回預收款時，有關統一發票收執聯收回作廢，或銷貨退回折讓證明單之取得請參照第四章第三節八之銷貨退回辦理之。

(四)會計處理釋例

例十

　　假設大德建設公司於 105 年 4 月，以「預售」方式推出三德大樓，全部銷售完畢（有退回者再行售出），其房地出售價款之收款情形如下：105 年度收款 80,000,000 元（設房屋價款占總價款 $\frac{3}{4}$），沒收預收款 200,000 元，取得賠償收入 1,000,000 元，退回預收款 2,000,000 元；106 年度收款 100,000,000 元；103 年度交屋前收款 15,000,000 元，交屋時收取屋款 5,000,000 元及工程追加款 3,000,000 元，客戶另以銀行貸款抵繳 120,000,000 元，上述資料，依加值型及非加值型營業稅法，房屋價格尚須外加 5% 營業稅，則有關分錄如下：

(1) 105 年度收到訂金及房地款時：

銀行存款（或應收帳款）	83,000,000	
預收款——房屋三德大樓		60,000,000
預收款——土地三德大樓		20,000,000
銷項稅額		3,000,000*

* 房屋價款 $\$80,000,000 \times \frac{3}{4} \times 5\% = \$3,000,000$

(2) 105 年度沒收預收款時：

預收款——房屋三德大樓	150,000	
預收款——土地三德大樓	50,000	
其他收入		200,000

(3) 105 年度取得賠償收入時：

銀行存款	1,000,000	
其他收入		1,000,000

(4)退回預收款時：

預收款——房屋三德大樓	1,500,000	
預收款——土地三德大樓	500,000	
銷項稅額 ($2,000,000 $\times \frac{3}{4} \times$ 5%)	75,000	
銀行存款		2,075,000

(5) 106 年度收款時：

銀行存款（或應收帳款）	103,750,000	
預收款——房屋三德大樓		75,000,000
預收款——土地三德大樓		25,000,000
銷項稅額		3,750,000*

* $100,000,000 $\times \frac{3}{4} \times$ 5% = $3,750,000$

(6) 107 年度交屋前收款時：

銀行存款（或應收帳款）	15,562,500	
預收款——房屋三德大樓		11,250,000
預收款——土地三德大樓		3,750,000
銷項稅額		562,500*

* $15,000,000 $\times \frac{3}{4} \times$ 5% = $562,500$

(7)交屋時：

銀行存款（或應收帳款）	8,337,500	
預收款——房屋三德大樓		6,750,000*
預收款——土地三德大樓		1,250,000
銷項稅額		337,500**

* $5,000,000 $\times \frac{3}{4} + $3,000,000 = $6,750,000$
** $6,750,000 $\times$ 5% = $337,500$

應收帳款	124,500,000	
預收款——房屋三德大樓		90,000,000
預收款——土地三德大樓		30,000,000
銷項稅額		4,500,000*

$* \$120,000,000 \times \dfrac{3}{4} \times 5\% = \$4,500,000$

預收款——房屋三德大樓	241,350,000	
預收款——土地三德大樓	79,450,000	
營業收入——房屋		241,350,000
營業收入——土地		79,450,000

$\$80,000,000 - \$200,000 - \$2,000,000 + \$100,000,000 + \$15,000,000 + \$8,000,000$
$+ \$120,000,000 = \$320,800,000$

(8)取得銀行貸款時：

| 銀行存款 | 124,500,000 | |
| 　　應收帳款 | | 124,500,000 |

例十一

　　假設大德建設公司是以合建分屋方式取得建地，換出房屋成本為 40,000,000 元，其房屋時價為 50,000,000 元（統一發票之開立應以換出之房屋或換入土地之時價，從高認定）則交換時應作分錄：

待售土地——土地三德大樓	42,500,000	
待售房屋——房屋三德大樓		40,000,000
銷項稅額		2,500,000*

* 統一發票按 50,000,000 元開立，銷項稅額為 $\$50,000,000 \times 5\% = \$2,500,000$

第四節
代收代付款項

　　一般所謂代收代付款項係代收款或代付款之統稱，指代他人收取或支付之款項，並於收取或支付後將以「同數額」轉付他人或向他人收回者。顧名思義，代收代付

款項非屬企業本身之收入或支出，但稅法上對其認定有種種規定，不符規定者即有被視同收入之虞，不可不慎。

一、有關規定

依現行加值型及非加值型營業稅法及有關解釋令（有關代收代付是否開立統一發票）可分為下列諸項原則：

◇視為銷售貨物，必須開立統一發票

(1)銷售代銷貨物，視為銷售貨物，受託人於銷售代銷貨物時，應按約定代銷價格開立發票，交付買受人，但於辦理當期所得稅結算申報時，除代銷之佣金收入仍應列報外，該項銷售額應於營業收入調節欄項下予以減除。

(2)代購貨物，營業人以自己名義代為購買貨物交付委託人者，視為銷售貨物，應按代購貨物之實際價格開立發票交付委託人。但於辦理當期所得稅結算申報時，除代購之佣金收入仍應列報外，該項銷售額應於營業收入調節欄項下予以減除。

(3)委託他人代銷貨物，於送貨時已先按送貨之數量及約定代銷之價格作為其銷售額者，於年度終了時，其尚未經代銷之貨物價額，應於辦理所得稅結算申報時，將該項銷售額於營業收入調節欄項下予以減除。

(4)代收代付運費，包括：

・承攬運送人，包括航空貨運或船務貨運承攬業，其代收運費視為銷售勞務，必須開立發票給予託運人，代付運費視為「購買勞務」，取得運送人之統一發票，此即代收代付視為「自銷自進」處理。

・船務代理業，外國國際運輸事業在中華民國境內之營業代理人對於全部出口運費，不論是否在國內收取，應代為開立統一發票，代收進口運費時，則只須開立收據，毋須開立統一發票。

◇以代付款所取得憑證交付委託人，免另開統一發票，並免列入銷售額

營業人受託代收轉付款項，於收取轉付之間無差額，其轉付款項取得之憑證買受人載明為委託人者，得以該憑證交付委託人，免另開立統一發票，並免列入銷售額。但若未取得（或已取得未保存）原始憑證，除能證明代收轉付屬實，准予認定外，則所收款項應列為營業收入處理，並依同業利潤標準核計其所得額。

◇**不視為銷售額，但必須在統一發票備註**

(1)飲食、旅宿業及旅行社等，代他人支付之雜項費用（指未予加收差額之車費、郵資、電信費等），得於統一發票「備註」欄註明其代收代付項目與金額，免予列入統一發票之銷售額及總計金額。

(2)報關行受託代收轉付款項，除代為支付各項稅費，例如支付進口稅費、港務局之過境港棧以及其他裝卸搬運費等，取得委託人為抬頭（買受人）之憑證交付委託人，免予開立統一發票外，其有不屬上項稅費之什項支出，例如規費及其他什支等，於收付之間未予加收差額者，倘取得支付憑證買受人載明為委託人者，得於統一發票「備註」欄註明其代收代付項目與金額，免予列入統一發票之銷售額及總計金額。

二、會計處理釋例

上列各項，除(1)銷售代銷貨物已於第八章第三節委託銷貨內說明其會計處理外，餘舉例說明如下：

㈠代購貨物

例十二

甲公司委託乙公司代購原料乙批，乙應以自己名義購買原料，取得以乙為抬頭並載明原料原價款 1,000,000 元及稅額 50,000 元之三聯式統一發票及扣抵聯後，再行將該批原料交付與委託人甲時，乙應開立原料價款 1,000,000 元及銷項稅額 50,000 元之統一發票及扣抵聯交付與委託人甲。

1.受託人乙公司之帳務處理

(1)以乙名義購買原料，取得乙名義之統一發票時，作如下分錄：

代購原料	1,000,000	
進項稅額	50,000	
應付帳款		1,050,000

(2)將該批原料交付委託代購人甲時，受託人乙開立統一發票，並作如下分錄：

應收帳款	1,050,000	
代購原料		1,000,000
銷項稅額		50,000

(3)乙按約定佣金（設為 10%）開立發票：

現　金	10,500	
佣金收入		10,000
銷項稅額		500

2.委託人甲公司之帳務處理

(1)無分錄。

(2)收到原料及乙公司發票：

原　料	1,000,000	
進項稅額	50,000	
應付帳款		1,050,000

(3)收到乙公司開立佣金發票，並付款：

佣金支出	10,000	
進項稅額	500	
現　金		10,500

㈡航空貨運承攬業

係接受託運人（如貿易商）委託，以自己名義，使運送人（航空公司）運送物品到達目的地而得到報酬，是以航空貨運承攬業，係基於貿易商、航空公司之間的樞紐地位，是現代國際貿易中間重要的一環，也是國際運輸業之延伸。

例十三

設出口商甲委託乙航空貨運代理公司運送樣品，交易資料如下：
設運價包括運費、報關手續費及卡車搬運費。

		營業稅	合 計
運 費	NT$2,000	$100	$2,100
報關手續費	50	3	53
卡車搬運費	100	5	105
合 計	$2,150	$108	$2,258

合計 $158

　　運價付款條件為起運點支付 (Prepaid)，又手續費及卡車搬運費等代墊費用係直接以託運人名義為之。其有關三方面會計處理如下：

1.航空貨運承攬業分錄

　　⑴支付代墊費用時：

代墊費用	158	
現 金		158

　　⑵向託運人收取全部運價交付提單：

現 金	2,258	
運費收入		2,000
銷項稅額		100
代墊費用		158

　　⑶支付航空公司運費（假設為 1,800 元，航空公司適用零稅率）：

運費支出	1,800	
現 金		1,800

　　⑷向航空公司收取佣金：

現 金	95	
佣金收入 ($1,800×5%)		90*
銷項稅額		5

＊設航空貨運承攬業向航空公司收取之佣金 5%

　　⑸在次期開始 15 日前將本月銷項稅額結清：

銷項稅額	105	
現 金		105

2.託運人分錄

(1)無分錄。

(2)支付運價：

運費支出	2,150	
進項稅額	108	
現　金		2,258

(3)無分錄。

(4)無分錄。

(5)在次期開始 15 日時，設託運人係經營外銷，適用零稅率，故進項稅額可要求退回。

應收退稅款	108	
進項稅額		108

3.航空公司分錄

(1)無分錄。

(2)無分錄。

(3)收取運費時：

現　金	1,800	
運費收入		1,800

(4)支付佣金時：

佣金支出	90	
進項稅額	5	
現　金		95

(5)在次期開始 15 日前申報營業稅時，因航空公司適用零稅率，故進項稅額可要求退回。

應收退稅款	5	
進項稅額		5

㈢船務代理業之代收代付

◇代收運費與開立統一發票

外國國際運輸事業經由代理人在中華民國境內營業者，其在中華民國境內承運出口貨物之運費收入，如於國內收款時，應由代理人於收款時，負責代為開立統一發票給予付款人；如在國外收款時，則按航次彙開統一發票給予國外受貨人，並按營業稅報繳之有關規定，於次期開始 15 日前申報主管稽徵機關，其在中華民國境內由代理人支付之進項稅額（抬頭須為代理人）得由代理人申報扣抵。至於進口運費之代收，則只需開立收據。

◇代收代付款項應取具之憑證

船務代理業所經辦之代收代付款項，其原始憑證包括統一發票、專用發票、繳款證明及收據等，應由開立憑證單位在憑證上列明船名、港口代理公司名稱及總代理公司名稱，並依規定保存。如必須檢寄原始憑證予其所代理之國外營利事業者，准以影本或抄本加蓋代理人印章，並註明與原始憑證所載內容相符字樣，以憑查核。

◇會計處理釋例

例十四

假設正大航運公司為外商某航運事業在臺灣地區之營業代理人，如本月代收運費總計 20,000,000 元（包括出口運費 15,000,000 元及進口運費 5,000,000 元）（設該外國國際運輸事業適用零稅率之規定），惟其在臺營業額（即承運出口貨物部分）計 30,000,000 元。又本月代付港埠費用為 3,000,000 元，每月代理佣金為 500,000 元，外加稅額 25,000 元，於結帳匯付代理帳款時一併扣除。其有關分錄如下：

(1)代收運費時：

銀行存款	20,000,000	
代收運費——外商某航業		20,000,000

(2)代為扣繳所得稅時：

代繳稅款——外商某航業	600,000	
銀行存款		600,000

* $30,000,000 \times 10\% \times 20\% = \$600,000$

(3)代付港埠費用時：

代付款——外商某航業	3,000,000	
銀行存款		3,000,000

(4)每月列記代理佣金時：

應收佣金——外商某航業	525,000	
佣金收入		500,000
銷項稅額		25,000

(5)結帳匯付代理帳款時：

代收運費——外商某航業	20,000,000	
代繳稅款——外商某航業		600,000
代付款——外商某航業		3,000,000
應收佣金		525,000
銀行存款		15,875,000

㈣餐飲業之代收代付

◇統一發票之開立

　　有關餐飲、娛樂等業收取之服務費，視同營業收入，必須包括在銷售額開立發票，加收 5% 營業稅，僅代付車資等才視為代收代付，在發票「備註」代收代付金額。

◇會計處理釋例

例十五

　　假設星星餐廳某日營業收入 200,000 元，另外加收一成服務費 20,000 元，另加收 5% 營業稅，及代付車資 5,000 元，則其分錄為：

(1)收款時:

銀行存款	236,000	
餐飲收入		220,000
銷項稅額		11,000
代收款		5,000

(2)轉付時:

代收款	5,000	
銀行存款		5,000

(五)代收轉付款項,無差額時

茲分為代收款與代付款兩方面,例示如下:

◇代收款

例十六

假設大原公司某月份薪資總額 1,000,000 元,代扣所得稅 25,000 元、勞健保費 15,000 元,其該月份應納勞健保費為 75,000 元,則分錄為:

(1)扣繳時:

薪資支出	1,000,000	
銀行存款		960,000
代收款——所得稅		25,000
代收款——勞健保費		15,000

(2)繳納所得稅款時:

代收款——所得稅	25,000	
銀行存款		25,000

(3)繳納勞健保費時:

保險費	60,000	
代收款——勞健保費	15,000	
銀行存款		75,000

◇代付款

例十七

假設正大律師事務所代辦大原公司變更登記手續，先墊付文件打字費 1,000 元（取得普通收據）及規費 2,000 元，並於工作完成後依約定向大原公司收取手續費 25,000 元，則分錄為：

(1)代墊款項時：

代付款——大原公司	3,000	
現　金		3,000

(2)收款時：

現　金	25,500	
預付款——所得稅	2,500*	
代付款——大原公司		3,000
手續費收入		25,000

* 25,000 × 10% = 2,500

習　題

1. 惠成公司 105 年 7 月 1 日向信永公司承租機器設備 1 部，約定租期 8 年、每年底支付租金 100,000 元（外加 5% 營業稅），租約屆滿時，可以優惠承購價 50,000 元（外加 5% 營業稅）買進該機器。該機器之耐用年限為 10 年，估計殘值 0 元，此項租賃隱含年利率為 15%。試作：

(1)惠成公司帳上 105、106 及 113 年之分錄。

(2)信永公司帳上 105、106 及 113 年之分錄。

2. 101 年 1 月 1 日，信大公司購入機器 1 部，成本 800,000 元，耐用年限 7 年，估計殘值 100,000 元，採平均法提列折舊。102 年 1 月 1 日信大公司將該機器賣予華成公司，售價 820,000 元（低於時價），再以合於營業租賃條件租回 4 年，每年租金 150,000 元。以上營業稅 5% 係外加。試作信大公司 101、102、103 年有關該機器之分錄。

3. 巴拿馬商大榮航運公司於臺北設立分公司，經營國際運輸業務，設某航次出口運費，國內收取部分為 3,000,000 元，即開立統一發票交予出口商並收取即期支票，國外收取部分為 7,000,000 元，當即彙開統一發票，並在備註欄註明航次及彙開字樣，由國外代理商於貨到時收款。試作該航次出航時有關運費收入之分錄。

4. 同上題，假設該公司已經財政部核准，按營業收入之 10% 計算營利事業所得額。假設上年度（101 年度）之營業收入為 60,000,000 元，並依法繳納稅款，試作：

⑴辦理暫繳申報時之分錄。

⑵假設該公司 102 年度在臺營業收入為 95,000,000 元，並依規定繳納 17% 所得稅稅款，試作年度終了結算申報所得稅時之分錄。

5. 安平公司 101 年 1 月 1 日承包一建築物工程，預定 3 年完工，工程承包價為 4,000,000 元，其他與該建築交易相關之資料如下：

	101 年	102 年	103 年	合計
每年實際工程成本	$ 700,000	$1,860,000	$ 800,000	$3,360,000
估計至完工尚須投入成本	2,100,000	640,000	–	
分期請款金額	1,000,000	2,000,000	1,000,000	4,000,000
實際收款金額	1,000,000	1,600,000	1,400,000	4,000,000

假設安平公司採完工比例法認列工程損益，上列資料之營業稅 5% 皆為外加，試作：

⑴該公司 101、102、103 年有關上述交易之分錄。

⑵計算各年度工程收入及工程毛利。

第十章
營業成本

　　營業成本乃賺取營業收入所支付之主要代價，銷售貨物之進貨成本稱為銷貨成本，其他提供勞務之行業，可各依其特性給予特定名稱，如業務成本、營建成本等。茲於本章內將買賣業及製造業之銷貨成本，以及營建業之營建成本，加以闡明。

第一節
概　說

一、意義與分類

　　營業成本乃為取得營業收入所支付的代價，屬費用之一。會計上所謂費用係指企業在一定期間因主要業務而支付或生產貨物、提供勞務，或其他活動所產生的資產流出或負債之發生。一般將「使存貨達到可銷售狀態以前之費用」歸為存貨成本，而將「存貨售出並送達購買者手中所發生的推銷、運輸、管理等費用」歸為營業費用（或稱銷管費用）。當存貨售予客戶時，原來之存貨成本則轉為銷貨成本，成為計算損益的重要因素，因營業收入減銷貨成本，再減營業費用，即等於營業損益。

　　買賣業及製造業之營業成本主要涉及產品之銷售，一般習稱銷貨成本，至於其他以提供服務為主之行業，如銀行業、運輸業、營造業等，其營業成本有稱為業務成本者，亦有冠以行業名稱者（如運輸成本、營造成本等），皆無不可。若就存貨成本之組成要素而言，可分為直接原料、直接人工及製造費用三大類。本章將分別就買賣業、製造業以及營建工程業，討論稅法對營業成本之種種規定。

二、營業成本認定之基本要件

　　稅法對於營業成本雖未明訂其認定要件，但綜合各相關規定，其要件有四：

◇應有進貨事實與憑證

舉凡原料、物料及商品之購進，或人工、製造費用的發生，除有事實為根據外，並應取具各種稅法規定的憑證，如統一發票、普通收據、契約及結匯文件等，方得予以認定，此乃稅法「形式與實質並重」原則之最佳寫照。

◇原料耗用未超過標準或帳載明確

製造業耗用之原料不得超過各該業通常水準，其超過部分，除非帳載明確或提出正當理由，並經稽徵機關查明屬實，否則不予認定。

◇費用分攤方法應合理且一貫

製造業之費用與損失，應劃分為銷售、管理及製造費用；製造費用亦應劃歸不同產品、不同批次負擔。這些費用的分攤方法必須合理，且應一貫採用之，如有分攤錯誤應予轉正，如有方法變更，非經提出正當理由，經稽徵機關查明屬實者，不予認定。

◇應有相對之營業收入

基於成本收益配合原則，成本費用應與所產生之收入相配合；沒有營業收入，營業成本也就無所附麗。就銷售貨物之行業言，必須先行承認銷貨收入，才有銷貨成本之認列；就提供服務之行業言，也必須先有業務收入之承認，有關此項收入之業務成本才能予以認定。

三、營業成本之調整

稅法對於營業成本之認定，採用嚴格的「形式與實質並重原則」或「形式重於實質原則」，對於營業成本之調整有下列規定：

1.所得稅法第 27 條規定：「營利事業之進貨，未取得進貨憑證或未將進貨憑證保存，或按址查對不確者，稽徵機關得按當年度當地該項貨品之最低價格，核定其進貨成本。」其屬未取得或未保存憑證者，應依稅捐稽徵法第 44 條處罰鍰 5%。

2.營利事業所得稅查核準則第 38 條規定：「營利事業如因交易相對人應給與而未給與統一發票，致無法取得合法憑證，其已誠實入帳，能提示送貨單及支付貨款證明，經稽徵機關查明屬實者，准按實際進貨價格核定成本，並依稅捐稽徵法第 44 條規定處罰。但其於稽徵機關發現前由會計師簽證揭露或自行於申報書揭露者，免予處罰。交易相對人涉嫌違章部分，則應依法辦理。」

3.所得稅法第 28 條規定：「製造業耗用之原料，超過各該業通常水準者，其超過部分，非經提出正當理由，經稽徵機關查明屬實者，不予減除。」

4.所得稅法第 83 條規定：「稽徵機關進行調查或復查時，納稅義務人應提示有關各種證明所得額之帳簿、文據；其未提示者，稽徵機關得依查得之資料或同業利潤標準，核定其所得額。」準此，營利事業如無法提示有關營業成本之帳簿文據，稽徵機關即得以同業利潤標準核定其營業成本。

5.查核準則第 52 條：「期末存貨數量，經按進貨、銷貨、原物料耗用、存貨數量核算不符，而有漏報、短報所得額情事者，依所得稅法第 110 條規定辦理。但如係由於倉儲損耗、氣候影響或其他原因，經提出正當理由及證明，足資認定其短少數量者應予認定。」

6.查核準則第 38 條之 1：「進貨價格顯較本準則第 22 條所稱時價為高者，依下列規定辦理：

一、向關係企業以外之非小規模營利事業進貨，經查明其進貨價格與銷貨廠商列報銷貨之金額相符者，應予認定。

二、向小規模營利事業或非營利事業者進貨，經提出正當理由及取得證明文據，並查對相符時，應予認定。

前項第一款及第二款，其無正當理由或未能提示證明文據或經查對不符者，應按時價核定其進貨成本。」

7.查核準則第 50 條：「商品、原料、物料、在製品、製成品、副產品等存貨之估價，以實際成本為準，成本高於淨變現價值者，納稅義務人得以淨變現價值為準，跌價損失得列銷貨成本。但以成本與淨變現價值孰低為準估價者，一經採用不得變更。成本不明或淨變現價值無法合理預期時，由該管稽徵機關用鑑定或估定方法決定之。」

第二節
買賣業之銷貨成本

經營買賣業者係以購入商品出售，賺取差額利潤為主要的業務活動。依照所得稅法施行細則第 31 條規定，買賣業銷貨成本之計算公式如下：

銷貨成本＝期初存貨＋〔進貨－（進貨退出＋進貨折讓）〕＋進貨費用－期末存貨

準此，本期進貨情形，期初與期末存貨狀況，都是計算銷貨成本的相關因素。

一、本期進貨

㈠進貨成本

查核準則第 37 條：「原料、物料及商品之購進成本，以實際成本為準。實際成本，包括取得之代價及因取得並為適用於營業上使用而支付之一切必要費用。」所稱之必要費用，通常指與進貨有關之運費、保險費、佣金、進口稅捐、銀行結匯費用及報關費用等。但根據查核準則第 97 條第 13 款規定，因進貨借款所支付之利息，應以財務費用列支，不得併入進貨成本。

所有進貨成本均應由所購進商品共同負擔，惟進貨如確於運輸途中發生變質或損耗，經取具有關證明，並由該管稽徵機關查明屬實者，除不應由營利事業本身負擔，或受有保險賠償部分外，准以進貨費用或損失列帳。上項證明文件，除國內運輸損失應取具有關帳證文件外，其屬進口貨料部分，應取得下列各項文件憑以認定：

1.買賣雙方載有購貨條件之契約（應有損失歸屬之規定）。

2.國內公證機構或經財政部認可之其他機構所出具之證明文件及到貨損失對照表。

3.國外供應商之商業發票、裝箱單及船公司之提單副本或影本。

實務上，往往發生貨物已運達營利事業處所；而進貨價格及其運雜費用等尚未確知的情形，依法得先估列相當之進貨成本或製造成本，俟確知後，再行調整或補列損益。應注意者，於年度結帳時，已確知估列數高於實際應付數額，即應予沖轉或補列收益，否則依所得稅法短漏報所得論處。

㈡進貨之原始憑證

營利事業於進貨時應取具合法之原始憑證，原始憑證主要在表彰所購商品之品名、單價及數量，但其類型則因進貨地區及對象之不同而異，查核準則第 45 條有詳細之規定。

◇**向國外或保稅區進貨或進料**

國外進貨或進料，應取得國外廠商之發票、海關完稅單據、各種報關提貨費用單據或其他相關證明文件；已辦理結匯者，應取得結匯文件；未辦理結匯者，應取得銀行匯付或轉付之證明文件；其運費及保險費如係由買方負擔者，並應取得運費及保險費之憑證。向保稅區（科學工業園區、加工出口區、農業科技園區、自由貿易港區及海關管理之保稅工廠、保稅倉庫、物流中心或其他經目的事業主管機關核准設立且由海關監管之專區）進貨或進料者，其應按進口貨物報關程序向海關申報者，比照上述規定。無須辦理報關者，比照下列規定辦理。

◇**向國內進貨或進料**

(1)向營利事業進貨或進料，應取得書有買受人名稱、地址及統一編號之統一發票。

(2)向公會配購或機關團體採購或標購者，應取得配售或標售者之證明文件。

(3)向農、漁民直接生產者及肩挑負販進貨或進料，應取得農、漁民直接生產者及肩挑負販書立載有姓名、住址、身分證統一編號、品名、單價、數量、金額及年月日，並經簽名或蓋章之普通收據或商用標準表單之出貨單作為原始憑證。以上普通收據依法可免貼印花，惟農民身分之認定以合於下列標準為限：

　　‧經農會證明為會員者。

　　‧經鄉鎮公所證明為農民者。

(4)委託代購商品或原料，應取得受託商號書有抬頭之佣金及依代購貨物之實際價格開立，並註明「代購」字樣之統一發票。

(5)向舊貨商購進廢料、舊貨或羽毛者，應依規定取得統一發票或其他外來憑證，作為進貨憑證。

(6)營利事業購進雞、鴨、魚、肉等，應依規定取得統一發票或取得出售人書有姓名或名稱及地址，並經簽名或蓋章之收據。

(7)向應依法辦理營業登記而未辦理者進貨或進料，應取得書有品名、數量、單價、總價、日期、出售人姓名或名稱、地址、身分證統一編號及蓋章之收據，及其通報歸戶清單（申報書）存根。

(8)聯合標購之進貨，應有報經稽徵機關發給之分割證明；其僅以一事業之名義代表標購者，應有報經稽徵機關核備之合約。

(9)營利事業向免用統一發票商號進貨，應取得普通收據。

營利事業進貨、進料未取得憑證或未將取得憑證保存，或按址查對不確，(1)有

進貨事實：稽徵機關應按當年度當地該項貨品之最低價格，核定其進貨成本並依稅捐稽徵法第 44 條規定辦理。(2)無進貨事實：依所得稅法第 110 條，按其有無辦理結算申報，分別就其漏報或短報之所得，處以所漏稅款 2 倍或 3 倍以下罰鍰。

㈢進貨退出與進貨折讓

進貨退出與進貨折讓同屬本期進貨成本之減項，前者指購進後因某種原因（如品質、規格不符）而退回予售貨者之謂，後者則為進貨者所享受的減讓待遇。營利事業依經銷契約所取得之獎勵金，應按進貨折讓列帳。

㈣會計處理釋例

◇向國內進貨之會計處理

例一

假設大原公司向大同公司批購電視 100 臺，每臺 10,000 元，約定 1 個月內付現可享受 1% 折讓，又發生運費 10,000 元由大原公司自行負擔，則有關分錄如下：

(1)進貨成交時：

進貨——電視 100 臺	1,000,000	
進項稅額	50,000	
應付帳款——大同公司		1,050,000
進貨費用	10,000	
進項稅額	500	
現　金		10,500

(2) 1 個月內付款時：

應付帳款——大同公司	1,050,000	
銀行存款		1,039,500
進項稅額		500
進貨折讓		10,000

由大原公司開立進貨折讓證明書給予大同公司

(3)逾 1 個月付款時：

應付帳款——大同公司	1,050,000	
銀行存款		1,050,000

◇向國外進貨之會計處理

例二

假設大原公司向日本新力公司進口錄影機 100 臺，每臺 CIF 單價 US$300，總價 US$30,000，其有關資料如下：

(1)開立 90 天期遠期信用狀，開狀時先行結匯 15%，結匯費用包括：手續費 1,000 元及郵電費 500 元；辦理還款時，支付利息費用 30,000 元。

(2)美元對新臺幣匯率：開狀時 1：32.40，提貨時 1：32.20，還款時 1：32.30，退貨時 1：32.10。

(3)發生報關費用：關稅 500,000 元，報關費 20,000 元。

(4)還款後因品質不佳退回錄影機 10 臺，退匯 US$3,000。

- 申請開立信用狀時：通常先按信用狀總額之 15% 辦理結匯，並繳付結匯手續費及郵電費等。

預付外購價款	147,300	
銀行存款		147,300

US$30,000 × 15% × 32.40 + $1,000 + $500 = $147,300

- 進口報關提貨時：依海關對進口貨物通關辦法，均應委託報關行代辦一切進口手續費、營業稅等。

預付外購價款	520,000*	
進項稅額	73,300**	
銀行存款		593,300

* $500,000 + $20,000 = $520,000
** 進項稅額 = (US$30,000 × 32.20 + $500,000) × 5% = $73,300

進貨（存貨）	1,488,400	
預付外購價款		667,300
應付進口結匯款		821,100*

* 應付進口結匯款 ＝ US$30,000 × 85% × 32.20 ＝ $821,100

註：依國際財務報導解釋第 22 號，若於原始認列資產（進貨／存貨）前，已預付外幣對價，應以原始認列預付對價之日作為決定相關資產（或其部分）換算匯率之交易日。

・信用狀到期還款時：

應付進口結匯款	821,100	
利息支出	30,000	
兌換損失	2,550*	
銀行存款		853,650

* US$30,000 × 85% × 32.30 ＝ $823,650

　兌換損失 $823,650 － $821,100 ＝ $2,550

・退貨退匯時：發生退貨可申請退回結匯款及關稅，其餘結匯費用及報關費均不得退回。

銀行存款	146,300*	
退貨損失	2,540	
進貨退出		148,840**

*退回款項 ＝ US$300 × 10 × 32.10 ＋ $500,000 × $\frac{1}{10}$ ＝ $146,300

**進貨退出 ＝ $1,488,400 × $\frac{1}{10}$ ＝ $148,840

◇進貨費用之會計處理

前已述及，使存貨達到可供出售狀態以前的運費、保險費、稅捐等進貨費用，皆屬存貨的一項成本因素，依法應以合理的分攤基礎，攤入已銷售之銷貨成本及未銷售的存貨成本。惟就實務上言，進貨費用有以下三種處理方式：

(1)併入發票價格作為存貨成本的一部分。

(2)單獨記載並於期末攤入銷貨成本及未銷售的存貨成本。

(3)單獨記載並作為期間費用或併入銷貨成本。

(1)法通常於採用永續盤存制度的企業，其進貨費用金額較大，且費用容易歸屬各批進貨或有合理分攤基礎時適用之，購進商品時應作下列分錄：

存　貨	×××	（發票價格及進貨費用）
進項稅額	×××	（發票上所加計之 5% 稅額）
現金（應付帳款）		×××（發票價格）
應付費用（現金）		×××（進貨費用）

⑵法通常適用於採用永續盤存制度，進貨費用金額較大，但費用卻不易直接歸屬各批進貨的情況；而採用定期盤存制度，進貨費用金額較大，且期末存貨較多的情況亦適用之。有關分錄如下：

　‧平時發生進貨費用時：

進貨費用	×××	
進項稅額	×××	（發票上所加計之 5% 稅額）
現金（銀行存款）	×××	

　‧期末將進貨費用攤入銷貨成本及存貨成本：

銷貨成本	×××	
存　貨	×××	
進貨費用		×××

⑶法則於進貨費用金額不大，或期末存貨不多時適用之。平時進貨費用發生時仍予單獨設帳記載，期末時予以轉列銷貨成本科目：

銷貨成本	×××	
進貨費用		×××

二、期初及期末存貨

㈠期初存貨

　　期初存貨係上期結轉之商品存貨，其申報數量及金額，應與上年度稽徵機關核定數量及金額相符，其不符者，應予調整。但上期因耗用原料、物料等與耗用率不符，而調整之金額，不得列為次年之期初存貨。至於特殊狀況下，期初存貨之認定方法包括：

　1.上年度未依法申報，或於年度中途設帳，或雖經申報，但無法提示有關證明

所得額之帳簿文據，經依查得資料或同業利潤標準核定所得額者，應由營利事業自行列報期初存貨明細表，標明各種存貨之數量、單位、原價，並註明其為成本、淨變現價值或估定價額，供稽徵機關核定。

2.上年度雖辦理結算申報，而未經查帳核定，其原因與存貨之價格及數量無關者，應就上年度申報之期末存貨，核定本期之期初存貨。

3.上年度已辦理結算申報，但經查帳核定存貨有漏、匿報者，應依稽徵機關查定之結存數量、金額為本期期初存貨。

㈡期末存貨

期末存貨存在著兩大問題：如何確定盤存數量與金額。第一個「數量」問題由盤存制度來解決，而第二個「金額」問題則由計價方法來決定。

◇盤存制度

所謂盤存制度係用以控制存貨數量的方法，分為永續盤存制與定期盤存制二種。

⑴永續盤存制：永續盤存制又稱帳面盤存制，係將每筆存貨之收入、發出及結存之數量與金額，於發生時逐一記載於明細帳簿中，以便隨時查明存貨結餘之數量與金額。此法對存貨變動記載詳細，但耗時較多，通常為會計制度較健全之事業所採用。但實務上，另有對於存貨之收發，只記數量而不記金額者，亦可稱為永續盤存制。採用本制度之會計處理特徵為：購入存貨時以「存貨」科目入帳，銷貨時應將已售商品成本由「存貨」轉列「銷貨成本」科目，並將收發情形載入存貨明細帳。

⑵定期盤存制：定期盤存制又稱實地盤存制，係平日對於存貨之收發不做記錄，於一定時日（通常為結帳日）將各項存貨實地逐一加以盤點，以確定其數量，並估定其價值。在此種盤存制度下，其會計處理較為簡易，無須設置存貨明細帳，於購入貨品時以「進貨」科目入帳，銷貨時對銷貨成本不做結轉分錄，僅於期末調整時，按實際盤點之數量與金額，計算全年度的銷貨成本，其分錄如下：

銷貨成本	×××	
存貨（期末）	×××	
存貨（期初）		×××
進　貨		×××

(3)稅法有關盤存制度及存貨查核之規定：所得稅法施行細則第46條規定，採先進先出法或移動平均法者，應採用永續盤存制；而採加權平均法既可選用永續盤存制，亦可選用定期盤存制。又查核準則第101條規定，僅採用永續盤存制或經核准採用零售價法者，可以列報商品盤損；此乃因實務上，採行永續盤存制計算存貨者，往往每隔相當時日，實地盤點各項存貨，其帳載資料與實際不相符者，必以存貨盤損或盤盈科目調整之，務使兩者相符。

應注意者，從理論上言，採用定期盤存制者若有存貨損耗或短少，當包括在銷貨成本之中列報；惟目前稽徵機關對於存貨之查核強調進銷存之勾稽，採用定期盤存制之營利事業，縱於平時對存貨之收發變動不必詳細記載，仍應提供全年度之「進銷存明細表」，用以證明其銷貨成本之計算無誤，若有存貨短少情事，並須提出正當理由及證明，其無正當理由及證明者，恐有被認定為短漏報所得之虞。因此，純就實務觀點言，盤存制度雖有實地與永續之分，卻無實地盤點制度之實，營利事業均需保持存貨收發存等詳細資料。

◇**存貨估價方法**

所得稅法第44條第1項：「商品、原料、物料、在製品、製成品、副產品等存貨之估價，以實際成本為準；成本高於淨變現價值時，納稅義務人得以淨變現價值為準，跌價損失得列銷貨成本；成本不明或淨變現價值無法合理預期時，由該管稽徵機關用鑑定或估定方法決定之。」準此，現行稅法對於存貨成本之估價方法，包括成本法、成本與淨變現價值孰低法及估計成本法。

(1)成本法：存貨成本包括取得原價及必要費用，每批進貨常因市場供需的波動而價格不一，遂衍生了會計上所謂「成本流動假設」，藉以決定已售存貨之銷貨成本及未售存貨之存貨成本，從而計算期間損益。所得稅法第44條規定的成本計價方法，包括先進先出法、加權平均法、移動平均法及個別辨認法等四種，分別簡要說明其意義如下：

・先進先出法：係依存貨之性質分類，其屬於同一類者，分別依其取得日期順序排列彙計，其距離年度終了最近者，列於最前，以此彙列之價格，作為存貨取得價格。

・加權平均法：係依存貨之性質分類，其屬於同一類者，以自年度開始之日起，併同當年度中添置存貨之總金額，除以總數量，以求得其每一單位之取得價格。又按月結算成本者，得按月加權平均計算存貨價值。

‧移動平均法：係依存貨之性質分類，其屬於同一類者，於每次取得時，將
其數量及取得價格與上次所存同一類之數量及取得價格合併計算，以求得
每一單位之平均價格，下次取得時，依同樣方法求得每一單位之平均價格，
以當年度最後一次取得時調整之單位取得價格，作為存貨之取得價格。

‧個別辨認法：係依個別存貨之實際成本，作為存貨之取得價格。

⑵成本與淨變現價值孰低法：本法係比較商品之成本及淨變現價值，如以成本
法計算之價格低於淨變現價值，則以成本作為存貨之盤存價格，如成本高於
淨變現價值，則以淨變現價值為其存貨價格。所謂淨變現價值，依照所得稅
法第 44 條之解釋，係指營利事業預期正常營業出售存貨所能取得之淨額。

⑶其他估價方法：

‧零售價法：採零售價法者，應依商品種類事先訂定價格，與進貨成本求得
成本率，各種商品所定價格乘以其成本率，作為存貨之每一單位取得價格。
此法通常適用於商品種類繁多，明細帳記載困難，盤點不易之百貨店、零
售商店及批發商等。經營零售業之營利事業，得報請稽徵機關核准後，採
用零售價法估計存貨價值。

‧鑑定或估定方法：商品之成本或時價，遇特殊原因，如天災地變或人為因
素，可能無從查考，稅法乃賦予稽徵機關依其有關資料，予以鑑定或估定
之權力，以濟其窮。

三、銷貨成本之認定

計算買賣業銷貨成本的兩大要素——本期進貨與存貨盤存，已經詳細討論如上，
而稽徵機關對於銷貨成本之查核，重點在於進貨憑證之取得及存貨進銷存之勾稽，
亦已陳述於前。至於稽徵機關對於未依法取得憑證或進銷存勾稽不符者，將作如何
處置，茲說明如下：

㈠無進貨事實或無進貨憑證，其成本之認定

◇有進貨事實，但無進貨憑證者

營利事業有進貨事實，但進貨或進料時，未取得進貨憑證或未將進貨憑證保存
者，除依稅捐稽徵法第 44 條處 5% 罰鍰外，稽徵機關得依所得稅法第 27 條規定，

按當年度當地該項貨品最低價格，核定其進貨成本。

　　營利事業如因交易相對人應給與而未給與統一發票，致無法取得合法憑證，其處理方式，請參見第一節「三、營業成本之調整」第 2 點之說明。

◇有進貨事實，而取得不法之憑證者

　　營利事業有進貨或支付費用之事實，但所取得之憑證，如涉有偽造、變造或屬虛設行號所開立之統一發票，依照財政部 72 年 5 月 19 日台財稅字第 33508 號函規定，應依下列情形分別處理：

　　⑴營利事業之進貨或支付費用，未取得對方開立之統一發票，而係取得另一營利事業開立之統一發票頂替者，除依稅捐稽徵法第 44 條規定論處外，其涉有幫助他人逃稅者，並應依同法第 43 條第 1 項規定處罰。

　　⑵營利事業之進貨或支付費用所取得對方給予之統一發票，事後經查係虛設行號之統一發票者，除應依稅捐稽徵法第 44 條規定按未依法取得憑證論處外，如取得該項虛設行號之發票確屬不知情者，得免依稅捐稽徵法第 43 條第 1 項規定處罰。

　　依稅捐稽徵法第 44 條，處罰金額最高不得超過新臺幣 1,000,000 元。但營利事業取得非實際交易對象所開立之憑證，如經查明確有進貨事實及該項憑證確由實際銷貨之營利事業所交付，且實際銷貨之營利事業已依法處罰者，免予處罰。

◇無進貨事實，而取有憑證者

　　營利事業若取有進貨憑證，經查而無進貨事實者，除進貨不予認定外，尚須按所得稅法第 110 條，按其有無自行辦理結算申報，分別就其漏報或短報之所得，處以所漏稅款 2 倍或 3 倍以下之罰鍰，並依刑法偽造文書或偽造印戳罪及稅捐稽徵法第 41 條或第 43 條論處。

㈡進銷存核對不符

　　銷貨成本之認列必須已售商品取有合法憑證，且銷貨收入已經承認入帳，如果進銷存核對不符，除係由於倉儲損耗、氣候影響或其他原因，經提出正當理由或證明文件，並經稽徵機關查核屬實者外，則有如下之處罰規定：

◇短漏報所得者

　　營利事業如果期末存貨漏列、少列或本期進貨高估，均能造成銷貨成本的虛增，而有短漏報所得之實，應依照所得稅法第 110 條論處。

◇**進銷存無法勾稽者**

　　營利事業如果對於存貨之處理紊亂，不能提供每一種貨品當年度進銷存（包括數量及金額）之詳細資料，以致核對工作無從進行時，稽徵機關即可能依所得稅法第 83 條及所得稅法施行細則第 81 條規定，以查得資料或同業利潤標準逕行核定其營業成本。

㈢**進貨價格顯較時價為高者**

　　進貨價格顯較時價為高者，如能提出正當理由，仍應依帳證核定。其未能提出正當理由或證明文件者，稽徵機關應按該項時價核定其進貨成本。

第三節
製造業之銷貨成本

　　經營製造業者係以購入原料、雇用人工，將原料加工製成另一種商品，再予出售賺取利潤；其主要成本包括直接原料、直接人工及製造費用三大類。通常直接材料指投入生產並構成產品主要部分之材料而言。例如電器產品之電子元件、成衣之布料、傢俱之木料、塑膠製品之塑膠粒等是也；但若干材料雖亦構成產品之一部分，惟因成本甚微或分攤不易，常被列為間接材料，如電器品之焊接材料、傢俱之膠水或鐵釘等是。所謂直接人工指直接從事生產所需之勞力報酬而言，如電子廠之線上工人是也；至於為輔助生產所需之人工，並未直接從事生產者，屬於間接人工，如電子廠之維修人員是。所謂製造費用係指為生產所必需，非屬直接材料與直接人工之其他一切費用而言，包括間接材料、間接人工、設備折舊、廠房租金及其他一切製造費用。

　　依所得稅法施行細則第 31 條規定，製造業銷貨成本之計算公式如下：

> （期初存料＋進料－期末存料）＋直接人工＋製造費用＝製造成本
> 期初在製品存貨＋製造成本－期末在製品存貨＝製成品成本
> 期初製成品存貨＋製成品成本－期末製成品存貨＝銷貨成本

　　準此，本期進料情形、投入人工與費用，以及各類存貨之期初期末存貨狀況，都是計算銷貨成本時應考慮的相關因素。

一、本期進料

有關進料應包括之成本，應取得之憑證，所發生之折讓與退出之處理，以及應有的會計處理，與上節買賣業所介紹之進貨相同，不贅言。以下僅就製造業特有的外銷品進口原料稅捐問題詳為介紹。

㈠有關規定

營利事業自國外進口原料應納稅捐主要包括關稅及貨物稅兩項，其繳納則分繳現及記帳兩種方式，所涉及的問題主要為製成品之外銷所引起。按我國為獎勵出口，對於製成出口品之進口原料所負擔之進口稅捐設有免稅規定，其屬已繳現者可以退還，若屬記帳者准予沖銷，不必補稅。

◇繳現稅捐

查核準則第 33 條規定，營利事業繳納之稅捐原以費用列帳者，如於繳納年度收到退稅款時，應以原科目沖回，如於以後年度始收到退稅款者，應列為收到年度之非營業收入。

營利事業繳納外銷品進口原料之稅捐，應以成本列帳，其成品於當年度外銷並收到海關退稅款者應自成本項下沖減。如當年度未收到退稅款，應估列應收退稅款列為成本減項，其成品於次年度始外銷者，不論是否收到海關退稅款，均應於該次年度就收到之退稅款或估列應收退稅款，列為成本減項。

◇記帳稅捐

查核準則第 41 條規定，外銷品進口原料經核准記帳之稅捐，應以備忘科目列帳，不列成本，並於核准退稅時，以原科目沖銷之。其因轉為內銷或因逾期出口而補繳上述經核准記帳之稅捐者，如與進口日期屬同一會計年度，應根據海關通知文件列為成本，如補繳年度與進口日期不屬同一年度，應於內銷或逾期出口之年度先行估計應補稅款列為成本。依目前外銷品沖退原料稅辦法之規定，外銷品沖退稅期限，應自該項原料由海關進口放行之翌日起 1 年 6 個月內，檢附有關出口證件申請退稅，逾期不予辦理。必要時得申請展延，其展延，以 1 年為限。

㈡會計釋例

◇繳現稅捐

例三

(1)繳納進口稅捐時，假設大華公司本月繳納塑膠粒進口稅捐 10,000,000 元，則分錄為：

進料（原料）	10,000,000	
銀行存款		10,000,000

(2)同年度外銷出口並獲退稅 5,000,000 元：

銀行存款	5,000,000	
退稅收入（列為成本減項）		5,000,000

(3)第 2 年度外銷出口估計可獲退稅款 2,000,000 元：

應收退稅款	2,000,000	
退稅收入（列為成本減項）		2,000,000

(4)第 3 年度收到退稅款 2,100,000 元：

銀行存款	2,100,000	
應收退稅款		2,000,000
退稅收入（列為成本減項）		100,000

◇記帳稅捐

例四

(1)核准記帳時，假設大華公司本月進口塑膠粒稅捐 10,000,000 元，經核准記帳，則作備忘分錄：

原料記帳稅捐	10,000,000	
應付原料記帳稅捐		10,000,000

(2)同年度外銷出口獲准沖稅 5,000,000 元：

| 應付原料記帳稅捐 | 5,000,000 | |
| 原料記帳稅捐 | | 5,000,000 |

(3)同年度部分產品轉內銷，補繳原記帳稅捐 1,000,000 元：

| 應付原料記帳稅捐 | 1,000,000 | |
| 原料記帳稅捐 | | 1,000,000 |

| 銷貨成本 | 1,000,000 | |
| 銀行存款 | | 1,000,000 |

(4)第 2 年度外銷出口獲准沖稅 2,500,000 元，其餘已逾申請沖退期限，應補繳稅款，但尚未獲海關通知：

| 應付原料記帳稅捐 | 4,000,000 | |
| 原料記帳稅捐 | | 4,000,000 |

| 銷貨成本（原料） | 1,500,000 | |
| 應付進口稅捐 | | 1,500,000 |

(5)第 3 年度接獲海關通知補稅 1,600,000 元：

應付進口稅捐	1,500,000	
銷貨成本（稅捐）	100,000	
銀行存款		1,600,000

二、期初及期末存貨

　　製造業之存貨包括原料、物料、在製品、製成品與副產品等，其有關期初存貨之認定、期末存貨之盤存，以及期末存貨之估價方法，除下列幾點外，與前節買賣業所述者相同，不再重複。

　　1.各類期初存貨之申報數量及金額，原則上應與上年度稽徵機關核定者相同，

但上期因耗用原料、物料等與耗用率不符,而調整之期末存貨,不得列為次年之期初存貨。

　　2.副產品之估價,有成本可資核計者,應依所得稅法第44條規定辦理,無成本可資核計者,以自其淨變現價值中減除銷售費用之價格為準。

　　3.成本會計制度不健全,不能提供有關各項成本紀錄,以供計算單位生產成本者,關於在製品及製成品之存貨估價,准按其完工程度核計製造成本,並依成本與淨變現價值孰低原則,計算其存貨價格。

三、原料耗用及耗用標準

㈠原料耗用

　　具有健全內部控制制度的製造業對於原料的進耗存,通常均設計有各種表單,如驗收單、領料單、退料單及庫存報表等加以控制,並據以登載詳細紀錄(如原料分類明細帳),使帳簿能反映原料流動的真實情況。茲舉例五說明有關會計處理如下:

例五

(1)驗收時:假設一品成衣製造廠本月購入 T/C 布 5,000 公斤,金額 500,000元,外加營業稅 5%,於驗收後開立 1 個月期支票 525,000 元支付供應商,則應作分錄為:

原料——T/C 布	500,000	
進項稅額	25,000	
應付票據		525,000

(2)領料時:假設一品成衣製造廠本月產製 A、B 兩批訂單,A 訂單計領用T/C 布 3,000 公斤,B 訂單計領用 T/C 布 1,500 公斤,則應作分錄如下:

在製原料——A 批	300,000	
在製原料——B 批	150,000	
原料——T/C 布		450,000

(3)退料時：假設 A 批於本月產製完成，所剩 T/C 布 100 公斤，並填退料單繳回倉庫，則應作分錄：

原料——T/C 布　　　　　　　　　10,000
　在製原料——A 批　　　　　　　　　　　　10,000

(二)原料耗用標準

現行所得稅法第 28 條規定，製造業耗用之原料，超過各該業通常水準者，其超過部分，非經提出正當理由經稽徵機關查明屬實者，不予減除。其所以如此規定，乃因製造業之原料耗用成本往往占製造成本相當高的比例，而同業產品之原料耗用又常因規格不同，機器設備不同，製造程序不同或製造效率之高低而異，為使稽徵機關對於原料成本之查核有明確標準，遂有同業通常水準之訂定。製造業的原料實際耗用量如有超過通常水準，應提出正當理由供核，否則即有遭受剔除之虞。

查核準則第 58 條對於原料耗用數量之查核，設有多種不同規定，各依不同要件而適用之，分述如下：

◇核實認定

即製成品之原料耗用數量係依據有關帳證紀錄核實認定。其適用對象為成本會計制度健全，帳簿憑證完備者，包括：

(1)設置原料、物料、在製品（成本單）、製成品及製造費用等各種明細分類帳。

(2)平時對進料、領料、退料、產品、人工、製造費用等均作成紀錄，有內部憑證可稽。

(3)編有生產日報表或生產通知單及成本計算表，經內部製造、會計部門負責人員簽章。

◇按照通常水準核定

製造業之成本會計制度未達前列標準者，其原料耗用如超過各該業通常水準，超過部分除能提出正當理由查明屬實外，不予減除。上述通常水準係由主管稽徵機關會同實地調查，並洽詢各該業同業公會及有關機關共同擬訂，報請財政部核定者。

◇按照同業原料耗用情形核定

成本會計制度不健全，且未經核定該業通常水準者，得比照機器、設備、製造

程序、原料品質等相當之該同業原料耗用情形核定之。

◇**按照上年度核定用料情形核定**

　　成本會計制度不健全、無該業通常水準，且無相當之同業標準可資比照者，可按該事業上年度核定情形核定之。

◇**按照最近年度核定或實地調查核定**

　　新興事業或新產品，若無同業原料耗用情形，又無該事業上年度核定情形可資比照者，則由稽徵機關調查核定之。

◇**按照同業成本標準核定**

　　成本會計制度不健全，無法提示原料耗用明細表及單位成本分析表，或雖提示而其內容不確或不詳者，可按所得稅法施行細則第 81 條規定，就其成本部分依照同業利潤標準，或查得資料核定其成本。

　　前列所稱「同業」，係指各主管稽徵機關所轄或鄰近縣（市）之該同業；所稱上年度核定情形，係指上年度據以計算耗料之依據。

　　為說明原料超耗之處理起見，假設大成製造廠本月出口毛織品一批淨重 880 公斤，實際耗用原料 1,100 公斤，每公斤 100 元，又假設該公司成本會計制度不健全、原料之領用並無詳細記錄，則該批毛織品之原料可能遭稽徵機關以該業通常水準（假設損耗率為 12%）核定，超耗部分將遭剔除之命運。其超耗計算如下：

該批成衣實際耗用原料	1,100 kg
減：應耗用原料 (880 kg ÷ 0.88)	(1,000 kg)
原料超耗重量	100 kg
乘：原料每公斤金額	×\$100
應剔除超耗金額	\$10,000

　　應注意者，稽徵機關對於上述超耗通常經由調整增加期末存料，使當期之銷貨成本核定數減少，但營利事業本身應不得據以調整入帳，蓋已消耗之原料無以回復原狀也。

四、直接人工及製造費用

　　直接人工與直接原料同屬產品之直接成本，而製造費用則屬間接成本性質，兩

者合稱為加工成本。直接人工成本通常可直接歸屬各類或各批產品，至於製造費用除尋求合理基礎（如直接原料成本、直接人工工時、直接人工成本或機器工時等）予以分攤外，別無直接歸屬之法。茲分別說明直接人工及製造費用有關之稅法規定於後。

㈠直接人工

◇人工成本之蒐集

直接人工係指直接從事生產之勞力報酬而言。製造業所雇用之人員除直接人工外，尚有輔助生產所需之間接人工，屬製造費用，以及因供銷商品或管理業務所雇用之人員，其薪資則屬於營業費用之範疇。不同性質之人工成本，應以不同會計科目予以蒐集，俾以不同方法歸入產品成本或期間費用，惟其稅務處理有關規定均屬相同，請參閱營業費用之薪資支出科目說明。假設一品成衣製造廠本月底發放員工薪資，計直接人工 300,000 元、維修人工 100,000 元以及銷管費用 200,000 元，扣繳稅款 30,000 元，則應作分錄：

直接人工	300,000	
製造費用──間接人工	100,000	
營業費用──薪資	200,000	
銀行存款		570,000
代扣稅款		30,000

◇人工成本之分配

直接人工通常可直接歸屬某類或某批產品負擔，而間接人工只有採用某種基礎進行分攤，或併入製造費用一起分攤。假如上例一品成衣製造廠本月所發生之直接人工 300,000 元，依工時紀錄分析，包括投入 A 批成衣 200,000 元及投入 B 批成衣 100,000 元，則應作分錄：

在製人工──A 批	200,000	
在製人工──B 批	100,000	
直接人工		300,000

㈡製造費用

◇製造費用與營業費用之劃分原則

　　一般製造廠商之管理職能可大約分為製造、銷售以及管理三種，每一種職能必然發生若干的成本與費用。所謂製造費用，係指除直接材料及直接人工以外，為製造各種產品所發生之一切成本或費用。其性質有如雜物箱，所包容之項目至為零星繁雜：

　　⑴間接材料或物料，如潤滑油、機油、清潔物品、磨光劑及工廠辦公物品等。

　　⑵間接人工，如領班、檢驗員、司機、倉庫管理員及計時員等。

　　⑶廠房使用費，如租金、稅捐、保險、折舊、照明及保養費用等。

　　⑷機器及工廠內各種設備之折舊。

　　⑸工廠各部門使用之小型工具或零件成本。

　　⑹動力費用，如電費及水費等。

　　⑺工人保險補助、獎金等福利措施。

　　製造費用乃歸屬產品成本的一部分，至於將產品銷售並送達客戶手中及執行公司各種管理職能所花費的人力及費用，均屬營業費用之範疇，不必攤入產品成本。實務上，若干費用項目如房租、水電費、郵電費等，可能同時涵蓋製造及銷管兩職能，尤以整個公司在同一處所時為然；依現行稅法規定，應以合理方法予以分攤，且每年應一貫採用之，不得任意變更。

◇製造費用發生之會計處理

　　各種製造費用所應取得之憑證與營業費用各相關項目相同，請參見本書以下兩章各節之說明。至於製造費用因屬產品成本，與列為期間費用之營業費用不同，其會計處理各異，在此略作說明。通常製造費用發生時，先以性質別列帳，並以「製造費用」科目為統馭帳戶，再依不同的成本制度（分批或分步），將費用攤入產品成本，茲以實例說明製造費用發生時之會計處理。

例六

　　假設一品成衣製造廠本月發生製造費用包括：領用針車零件等 50,000 元、廠房月租金 30,000 元、電費 200,000 元、機器設備折舊 100,000 元以及什費 50,000 元等，又設其中取有發票等另加 5% 營業稅者計 200,000 × 5% = 10,000

元，則應作分錄如下：

製造費用——物料	50,000	
製造費用——租金	30,000	
製造費用——水電費	200,000	
製造費用——折舊	100,000	
製造費用——什費	50,000	
進項稅額	10,000	
存貨——物料		50,000
累計折舊——機器設備		100,000
銀行存款（應付費用）		290,000

又假設一品成衣製造廠代員工（製造工人 80 人及其他職員 20 人）投保勞工保險，本月支付保險費 40,000 元（不含員工自負 10,000 元），則應作分錄：

製造費用——保險費	32,000*	
營業費用——保險費	8,000	
代收款——勞保費	10,000	
現金（銀行存款）		50,000

$$* \text{製造費用應分攤數} = \$40,000 \times \frac{80 \text{人}}{100 \text{人}} = \$32,000$$

◇**製造費用之分攤**

前已述及，製造費用科目係過渡性質，最後應以合理方法攤入產品成本。所以採分攤方法乃製造費用之特質使然，因其雖與產品有關，卻無法直接歸屬某種產品，只有求諸分攤一途。實務上，製造費用之分攤處理，又因採用分批或分步成本制度而有所不同。

(1)分批成本會計制度：分批成本會計制度的精神就在分批計算製造成本，通常
　　適用於產品多樣化且分批生產之產業。直接原料及直接人工可按各批產品分
　　別歸集，並無困難，但是要在產品製造完成時計算出應行負擔之製造費用，
　　除採用預定分攤率外，別無他途。所謂預定分攤率係指預計某一定期間內可
　　能發生之製造費用，除以此期間內預計之產能（如直接人工小時數或機器小
　　時數）而得；又廠商可採全廠適用之分攤率或各部門計算不同的分攤率。

例七

假設一品成衣製造廠採用分批成本會計制度,其製造費用之分攤採用預定分攤率,分攤率為每直接人工小時 70 元,本月生產完成 A、B 兩批成衣,使用人工時數分別為 1,000 及 1,500 小時,則各批分攤製造費用之分錄如下:

在製製造費用(製成品)——A 批	70,000	
在製製造費用(製成品)——B 批	105,000	
已分攤製造費用		175,000

「已分攤製造費用」應於年終時與實際發生之「製造費用」相比較,所發生之多分攤或少分攤製造費用,依會計學理應分攤予銷貨成本,製成品及在製品;惟財政部 68 年 8 月 8 日台財稅字第 35501 號函規定分批成本制度下,多分攤或少分攤金額可以全數轉入當期銷貨成本,並應保持一貫之處理。假設上例一品成衣製造廠,全年實際發生製造費用 5,000,000 元,已分攤製造費用累積數為 4,750,000 元,則年終應作分錄如下:

已分攤製造費用	4,750,000	
銷貨成本	250,000	
製造費用		5,000,000

(2)分步成本會計制度:分步成本會計制度適用於產品單純且屬大量、連續性生產之行業,其精神在於定期(如每月)計算產品成本,故以實際製造費用進行分攤並無困難。惟為管理或計算方便起見,採用預定分攤率分配製造費用,亦無不可。

例八

假設一品成衣製造廠只生產一種產品,採用分步成本制度按月計算產品成本,並以實際製造費用按人工小時數進行分攤,又本月製造費用累積數為 600,000 元,使用人工 6,000 小時,其中製成品使用 5,800 小時,在製品使用 200 小時,則月底結算產品成本時,應作分錄:

製成品	580,000	
在製品	20,000	
製造費用		600,000

五、製造成本之分配

製造成本包括直接原料、直接人工及製造費用三大成本要素，除當期發生者外，並包含前期投入生產但未完成之在製品成本。這些成本究應如何分配予本期製成品或期末在製品，也因採用分批或分步成本會計制度而異。

㈠分批成本會計制度

在此制度下，每一批產品之成本通常經由各別之成本單予以歸集，俟製造完成，即可將所有成本轉列該批產品之成本，期末尚未製造完成之批次，應以成本單已蒐集之成本為其在製品成本，並無製造成本分配上之困難。

例九

假設一品成衣製造廠以分批成本會計制度計算各批成衣之成本,並採按月結帳方式，本月份計完成 A、B 兩批，而 C 批則尚未產製完成，所發生或分配之成本如下：

批　次	直接材料	直接人工	已分配製造費用	合　計
A	$300,000	$200,000	$150,000	$ 650,000
B	200,000	150,000	112,500	462,500
C	400,000	100,000	75,000	575,000
	$900,000	$450,000	$337,500	$1,687,500

則本月底應作成本分配之分錄如下：

製成品——A 批	650,000		
製成品——B 批	462,500		
在製品——C 批	575,000		
在製材料		900,000	
在製人工		450,000	
在製製造費用		337,500	

㈡分步成本會計制度

在此制度下，通常係按月將製造成本分配予製成品及在製品，而在製品因尚未完成，需先行化為「約當產量」，才能參與成本之分配。

例十

假設一品成衣製造廠僅生產單一產品，並採用分步成本會計制度計算產品成本，本月份各部門發生之成本如下：

成本要素	裁剪部	縫製部	燙平部	包裝部	合 計
直接原料	$2,500,000	$100,000	$ －	$ －	$2,600,000
直接人工	250,000	300,000	200,000	150,000	900,000
製造費用	100,000	120,000	80,000	60,000	360,000
	$2,850,000	$520,000	$280,000	$210,000	$3,860,000

又假設月初在製品有 200 件，成本 80,000 元，包括直接材料 44,000 元及加工費用 36,000 元，已裁剪完成；月末在製品有 500 件，僅裁剪完成；本月一共產製完成 10,000 件。如採用加權平均法計算，則各部之約當產量如下：

	裁剪部	縫製部	燙平部	包裝部
直接原料	10,500 件	10,000 件	10,000 件	10,000 件
加工費用	10,500 件	10,000 件	10,000 件	10,000 件

裁剪部每件原料成本為 ($2,500,000 + $44,000) ÷ 10,500，即 242 元，每件加工費用為 ($350,000 + $36,000) ÷ 10,500，即 37 元，合計期末在製品每件應分攤成本 279 元，應作分錄如下：

在製品——期末	139,500	
製成品	3,800,500*	
直接原料		2,600,000
直接人工		900,000
製造費用		360,000
在製品——期初		80,000

* 製成品成本 = $3,860,000 + $80,000 − $279 × 500 = $3,800,500

　　依目前所得稅申報實務，製造業對於全年度製成品分配之製造成本，尚需進一步編製「直接原料明細表」(格式如表 10–1) 及「單位成本分析表」(格式如表 10–2)，分別就每種或每批產品逐一編列，如果無法提供這兩份分析表，即有被逕行核定成本之虞。

● 表 10–1

直接原料明細表
年　月　日　　　　　　(製造業用)

成品名稱	生產數量	單位	直接原料					單位成品平均用量及金額	
			名稱	數量	單位	單價	金額	數量	金額
備考									

負責人　　　(蓋章) 主辦會計　　　(蓋章) 製表　　　(蓋章)

表 10-2

單位成本分析表

中華民國　年　月　日至　年　月　日止　（製造業用）

成品 名稱	生產 數量	單 位	直接 原料	%	直接 人工	%	製造 費用	%	合　計	單位 成本
合計										
備 考										

負責人　　　　　（蓋章）主辦會計　　　　　（蓋章）製表　　　　（蓋章）

六、商品盤盈或盤損

㈠意　義

在存貨採用永續盤存制時，營利事業於年終實地盤點存貨，常會發現實地盤存金額與帳面盤存金額有差異，亦即是產生了商品盤盈或盤損，說明如下：

◇商品盤盈

係指營利事業之存貨經實地盤點後其數量較帳面結存者為多，而金額多於帳面餘額部分即屬商品盤盈。

◇商品盤損

存貨或因自然之損耗或滅失，或因竊盜損失，致使實地盤點數額較帳面結存數額為少時，其差額稱為商品盤損。

㈡列支要件

1. 商品盤盈的金額為存貨盤點清單經計價後之總額減帳列存貨金額後之部分，應併入收益課徵營利事業所得稅。

2. 商品盤損科目僅係對於存貨採永續盤存制或經核准採零售價法者適用之。且若商品盤損已於事實發生後 30 日內檢具清單報請該管稽徵機關調查，或經會計師盤

點並提出查核簽證報告或年度所得稅查核簽證報告，經查明屬實者，應予認定。

3.商品盤損，依商品之性質可能發生自然損耗、變質、或滅失情事，無法提出證明文件者，如營利事業會計制度健全，經實地盤點結果，其商品盤損率在 1% 以下者，得予認定，盤損率之計算公式如下：

⑴買賣業：

$$\frac{盤損金額}{期初存貨 + 本期進貨 - 進貨退出及折讓}$$

⑵製造業：

$$\frac{盤損金額}{原物料、製成品及在製品期初存貨 + 本期進料 - 進料退出及折讓 + 直接人工 + 製造費用}$$

㈢會計處理

例十一

豐禾股份有限公司之存貨係採永續盤存制，該公司之原料、物料、在製品及製成品之損耗，均無法提出證明文件，106 年度期初原料盤存為 90,000 元，物料盤存為 30,000 元，期初在製品及製成品盤存為 100,000 元，本期進貨總額 1,200,000 元，直接人工 1,400,000 元，製造費用 1,000,000 元，該公司於 106 年 12 月 31 日年度結算時，實施實地盤點各種存貨，以確定帳面存貨金額是否正確及明瞭有關人員之責任，盤點結果之報告為：

豐禾股份有限公司存貨盤點報告單
106 年 12 月 31 日

存貨種類	存貨數量		盤 損			盤 盈		
	帳載餘額	盤點數	數量	單價	金額	數量	單價	金額
原料 #A	1,000公斤	930公斤	70公斤	$30	$2,100			
#B	700件	755件				55件	$40	$2,200
物料 #A	1,620件	1,590件	30件	10	300			
#B	370公斤	380公斤				10公斤	20	200

在製品 #A	1,100件	1,088件	12件	90	1,080			
製成品 #A	7,500件	7,482件	18件	200	3,600			
合　計					$7,080			$2,400

該公司當即在帳上作下列分錄：

(1)記錄盤損：

銷貨成本	7,080	
原　料		2,100
物　料		300
在製品		1,080
製成品		3,600

依據上項存貨盤點報告單，可計算該公司 106 年度商品盤損率為0.18%。
計算如次：

$$\frac{\$7,080}{\$90,000 + \$30,000 + \$100,000 + \$1,200,000 + \$1,400,000 + \$1,000,000} = 0.18\%$$

由於商品盤損率 0.18% < 1%，所以該公司申報 106 年度之營利事業所得稅結算申報時，其商品盤損之金額即以帳載數字列支在銷貨成本項下。

(2)記錄盤盈：

原　料	2,200	
物　料	200	
銷貨成本		2,400

七、商品報廢

㈠意　義

由於科學進步，及整個社會求新求變之心理，因此不只高科技產業之產品日新月異，即使日常衣服、鞋子等服飾品也有流行時尚，產品生命週期甚短，商品或原料、物料或因過期、變質、破損無法久存，或因呆滯而無法出售或加工製造，為免

占用儲存空間，必需銷毀，因此乃有商品報廢之規定。

㈡列支要件及原始憑證

1.商品或原料、物料、在製品等因過期、變質、破損或因呆滯而無法出售、加工製造等因素而報廢者，除可依會計師查核簽證報告或年度所得稅查核簽證報告，並檢附相關資料核實認定其報廢損失者外，應於事實發生後30日內檢具清單報請該管稽徵機關派員勘查監毀，或事業主管機關監毀並取具證明文件，核實認定。

2.生鮮農、魚類商品或原料、物料、在製品，因產品特性或相關衛生法令規定，於過期或變質後無法久存者，可依會計師查核簽證報告或年度所得稅查核簽證報告，並檢附相關資料核實認定報廢損失。

3.依前二款規定報廢之商品或原料、物料、在製品等，如有廢品出售收入，應列為其他收入或商品報廢損失之減項。

第四節
營建業之營業成本

第九章已介紹營建業營業收入之承認方法，本節乃就營造廠商與建設公司分別說明其營業成本的認列規定。

一、營造業之工程成本

營造廠商以承包工程為主，依查核準則第24條第5項規定，在同一年度承包二個以上工程者，其工程成本應分別計算，如混淆不清，無法查帳核定其所得額時，得依所得稅法施行細則第81條之規定，按同業利潤標準或查得資料核定其所得額。每一工程之成本，不外材料、人工、工程費用及外發工程四項，分別說明如下：

㈠材料成本

營建工程如包工不包料，除應依本書第九章第三節一、第㈢項之規定查核外，並無材料成本之處理問題。反之，包工包料之工程，營造廠商對於材料之購入、領用、退料及庫存，均應如製造商對原物料的控制一般，逐一作成紀錄（驗收單、領

料單、退料單等），並登載入各種明細帳，達到成本制度健全的要求，其材料之耗用才能根據有關帳證紀錄予以核實認定。換言之，有關營建業營建材料耗用數量應適用查核準則第 58 條規定（參見第三節「三、原料耗用及耗用標準」），茲舉例說明材料成本之會計處理如下：

例十二

(1)購入材料時：假設天仁營造廠承包 A、B 兩工程，本月採購水泥 5,000 包，每包 300 元，經驗收合格後，應作如下分錄：

材料——水泥	1,500,000	
進項稅額	75,000	
銀行存款（應付帳款）		1,575,000

(2)工地領用材料時：假設本月份，A 工地領用水泥 1,000 包，B 工地領用水泥 2,000 包，則其分錄如下：

在建工程——A 工地——材料	300,000	
在建工程——B 工地——材料	600,000	
材料——水泥		900,000

(3)工地退料時：假設 A 工地於本月底完工，並退回水泥 100 包，則分錄為：

材料——水泥	30,000	
在建工程——A 工地——材料		30,000

(4)完工驗收時：假設完工之 A 工地，累計耗用各種材料為 5,000,000 元，並經委建人驗收完畢，則分錄為：

工程成本——A 工地——材料	5,000,000	
在建工程——A 工地——材料		5,000,000

㈡人工成本

　　營造廠商通常本身擁有的工人不多，於承建工程時，將工地交由工頭處理，由工頭自行招募工人工作，而以工資表為請款之憑證。則所有工人均屬公司聘僱之人

員，應依法辦理扣繳事宜。有關人工成本之會計處理，舉例十二說明如下：

例十三

(1)發放工資時：假設天仁營造廠本月發放工資 1,000,000 元，其中 A 工地 350,000 元，B 工地 650,000 元，並代扣所得稅 60,000 元，則應作分錄：

在建工程——A 工地——人工	350,000	
在建工程——B 工地——人工	650,000	
銀行存款		940,000
代扣稅款		60,000

(2)完工驗收時：假設完工之 A 工地，累計人工成本為 1,000,000 元，則於委建人驗收後，應作分錄：

工程成本——A 工地——人工	1,000,000	
在建工程——A 工地——人工		1,000,000

㈢工程費用

　　營造廠商之工程費用類似製造業之製造費用，係為建造房屋或完成承包工程而支付之費用。原則上，各工地所發生之費用應分別歸集，如有若干費用屬共同性質者，應以合理基礎分攤至各工程。有關工程費用之會計處理，舉例十三說明如下：

例十四

(1)可各別歸屬之費用發生時：假設天仁營造廠某日 A 工地繳納臨時水電費 50,000 元，支付工人伙食費 20,000 元，B 工地購買零星手工具 3,000 元，則分錄為：

在建工程——A 工地——水電費	50,000	
在建工程——A 工地——伙食費	20,000	
在建工程——B 工地——什費	3,000	
進項稅額 ($50,000 \times 5\%$)	2,500	
現　金		75,500

(2)共同費用發生時：假設營建機具本年折舊費用 1,000,000 元，按使用時間比例分攤，A 工地攤得 400,000 元，B 工地攤得 600,000 元，則分錄為：

在建工程——A 工地——折舊	400,000	
在建工程——B 工地——折舊	600,000	
累計折舊——營建設備		1,000,000

(3)完工驗收時：假設完工之 A 工地，累計水電費 200,000 元、伙食費 100,000 元、郵電費 50,000 元、運費 50,000 元、什費 10,000 元及折舊費用 400,000 元，則應作分錄：

工程成本——A 工地——工程費用	810,000	
在建工程——A 工地——水電費		200,000
在建工程——A 工地——伙食費		100,000
在建工程——A 工地——郵電費		50,000
在建工程——A 工地——運費		50,000
在建工程——A 工地——什費		10,000
在建工程——A 工地——折舊		400,000

㈣外發工程

營造廠商常將承建工程之一部轉予其他廠商承包，如建屋之裝潢、水電、電梯、冷氣等零星工程。此種外包工程，實務上併於材料或人工或工程費用者均有之，惟依其性質既有工又有料，宜另設科目記錄。茲舉例十四說明其會計處理如下：

例十五

(1)每期支付工程款時：假設天仁營造廠將 B 工地之水電工程轉包於大山工程公司，約定契約總價 1,100,000 元，分 5 期支付，前 4 期每期支付 250,000 元，最後 1 期於驗收合格後支付 100,000 元，則分錄為：

在建工程——B 工地——外發水電	250,000	
進項稅額	12,500	
銀行存款		262,500

(2)驗收合格時：

在建工程——B 工地——外發水電	100,000	
進項稅額	5,000	
銀行存款		105,000
工程成本——B 工地——外發水電	1,100,000	
在建工程——B 工地——外發水電		1,100,000

　　以上所介紹之營造廠商營業成本的會計處理，乃實際發生成本之歸集，無論採用完工百分比法及成本回收法均屬相同，其差異僅在營業成本之結轉而已。在完工百分比法下，每期期末應依工程進度將成本轉列以配合當期承認之營業收入；而在成本回收法下，每期期末在已發生工程成本之可回收範圍內，認列收入。請參閱第九章第三節之會計釋例例九。

二、建築業之營業成本

　　建築業開發土地、建屋出售，無論自行或委託建造，其有關材料成本、人工成本、工程費用及外發工程之處理，均與前述之營造業相同。僅另就投資建築用地成本、未售房屋成本及公共設施保留地之會計處理說明如下：

㈠建築用地成本

　　建設公司購買土地，其目的乃在出售，故土地應列於存貨項下，其成本包括購地價款、取得土地費用、負擔地主應納土地稅捐等。

◇購地價款

　　建設公司如購買建築用地，除支付價款外，通常還會有地上物的補償費用，應屬土地價款的一部分。如採取合建分屋方式，應以換出房屋所分攤之建築成本作為換入土地的成本。

例十六

　　假設大德建設公司購入土地 500 坪，價款 19,000,000 元，地上物補償費 1,000,000 元，總價 20,000,000 元，訂約時支付 2,000,000 元，餘款分 4 期支付，

每期支付 4,500,000 元,並約定最後一期款於土地過戶完成時支付,則有關分錄為:

(1)與地主簽約時:

預付土地款	2,000,000	
銀行存款		2,000,000

(2)每期支付土地款時:

預付土地款	4,500,000	
銀行存款		4,500,000

(3)過戶完成時:

待售土地	20,000,000	
預付土地款		15,500,000
銀行存款		4,500,000

◇取得土地費用

包括過戶費用、契稅、填土費用、整地費用等,均屬取得建地成本之一部分。假設大德建設公司將上項土地過戶時計發生代書費等 50,000 元,則其分錄為:

待售土地	50,000	
現金(銀行存款)		50,000

㈡已售未售房屋成本之分攤

建設公司在房屋建築完成時,應將所投入的土地、材料、人工、工程費用及外發工程成本全數轉入「待售房屋」(係建築業之存貨)科目,並應於依規定承認售屋收入時,將已售房屋之成本,由「待售房屋」轉列銷貨成本。如果建設公司未能全數售出已完成之房屋,則為正確計算期間損益,只有尋求合理方法將營建總成本分攤予「已售」及「待售」房屋了。依查核準則第 51 條之 1 規定,營建業已興建完成但未出售或已轉供自用之房地,得依工程別依收入法、建坪比例法或評定現值法擇一適用,分攤其房地成本,但同一工程既經擇定後,不得變更。

前項所稱收入法,係指營建業建屋出售,其銷貨成本係按出售房屋售價及待售

房屋之預計合理售價占總售價比例攤計成本之方法。建坪比例法，係指營建業建屋出售，其銷貨成本係按出售及待售房屋坪數占房屋總坪數比例攤計成本之方法。評定現值法，係指營建業建屋出售，其銷貨成本係按出售及待售房屋評定現值占房屋總評定現值比例攤計成本之方法。以下分別就「購地自建」及「合建分屋」兩種方法，舉例說明房屋成本之有關會計處理。

◇購地自建

例十七

　　假設大德建設公司投資興建三元大樓，計土地基地面積 500 坪成本 50,000,000 元，建屋用料、外包工價及工程費用等 70,000,000 元。三元大樓係十二層建築並有地下室，總建坪為 2,000 坪，預計待售土地售價為 99,000,000 元，待售房屋售價為 81,000,000 元，房屋現值合計 100,000,000 元。又該大樓已於本年 10 月完工，截至年底尚有一、四、十樓及地下室未售出，其餘均已出售並交屋。已出售部分之建屋面積為 1,400 坪，土地面積為 350 坪，實際售價土地為 69,300,000 元，房屋為 70,700,000 元，房屋評定現值總數為 60,000,000 元，已售房屋評定現值為 42,000,000 元，土地公告現值總數為 52,500,000 元，已售土地公告現值為 31,500,000 元，則有關分錄如下：

(1)大樓完工時：

待售房屋——三元大樓	70,000,000	
在建工程——三元大樓		70,000,000

(2)結轉營業成本時：

・收入法：

銷貨成本——三元大樓	96,098,765	
待售房屋——三元大樓		61,098,765*
待售土地——三元大樓		35,000,000**

*已售房屋成本

$= 房屋總成本 \$70,000,000 \times \dfrac{已售房屋售價 \$70,700,000}{預計房屋售價 \$81,000,000}$

$= \$61,098,765$

**已售土地成本

$= 土地總成本 \$50,000,000 \times \dfrac{已售土地售價 \$69,300,000}{預計土地售價 \$99,000,000}$

$= \$35,000,000$

・建坪比例法：

銷貨成本——三元大樓	84,000,000	
待售房屋——三元大樓		49,000,000*
待售土地——三元大樓		35,000,000**

*已售房屋成本 = 房屋總成本 $70,000,000 × $\dfrac{已售坪數\ 1,400}{總售坪數\ 2,000}$ = $49,000,000

**已售土地成本 = 土地總成本 $50,000,000 × $\dfrac{已售坪數\ 350}{總售坪數\ 500}$ = $35,000,000

・評定現值法：

銷貨成本——三元大樓	79,000,000	
待售房屋——三元大樓		49,000,000*
待售土地——三元大樓		30,000,000**

*已售房屋成本 = 房屋總成本 $70,000,000 × $\dfrac{已售房屋評定現值\ \$42,000,000}{總評定現值\ \$60,000,000}$ = $49,000,000

**已售土地成本 = 土地總成本 $50,000,000 × $\dfrac{已售土地公告現值\ \$31,500,000}{土地總公告現值\ \$52,500,000}$ = $30,000,000

◇合建分屋

例十八

假設前例三元大樓之建築用地係以「合建分屋」方式取得，約定建主與地主各分得 1,000 建坪房屋，而房屋建造成本仍為 70,000,000 元。再假設該項土地及房屋時價分別為 40,000,000 元及 42,000,000 元。有關分錄如下：

(1)換入土地過戶時：

待售土地	35,000,000	
應付房屋		35,000,000

設地主為個人，開立收據 $70,000,000 × $\dfrac{1}{2}$ = $35,000,000

(2)大樓完工時：

待售房屋——三元大樓	70,000,000	
在建工程——三元大樓		70,000,000

(3)交付地主房屋時：

應付房屋	35,000,000	
其他應收款	2,100,000	
待售房屋		35,000,000
銷項稅額		2,100,000*

* 大德建設公司依房屋時價（依土地及房屋較高者）開立發票交付地主，向地主收取 5% 營業稅 $42,000,000 \times 5\% = \$2,100,000$

依財政部 75 年 10 月 1 日台財稅字第 7550122 號函規定，合建分屋之銷售額，應按該項土地及房屋當地同時期市場銷售價格從高認定，並依統一發票使用辦法第 12 條規定，於換出房屋或土地時開立統一發票。稽徵機關如未查得合建分屋時價，則應以房屋評定價值與土地公告現值，兩者從高認定，並按較高之價格等額對開發票，土地價款之發票（所有人如為個人者，可開立收據）免徵營業稅，房屋價款之發票，應外加 5% 營業稅，向買受人（土地所有人）收取。

㈢其他有關規定

◇土地交易所得免稅

依 74 年 12 月 30 日修正公布之所得稅法第 4 條規定，營利事業出售土地所產生之財產交易所得免納所得稅，但自中華民國 105 年 1 月 1 日起房屋、土地交易所得按新制課徵所得稅之情形，請參閱第六章。

三、營建業營業費用之特殊處理

營業費用原屬期間費用，但因營建業營業收入之承認有較為遲延的特質，故稅法對該業營業費用之認列有准予遞延的特別規定。

◇營業費用之遞延

依財政部 73 年 3 月 27 日台財稅字第 52136 號函規定，興建房屋出售為業之建設公司，其在房屋未完成交屋前發生之營業費用，除因預售行為所發生之推銷費用，應按遞延費用列帳，配合房屋出售收入列為出售年度之費用外，管理費用部分不得遞延列帳。其理由謂將預售期間所發生之推銷費用遞延列帳，已顧及收入成本配合

原則，應不發生暴盈暴虧之情形，至於管理費用係屬一般管理行政工作所發生之費用，與因促銷行為而發生之費用性質不同，故不得遞延。

例十九

假設大德建設公司本年度推出「三德華園」預售，發生廣告費 1,000,000 元及銷售人員薪資 200,000 元，則應作分錄：

廣告費	1,000,000	
薪　資	200,000	
銀行存款		1,200,000

依國際財務報導準則及企業會計準則之規定，行銷支出應列為費用不得遞延，惟依台財稅第 52136 號函，於營利事業所得稅申報時，依予以調整遞延。

習　題

1. 假設惠成公司向德商力飛公司進口機器設備 3 臺，每臺 CIF 單價美金 20,000 元，其有關資料如下：

   (1)開立 90 天期遠期信用狀，開狀時先行結匯 15%，結匯費用包括：手續費 18,000 元及郵電費 5,000 元；辦理還款時，支付利息費用 76,500 元。

   (2)美元對新臺幣匯率：開狀時 1：30.70，提貨時 1：30.80，還款時 1：30.90，退貨時 1：31.10。

   (3)辦理報關提貨時，支付關稅 91,500 元，報關費 25,000 元。

   (4)還款後因品質不佳退回機器 1 臺，退匯美金 20,000 元。

   試作惠成公司有關上項機器設備開狀、提貨、還款及退貨之分錄。

2. 假設永大成衣製造廠以分批成本會計制度計算各批成衣之成本，並採按月結帳方式，本月份計完成 A、B 兩批，而 C 批則尚未產製完成，103 年 6 月所發生或分配之成本如下：

批次	直接材料	直接人工	已分配製造費用	合計
A	400,000	210,000	240,000	850,000
B	220,000	230,000	212,000	662,000
C	300,000	250,000	80,000	630,000
	920,000	690,000	532,000	2,142,000

試作該公司 103 年 6 月底成本分配之分錄。

3.下表為大華成衣廠有限公司本期產銷相關資料：

期初存料	$ 250,000
本期進料	8,050,000
直接人工	3,000,000
製造費用	3,800,000
期末存料	1,600,000
期初在製品	400,000
期末在製品	600,000
期初製成品	2,500,000
期末製成品	3,200,000

　試計算該公司：(1)本期製造成本。(2)本期製成品成本。(3)本期銷貨成本。

4.鴻大建設公司投資興建永慶大樓，土地基地面積 500 坪，取得成本 80,000,000 元，建屋用料、外包工價及工程費用等 160,000,000 元。永慶大樓係十二層建築並有地下室，總建坪為 1,600 坪，預計待售土地售價為 288,000,000 元，待售房屋售價為 192,000,000 元，房屋現值合計 100,000,000 元。又該大樓已於 103 年 9 月完工，截至 103 年底尚有一、五樓及地下室未售出，其餘均已出售並交屋。已出售部分之建屋面積為 1,240 坪，土地面積為 380 坪，實際售價土地為 285,000,000 元，房屋為 148,800,000 元，房屋評定現值總數為 80,000,000 元，已售房屋評定現值為 62,000,000 元，土地公告現值總數為 60,000,000 元，已售土地公告現值為 45,600,000 元。

試作該公司收入法、建坪比例法及評定現值法下有關結轉營業成本之分錄。

5.永華鑄造廠本月出口鐵製品一批，淨重 1,800 公斤，實際耗用原料 2,200 公斤，每公斤 1,000 元。該公司成本會計制度不健全，原料之領用並無詳細記錄，該批鐵製品之原料可能遭稽徵機關以該業通常水準（假設損耗率為 10%）核定。試依該業通常水準，計算該公司原料超耗成本。

6.營建業之工程包工包料或包工不包料方式，營造廠商材料之處理有何不同？

第十一章

營業費用㈠

天下沒有白吃的午餐，企業為獲取收益的過程，必須消耗財貨或勞務，所消耗的財貨或勞務成本，即為廣義的費用支出，因其支出之功能不同，遂有不同的名詞以代表之，其支出可歸集於產品，隨著產品之移轉而轉為銷貨成本者，已在上章闡述，至其支出無法歸集於產品，而與產品之推銷或營利事業之管理有關，則稱為營業費用，其金額之認列關鍵課稅所得額之多寡，因此查核準則乃就各項費用性質，對其列支訂有種種規定，為說明方便起見，茲於本章及下章分類闡明。

第一節
概　說

一、意義與分類

營業費用是企業於推銷產品或管理其營利事業的過程中所消耗的財貨或勞務支出，是為企業的期間成本，會計上依成本與收益配合原則，必須在其耗用或發生期間內自收益中減除，以計算所獲取之利潤。

由於所消耗的財貨或勞務性質有別，因此查核準則中乃將其分為薪資支出、租金支出、文具用品、旅費等若干項目，分別訂定其列支原則，唯因其均屬費用支出，故適用下列通則之規定。

二、營業費用列支通則之規定

依查核準則之規定，各項費用除因其性質不同，而有特殊認列標準外，應符合下列之一般規定：

㈠須與業務有關

即經營本業及附屬業務以外之費用及損失,不得列為費用或損失。如家庭費用或營利事業以其名義對外作債務擔保而遭受之損失,即不得認列。

㈡須為已實現之費用

凡該年度未實現之費用及損失,不得併入營業費用抵減其課稅所得。但若干未實現之費用及損失,不在此限內,如職工退休金準備、職工退休基金或勞工退休準備金、備抵呆帳等之提列。

㈢須屬本年度發生者

凡會計基礎經核准採用現金支付制者,係指當年度實際發生支付之費用或損失,而會計基礎採用權責發生制者,則包括當年度應付而未付之費用或損失,其所估列數字以「應付費用」科目列帳。但年度決算時,因情形特殊無法確知之費用或損失得於確知之年度以過期帳費用或損失處理。

㈣應取具合法憑證

凡營利事業之費用或損失,應取得下列原始憑證之一者,方可認列:

◇統一發票

應載明出據人及買受人之名稱、地址及營利事業統一編號、日期、品名、單價、金額等。

◇收據證明或普通發票

應載有損費性質、金額、日期、受據(票)人或受證明人之姓名或名稱、地址及統一編號,出據人或出證明人姓名或名稱、地址及統一編號,暨其他必要記載之事項。所謂收據,可依出據人之不同,分為兩類。一為小規模營利事業出具之普通收據。所謂小規模營利事業是指經政府稽徵機關核定免用統一發票,規模較小,每月營業額不超過 200,000 元之營利事業。二為金融機構,文化、慈善團體及其他個人所出具之收據。如銀行手續費、利息費用之收據,報社、雜誌之收據,電臺廣告之收據。

◇經手人證明

須載有損費性質、金額、日期及其他必要記載之事項，由經手人簽名或蓋章。如旅費中之計程車、火車、汽車之車資，准以經手人（即出差人）之證明為準；又如伙食費之蔬菜、魚肉類，應由經手人出具證明。此外，未能取具上述憑証之例外處理，說明如下：

若因交易相對人應給與而未給與統一發票，致無法取得合法憑證，其已誠實入帳，能提示交易相關文件及支付款項資料，證明為業務所需，經稽徵機關查明屬實者，准依其支出性質核實認定為費用或損失，並依稅捐稽徵法第 44 條規定處罰；其於稽徵機關發現前由會計師簽證揭露或自行於申報書揭露者，免予處罰。交易相對人涉嫌違章部分，則應依法辦理。

㈤須非為法令所禁止列支之項目

個人綜合所得稅、營利事業所得稅及各種稅法所規定之滯納金、滯報金、怠報金等及各種法規所科處之罰鍰、暨未依法扣繳而補繳之稅款，不得列支為費用或損失。

㈥小規模營利事業收據不得超過列支限額之規定

營利事業所收取之小規模營利事業普通收據，不得超過全年度稽徵機關核定之營業費用及製造費用總額之 30‰。超過限額之部分，不得認列費用或損失。

㈦資本支出與費用支出之適當劃分

營利事業之支出因其受益是否超過一個會計期間以上而有資本支出與費用支出之分。所謂資本支出因具下列幾個特性，應歸屬為資產：

1. 支出結果得以增加資產，如廠房之擴充、機器之大修。

2. 支出結果所獲權益有遞延性質，且年度結算時，尚未耗盡者，如預付租金、用品盤存、存貨成本等。因此查核準則為使資產與費用作適當劃分，乃於第 60 條規定：「營利事業之費用與損失，應視其性質分為營業費用（如銷售、管理費用）與營業成本（如製造費用），分別審定並轉正。其應歸屬於營業成本之費用或損失，原列報於營業費用，經稽徵機關審定轉正者，應就調整部分分攤於期末存貨。」此項規定，即因製造費用屬產品成本，其金額之劃分適當與否，將影響存貨成本與當期營業費用之金額。

(八)共同費用之分攤

　　營利事業與其關係企業集中辦公，其共同費用之分攤，應由持有費用憑證之營利事業出具共同費用計算明細表，列明分攤共同費用之對象、內容、分攤基礎。各關係企業應憑該主要事業簽章證明以該主要事業為抬頭之共同費用憑證影本、計算明細表列支。但憑證繁多者，得報經該管稽徵機關核准免檢附該項憑證影本。

(九)限額規定

　　損益計算項目如交際費、旅費、職工福利等，因超越規定之列支標準，不准列支（其計算請參閱以下各節相關之說明）。

第二節
薪資支出

一、意　義

　　薪資係指營利事業支付員工之薪金、俸給、工資、津貼、獎金、營業盈餘之分配、按公司權益商品價格基礎之給付、退休金、退職金、資遣費、養老金，按期定額給付之交通費、膳宿費、各種補助費及其他給與，如結婚、生育等補助費及員工之加班費、遣散費等均屬之。其中職工退休金及退職金，因為性質較為特殊，將另於下一節詳加說明之。

二、列支要件

　　營利事業所支付之薪資應具備下列之條件，方得認列：

(一)經預先決定或約定

　　一般職工係指經聘僱雙方事先約定，而執行業務之股東、董事、監察人則須經組織章程規定或股東大會或社員大會預先決議。

㈡不論盈虧均須支付

營利事業之薪資須不論盈虧，均應支付，方得核實認列，旨在防止營利事業以支付薪資之方式分配其盈餘，控制其課稅所得額。

㈢列支限額

合夥及獨資組織之職工薪資，不得超過規定之通常水準，所謂薪資之通常水準，係由財政部各地區國稅局於會計年度開始兩個月前調查擬訂，報請財政部核定之。至於公司及合作社組織支付之薪資及年節獎金，則尚無限額之限制，亦即可核實列支。

公司股東、董事或合夥人兼任經理或職員者，應視同一般職工，核定其薪資。

公司為獎勵及酬勞員工，以員工酬勞入股、發行員工認股權憑證、現金增資保留部分股份供員工認購、買回庫藏股轉讓予員工等獎酬公司員工者，自民國 97 年 1 月 1 日起，可核實認定為薪資費用。

㈣原始憑證

現將一般薪資給付之原始憑證列述如下：

1. 員工收據或簽收之名冊。
2. 由工會或合作社出具之收據者，應另附印領清冊。
3. 如係送交銀行分別存入各職工帳戶者，應以經銀行蓋章證明之存入清單為憑。
4. 聘用外國技術人員之薪資支出，應提示聘用契約，核實認列。
5. 臨時工資應有簽名或蓋章之收據或名冊。
6. 因業務需要延時加班發給加班費，除提供收據或印領清冊外，尚需要加班紀錄。

三、免稅及扣繳規定

營利事業給付員工薪資及各項補助費等，此即成為個人所得，依照我國所得稅法規定，亦屬於課稅範圍，稽徵機關為掌握稅源，乃責令營利事業於給付時負有扣繳之義務，但為減少徵納雙方之工作負擔，對於零星之支出，如加班費、加班誤餐費又訂有免稅之規定，茲說明如下：

㈠免稅加班費

員工加班費必須合於勞動基準法規定，才能免稅，說明如下：

◇延長工作時間之規定

勞動基準法第 32 條規定：「雇主有使勞工在正常工作時間以外工作之必要者，雇主經工會同意，如事業單位無工會者，經勞資會議同意後，得將工作時間延長之。

前項雇主延長勞工之工作時間連同正常工作時間，1 日不得超過 12 小時。延長之工作時間，1 個月不得超過 46 小時。

因天災、事變或突發事件，雇主有使勞工在正常工作時間以外工作之必要者，得將工作時間延長之。但應於延長開始後 24 小時內通知工會；無工會組織者，應報當地主管機關備查。延長之工作時間，雇主應於事後補給勞工以適當之休息。

在坑內工作之勞工，其工作時間不得延長。但以監視為主之工作，或有前項所定之情形者，不在此限。」

◇每小時加班工資率之規定

依照勞動基準法第 24 條規定：「雇主延長勞工工作時間者，其延長工作時間之工資依下列標準加給之：

一、延長工作時間在 2 小時以內者，按平日每小時工資額加給三分之一以上。

二、再延長工作時間在 2 小時以內者，按平日每小時工資額加給三分之二以上。

三、依第 32 條第 3 項規定，延長工作時間者，按平日每小時工資額外加倍發給之。」亦即勞動基準法對此僅有下限之規定，沒有上限之限制。

◇假日加班時數及給付之規定

依照勞動基準法第 39 條規定：「第 36 條所定之例假、第 37 條所定之休假及第 38 條所定之特別休假，工資應由雇主照給。雇主經徵得勞工同意於休假日工作者，工資應加倍發給。因季節性關係有趕工必要，經勞工或工會同意照常工作者，亦同。」所稱休假，指紀念日、節日、勞動節及其他由中央主管機關規定應放假之日；而特別休假，係指勞工在同一雇主或事業單位，繼續工作滿一定期間者，每年應依下列規定給予特別休假：

(1) 6 個月以上 1 年未滿者，3 日。

(2) 1 年以上 2 年未滿者，7 日。

(3) 2 年以上 3 年未滿者，10 日。

⑷ 3 年以上 5 年未滿者，每年 14 日。

⑸ 5 年以上 10 年未滿者，每年 15 日。

⑹ 10 年以上者，每 1 年加給 1 日，加至 30 日為止。

◇加班之憑證

須有加班紀錄及加班人員加班費印領清冊，如未能提供加班紀錄，或超出上述給付標準，則仍應按薪資支出列帳，並依規定合併各該員工薪資所得扣繳稅款。

㈡免稅加班誤餐費

職工因執行業務而支領之加班誤餐費與伙食費合計，每月未超過 2,400 元，則其誤餐費免稅，若其與伙食費合計數超過 2,400 元，則超出之部分必須併入薪資所得內，辦理扣繳。

營利事業除上述免稅加班費及誤餐費給付外，其餘員工薪資及各項補助費之給付，應依照薪資所得扣繳辦法加以扣繳。有關扣繳辦法之規定請參閱第十五章第一節。

四、會計處理

有關薪資之會計處理，分為兩個部分：

㈠分析該薪資支出之性質

亦即判斷該薪資支出究竟屬製造成本抑或屬營業費用，而分別記入不同之會計科目內。如受薪人直接參與產品生產工作，能將其薪資直接歸入產品成本者，是為直接人工；雖非直接參與產品生產工作，但與產品之生產有間接關連者，列為間接人工屬製造費用，後者通常均以有系統而合理的方法分攤列入產品成本；而銷售部門及管理部門之職員薪資則屬營業費用。

㈡判斷該薪資支出是否應加以扣繳

依該薪資支出是否超過所得稅起扣標準，而決定應否加以扣繳。

例一

假設大芳有限公司於月底支付當月生產線上工作員工之薪資 200,000 元，辦公室員工之薪資 50,000 元，其中代扣繳員工薪資所得稅 10,000 元，其會計處理如下：

直接人工	200,000	
薪資費用	50,000	
代扣稅款		10,000
銀行存款		240,000

於次月 10 日繳納代扣稅款時，其分錄為：

代扣稅款	10,000	
現　金		10,000

第三節
職工退休金及退職金

一、意　義

營利事業或因勞動基準法之規定，或因為提高員工之工作意願，增進員工福利及酬謝員工對公司之貢獻，多訂有員工退休辦法，對於員工之退休或離職訂有給付標準，其退休或離職給付，則有退休金、退職金、養老金、資遣費等若干項目。因考量我國中小企業較多，企業平均壽命不長，勞工流動率較高，以致勞工能符合退休條件者不多，故自 94 年 7 月 1 日起實施之勞工退休金條例，除該條例實施前已適用勞動基準法之勞工，於該條例施行後仍服務於同一事業單位者，得選擇繼續適用勞動基準法之退休金規定或選擇勞工退休金條例之勞工退休金制度外，其餘本國籍勞工應選擇適用勞工退休金條例。所謂退休金，係指營利事業之員工服務年資合於退休辦法規定時，營利事業於其退休時所給與一次或分期給付之津貼，或適用勞工退休金條例規定之勞工年滿六十歲時向勞保局請領之退休金。所謂退職金，則指營

利事業之員工，服務滿一定年限而未達退休辦法規定，因故離職，營利事業所給付之津貼。所謂養老金，係指營利事業員工年齡超過退休年限，但尚未達退休年限，其離職所給付之津貼。所謂資遣費，係指企業因故裁撤員工時，為顧慮員工轉業期間生活問題，而一次給與之輔助費。

二、列支要件

(一)根據所得稅法第 33 條及查核準則第 71 條等有關規定，營利事業對退休金費用之處理，有如下幾種不同的處理方式

　　1.適用勞動基準法之營利事業：

　　適用勞動基準法之營利事業，依勞動基準法提撥之勞工退休準備金，或依勞工退休金條例提繳之勞工退休金或年金保險費，每年度得在不超過當年度已付薪資總額 15% 限度內，以費用列支。依勞動基準法第 56 條第 2 項規定，於每年年度終了前，估算勞工退休準備金專戶餘額不足給付次一年度內預估成就退休條件勞工之退休金數額，於次年度 3 月底前一次提撥其差額，並以該事業單位勞工退休準備金監督委員會名義專戶存儲至勞動部指定之金融機構者，其提撥之金額得全數於提撥年度以費用列支。

　　2.非適用勞動基準法之營利事業：

　　非適用勞動基準法之營利事業定有職工退休辦法者，每年度得在不超過當年度已付薪資總額 4% 限度內，提列職工退休金準備，並以費用列支。但營利事業設置職工退休基金，與該營利事業完全分離，其保管、運用及分配等符合財政部之規定者，每年度得在不超過當年度已付薪資總額 8% 限度內，提撥職工退休基金，並以費用列支。

　　3.營利事業得依前二項擇一提撥勞工退休準備金、職工退休基金、提繳勞工退休金或年金保險費、提列職工退休金準備。

　　茲將勞動基準法及勞工退休金條例主要差異列示如表 11-1。

● 表 11–1　新舊勞工退休制度比較表

法　律	勞動基準法	勞工退休金條例
制　度	採行確定給付制，由雇主於平時提存勞工退休準備金，並以事業單位勞工退休準備金監督委員會之名義，專戶存儲。	採行確定提撥制，由雇主於平時為勞工提存退休金或保險費，以個人退休金專戶制（個人帳戶制）為主、年金保險制為輔。
年資採計	工作年資採計以同一事業單位為限，因離職或事業單位關廠、歇業而就新職，工作年資重新計算。	工作年資不以同一事業單位為限，年資不因轉換工作或因事業單位關廠、歇業而受影響。
退休要件	勞工工作 15 年以上年滿五十五歲者或工作 25 年以上，得自請退休；符合勞動基準法第 54 條強制退休要件時，亦得請領退休金。	新制實施後， 1.適用舊制年資之退休金：勞工須符合勞動基準法第 53 條（自請退休）或第 54 條（強制退休）規定之退休要件時，得向雇主請領退休金。 2.適用新制年資之退休金：選擇適用勞工個人退休金專戶制之勞工於年滿六十歲，且適用新制年資 15 年以上，得自請退休，向勞保局請領月退休金或一次退休金；適用新制年資未滿 15 年者，則應請領一次退休金。另，選擇適用年金保險制之勞工，領取保險金之要件，依保險契約之約定而定。
領取方式	一次領退休金。	領月退休金或一次退休金。
退休金計算	按工作年資，每滿 1 年給與兩個基數。但超過 15 年之工作年資，每滿 1 年給與一個基數，最高總數以四十五個基數為限。未滿半年者以半年計；滿半年者以 1 年計。	個人退休金專戶制： 1.月退休金：勞工個人之退休金專戶本金及累積收益，依據年金生命表，以平均餘命及利率等基礎計算所得之金額，作為定期發給之退休金。 2.一次退休金：一次領取勞工個人退休金專戶之本金及累積收益。 年金保險制：領取金額，依保險契約之約定而定。
雇主負擔	採彈性費率，以勞工每月工資總額之 2%～15% 作為提撥基準，應提撥多少退休準備金，難以估算。	退休金提撥率採固定費率，雇主負擔成本明確。提撥率不得低於 6%。
勞工負擔	勞工毋需提撥。	勞工在工資 6% 範圍內可以自願提撥，享有稅賦優惠。
優　點	1.鼓勵勞工久任。 2.單一制度，較易理解。	1.年資採計不受同一事業單位之限制，讓每一個勞工都領得到退休金。 2.提撥率固定，避免企業經營之不確定感。 3.促成公平的就業機會。

缺　點	1.勞工難以符合領取退休金要件。 2.退休金提撥率採彈性費率，造成雇主不確定的成本負擔。 3.雇用中高齡勞工成本相對偏高，造成中高齡勞工之就業障礙。	1.受雇於200人以上之事業單位勞工必須就個人退休金專戶制與年金保險制，擇優適用。 2.員工流動率可能升高。

4.已依前述規定提列職工退休金準備、提撥職工退休基金、勞工退休準備金者，以後職工退休、資遣發給退休金或資遣費時，應儘先沖轉職工退休金準備，或由職工退休基金或依法由勞工退休準備金項下支付；不足時，始得以當年度費用列支。

5.為不適用勞動基準法之本國籍工作者或委任經理人提繳之退休金，每年度得在不超過當年度已付薪資總額6%限度內，以費用列支。但不得再依前述第一項及第二項規定重複列報退休金費用。

6.營利事業因解散、廢止、合併或轉讓，依所得稅法第75條規定計算清算所得時，勞工退休準備金或職工退休金準備或職工退休基金之累積餘額，應轉作當年度收益處理。但轉讓時，經約定全部員工均由新組織留用，並繼續承認其年資者，其以往年度已依法提列之職工退休金準備累積餘額，得轉移新組織列帳。

㈡原始憑證

◇未設置職工退休基金管理委員會者

營利事業支付職工退休金時，應取得職工簽收之收據為列帳依據。

◇已設置職工退休基金管理委員會者

營利事業於撥付退休金給予退休金基金時，應取得退休金管理委員會所出具之收據為列帳憑證，而職工退休基金管理委員會給付退休職工時，則取得職工簽收之收據為其列帳依據。

◤ 三、免稅及扣繳規定

㈠職工退休金或離職金給付，不以受領人之身分及支領方式來決定課稅方式，其處理如下

1.一次領取者，106年度所得額之計算方式如下：

⑴一次領取總額在 180,000 元乘以退職服務年資之金額以下者，所得額為零。

⑵超過 180,000 元乘以退職服務年資之金額，未達 362,000 元乘以退職服務年資之金額部分，以其半數為所得額。

⑶超過 362,000 元乘以退職服務年資之金額部分，全數為所得額。

退職服務年資之尾數未滿 6 個月者，以半年計；滿 6 個月者，以 1 年計。

2.分期領取者，以全年領取總額，106 年度以後減除 781,000 元後之餘額為所得額。

3.兼領一次退職所得及分期退職所得者，可減除之金額，應依其領取一次及分期退職所得之比例分別計算之。

㈡勞工退休金條例規定一次發給保留年資之退休金及服務年資期滿發給一次退休金或月退休金給付之課稅規定列示如下（台財稅字第 9404519790 號令）

1.雇主依勞工退休金條例第 11 條第 2 項、第 3 項規定一次發給保留年資之退休金，應依所得稅法第 14 條第 1 項第 9 類第 1 款規定核課所得稅；其「退職服務年資」之計算，應以前揭條例第 11 條第 1 項規定保留之工作年資為準。

2.依勞工退休金條例第 11 條第 3 項規定計算之結清退休金，全額移入勞工保險局之個人退休金專戶者，在未符合請領條件前，依法不得領回，尚無課稅問題。嗣依第 24 條規定領取時再依所得稅法第 14 條第 1 項第 9 類退職所得規定核課所得稅。

3.勞工保險局依勞工退休金條例第 24 條規定發給一次退休金或月退休金，應分別依所得稅法第 14 條第 1 項第 9 類第 1 款、第 2 款規定核課所得稅；至於一次領取之退休金，其「退職服務年資」之計算，應以前揭條例第 24 條第 2 項規定之工作年資為準。

營利事業於支付員工退休金時，應就其為課稅所得部分，扣繳 6%，扣繳其所得稅，並於年度結算時，填寫扣繳憑單申報。

四、會計處理

1.若營利事業不適用勞動基準法且未成立獨立之退休基金，則其會計處理如下：

例二

(1)假設豐禾股份有限公司 105 年度實際支付薪資總額為 100,000,000 元，
其提列退休金準備分錄為：

薪資——退休金費用	4,000,000	
職工退休金準備（為非流動負債）		4,000,000

$100,000,000 \times 4\% = \$4,000,000$

(2)於 106 年度實際支付員工退休金 3,000,000 元，其支付及就課稅所得部
分扣繳之分錄為：（該員工退職服務年資為 15 年，一次領取）

職工退休金準備	3,000,000	
代扣稅款		9,000*
銀行存款		2,991,000

$* (\$3,000,000 - \$180,000 \times 15) \div 2 \times 6\% = \$9,000$

(3)於次月 10 日，繳納代扣稅款時，其分錄為：

代扣稅款	9,000	
現　金		9,000

(4)其 106 年度實際支付薪資總額為 90,000,000 元，其提列退休金準備之分
錄為：

薪資——退休金費用	3,600,000	
職工退休金準備		3,600,000

(5)於 107 年度中，實際支付員工退休金 5,000,000 元，其支付及就課稅所
得部分扣繳之分錄為：（該員工工作 20 年，一次領取）

職工退休金準備	4,600,000	
薪資——退休金費用	400,000	
代扣稅款		42,000*
銀行存款		4,958,000

$* (\$5,000,000 - \$180,000 \times 20) \div 2 \times 6\% = \$42,000$

繳納代扣稅款時，其分錄同(3)。107 年度實際支付薪資總額為 800,000 元，其
提列職工退休金準備 32,000 元，分錄同(4)。該公司於 108 年 1 月 1 日因故解

散, 有關職工退休金準備之處理, 其分錄為:

職工退休金準備	32,000	
其他收入		32,000

2.若營利事業適用勞動基準法且設有職工退休基金, 由退休基金管理委員會獨立保管運用, 則上例營利事業及退休基金管理委員會之會計處理如下:

例三

營利事業分錄	退休基金管理委員會分錄

(1)提撥 105 年度退休金 (設提撥率為 8%)。

薪資——退休金	4,000,000	銀行存款	4,000,000
銀行存款	4,000,000	職工退休基金	4,000,000

* 假設 105 年度已付具有舊制工作年資者之薪資總額為 50,000,000 元,則 105 年度提撥至退休基金管理委員會之金額為 $4,000,000 元 ($50,000,000 × 8% = $4,000,000)

(2)105 年度, 按月提繳選擇新制勞工之退休金至勞保局勞工退休金個人專戶。

薪資——退休金	300,000	無分錄
銀行存款	300,000	

設每月提繳 300,000 元

(3)106 年度實際給付退休金。

無分錄	職工退休基金	3,000,000
	代扣稅款	9,000
	銀行存款	2,991,000

(4)繳納代扣所得稅。

無分錄	代扣稅款	9,000
	銀行存款	9,000

(5)提撥 106 年度退休金。

薪資——退休金	3,920,000	銀行存款	3,920,000
銀行存款	3,920,000	職工退休基金	3,920,000

假設 106 年度已付具有舊制工作年資者之薪資總額為 49,000,000 元, 則 106 年度提撥至退休基金管理委員會之金額為 3,920,000 元 ($49,000,000 × 8% = $3,920,000)

⑹ 106 年度按月提繳選擇新制勞工之退休金至勞保局勞工退休金個人專戶。

| 薪資——退休金 | 360,000 | | 無分錄 |
| 銀行存款 | | 360,000 | |

設每月提繳 360,000 元

⑺若實際給付 107 年度之退休金，其職工退休基金不足 80,000 元。

薪資——退休金	80,000		銀行存款	80,000	
銀行存款		80,000	職工退休基金		80,000
無分錄			職工退休基金	5,000,000	
			銀行存款		4,958,000
			代扣稅款		42,000

第四節
租金支出

一、意 義

由於租賃條件不同，因此使得租賃分為融資租賃及傳統的營業租賃兩種，前者承租人應將所支付之租金資本化，其處理已在第九章第一節內說明，本節專門說明營業租賃時，承租人之處理，在傳統的營業租賃下，營利事業因本身業務之需要，向他人租賃有形或無形之資產所支付之代價。如公司租賃辦公室、影印機等支付之租金，均屬租金支出。

二、列支要件

㈠經雙方約定

須有租賃雙方簽署之合約，依其約定之方式及金額支付，其超過之支出數額，不得認列費用。

㈡以實物給付時租金之折價

通常租金係以現金給付，間或有以實物給付時，應依當地實物之市價予以核算其支付金額。但如租賃合約另有約定者，應依其約定計算之。

㈢視同租金給付之規定

若承租人代出租人履行其他債務及支付任何損費或稅捐，經約定由承租人負擔者，亦可視為租金支出。例如：

1.營利事業借用車輛，經約定由借用人負責繳納有關該車輛之使用牌照稅、保險費及其他稅捐罰鍰等，借用人於支付該項費用時，應視同租金支出。

2.職工福利委員會使用其營利事業之房地，約定負責繳納該房地之稅捐，應屬職工福利委員會之租金支出（參見財政部 67 年 2 月 15 日台財稅字第 30998 號函）。

3.公司無償借用股東私人之房屋，在借用期間因使用而代付水費、電費、電話費，如非變相對出借人為補償者，公司可以租金支出列報（參見財政部 67 年 7 月 21 日台財稅字第 34827 號函）。

4.承租人代出租人履行其他債務及支付任何損費或稅捐，經約定由承租人負擔者，視同租金支出。但承租人以融資租賃方式取得資產者，其約定負擔之租賃物修繕、維護、保險、稅捐等費用，得按其支出科目列支，並免視為出租人之租金收入。

5.營利事業承租土地，並於該土地以地主或他人名義自費建屋，約定租賃期間土地承租人無償使用房屋者，其房屋建造成本視同租賃期間之租金支出，得依建物之營建總成本，按租賃期間平均計算各年度租金支出加計當年度支付之現金為其租賃支出總額。但在原訂租賃期間內，如遇有解約或建物出售時，應就剩餘租賃期間應歸屬之建造成本列報租賃契約解約年度或建物出售年度之租金支出。

㈣原始憑證

租金支出之合法憑證，為統一發票、收據或簽收之簿摺。如經由金融機構撥款直接匯入出租人之金融機構存款帳戶者，應取得書有出租人姓名或名稱、金額及支付租金字樣之銀行送金單或匯款回條。

三、扣繳規定

租金所得係屬就源扣繳所得之一。營利事業於支付租金費用時，應依照各類所得扣繳辦法之規定，就源扣繳其所得稅。若出租人為中華民國境內之個人，其扣繳稅率為 10%，而於次年度 1 月時，應填發扣繳憑單申報之，若出租人為非中華民國境內之營利事業或個人，則其扣繳稅率為 20%，於代扣稅款之日起 10 日內，開具扣繳憑單申報之。承租人倘有代出租人支付費用抵付租金情事，應由出租人合併其當年度所得申報。

四、設算租金所得

若有下列之情況，出租人雖未直接取得租金，但仍應設算其租金收入：

1.出租人向承租人收有押金或保證金，應按當地銀行 1 年期存款利率計算其租金收入，併入年度所得申報之。

2.出租人以典借之方式出典其資產，所得典價，亦應按當地銀行 1 年期存款利率計算其租金收入。

3.將財產借與他人使用，除經查明確係無償且非供營業或執行業務使用外，應參照當地一般租金情況，計算租賃收入，繳納所得稅。

4.財產出租，其約定之租金，顯較當地一般租金為低，稽徵機關得參照當地一般租金調整計算租金收入。

5.依上述 3.或 4.計算或調整租金者，其計算或調整部分，借（租）用人不得列報租金支出。

五、會計處理

例四

出租人為營利事業,須外加 5% 營業加值稅。

假設某公司向其他之營利事業承租辦公室,雙方約定其租賃期間為 106 年 4 月 1 日至 108 年 3 月 31 日，租金為每個月 100,000 元，半年一付，且於期初

支付，106 年 4 月 1 日支付第 1 期之租金時，其會計處理如下：

預付租金	600,000	
進項稅額	30,000	
銀行存款		630,000

於次期開始 15 日以前申報營業稅時，進項稅額可與銷項稅額互抵。

銷項稅額	30,000	
進項稅額		30,000

106 年 4 月 1 日至 9 月 30 日，每月承認租金費用時：

租金支出	100,000	
預付租金		100,000

106 年 10 月 1 日支付第 2 期之租金，及 10 月至 12 月租金費用之承認，其分錄同上。

例五

出租人為自然人，則於支付租金時，承租人必須履行扣繳義務。

假設甲公司向王先生租賃一廠房，雙方約定其租賃期間為 106 年 3 月 1 日至 107 年 3 月 1 日，租金每個月為 100,000 元，半年一付，且於期末支付。

(1) 106 年 3 月至 7 月，每月月底應作應付租金調整分錄：

租金支出	100,000	
應付租金		100,000

(2) 於 106 年 8 月 31 日支付前 6 個月租金時：

應付租金	500,000	
租金支出	100,000	
銀行存款		540,000
代扣稅款		60,000

(3) 106 年 9 月 10 日以前繳納代扣稅款：

代扣稅款	60,000	
現　金		60,000

(4) 106 年 9 月至 12 月每月月底應作應付租金調整分錄，與第一個分錄相同。

(5) 於 107 年 1 月應填發扣繳憑單給予出租人，其租金給付金額為 600,000 元，扣繳稅款為 60,000 元。

第五節
文具用品

一、意　義

文具用品係指營利事業所支付之各項文具、紙張等費用。

二、列支要件

1. 需為營利事業所需，且於當年度已耗用者，至於尚未耗盡部分，應轉列文具用品盤存。

2. 原始憑證：支付文具用品應取得出售者所開立之統一發票，或小規模營利事業之普通收據。

三、會計處理

例六

假設某公司於年度中購入文具用品一批 150,000 元，並取得統一發票，其會計處理如下：

文具用品	150,000	
進項稅額	7,500	
現　金		157,500

於年底時，經盤存得知尚未耗用之文具用品為 75,000 元，應轉列用品盤存：

用品盤存	75,000	
文具用品		75,000

次年度繼續使用，故於年初作回轉分錄，待年底再盤存列帳。

文具用品	75,000	
用品盤存		75,000

第六節
旅　費

一、意　義

旅費係指營利事業因業務需要派遣員工外出執行業務而支付之交通、膳食、住宿及其他雜項之費用。如飛機票、火車票、旅館住宿費用等，皆屬旅費項下。

二、列支要件

旅費之認列需符合下述之條件：

㈠需與業務有關

員工出差目的，需為業務所必需，其費用方得列為旅費，如職工私人旅遊費用，則不得以旅費列支。

㈡列支標準之規定

查核準則依出差地點及出差人之職位訂有下列不同之旅費列支標準:

1.交通費、國內宿費一律檢據核實列支,沒有限額規定。

2.國內出差膳雜費之規定:

⑴出差人如係營利事業董事長、總經理、經理、廠長,每人每日為新臺幣 700 元。

⑵其他職員出差,每人每日為 600 元。

3.國外及大陸地區出差之規定: 國外及大陸地區出差規定如下:

⑴國外出差膳宿雜費:國外出差膳宿雜費,比照「中央政府各機關派赴國外各地區出差人員生活費日支數額表」所定日支數額標準,但自行訂有宿費檢據核實報銷辦法者,宿費部分准予核實認定外,其膳雜費按上述標準之五成列支。

⑵營利事業派員赴大陸地區出差,其出差之膳宿雜費,比照「中央政府各機關派赴大陸地區出差人員生活費日支數額表」之日支數額認定之。

㈢原始憑證之規定

1.需填寫出差報告:員工於出差返回後,應提示詳載逐日前往地點,訪洽對象及內容等之出差報告單及相關文件,足資證明與營業有關,並附有所需取得之原始憑證,以供計算核對。若於年度結算,員工仍在外出差,尚未報銷其旅費者,營利事業應加以調整入帳。

2.宿費部分: 國內宿費應取得旅館業書有抬頭之統一發票、普通收據或旅行業開立代收轉付收據及消費明細;國外宿費應取得當地旅館業書立之收款憑證。

3.日支膳雜費,未超過上述標準者,無須提供外來憑證。

4.交通費之憑證為:

⑴乘坐飛機之旅費:

• 乘坐國內航線飛機之旅費,應以飛機票票根(或電子機票)及登機證為原始憑證;其遺失上開證明者,應取具航空公司之搭機證旅客聯或其所出具載有旅客姓名、搭乘日期、起訖地點及票價之證明代之。

• 乘坐國際航線飛機之旅費,應以飛機票票根(或電子機票)及登機證與機票購票證明單(或旅行業開立代收轉付收據)為原始憑證;其遺失飛機票票根(或電子機票)及登機證者,應取具航空公司之搭機證旅客聯或其所

出具載有旅客姓名、搭乘日期、起訖地點之證明代之；其遺失登機證者，得提示足資證明出國事實之護照影本或其他證明文件代之。

⑵乘坐輪船旅費，為船票或輪船公司出具之證明。

⑶火車、汽車、計程車及大眾捷運系統之車資，准以經手人（即出差人）之證明為憑；乘坐高速鐵路應以車票票根或購票證明為原始憑證。但包租計程車應取具車行證明及經手人或出差人證明。

⑷租賃之包車費應取得車公司（行）之統一發票或收據。

⑸駕駛自用汽車行經高速公路電子收費車道所支付之通行費，准以經手人（即出差人）之證明為憑。

三、扣繳規定

營利事業基於營業之需要，支付員工旅費，如屬上述檢據實報實銷，則無須視為員工薪資所得扣繳，但往往有時旅費流為津貼性質，則產生扣繳之疑義，茲說明特殊規定如下：

1.外籍專家日支費用：凡經中央目的事業主管機關核准之外籍技師或技術人員來華工作，僅支領備付膳宿雜費之日支費用而無其他報酬，其所支日支費在新臺幣2,000元範圍內者，免納所得稅，但應以其聘僱合約所載來華工作期間不超過90天，且在聘僱合約中訂有日支費標準者為限。

2.外籍員工之差旅費用：外籍員工依聘僱合約來華服務，其本人及眷屬之來回旅費及本人返國渡假旅費，若依合約規定應由營利事業負擔者，可核實認定。

3.營利事業因業務之實際需要，與其雇用之外務員訂立合約，利用外務員自有機動車輛訪問客戶、推銷產品，經約定由營利事業補貼之汽油費、修繕費、停車費、過橋費等，可憑合約及有關原始憑證核實認列為該事業之營業費用，免視為外務員之薪資所得，但不包括車輛之牌照稅、保險費及折舊（參見財政部75年4月22日台財稅字第7523491號函）。

4.若出差人所支領之旅費超出上述日支標準限額，或外籍員工眷屬之返國渡假旅費由營利事業負擔，應屬員工之薪資所得，列單申報稽徵機關。

四、會計處理

例七

假設豐禾股份有限公司派遣員工出差臺中洽談公務,該員工於出差前先向公司預支旅費 10,000 元, 其分錄為:

預付款	10,000	
現　金		10,000

待該員工出差返回, 填寫出差報告, 列明其旅費支出(包括進項稅額在內)為 9,500 元, 設其中有 8,000 元支出取得載有進項稅額之進項憑證, 故進項稅額為 400 元, 並將餘款 500 元繳還公司時, 其分錄為:

現　金	500	
旅　費	9,100	
進項稅額	400	
預付款		10,000

上例中若該員工實支旅費包括進項稅額在內為 14,700 元, 設其中有 10,000 元係取得載有稅款之進項憑證, 故進項稅額為 500 元, 則公司應再給付該員工 4,700 元旅費, 其分錄為:

旅　費	14,200	
進項稅額	500	
預付款		10,000
現　金		4,700

若於年度結算時, 有某員工仍出差在外, 尚未返回, 該公司估計其旅費為 20,000 元, 應作分錄如下:

旅　費	20,000	
應付費用		20,000

第七節
運　費

一、意　義

運費為營利事業為運送貨物等業務之需要而支付之運送費用。

二、列支要件

(一)經雙方約定

運費之發生可分為下列三種情況，其列支必須視買賣雙方約定條件而決定是否由營利事業負擔：

◇進貨運費

進貨如為起運點交貨，則進貨運費由買受人負擔，並列入進貨成本。

◇購置固定資產而發生之運費

購置固定資產而支付之運費，應併入資產成本。

◇銷貨運費

內銷時，如銷貨條件為目的地交貨，外銷時，如銷貨條件為 CIF 或 C&F，則因銷售貨物所支付之運費，由售貨者負擔，列為營業費用。

(二)原始憑證

由於運輸工具之不同，因此有海、陸、空運運費，其原始憑證為：

1.支付輪船運費，應取得輪船公司出具之統一發票或收據。

2.鐵路運費，應取得鐵路局之收據或貨運服務所出具之統一發票或收據。

3.交付民營運送業之運費，應取得統一發票或普通收據。

4.交付非營業組織之牛車、三輪車、工人運費，以收據為憑，支付時並應依所得稅法有關規定辦理扣繳。

5.委託承攬運送業，運送貨物支付之各項運送費用，除鐵路運費外，應取得該受託承攬運送業出具統一發票為憑。

三、會計處理

例八

假設豐禾股份有限公司進貨 250,000 元，進項稅額 12,500 元，並支付運費 8,000 元，進項稅額 400 元，其分錄為：

進　貨	258,000	
進項稅額	12,900	
銀行存款		270,900

例九

假設豐禾股份有限公司外銷貨物一批，應收貨款為 300,000 元，另支付運費 6,000 元，進項稅額 300 元，其會計處理如下：

應收帳款	300,000	
銷　貨		300,000
運　費	6,000	
進項稅額	300	
現　金		6,300

第八節
郵電費

一、意　義

郵電費係指營利事業因業務需要而支付之郵票、電話及電報費、電傳打字機費、傳真機使用費及其他電傳視訊系統使用費等。

二、列支要件

應取得下列憑證方可列支：

1. 營利事業購買郵票應取得郵局之回單或證明單。

2. 電報費、電傳打字機費、傳真機使用費及其他電傳視訊系統之使用費，應取得電信事業書有抬頭之收據。

3. 電話費應取得電信事業書有抬頭之收據；其以郵政劃撥方式繳費者，應取得郵局書有抬頭及電話號碼之劃撥收據；如因電話過戶手續尚未辦竣，致收據抬頭與實際使用人不符者，由實際使用人給付列支。

4. 共同使用之電話機，其電話費應由持有收據之營利事業出具證明，憑以認定；必要時，得向原出證明之營利事業調閱帳冊。

5. 使用其他營利事業之電傳打字機拍發電報所支付之電報費，准憑提供電傳打字機之營利事業出具之證明，連同其支付電信事業電報費收據之影本予以認定；如實付金額超過電信事業收費標準者，該提供電傳打字機之營利事業，應就此項收入全部列為其他收益處理。

6. 營利事業負責人或業務有關人員，因國際時差關係，於下班後利用其私用電話與國外客戶接洽業務，或出差期間利用其私用電話與該營利事業或國內、外客戶接洽業務，經取得電信事業出具之收據及附有註明受話人電話號碼之國際長途電話費清單者，其電話費准予認列。

三、電話裝置費及保證金

營利事業繳付電話、電傳打字機之裝置費，應按約定使用年限分年攤提，其未約定使用年限者，按 5 年攤提。另於裝置電話、電報時所繳交電信局之保證金，因可退回，應屬營利事業之資產，不能作為費用。

四、會計處理

例十

假設大甲公司於 106 年 1 月 1 日裝設電話機 4 線，繳交 4,000 元保證金及 80,000 元裝置費，其支出分錄應為：

存出保證金	4,000	
電話裝置費	80,000	
現　　金		84,000

每月依實際收到之電話費帳單支付費用：

郵電費	×××	
現　　金		×××

至 106 年 12 月 31 日，攤提電話裝置費，其分錄為：

折　舊	16,000	
電話裝置費		16,000

第九節
修繕費

一、意 義

修繕費係指營利事業為維持其資產繼續使用所支出之修理維護費用，如零件更換、油漆、粉刷等，惟其修繕費用及資本支出之歸屬，經常不易劃分，故所得稅法及結算申報查核準則均有詳細規定。

二、列支要件

㈠資本支出與費用支出之劃分

1.凡因維持資產之使用，或防止其損壞或維持正常使用，而修理或換置之支出，均可列為修繕費用。如：

  (1)油漆，粉刷牆壁、天花板或生財設備，屋頂修補、地板修補、籬笆或圍牆修補等支出。

  (2)水電設備修理支出。

  (3)輪船業之歲修支出，經中國驗船中心證明屬實者。

2.機器裝修或換置零件，其增加之效能為 2 年內所能耗竭者，或其耐用年限雖超過 2 年，但其支出金額不超過 80,000 元者，或為維護工作人員安全之各種修繕，均得作為費用列支。如：

  (1)為保持機器有效運轉，其換置之零件使用年限短暫者。

  (2)為工作人員之安全，關於機器安全裝置之換置者。

  (3)地下通道、撐木（如坑木）之換置。

  (4)建築物因土地下沉、傾斜所支付之支撐費用。

3.若修繕費支出足以增加原有資產價值，應作為資本支出。如：

  (1)屋頂、牆壁、地板、通風設備、氣溫調節、室內配電設備之換置。

  (2)地下室加裝不透水設備，貯藏池槽加裝防水設備。

  (3)因加開窗門將原有牆壁加強等支出。

  (4)為防水加築水泥圍牆等。

4.修繕支出其效能非 2 年內所能耗竭者，且支出金額超過 80,000 元者，應作為資本支出，加入原資產實際成本餘額內計算，但其效能所及年限可確知者，得以其有效期間平均分攤。如：

  (1)房屋內添設冷暖氣設備等支出，應列為資本支出。

  (2)輪船業之特檢大修支出，應依據中國驗船中心所出具之特檢證明分四年攤銷。

  (3)租賃物之修繕費，租賃契約約定由承租之營利事業負擔者，得以列為費用。

    其有遞延性質者，得照效用所及之租賃期限攤銷。

(二)原始憑證

1.支付國內廠商之修繕費用，應取得統一發票或小規模營利事業普通收據。

2.支付國外廠商之修理費（如輪船在國外修理費用），應以修理費收據、帳單為憑。

3.支付非營業組織之零星修理費用，得以普通收據為憑。

4.購買物料零件自行裝修換置者，除應有外來憑證外，並應依領料換修之紀錄予以核實認列。但裝修換置每件金額不超過 10,000 元者，得免查核領料換修之紀錄。

三、會計處理

例十一

假設豐禾股份有限公司定期粉刷其辦公室牆壁、天花板，花費 70,000 元，依其性質及查核準則之規定，乃屬修繕費用，其分錄為：

修繕費用	70,000	
進項稅額	3,500	
現　金		73,500

例十二

假設豐禾股份有限公司為加強空調之功能，更新其空調設備，支出 120,000 元，依其性質應屬資本支出，不得以修繕費用列帳，其分錄為：

空調設備	120,000	
進項稅額	6,000	
銀行存款		126,000

例十三

假設豐禾股份有限公司購置橡皮帶一批 8,000 元，以供工廠修繕機器設備之用，設其使用年限不及 2 年，其分錄為：

修繕費用	8,000	
進項稅額	400	
現　金		8,400

第十節
廣告費

一、意　義

廣告費係指營利事業為擴展其企業形象及業務所發生之促銷或人事廣告費用。其範圍包括：

1. 報章雜誌之廣告費用。

2. 廣告、傳單、海報或印有營利事業名稱之廣告品。

3. 報經稽徵機關核備之參加義賣、特賣之各項費用。

4. 廣播、電視、戲院幻燈廣告。

5. 以車輛巡迴宣傳之各項費用。

6. 彩牌及電動廣告其係租用場地裝置廣告者，依其約定期間分年攤提。

7. 贈送樣品、銷貨附贈物品或商品餽贈，印有贈品不得銷售字樣，含有廣告性質者。

8. 為推廣業務自行發行獎券，給付之獎金、獎品或贈品。

9. 營建業樣品屋之成本。

10. 經契約約定由各該代理商負擔之樣品關稅與宣傳廣告等費用。

11. 營建業合建分售（或分成）之廣告費，應由地主與建主按其售價比例分攤。

12. 贊助公益或體育活動，具有廣告性質之各項費用。

13. 其他具有廣告性質之各項費用。

二、列支要件

㈠為避免營利事業浮列其廣告費用及確實達到廣告、推銷的效果，各項廣告費用，應分別符合下列規定

1. 報章、雜誌之廣告需檢附廣告樣張。

2. 廣告品、傳單、海報，需印有營利事業之名稱，贈送樣品及銷貨附贈物品，印有贈品不得銷售字樣。

3. 代理商之樣品關稅與宣傳廣告等費用，非經契約訂明由各該代理商負擔者，不得認定。

4. 樣品進口關稅與宣傳費等，如經國外廠商匯款支付者，代理商不得再行列支。

5. 營建業樣品屋之成本，其有處分價值者應於處分年度列作收益處理。

6. 營建業合建分售（或分成）之廣告費：應由地主或建主按其售價比例分攤。

㈡報備規定

為便於費用之查核，於營利事業所得稅查核準則中，規定參加義賣、特賣之各項費用須向稅捐稽徵機關報備核准，方得認列。

㈢遞延規定

為使費用與其效益確實配合，因此規定彩牌及電動廣告係租用場地裝置廣告者，應依其約定期間分年攤提。

㈣原始憑證

1. 報章雜誌之廣告費應取得報社及雜誌社收據及樣張；其因檢附有困難時，得列單註記刊登報社或雜誌之名稱、日期或期別及版（頁）次等。

2. 廣告、傳單、海報、日曆、月曆、紙扇、霓虹、電動廣告牌、電影及幻燈之廣告費，應取得統一發票；其為核准免用統一發票之小規模營利事業者，應取得普通收據。

3. 參加展覽、義賣、特賣之各項費用，應取得統一發票或其他合法憑證。

4.廣播、電視應取得統一發票或其他合法憑證。

5.租用車輛，巡迴宣傳之各項費用，應取得統一發票或其他合法憑證。

6.購入樣品、物品作為贈送者，應以統一發票或普通收據為憑；其係以本身產品或商品作為樣品、贈品或獎品者，應於帳簿中載明。

7.贈送樣品應取得受贈人書有樣品品名、數量之收據。但贈送國外廠商者，應取得運寄之證明文件及清單。另贈送樣品依財政部 75 年 12 月 29 日台財稅字第 7523583 號函規定，已可免依加值型及非加值型營業稅法第 3 條「視同銷售」開立發票。

8.銷貨附贈物品，應於銷貨發票加蓋贈品贈訖戳記，並編製書有統一發票號碼、金額、贈品名稱、數量及金額之贈品支出日報表，憑以認定。但加油站業者銷貨附贈物品，得以促銷海報、促銷辦法及促銷相片等證明，及每日依所開立之統一發票起訖區間，彙總編製贈送物品名稱、數量、金額，經贈品發送人簽章之贈品支出日報表為憑。

9.舉辦寄回銷貨包裝空盒換取贈品活動，應以買受者寄回空盒之信封及加註贈品名稱、數量及金額之贈領清冊為憑。

10.以小包贈品、樣品分送消費者，得以載有發放人向營利事業領取贈品、樣品日期、品名、數量、單價、分送地點、實際分送數量金額及發放人簽章之贈品日報表代替收據。

11.給付獎金、獎品或贈品，應有贈送紀錄及具領人真實姓名、地址及簽名或蓋章之收據。

12.贊助公益或體育活動具有廣告性質之各項費用，應取得統一發票或合法憑證，並檢附載有活動名稱及營利事業名稱之相關廣告品；其檢附困難者，得以相片替代。

13.其他具有廣告性質之各項費用，應取得統一發票或合法憑證，並檢附載有活動名稱及營利事業名稱之相關廣告或促銷證明文件。

三、會計處理

例十四

假設豐禾股份有限公司支付其在報章上刊登廣告、印製宣傳海報等費用 65,000 元，其分錄為：

```
廣告費用                  65,000
    現  金                           65,000
```

又該公司將宣傳海報全部郵寄發送，支付郵票費用 7,000 元，其分錄為：

```
郵電費                    7,000
    現  金                            7,000
```

該公司於 106 年 3 月因推出新產品而支付之廣告費用 360,000 元，其支付時之分錄為：

```
廣告費                  360,000
    銀行存款                       360,000
```

第十一節
捐　贈

一、意　義

　　捐贈係指營利事業以物品或金錢贈送於其他單位之支出。營利事業之費用或損失須與經營本業或附屬業務有關，方得列支，惟捐贈為例外，但所得稅法仍有一定範圍之約束。

二、列支要件

㈠營利事業之捐贈，須符合下列捐贈對象及金額，方可列為當年度費用

　　1.為協助國防建設、慰勞軍隊、對各級政府之捐贈，合於運動產業發展條例第 26 條、災害防治法第 44 條之 3、中小企業發展基金之捐贈及經財政部專案核准之捐贈，不受金額限制。

2.依政治獻金法規定，對政黨、政治團體及擬參選人之捐贈，不得超過所得額
10%，其總額並不得超過新臺幣 500,000 元。

上述所稱不得超過所得額 10% 之計算公式如下：

$$\frac{\begin{matrix}經認定之收益總額(營業毛利、\\分離課稅收益及非營業收益)\end{matrix} - 各項損費 \quad \left(\begin{matrix}包括上述 1.之捐贈及 6.未指定對\\特定學校法人或私立學校之捐\\款，但不包括本項 2.及下列 4.、\\5.之捐贈、6.指定對特定學校法\\人或私立學校之捐款及 7.之捐贈\end{matrix}\right)}{1 + 10\%} \times 10\%$$

但若營利事業所得稅申報，經稅捐機關核定之所得額有所改變時，其可認定之
捐贈總額亦應隨之調整。若當年度無所得時，其捐贈費用即不得認列。

3.有下列情形之一者，不適用前項之規定：

⑴未取得政黨、政治團體及擬參選人開立之受贈收據。

⑵違反政治獻金法第 7 條第 1 項、第 9 條第 1 項、第 12 條、第 14 條、第 17 條
或第 18 條規定之捐贈。

⑶捐贈之政治獻金經政黨、政治團體或擬參選人依第 15 條規定返還或繳交受理
申報機關辦理繳庫。

⑷對未依法登記為候選人或登記後其候選人資格經撤銷者之捐贈。但擬參選人
收受政治獻金後死亡者，不在此限。

⑸對政黨之捐贈，政黨於該年度全國不分區及僑居國外國民立法委員選舉、區
域及原住民立法委員選舉推薦候選人之得票率，均未達 1%。該年度未辦理選
舉者，以上次選舉之得票率為準；新成立之政黨，以下次選舉之得票率為準。

4.對大陸地區之捐贈，應經行政院大陸委員會許可，並應透過合於所得稅法第
11 條第 4 項規定之機關或團體為之，且應取得該等機關團體開立之收據；其未經許
可，或直接對大陸地區捐贈者，不得列為費用或損失。

5.對符合上述 4.之捐贈、符合所得稅法第 11 條第 4 項規定之機關或團體之捐贈
及成立、捐贈或加入符合同法第 4 條之 3 各款規定之公益信託之財產，合計以不超
過所得額 10% 為限。上述所稱不超過所得額 10% 為限，準用上述 2.規定之計算公式
計算之。

6.依私立學校法第 62 條規定，透過財團法人私立學校興學基金會，未指定對特

定學校法人或私立學校之捐款，得全數列為費用；其指定對特定學校法人或私立學校之捐款，以不超過所得額 25% 為限，類推適用上述第 2. 規定之計算公式計算之。

7.依文化創意產業發展法第 26 條規定所為捐贈，以不超過新臺幣 1,000 萬元或所得額 10% 為限，上述所稱不超過所得額 10% 為限，準用 2.規定之計算公式計算之。

㈡原始憑證及捐贈金額之認定

1.如係購入供作贈送之物品，則應取得統一發票或小規模營利事業普通收據，並以購入成本認定捐贈金額；其係以本事業之產品、商品或其他資產贈送者，應於帳簿中載明贈送物品之名稱、數量及成本金額，並以產品、商品或其他資產之帳載成本，認定捐贈金額。另依加值型及非加值型營業稅法第 3 條「視同銷售」之規定，開立發票。

2.捐贈應取得受領機關團體之收據或證明；其為對政黨、政治團體及擬參選人捐贈者，應取得依監察院所定格式開立之受贈收據。

3.依運動產業發展條例第 26 條及文化創意產業發展條例第 26 條規定所為捐贈，應依規定取得相關證明文件。

4.台財稅字第 10004017660 號令規定，中華民國紅十字會總會或其他符合所得稅法第 11 條第 4 項規定之教育、文化、公益、慈善機關或團體為辦理天然災害賑災，經國稅局准予備查之賑災專戶之捐贈，得以載明其姓名或名稱及捐贈事由之匯款收據或郵政劃撥儲金存款收據，作為捐贈之收據或憑證。

三、會計處理

例十五

假設豐禾股份有限公司支付勞軍捐贈 500,000 元及其他慈善團體捐贈 200,000 元，其分錄應為：

捐　贈	700,000	
銀行存款		700,000

假設該公司當年度之銷貨毛利為 15,000,000 元,包括捐贈支出之各項損費

總額為 9,500,000 元，非營業收益及支出均為 0，年底核算其捐贈支出是否超限時，其核算式為：

$$\$500,000 + \frac{\$15,000,000 - (\$9,500,000 - \$200,000)}{1 + \frac{10}{100}} \times \frac{10}{100} = \$1,018,182$$

經核算其捐贈限額為 1,018,182 元，故當年度該公司之捐贈支出並未超限，可核實認定。

第十二節
交際費

一、意　義

交際費係指營利事業為業務需要而支付之招待客戶，贈送賀禮、禮品等支出。

二、列支要件

(一)限額規定

為防止營利事業濫報交際費以減少課稅所得，所得稅法及查核準則對全年交際費之支付總額均有最高限額之訂定，今列表如下：

1. 進貨部分：

金額級距（新臺幣）	普通申報	藍色申報
進貨淨額 30,000,000 元以下	1.5‰	2‰
30,000,000 元～150,000,000 元	1‰	1.5‰
150,000,000 元～600,000,000 元	0.5‰	1‰
600,000,000 元以上	0.25‰	0.5‰

2.銷貨部分:

金額級距（新臺幣）	普通申報	藍色申報
銷貨淨額 30,000,000 元以下	4.5‰	6‰
30,000,000 元～150,000,000 元	3‰	4‰
150,000,000 元～600,000,000 元	2‰	3‰
600,000,000 元以上	1‰	1.5‰

3.運輸客貨為業者:

金額級距（新臺幣）	普通申報	藍色申報
運費收入淨額 30,000,000 元以下	6‰	7‰
30,000,000 元～150,000,000 元	5‰	6‰
150,000,000 元以上	4‰	5‰

4.供給勞務或信用為業者（包括旅館、租賃）:

金額級距（新臺幣）	普通申報	藍色申報
營業收益淨額 9,000,000 元以下	10‰	12‰
9,000,000 元～45,000,000 元	6‰	8‰
45,000,000 元以上	4‰	6‰

5.保險業依上述供給勞務或信用為業者辦理，但其計算其收益額時，產物保險部門應以全年保費、分保費收入及其他收益，減除分保費支出後之餘額為準。而人壽保險部門，則以全年保費收入，及其他收益，減除責任準備金後之餘額為準。

6.放映電影業者，以全年票價總收入為銷貨額，以價購影片成本及支付片商之租金（即分成部分）為進貨額，分別依上述第1.、2.項之規定計算。

7.經營外銷業務而取得外匯收入者，並得在不超過當年度外銷收入總額 2% 範圍內，列支特別交際費。如為預收外匯，則應於該項預收外匯轉為營業收入之年度列入交際費限額之計算。

8.委託會計師或其他合法代理人簽證申報者,適用前述有關藍色申報書之規定。

9.屬於交際性質（而非廣告性質）之餽贈支出，仍以交際費認定。

㈡原始憑證

1.在外宴客及招待費用或購入物品作為交際性質之餽贈者，應取得統一發票或小規模營利事業之普通收據為證。自備飯食宴客者，應有經手人證明購買菜餚名目

及價格之清單為憑。

2.以郵政禮券或現金作為婚喪喜慶禮金，經取得郵局收據並附請帖、訃文或謝帖者，在不超過一般常規情形下，可予核實認定（參見財政部 64 年 9 月 19 日台財稅字第 36858 號函）。

3.營利事業向百貨公司購買現金禮券作為交際應酬用者，應取得百貨公司出具之證明書為原始憑證，核實認定（參見財政部 65 年 7 月 28 日台財稅字第 35022 號函）。

4.營利事業如因業務需要，以其本身產品或商品饋贈者，應於帳簿及統一發票存根聯上註明該項贈品名稱、數量及成本金額。

三、會計處理

例十六

假設豐禾股份有限公司為會計師簽證申報營利事業所得稅之營利事業，當年度銷貨淨額為 280,000,000 元，進貨淨額為 120,000,000 元，又銷貨中屬外銷 8,000,000 元，且取有外匯收入。當年度該公司帳列交際費總額為 1,720,000 元。於申報該年度營利事業所得稅時，發現交際費中有 58,000 元未取得合法憑證，應予調整減除。茲計算該年交際費限額如下：

$$
\begin{array}{lrll}
銷貨淨額: & \$\ 30,000,000 \times & 6\text{‰} = \$ & 180,000 \\
& 120,000,000 \times & 4\text{‰} = & 480,000 \\
& 130,000,000 \times & 3\text{‰} = & 390,000 \\
進貨淨額: & 30,000,000 \times & 2\text{‰} = & 60,000 \\
& 90,000,000 \times & 1.5\text{‰} = & 135,000 \\
外匯收入: & 8,000,000 \times & 2\% = & \underline{160,000} \\
最高限額: & & & \underline{\$1,405,000}
\end{array}
$$

帳列交際費總額－調整減除金額－最高限額＝超限金額。

$1,720,000 - \$58,000 - \$1,405,000 = \$257,000$

其超限部分將在費用項下調整減除。

第十三節
職工福利

一、意 義

職工福利係營利事業為改善或調劑全體員工生活而舉辦各項福利設施如郊遊、聚餐、各種慶典活動、贈品等所需之費用。

二、列支要件

(一)列支標準

1.營利事業已成立職工福利委員會者，可依下列標準提撥職工福利金：

(1)創立時實收資本總額之 5% 限度內一次提撥。每年得在不超過提撥金額 20% 限度內，以費用列支。

(2)增資資本額之 5% 限度內一次提撥。每年得在不超過提撥金額 20% 限度內，以費用列支。

(3)每月營業收入總額內提撥 0.05%～0.15%。

(4)下腳變賣時提撥 20%～40%，但副產品及不堪使用之固定資產並非下腳，不得比照下腳收入提撥。

2.福利金之提撥，以實際提撥數為準。但按每月營業收入總額之比例提撥部分，其最後一個月應提撥金額，得以應付費用列帳。

3.依上述標準提撥之福利金，交由職工福利委員會保管運用，實際舉辦各項福利措施時，所發生費用概由福利金項下支付，不得再列支任何福利費用。但員工醫藥費應准核實認定。員工醫藥費不包括員工之定期健診費。惟營利事業依照勞工安全衛生法及其施行細則，暨勞工健康管理規則規定必須支付之員工體格檢查及定期健康檢查費用，與一般定期健診性質有別者，可核實認定（參見財政部 69 年 4 月 26 日台財稅字第 33355 號函）。

4.營利事業已依法成立職工福利委員會,並依規定提撥職工福利金者,其舉辦員工文康、旅遊活動及聚餐等費用應先在福利金項下列支,不足時,再以其他費用列支。

5.營利事業未成立職工福利委員會,則不得提撥職工福利金,僅能就實際發生金額,認列費用,且其實際支付之福利費用,以不超過該營利事業每月營業收入總額 0.15% 及下腳收入 40% 為限。惟上述員工醫藥費可核實認定。

㈡原始憑證

依職工福利金條例提撥者,應檢具職工福利委員會之收據。但直接撥入職工福利委員會在金融機構之存款帳戶,並取得該金融機構發給之存款證明者,不在此限。實際支付之費用,職工醫藥費應取得醫院之證明與收據,或藥房配藥書有抬頭之統一發票,其非屬營業組織之個人,提供勞務之費用,應取得收據。

三、會計處理

例十七

豐禾股份有限公司於 106 年 1 月設立並同時成立職工福利委員會,公司實收資本額為 10,000,000 元,假設該公司採取按資本額一次提撥福利金,則其有關提撥福利金之會計處理如下:

(1)提撥時:

職工福利	500,000	
銀行存款		500,000

按實收資本額 10,000,000 元之 5% 提撥福利基金

(2)營利事業若就創立時登記資本總額 5% 限度內一次提撥之職工福利金,年終結算申報帳外調整,按提撥福利金之 20% 申報為年度費用,職工福利未申報餘額 400,000 元,遞延以後年度結算申報帳外調整為費用。

又設該公司 106 年 1 月份營業收入 1,000,000 元,下腳變價收入 100,000 元,如該公司係按營業收入 0.1%;下腳收入 40% 提撥福利金,計算如下:

營業收入 $\$1,000,000 \times 0.1\% = \$1,000$
下腳收入 $\$100,000 \times 40\% = \$40,000$
可提撥福利金 41,000 元

(1)銷貨時：

銀行存款	1,155,000	
營業收入		1,000,000
其他收入		100,000
銷項稅額		55,000

(2)提撥時：

職工福利費用	41,000	
銀行存款		41,000

按營業收入或下腳收入提撥者，直接列當年度費用，無須分年攤列

例十八

假設上述之豐禾股份有限公司並未成立職工福利委員會，106 年支付員工醫藥費 270,500 元，則分錄為：

職工福利費用	270,500	
銀行存款		270,500

該公司當年度另外支付其他職工福利費用 65,000 元，而當年度營業總額為 4,000,000 元，下腳收入為 70,000 元，於年度結算時，經計算其職工福利費用限額如下：

$4,000,000 \times 0.15\% + \$70,000 \times 40\% = \$34,000$
$65,000 > \$34,000$

故該營利事業 106 年可認列之職工福利費用為：

$270,500 * + \$34,000 ** = \$304,500$
* 醫藥費不受限額限制
** 其他職工福利費用之列支最高限額為 34,000 元

第十四節
水電及瓦斯費

一、意 義

水電及瓦斯費係指營利事業所支付之自來水費、電費及瓦斯費。

二、列支要件

㈠製造費用與營業費用之劃分

須為營業所需，若是製造工廠之水、電、瓦斯費用，則應作為製造費用而非營業費用，並攤入製造成本內。

㈡原始憑證

1.電費、自來水費及瓦斯費則應分別取得電力公司、自來水事業或瓦斯公司之統一發票或收據以供認列。

2.水錶、電錶及瓦斯錶未過戶之水、電、瓦斯費，如依約定由現使用人支付者，應可認列。

3.與其他營利事業共同使用之水、電、瓦斯，其費用由持有收據之營利事業出具證明以憑認定，必要時，得向原出證明之營利事業調閱帳簿。

三、會計處理

例十九

設豐禾股份有限公司支付水費 3,000 元外加營業稅 5%，其分錄為：

水電瓦斯費	3,000	
進項稅額	150	
現　金		3,150

該公司年底應付電費 8,000 元外加營業稅 5%，共計 8,400 元，但尚未支付，則應作調整分錄為：

水電瓦斯費	8,000	
進項稅額	400	
應付費用		8,400

第十五節
保險費

一、意 義

保險費係指營利事業為其所有之商品、廠房等財產或員工投保所支出之保險費用。凡投保標的物為商品或其他財產者稱為產物保險，投保標的為職員者，則為人壽保險。

二、列支要件

㈠可分為產物保險及人壽保險分別說明

◇產物保險

　⑴財產所有權：保險之標的物應屬該營利事業所有。但經契約約定應由該營利事業負擔者，應核實認定。

　⑵資本支出與費用之劃分：購置設備所支付之保險費應列為固定資產成本，購置商品之保險費則為存貨成本。

◇人壽保險

　又分為勞工保險及全民健康保險、團體保險兩種：

　⑴勞工保險及全民健康保險：由營利事業所負擔之勞保費、全民健保費，應予

核實認定，且不視為被保險員工之薪資所得。

⑵團體保險：營利事業向人壽保險公司投保團體人壽保險、團體健康保險及團體傷害保險及團體年金保險，其由營利事業負擔之保險費，以營利事業或被保險員工及其家屬為受益人者，准予認定。每人每月保險費合計在新臺幣2,000元以內部分，免視為被保險員工之薪資所得；超過部分，視為對員工之補助費，應轉列各該被保險員工之薪資所得，並應依所得稅法第89條規定，列單申報該管稽徵機關。

㈡向國外保險業者投保之規定

營利事業如因國內保險公司尚未經營之險種或情形特殊，需要向國外保險業投保者，除下列跨國提供服務投保之保險費，經取得該保險業者之收據及保險單，可核實認定外，應檢具擬投保之公司名稱、險種、保險金額、保險費及保險期間等有關資料，逐案報經保險法之主管機關核准，始得核實認定。

1.海運及商業航空保險：
包括被運送之貨物、運送貨物之運輸工具及所衍生之任何責任。
2.國際轉運貨物保險。

㈢原始憑證

1.保險費之原始憑證為保險公司之收據及保險單。

2.團體人壽保險、團體健康保險及團體傷害保險及團體年金保險之保險費收據，除應書有保險費金額外，並應檢附列有每一被保險員工保險費之明細表。

3.向國外保險業投保，依上述㈡之規定。

三、會計處理

例二十

假設豐禾股份有限公司支付106年2月份勞工保險費80,000元，其中自員工薪資中代扣員工負擔之勞保費16,000元，另由公司負擔64,000元，其分錄應為：

保險費		64,000	
代扣勞保費		16,000	
現　金			80,000

　　該公司進口貨品一批價款 100,000 元，交易條件為 FOB，由進口商豐禾股份有限公司自行投保，保險費支出 2,500 元，其分錄為：

進　貨		102,500	
現　金			102,500

例二十一

　　豐茂企業有限公司於 106 年 4 月 1 日向保險公司投保廠房火險，保險費 60,000 元，保險期間為 106 年 4 月 1 日至 107 年 3 月 31 日，支付保險費時，其分錄為：

預付保險費		60,000	
現　金			60,000

　　於 106 年底結算時，應依權責基礎轉列為保險費。

保險費		45,000	
預付費用			45,000

習　題

1. 永平公司薪資係採用每月 5 日支付上月薪資方式，今悉：

　(1) 102 年 12 月薪資 100,000 元。

　(2) 102 年終獎金 1 個月在 103 年 1 月底發放。

　(3) 103 年終獎金為 1.5 個月在 104 年 2 月初發放。

　(4) 103 年依勞工退休金條例提撥 6% 退休金。

　試計算永平公司 103 年度帳列薪資費用及申報薪資扣繳金額。

2. 永安公司於民國 103 年 3 月 1 日出租辦公室予方乙公司，收到押金 180,000 元，雙方約

定，方乙公司每月月初應支付租金60,000元，營業稅5%外加，租期2年。假設當年度1月1日郵政儲金匯業局之1年期定期存款利率為5%，試作永安公司及方乙公司下列分錄（假設兩公司皆為適用一般稅額之營業人）：

⑴103年3月1日支付押金及房租。

⑵103年3月31日設算租金之分錄。

⑶103年4月份之分錄。

3.試為大豐公司作下列之分錄。

⑴進貨200,000元，進項稅額10,000元，並支付運費15,000元，進項稅額5%外加。

⑵外銷貨物一批，應收貨款為400,000元，另支付運費8,000元，進項稅額400元。

4.遠東公司103年與修繕之相關支出如下：

⑴修補天花板：應付30,000元，已付25,000元。

⑵空調設備：8月初更換，預計可使用5年，支出現金100,000元。

⑶牆壁油漆：付15,000元。

⑷窗簾更換：付30,000元，統一發票遺失。

試計算本期遠東公司帳列修繕費及營利事業所得稅申報時自行依法調整申報數各為若干？

5.平安公司本年度部分財務報表資料如下：

⑴銷貨收入 $40,000,000

⑵銷貨成本 $28,000,000

⑶營業費用* $9,000,000

⑷非營業收入 $2,500,000

⑸非營業費用 $1,500,000

＊營業費用包含捐贈予財團法人慈善機構50,000元；捐贈某民意代表競選經費300,000元；對某國立大學捐贈100,000元。

試計算該年度平安公司申報營利事業所得稅時，自行依法調整申報之捐贈費為若干？

6.假設美和股份有限公司委任會計師簽證申報營利事業所得稅，103年度銷貨淨額為120,000,000元，銷貨中屬外銷26,000,000元，且取有外匯收入，另佣金收入3,200,000元，進貨淨額為90,000,000元。103年度該公司帳列交際費總額為1,360,000元。於申報該年度營利事業所得稅時，發現交際費中有187,000元未取得合法憑證，應予調整減除。試計算該公司103年交際費限額。

第十二章
營業費用㈡

上章已介紹薪資支出、租金支出等十五項營業費用，茲於本章繼續介紹雜項購置、勞務費等其他各項營業費用。

第一節
雜項購置

一、意 義

雜項購置係指營利事業為業務需要所購置之修護零件及雜項資產等。

二、列支要件

㈠資本支出與費用支出之劃分

　1.以雜項購置列帳之資產，其耐用年限不及 2 年，或其耐用年限超過 2 年，而支出金額不超過新臺幣 80,000 元者，得以其成本列為當年度之費用。

　2.如不符合上述條件者，應按其性質歸類，列入固定資產之適當科目，並依固定資產耐用年數表之規定，計提折舊。但整批購置大量器具，耐用年限超過 2 年，每件金額雖未超過新臺幣 80,000 元，仍應列作資本支出。

　3.在購入年度已以雜項購置科目列為損費之資產，於廢損時，不得再以損費列帳。

㈡原始憑證

雜項購置之原始憑證為統一發票或小規模營利事業普通收據。

三、會計處理

例一

假設豐禾股份有限公司購入辦公用計算機 1 臺，單價為 4,000 元，因其未超過新臺幣 80,000 元，故以雜項購置列帳，其分錄為：

雜項購置	4,000	
進項稅額	200	
現　金		4,200

第二節
勞務費

一、意　義

勞務費係營利事業為業務所需而支付給外界專業人員之費用，如律師、會計師、建築師、技師、醫師、藥師、地政士、工匠等之報酬，均屬於勞務費用。

二、列支要件

㈠資本支出與費用支出之劃分

購置固定資產有關之勞務費支出，如代書費等應列為固定資產成本。

㈡原始憑證

給付勞務費用之原始憑證為收款人所出具之收據或簽收之簿摺；如經由金融機構撥款直接匯入執行業務者之金融機構存款帳戶者，應取得書有執行業務者姓名、

金額及支付勞務費字樣之銀行送金單或匯款回條。

三、扣繳規定

營利事業於給付上述中華民國境內專業人員勞務費時，必須依執行業務所得扣繳 10%，且於年度結算時，填發執行業務所得扣繳憑單。

四、會計處理

例二

假設豐禾股份有限公司支付其會計師增資簽證費 30,000 元，代扣所得稅款 10%，其分錄為：

勞務費	30,000	
代扣稅款		3,000
現　金		27,000

如該公司已與會計師簽約訂定當年度財務簽證費用為 100,000 元，但至年底尚未支付，則應以應付費用科目加以列帳，其分錄為：

| 勞務費 | 100,000 | |
| 應付費用 | | 100,000 |

第三節
研究費

一、意　義

營利事業為改進生產技術，發展新產品而支付之研究發展實驗費用包括：

1.從事研究發展工作之人員薪資。

2.生產單位為改進生產技術或提供勞務技術之費用。

3.具有完整進、領料紀錄，並能與研究計畫及紀錄或報告相互勾稽，供研究用消耗性器材、原材料及樣品之費用。

4.供研究用儀器設備之當年度折舊費用。

5.供研究用建築物之折舊費用或租金。

6.為研究發展購買或使用之專利權、專用技術及著作權之當年度攤折或支付之費用。

7.為研究發展所購買之專業性或特殊性資料庫、軟體程式及系統之當年度攤折或支付費用。

8.委託經經濟部工業局認定之國內醫藥研發服務業者從事研究發展之費用。

9.委託國內大專院校或研究機構研究或聘請國內大專院校專任教師或研究機構研究人員之費用。

10.委託國外大專院校或研究機構研究，或聘請國外大專院校專任教師或研究機構研究人員之費用。

二、列支要件

研究發展可以自行辦理或委託其他機構或個人辦理,其有關規定分別說明如下:

㈠自辦研究

1.供研究或試驗耗用之原料、物料，按其研究實驗之有關紀錄分別核實以費用列支，其未具備有關紀錄，或混雜於當年製品成本之內，未能查明核實者，不予認定。

2.供研究、實驗用之器材設備，其耐用年數不及 2 年者，得列為當年度費用。其耐用年數在 2 年以上者，應列為資本支出，逐年提列折舊；其得依中小企業發展條例第 35 條規定，按所得稅法固定資產耐用年數表所載年數，縮短二分之一計算折舊；縮短後餘數不滿 1 年者，不予計算。

3.支付研究、實驗人員之報酬、文具用品、書籍雜誌及其他有關支出，應予核實認列。

㈡委託其他機構或個人研究

營利事業委託其他機構或個人代為研究，所支付之研究費用，應訂有委託研究契約，如受託為個人時，並應依各類所得扣繳辦法辦理。

㈢原始憑證

購入研究試驗所用原料、物料或器材設備等，應取有出售者之統一發票或小規模營利事業普通收據。如係支付個人之研究報酬，則應取得其收據。

三、會計處理

例三

假設豐禾股份有限公司為開發新產品而於 106 年 1 月 10 日購入原料乙批 95,000 元及研究用設備乙套（耐用年限 7 年）2,400,000 元，其有關研究費之會計處理如下：

1. 購入時：

原物料	95,000	
儀器設備	2,400,000	
進項稅額	124,750	
銀行存款		2,619,750

2. 領用時：

研究費	95,000	
原物料		95,000

該公司固定資產係以平均法提列折舊，估計殘值為 230,000 元，則該項研究用設備於年底提列折舊之分錄為：

研究費	310,000	
累計折舊——儀器設備		310,000

$$(\$2,400,000 - \$230,000) \times \frac{1}{7} = \$310,000$$

第四節
訓練費

一、意　義

　　訓練費係指營利事業為推廣業務改進生產技術所支付之員工訓練費用，如派遣員工出國進修及參加研習會費用等。

二、列支要件

　　營利事業員工訓練費用可分為自辦訓練或委託訓練，依下述規定核實認列：

　1.自辦訓練：其列支分為費用支出及器材之購置兩類。

　(1)費用支出：自辦職業訓練所支付之師資鐘點費、文具用品、書籍雜誌、旅費及其他有關支出，應予核實認定。

　(2)器材購置：供訓練員工用之器材設備，其耐用年數不及 2 年者，得列為當年度費用，其耐用年數在 2 年以上者，應列為資本支出，逐年提列折舊。

　2.委託訓練：包括委託其他訓練機構或派赴國內外機構進修。

　(1)委託其他訓練機構代為訓練員工所支付之費用，應訂有委託契約。

　(2)選派員工參加國內有關機構講習或受訓之費用，應予核實認定。

　(3)參加技能檢定之費用。

　(4)選派員工赴國外進修或研習所支付之費用，應訂有員工出國進修辦法，期滿並應返回公司服務，其由國外有關機構負擔部分，不得列支。

　(5)建教合作給付該合作學校之費用或補助費，應有合作計畫或契約。

　3.營利事業依照職業訓練法規規定提繳之職業訓練費或差額，得以當年度費用列支。

　4.原始憑證：訓練費之支付應取得受款人之統一發票或收據，委託其他機構訓練時須有必要之契約書，以供認列。

三、會計處理

例四

假設豐禾股份有限公司 106 年 4 月派員參加某管理顧問公司所舉辦之生產管理研習會,支出費用 14,000 元,其帳列之分錄應為:

訓練費	14,000	
進項稅額	700	
現　金		14,700

該公司又為訓練員工所需,於 106 年 7 月 1 日購入視聽器材一套(耐用年數為 8 年) 270,000 元,其分錄為:

訓練用設備	270,000	
進項稅額	13,500	
銀行存款		283,500

如該公司固定資產係以平均法提列折舊,估計殘值為 20,000 元,則 106 年底提列折舊之分錄為:

訓練費	15,625	
累計折舊——訓練用設備		15,625

$(\$270,000 - \$20,000) \times \dfrac{1}{8} \times \dfrac{6}{12} = \$15,625$

第五節
建立國際品牌形象費用

一、意　義

營利事業在國際市場為推廣其自創並依法向經濟部指定辦理商標業務之專責機

關請准註冊之商標或服務標章所需之費用，及為開發新產品而從事國際市場調查之費用，及為推廣自創之註冊商標或服務標章而參加國際組織、國際會議或國際商展之費用。

二、列支要件

建立國際品牌形象支出，應有下列證明文件：

1. 經濟部指定辦理商標業務之專責機關註冊之證明文件。
2. 國際品牌推廣計畫及執行情形。
3. 其他有關證明文件。

三、原始憑證

建立國際品牌形象費用應取得受款人之統一發票或收據，如有出差旅費則應依照旅費有關規定辦理。支付國外廠商及在國內無居住所之個人，除應取得對方收據外，已辦理結匯者，應有結匯證明文件，未辦理結匯者，應有銀行匯付或轉付之證明文件。其屬應依法扣繳所得稅款者，應有扣繳稅款之繳款書據。

四、會計處理

例五

假設豐禾股份有限公司於 106 年委託潤華企管顧問公司從事新產品國際市場調查費用為 30,000 元，則其有關分錄為：

建立國際品牌形象費用	30,000	
現　金		30,000

第六節
權利金

一、意　義

權利金係指營利事業經雙方約定，使用其他營利事業或個人之專利權、專門技術、商標權、著作權、祕密方法及各種特許權利而支付之代價。

二、列支要件

㈠營利事業權利金支出，應符合下列之規定

1.權利金之支出，應依契約或其他相關證明文件核實認定。但契約或其他相關證明文件約定金額，超出一般常規者，除經提出正當理由外，不予認定。

2.有關生產製造技術之權利金支出，應於契約有效期間內按期攤折，並列為製造費用。

㈡原始憑證

1.支付國內廠商之權利金，應有統一發票及契約證明；支付我國境內居住之個人者，應有收據及契約證明。

2.如係支付國外廠商及在非我國境內居住之個人者，除應有契約證明並取得對方發票或收據外，已辦理結匯者，應有結匯證明文件；未辦結匯者，應有銀行匯付或轉付之證明文件；其屬符合所得稅法第 4 條第 1 項第 21 款規定免納所得稅者，應有目的事業主管機關核准適用免稅規定之證明文件。

三、扣繳規定

上述權利金之支付，依各類所得扣繳辦法之規定，如係支付我國境內居住之個

人，原按給付額 10% 扣繳，如係支付非我國境內居住之個人或中華民國境外之營利事業，則按 20% 扣繳。

但根據所得稅法第 4 條第 21 款免稅規定，營利事業因引進新生產技術或產品，或因改進產品品質，降低生產成本，而使用外國營利事業所有之專利權、商標權及各種特許權利，經政府主管機關專案核准者，其所給付外國事業之權利金；暨經政府主管機關核定之重要生產事業因建廠而支付外國事業之技術服務報酬。營利事業支付本項規定之權利金，因取得者依法免稅，故不必扣繳。

四、會計處理

例六

假設豐禾股份有限公司使用麥克公司（為中華民國境外之營利事業）特許權，依約定支付權利金 400,000 元，支付時，其分錄為：

權利金	400,000	
代扣稅款		80,000
銀行存款		320,000

第七節
伙食費

一、意　義

伙食費係指營利事業實際供應員工膳食或支付伙食代金之費用。

二、列支要件

㈠支付限額

　　1.一般營利事業列支標準：職工每人每月伙食費，包括加班誤餐費，最高以新臺幣 2,400 元為限。

　　2.航運業及漁撈業自 87 年 8 月 1 日起之列支標準：

　⑴國際遠洋航線：每人每日最高以新臺幣 250 元為限。

　⑵國際近洋航線（含臺灣、香港、琉球航線）：每人每日最高以新臺幣 210 元為限。

　⑶國內航線：每人每日最高以新臺幣 180 元為限。

　　3.營利事業基於營業需要，實際供給膳食或按月定額發給員工伙食代金，由員工自行就食，以代替供應伙食，可在上述限額內，核實認定，免視為員工薪資所得。其超過部分，如屬按月定額發給員工伙食代金者，應轉列員工之薪資所得；如屬實際供給膳食者，除已自行轉列員工薪資所得者外，不予認定。

㈡就食名單

　　營利事業實際供給膳食，除國際航運業供給船員膳食外，應提供員工簽名或蓋章之就食名單。

㈢原始憑證

　　可分為實際供應伙食或發放膳食代金兩種情形。

　　1.如係實際供給員工伙食，應取得下列憑證：

　⑴主食及燃料費：應取得統一發票或小規模營利事業出具之收據。

　⑵蔬果、魚類、肉類：應由經手人出具證明。

　⑶委請營利事業包伙或在其他營利事業搭伙者：應取得統一發票或普通收據。

　⑷如係委由已依職工福利金條例成立之職工福利委員會辦理者，應取得職工福利委員會出具之收據。

2.支付伙食代金則須有員工蓋章之伙食費清冊，如係送交銀行分別存入各該職工帳戶者，應有銀行蓋章證明存入之清單。

三、會計處理

例七

假設豐禾股份有限公司共有員工 20 人，每月每人發給伙食費 2,400 元自行就食，其分錄為：

伙食費	48,000	
現　金		48,000

因其金額並未超過限額，故免視為員工薪資所得。

第八節
書報雜誌費

一、意　義

書報雜誌費係指營利事業購入與業務有關之書籍雜誌等費用。

二、列支要件

㈠須與本事業有關

購入與本事業有關之書籍，得列為費用，但自願按年攤提者，其耐用年數確定後，不得變更。

㈡原始憑證

訂購書報雜誌之原始憑證為書有抬頭之統一發票、國外發票憑證或報社雜誌之收據。

三、會計處理

例八

假設豐禾股份有限公司訂閱專業雜誌 2 年，期間自 106 年 1 月 1 日至 107 年 12 月 31 日，計支出 5,000 元，有關分錄如下：

106/1/1 付款時：

預付費用	5,000	
現　金		5,000

106/12/31 年終調整：

書報雜誌費	2,500	
預付費用		2,500

第九節
稅　捐

一、意　義

稅捐係政府基於公共財政需要，依法向國民徵收，而國民依法有繳納之義務。課徵租稅又因為對象及技巧不同而產生多種不同的稅目，因此營利事業所支付之稅捐可能係因購入商品或財產，出售商品或財產，或因擁有或使用財產而發生，至於是否能列為營業費用處理，將因其是否與本事業有關及稅目種類而有不同的歸屬。

二、列支要件

㈠稅捐支出之認列規定如下

◇須屬本事業所發生

　　本事業所發生之稅捐,當由本事業負擔。

◇購入商品或財產所發生之稅捐,應列入成本者

　　⑴營利事業因故自動放棄扣抵之營業稅進項稅額得就其支出性質,列為成本或損費。

　　⑵應納貨物稅及菸酒稅廠商,繳納原物料之貨物稅及菸酒稅,應准併當年度進貨成本或製造成本,核實認定。

　　⑶進口貨物之關稅,應列為貨物之成本。

　　⑷購買土地、房屋所繳納之契稅、印花稅等,應併入土地或房屋之成本。

　　⑸購入商品或設備所支付之營業稅,以進項稅額列帳,但若屬加值型及非加值型營業稅法第 19 條第 1 項及第 2 項之規定,不得扣抵之進項稅額,得就其支出之性質,按原支出科目列支。

　　⑹依「兼營營業人營業稅額計算辦法」規定計算不得扣抵之進項稅額,得分別歸屬原支出科目或以其他費用列支。

◇出售商品或財產所發生之稅捐

　　出售商品所發生之營業稅,屬代收代付性質,不列為稅捐,營利事業出售土地所繳納之土地增值稅,應在該項出售土地之收入項下減除。但出售屬適用房地合一課徵所得稅新制之土地,依土地稅法規定繳納之土地增值稅,不得列為成本費用或損失。

◇因擁有或使用財產所發生之稅捐

　　⑴因擁有財產所發生之稅捐,如房屋稅、地價稅、車輛使用牌照稅等,均得列為當年度費用。

　　⑵須依稅捐支出之性質列入營業費用或製造費用,如屬於銷管部門之房屋稅列入營業費用,廠房之房屋稅則應列入製造費用。

　　⑶對不動產所課徵之稅捐(如房屋稅及地價稅),其不動產須為本事業所有或取得典權者,方得認定。

　　⑷租用或借用不動產或交通工具等之稅捐,經契約約定由承租人或借用人負擔

者，應視為租金支出。

◇不得列支之稅捐者

⑴個人綜合所得稅為個人費用，不得列為公司費用或損失。

⑵營利事業所得稅係屬盈餘分配，不得列為費用或損失。

⑶凡屬稅法規定之滯納金、滯報金、怠報金等及各種法規所科處之罰鍰，暨未依法扣繳而補繳之稅款，不予認定。

⑷依加值型及非加值型營業稅法第 51 條、第 52 條規定追繳或繳納之營業稅，不得列為費用或損失。

⑸代扣稅款係屬代收代付性質，不可列為公司費用或損失。

◇營利事業繳納之特種貨物及勞務稅之處理

⑴屬銷售房屋、土地者：應於該項出售房屋、土地之收入項下減除。

⑵屬產製特種貨物者：應列為出廠當年度之稅捐費用。

⑶屬進口特種貨物者：應列為該特種貨物之進貨成本或製造成本。

⑷屬向法院及其他機關（構）買受其拍賣或變賣尚未完稅之特種貨物者：應列為該特種貨物之進貨成本或製造成本。

⑸屬銷售特種勞務者：應於該項出售特種勞務之收入項下減除。

㈡原始憑證

稅捐之原始憑證為稅單收據。其貼用之印花稅票，應以經售印花稅票之收據或證明為憑。

三、會計處理

例九

假設豐禾股份有限公司進口貨品乙批 300,000 元，並且支付進口關稅 100,000 元，其分錄應為：

進　貨	400,000	
進項稅額	20,000	
銀行存款		420,000

進口貨物進項稅額由海關代徵。

例十

設該公司購入廠房一棟 4,000,000 元,並支付契稅 200,000 元,其分錄為:

房　屋　　　　　　　4,200,000
　　銀行存款　　　　　　　　　　4,200,000

例十一

支付本年度車輛使用牌照稅 10,000 元,其分錄為:

稅　捐　　　　　　　10,000
　　銀行存款　　　　　　　　　　10,000

第十節
棧儲費

一、意　義

棧儲費係指營利事業為存放該公司之存貨物料等所支付倉儲金等支出。

二、列支要件

須依下列規定辦理:

1.凡屬進貨、進料到達前之棧儲費,為取得進貨、進料所需支付之費用,應併入進貨、進料之實際成本中。

2.棧儲費跨越年度者,其屬以後年度部分,應轉列「預付費用」處理。

3.棧儲貨料之損失,依據契約應由倉庫負責人賠償者,本事業不得列為損失,但經訴訟未能取得賠償者,不在此限。

4.原始憑證:應取得統一發票或小規模營利事業普通收據。

三、會計處理

例十二

設豐禾股份有限公司自 106 年 1 月 1 日起租用碼頭倉庫 2 年, 其倉租支出為 80,000 元, 於租用時即付訖, 其分錄為:

預付費用	80,000	
現　金		80,000

106 年底結算時, 應依權責基礎, 調整為棧儲費:

棧儲費	40,000	
預付費用		40,000

第十一節
佣金支出

一、意　義

佣金支出係指營利事業因經銷商、代理人、中間介紹人等居間促成交易而支付之報酬。

二、列支要件

依支付國內佣金或國外佣金之不同, 分別說明其規定如下:

(一)國內佣金

1.佣金支出, 應依所提示之契約, 或其他具居間仲介事實之相關證明文件, 核

實認定。

　　2. 產物保險業及人身保險業支付非經取得目的事業主管機關核發執業證書之經紀人佣金，或代理人之代理費，不予認定。

㈡國外佣金

◇契約或往來文件

　　雙方支付國外代理商或代銷商佣金，應訂有合約，非代理商或代銷商，無法提示合約者，應有往來文件或信用狀載明給付佣金之約定事項，以供證明佣金之給付屬實。

◇支付限額

　　⑴外銷佣金超過出口貨物價款 5%，經依規定取得有關憑證，提出正當理由及證明文據並查核相符者，准予認定。

　　⑵在臺以新臺幣支付國外佣金者，應在不超過出口貨物價款 3% 範圍內取具國外代理商或代銷商名義出具之收據為憑予以認定；其超過 3% 者，如另能提供國外代理商或代銷商確已收到該筆款項或存入其帳戶之證明，及其他相關證明文件時，准予認定。

◇給付對象之限制

　　支付國外佣金以下列對象為受款人者不予認列：

　　⑴出口廠商或其員工。

　　⑵國外經銷商。

　　⑶向出口廠商進貨之國外其他廠商，但代理商或代銷商不在此限。

㈢原始憑證

　　1. 支付國內營利事業佣金，應取得統一發票或小規模營利事業普通收據，如支付個人佣金，則取得收據或書有受款人姓名、金額及支付佣金字樣之銀行送金單或匯款回條為憑。

　　2. 支付國外代理商或代銷商之佣金，應提示雙方簽訂之合約；已辦理結匯者，應提示結匯銀行書明匯款人及國外受款人姓名（名稱）、地址、結匯金額、日期等之結匯證明；未辦結匯者，應提示銀行匯付或轉付之證明文件。以票匯方式匯付者，應提示收款人確已實際收到該票匯款項或存入其帳戶之證明憑予以認定；非屬代理商

或代銷商，無法提示合約者，應於往來函電或信用狀載明給付佣金之約定事項。

3.在臺支付國外佣金者，應在上述不超過出口貨價3%，以國外代理商或代銷商名義出具之收據為憑予以認定；其超過3%者，如能提供國外代理商或代銷商確已收到該筆款項或存入其帳戶之證明，及其他相關之證明文件時，准予認定。

三、扣繳規定

支付中華民國境內居住之個人佣金，應依各類所得扣繳辦法按10%扣繳，如支付非中華民國境內居住之個人佣金，則按20%扣繳，但非中華民國境內居住之個人於國外居間介紹我國產品出口，因其勞務提供地不在中華民國境內，故非屬中華民國來源所得，因此外銷所匯付國外佣金無須辦理扣繳。

四、會計處理

例十三

設豐茂企業有限公司依合約規定，支付國內經銷商佣金65,000元，並取得後者開立之統一發票，其分錄為：

佣金支出	65,000	
進項稅額	3,250	
現　金		68,250

第十二節
燃料費

一、意　義

燃料費係指營利事業支付汽油、煤炭、木炭、瓦斯等燃料之支出。

二、列支要件

1.製造產品所耗之燃料費，應列入製造成本。

2.凡因員工伙食所消耗之燃料費用，應併入伙食費計算，不得另以燃料費科目認列。

3.年終購入大批燃料其未能耗盡部分，應列物料盤存。

4.原始憑證：

⑴取得統一發票，或免用統一發票之小規模營利事業普通收據。

⑵購用油料應取得載有營利事業統一編號之收銀機發票。

⑶營利事業與另一營利事業共同使用同一鍋爐，其燃料費由持有收據之營利事業出具證明，以憑證明，必要時得向原出證明之營利事業查對。

三、會計處理

例十四

　　豐禾股份有限公司 12 月 20 日購入燃料油 10,000 元，另加營業稅 5%，以供製造產品使用。

製造費用——燃料費	10,000	
進項稅額	500	
現　金		10,500

設 12 月 31 日上項燃料油尚有庫存 5,000 元。

物　料	5,000	
製造費用——燃料費		5,000

第十三節
呆帳損失

一、意　義

　　營利事業因賒銷所產生之應收帳款或應收票據，常因客戶經營不善或發生天災人禍等意外，而致財務發生困難，帳款無法兌付，成為呆帳，如為已確定，固可列為當年度之損失，但往往在年度結算時，營利事業帳上留有應收帳款，則其仍有形成呆帳的風險，根據會計上的成本與收益配合原則，如不預計此部分應收帳款或應收票據所可能發生之呆帳損失，則難免有虛盈實虧之情形，因此所得稅法特准許營利事業於年度決算時，就其應收帳款提列一定成數之備抵呆帳，估列其呆帳損失。

二、列支要件

　　所得稅法容許營利事業預估可能之呆帳損失，一方面提列備抵呆帳，一方面認列為呆帳損失，而實際發生呆帳時，則沖銷備抵呆帳，不再重複承認呆帳損失，惟此種呆帳損失，既屬預估性質，因此為避免營利事業任意提列呆帳損失，所得稅法及有關法規對備抵呆帳之計算基礎、提列標準、實際發生呆帳之認定均加以規範，茲說明如下：

㈠計算基礎

　　1.提列備抵呆帳，以應收帳款及應收票據為限，不包括已貼現之票據。但該票據到期不獲兌現經執票人依法行使追索權而由該營利事業付款時，得視實際情形提列備抵呆帳或以呆帳損失列支。

　　2.營利事業經營分期付款銷貨採毛利百分比法計算損益者，其應收債權；採普通銷貨法計算損益者，其約載分期付款售價與現銷價格之差額部分之債權，不得提列備抵呆帳。

　　3.營利事業以銷貨所收取之應收客票，經背書後持向銀行辦理融資，該支票僅

供擔保之用，如其票載發票日已屆而不獲兌現，仍應由該營利事業先行清償後，再向發票人追索，與匯票或本票之貼現性質不盡相同，應准其就該項應收客票之餘額，估列備抵呆帳（參見財政部 73 年 2 月 7 日台財稅字第 50813 號函）。

4.營利事業受委託代銷產品所經收之價款，屬代收代付性質，其營業收入為代銷商品所收取之手續費或佣金收入，其對應收代銷貨款之保證收取，係屬保證行為，與因營業行為產生之應收帳款有別。故仍應由原委託商依法提列備抵呆帳，未便由代銷商按代銷應收貨款餘額提列備抵呆帳（參見財政部 72 年 12 月 9 日台財稅字第 38738 號函）。

㈡提列標準

以應收帳款或應收票據期末餘額按下列標準提列備抵呆帳：

1.備抵呆帳餘額，最高不得超過應收帳款及應收票據餘額之 1%；其為金融業者應就其債權餘額按上述限度內估列之。

2.營利事業依法得列報實際發生呆帳之比率超過前款標準者，得在其以前 3 個年度依法得列報實際發生呆帳之比率平均數限度內估列之。

㈢實際呆帳損失

應收帳款、應收票據及各項欠款債權，有下列情事之一者，視為實際發生呆帳損失，並應於發生當年度沖抵備抵呆帳，如有不足，得列為本年度損失：

1.債務人倒閉、逃匿、重整、和解，或破產之宣告，或其他原因致債權之一部或全部不能收回者。

2.債權中有逾 2 年，經催收後未經收取本金或利息者。所謂債權逾期 2 年之計算，係自該項債權原到期應行償還之次日起算；債務人於上述到期日以後償還部分債款者，亦同。

3.上述債權於列入損失後收回者，應就其收回之數額列為收回年度之收益。

4.出售有價證券無法收回之呆帳損失應歸屬免稅收入之損失：營利事業於證券交易所得停止課徵所得稅期間出售有價證券，嗣因價款無法收回，依所得稅法第 49 條規定認列之呆帳損失，應歸屬免稅收入之損失（參見財政部 97 年 4 月 28 日台財稅字第 09704517650 號令）。

㈣原始憑證

◇屬於倒閉逃匿者

債務人倒閉、逃匿、致債權之一部或全部不能收回之認定，應取具郵政事業無法送達之存證信函，並應依下列規定辦理：

1.債務人為營利事業，存證信函應書有該營利事業倒閉或他遷不明前之確實營業地址；所稱確實營業地址以催收日於主管機關依法登記之營業所在地為準；其與債務人確實營業地址不符者，如經債權人提出債務人另有確實營業地址之證明文件並經查明屬實者，不在此限。債務人為個人，已辦理戶籍異動登記者，由稽徵機關查對戶籍資料，憑以認定；其屬行方不明者，應有戶政機關發給之債務人戶籍謄本或證明。

2.債務人居住國外者，應取得債務人所在地主管機關核發債務人倒閉、逃匿前登記營業地址之證明文件，並經我國駐外使領館、商務代表或外貿機構驗證屬實；登記營業地址與債務人確實營業地址不符者，債權人得提出經濟部駐外商務人員查證債務人倒閉、逃匿前之確實營業地址之復函，或其他足資證明債務人另有確實營業地址之文件，並經稽徵機關查明屬實。

3.債務人居住大陸地區者，應取得債務人所在地主管機關核發債務人倒閉、逃匿前登記營業地址之證明文件，並經行政院大陸委員會委託處理臺灣地區與大陸地區人民往來有關事務之機構或團體驗證；登記營業地址與債務人確實營業地址不符者，債權人得提出其他足資證明債務人另有確實營業地址之文件，並經稽徵機關查明屬實。

◇屬於和解、破產宣告或依法重整者

其屬和解者，如為法院之和解，包括破產前法院之和解或訴訟上之和解，應有法院之和解筆錄，或裁定書；如為商業會、工業會之和解，應有和解筆錄；其屬破產之宣告或依法重整者，應有法院之裁定書。

◇屬於申請法院強制執行者

如債務人財產不足清償債務或無財產可供強制執行者，應有法院發給之債權憑證。

◇屬於依國外法令進行清算者

債務人依國外法令進行清算者，應依國外法令規定證明清算完結之相關文件及我國駐外使領館、商務代表或外貿機關之驗證或證明。

◇屬於逾期 2 年者

　　其屬逾期 2 年，經債權人催收，未能收取本金或利息者，應取具郵政事業已送達之存證信函、以拒收或人已亡故為由退回之存證函或向法院訴追之催收證明。

三、會計處理

例十五

　　假設豐禾股份有限公司 106 年度結算時之應收帳款餘額 980,000 元及應收票據餘額 1,320,000 元，經評估無法收回之款項為 40,000 元，故其提列備抵呆帳之分錄為：

呆帳損失	40,000	
備抵呆帳		40,000

因備抵呆帳超過稅法規定限額 ($980,000 + $1,320,000)×
1% = $23,000，故超限部分 17,000 元 ($40,000 − $23,000)
於稅務申報時予以調整遞延呆帳費用 17,000 元。

　　該公司於 107 年度中，發生應收帳款因客戶倒閉而無法收回者 25,000 元，且已取有郵局無法送達之存證信函，其沖銷分錄為：

備抵呆帳	25,000	
應收帳款		25,000

　　該公司 107 年底之應收帳款及應收票據總餘額為 1,850,000 元，經評估無法收回之款項為 60,000 元，其年底提列備抵呆帳之分錄為：

呆帳損失	45,000	
備抵呆帳		45,000

$60,000 − ($23,000 − $25,000) = $45,000

　　備抵呆帳 107 年度變動表如下：

	帳列金額	超限遞延	申報金額
期初金額	$40,000	$(17,000)	$23,000
本期沖銷	(25,000)	–	(25,000)
本期提列	45,000	(24,000)	20,500
期末金額	$60,000	$(41,500)	$18,500*

* 所得稅法規定，備抵呆帳之限額為 $1,850,000×1% = $18,500，故 107 年稅務申報時呆帳費用應為 20,500 元 [$18,500 – ($23,000 – $25,000)]，故 24,500 元 ($45,000 – $20,500) 應予以調整遞延。

設該公司 108 年度實際未發生呆帳，108 年底應收帳款及應收票據餘額為 400,000 元，經評估無法收回款項為 50,000 元，則其調整分錄為：

• 先計算 107 年終調整前備抵呆帳帳戶餘額：

備抵呆帳

107 年	25,000	106 年底	40,000
		107 年底調整	45,000
		調整後餘額為	60,000

• 調整分錄：

備抵呆帳	10,000	
其他收益		10,000

備抵呆帳 108 年度變動表如下：

	帳列金額	超限遞延	申報金額
期初金額	$60,000	$(41,500)	$18,500
本期迴轉	(10,000)	(4,500)	(14,500)
期末金額	$50,000	$(46,000)	$4,000*

* 所得稅法規定，備抵呆帳之限額為 $400,000×1% = $4,000，故 108 年稅務申報時呆帳迴轉收入應為 14,500 元 ($18,500 – $4,000)，故稅務申報時應調整增加其他收入 4,500 元。108 年所得稅申報書表達如下：

	帳載結算金額	自行依法調整後金額
其他收入	$10,000	$14,500

第十四節
外銷損失

一、意 義

外銷損失係為鼓勵外銷，稅法中特別規定，凡營利事業經營外銷業務而招致之下列損失，均可列為外銷損失：

1. 因解除或變更買賣契約，致使發生損失或減少收入。
2. 因違約而給付之賠償。
3. 因不可抗力而遭受之意外損失。
4. 因運輸途中發生之損失。

二、列支要件

1. 營利事業因經營外銷業務所遭致之上列損失，經查屬實，得於當年度以費用列支，其不應由該營利事業本身負擔，或受有保險賠償部分，不得列為損失。

2. 原始憑證：外銷損失之認定，除應檢附買賣契約書（應有購貨條件及損失歸屬之規定）、國外進口商索賠有關文件、國外公證機構或檢驗機構所出具之證明文件等外，並應視其賠償方式分別提示下列各項文件：

(1) 以給付外匯方式賠償者，其經銀行結匯者，應提出結匯證明文件，未辦理結匯者，應有銀行匯付或轉付之證明文件。

(2) 補運或掉換出口貨品者：應有海關核發之出口報單或郵政機關核發之國際包裹執據影本。

(3) 在臺以新臺幣支付方式賠償者，應取得國外進口商出具之收據。

(4) 以減收外匯方式賠償者，應檢具證明文件。

(5) 外銷損失金額在新臺幣 900,000 元以下者，得免附上述規定之國外公證或檢驗機構出具之證明文件。

三、會計處理

例十六

假設豐禾股份有限公司 103 年度於外銷貨物途中發生意外,造成存貨損壞因而賠償客戶 80,000 元, 但從保險公司獲得 50,000 元之賠償收入, 其分錄為:

外銷損失	30,000	
現　金	50,000	
應付帳款——客戶		80,000

第十五節
折舊費用

一、意　義

營利事業所購置之固定資產, 如建築物、交通運輸設備、機械設備, 均屬耐久性之資產, 其效能均超過一個會計期間以上, 為使成本與收益配合, 乃依其資產性質及其未來經濟效益所及年限, 合理而有系統地轉為當期費用, 此即為折舊費用。

二、列支要件

折舊既係用一種合理而有系統的方法, 將固定資產成本在使用期間加以分攤, 因此, 其列支多寡, 所涉及要件包括影響折舊計提之因素——固定資產成本、殘值、耐用年數及折舊的計算方法, 因此稅法對此有詳細規定, 茲分別說明如下:

(一)成　本

固定資產係以實際成本入帳, 所得稅法第 45 條對於資產之實際成本, 依其取得方式之不同而分別訂定如下:

税務會計

1.資產之出價取得，指取得價格，包括取得之代價，及因取得並為適於營業上使用而支付之一切必需費用。

2.資產係自行製造或建築者，指製造或建築價格，包括自設計製造、建築，以至適於營業上使用而支付之一切必要工料及費用。

3.資產因擴充、換置、改良修理，而增加其效能或價值者，其所支付之費用，得就其增加原有價值或效能之部分，加入實際成本餘額內計算。

上述所謂一切必需費用，指為使資產達到可供使用狀態之一切合理而必要支出，包括運費、保險費、稅捐、安裝費，及自訂購固定資產，至取得資產期間之利息費用，或建造固定資產期間借款所支付利息費用，均應作為該項資產成本，至於資產取得或建造完成後之利息支出，才得以作為費用。

㈡殘　值

所得稅法第 54 條規定：固定資產計算折舊時，應預估其殘值，並以減除殘值後之餘額為計算基礎。

㈢耐用年數之估計

固定資產之耐用年數長短，除資產因使用而耗損，或風兩侵蝕等自然因素外，尚受到技術創新所引起之陳舊或功能不足等因素之影響，惟稅法為避免營利事業估計紛歧，乃規定資產耐用年數，須依行政院頒布之「固定資產耐用年數表」規定之年數計提折舊。該表將固定資產分為房屋建築及設備、交通及運輸設備、機械及設備三類，並按類分項條列各資產項目及其耐用年數。各種固定資產計提折舊，除下列情況，皆不得短於該表所規定之耐用年數：

1.取得已使用固定資產得以其未使用年數作為耐用年數，按照規定折舊率計算折舊。

2.依中小企業發展條例，加速折舊之資產，包括公司購置供研究與發展、實驗或品質檢驗用之器材設備，准按所得稅法固定資產耐用年數表所載年數，縮短二分之一計算折舊；縮短後餘數不滿 1 年者，不予計算。

㈣折舊方法

依所得稅法第 51 條規定，可以採用平均法、定率遞減法、年數合計法、生產數

量法、工作時間法，或其他經主管機關核定之折舊方法為準。茲舉例說明各方法之計算如下：

◇平均法

採平均法者，以固定資產成本減除殘值後之餘額，按固定資產耐用年數表規定之耐用年數平均分攤，計算其每期折舊額。計算公式為：

$$每年折舊額 = \frac{成本 - 殘值}{估計耐用年數}$$

例十七之一

豐禾股份有限公司 106 年 1 月 1 日購入縫製品製造設備乙套，價款 1,200,000 元，按耐用年數表編號 3021，縫製品製造設備耐用年數為 5 年，估計殘值為 120,000 元，依平均法計算其 106 年折舊費用為：

$$\frac{\$1,200,000 - \$120,000}{5} = \$216,000$$

◇定率遞減法

採定率遞減法者，以固定資產每期減除該期折舊額後之餘額順序作為各次期計算折舊之基數，而以一定比率計算各期折舊額。計算公式為：

$$折舊率 = 1 - \sqrt[耐用年數]{\frac{殘值}{成本}}$$

例十七之二

上例如以定率遞減法計算，即可先查固定資產折舊率表，耐用年數 = 5 年時，定率遞減法折舊率為 36.9%，因此，

第 1 年折舊費用 = $1,200,000 × 36.9% = $442,800

第 2 年折舊費用 = ($1,200,000 − $442,800) × 36.9% = $279,407

以下各年類推。

◇年數合計法

採年數合計法者,以固定資產成本減除殘值後之餘額,乘以一遞減之分數,其分母為使用年數之合計數,分子則為各使用年次之相反順序,計算各期折舊額。計算公式為:

$$第 1 年折舊額 =(成本 − 殘值) \times \frac{估計耐用年數}{使用年數合計}$$

各期折舊額之計算,詳見例十七之三釋示。

例十七之三

上例如以年數合計法計算,耐用年數 = 5 年,殘值為 $200,000,使用年數合計為 5 + 4 + 3 + 2 + 1 = 15

$$第 1 年折舊費用 = ($1,200,000 − $120,000) \times \frac{5}{15} = $360,000$$

$$第 2 年折舊費用 = ($1,200,000 − $120,000) \times \frac{4}{15} = $288,000$$

$$第 3 年折舊費用 = ($1,200,000 − $120,000) \times \frac{3}{15} = $216,000$$

以下各年類推。

◇生產數量法

採生產數量法者,以固定資產成本減除殘值後之餘額除以估計之總生產量。為每一單位產量應負擔之折舊額,再乘以各期實際之生產量,計算各期折舊額。但估計總生產量之期間,不得短於固定資產耐用年數表規定之耐用年數。計算公式為:

$$每單位折舊率 = \frac{成本 - 殘值}{估計總生產量}$$

例十七之四

上例機器估計總生產量為 50,000 件，估計殘值為 $120,000，故每件折舊率為：

$$\frac{\$1,200,000 - \$120,000}{50,000} = \$21.6$$

設 106 年生產 9,000 件：

106 年折舊費用 = $21.6 × 9,000 = $194,400

◇工作時間法

採工作時間法者，以固定資產成本減除殘值後之餘額除以估計之全部使用時間為每一單位工作時間應負擔之折舊額，再乘以各期實際使用之工作總時間，為各該期折舊額。但估計之全部使用時間，不得短於固定資產耐用年數表規定之耐用年數。計算公式為：

$$每年折舊額 = \frac{成本 - 殘值}{估計工作時間總額} \times 該年使用工作時間$$

估計每年工作時數 = （365 天 - 星期例假日 67 天）× 每日工作時數 12 小時

例十七之五

上例機器每年估計可工作時數為 3,576 小時，估計可用 5 年，預估殘值為 $200,000，故全部可工作時數為：

3,576 × 5 = 17,880 小時

設 106 年開工 3,500 小時：

$$106 \text{ 年折舊費用} = \frac{\$1,200,000 - \$120,000}{17,880} \times 3,500 = \$211,409$$

㈤折舊限額

為遏止社會風氣日趨奢靡及節約能源消耗，所得稅法及有關法令乃對豪華轎車採取限額折舊手段，即營利事業購置乘人小客車，其計提折舊之實際成本金額，以不超過新臺幣 1,500,000 元為限；自 93 年 1 月 1 日起新購置者，以不超過新臺幣 2,500,000 元為限。換言之，自 93 年 1 月 1 日起凡購買乘人小客車之實際成本金額超過 2,500,000 元者，一律依 2,500,000 元計提折舊，其實際成本金額未超過 2,500,000 元者，按其實際成本計提折舊。此款小客車如於使用後出售，或毀滅，廢棄時，其收益或損失之計算，仍應依所得稅法規定正常折舊方法計算之未折減餘額為基礎。

㈥其他規定

1.畸零期間之折舊：固定資產提列折舊採用平均法、定率遞減法或年數合計法者，以 1 年為計算單位，其使用期間未滿 1 年者，按實際使用之月數相當於全年之比例計算之；不滿 1 月者，以月計。

2.固定資產因特定事故未達固定資產耐用年數表規定而毀滅或廢棄者：可依會計師查核簽證報告或年度所得稅查核簽證報告或提出經事業主管機關監毀並出具載有監毀固定資產品名、數量及金額之證明文件等核實認定者外，應於事前報請稽徵機關核備，以其未折減餘額列為該年度之損失。但有廢料出售收入者，應將售價作為收益。

3.營利事業折舊性固定資產，於耐用年限屆滿仍繼續使用者，其殘值得自行預估可使用年數並重新估計殘值後，按原提列方法計提折舊。以平均法為例，其續提折舊公式為：

$$\text{折舊} = \frac{\text{原留殘值} - \text{重行估列殘值}}{\text{估計尚可使用年數}}$$

4.折舊應按每一固定資產分別計算，並應於財產目錄列明。固定資產之各項重

大組成部分，得按不短於固定資產耐用年數表規定之耐用年數單獨提列折舊，並應於財產目錄列明。

5.營利事業之固定資產如目前未供營業上使用而閒置，除其折舊方法採用工作時間法或生產數量法者外，應按原折舊方法繼續提列折舊。

6.營利事業依促進民間參與公共建設法規定，投資興建公共建設並為營運，營運期間屆滿後，移轉該建設之所有權予政府者，應按興建公共建設之營建總成本，依約定營運期間計提折舊費用。但該建設依固定資產耐用年數表規定之耐用年數短於營運期間者，得於營運期間內按不短於固定資產耐用年數表規定之耐用年數計提折舊費用。

㈦原始憑證

為購置或建造固定資產所取得之統一發票或收據。

三、會計處理

例十八

設上述購入縫製品製造設備（成本為 1,200,000 元，外加營業稅 5%），採平均法計提折舊，其 106 年度有關分錄如下：

(1)購入時：

製造設備	1,200,000	
進項稅額	60,000	
銀行存款		1,260,000

(2)年終調整：

折舊費用	200,000	
累計折舊——製造設備		200,000

例十九

限額折舊舉例：甲公司於 106 年 1 月 4 日購置小客車 3,000,000 元，外加進項稅額 5%，耐用年數 5 年，估計殘值 300,000 元，採平均法計提折舊，其帳務處理可依企業會計原則，按正常情形計提折舊，俟辦理營利事業所得稅結算申報時，在申報書上依稅法規定調整即可。茲列示其會計處理如下：

1. 106/1/4 購入時：❶

小客車	3,150,000	
銀行存款		3,150,000

2. 106/12/31 提列：

每年折舊額為：$(\$3,150,000 - \$300,000) \times \dfrac{1}{5} = \$570,000$

折　舊	570,000	
累計折舊——小客車		570,000

3. 結算申報之調整：

(1) 可認定折舊額為：

每年折舊額：$(\$2,500,000 - \$300,000) \times \dfrac{1}{5} = \$440,000$

(2) 結算申報書之調整：

會計科目	帳載結算金額	自行依法調整後金額
營業收入	××××	××××
營業成本	××××	××××
營業毛利	××××	××××
營業費用	××××	××××
折　舊	570,000	440,000
其他費用	××××	××××

---

❶ 根據加值型及非加值型營業稅法第 19 條，自用乘人小汽車（九人座以下）進項稅額，不得扣抵銷項稅額，購置小客車帳列成本為成本 3,000,000 元外加 5% 營業稅，即 $3,000,000 + $150,000 = $3,150,000。

4.小客車出售所得之計算：

營利事業購置小客車，於計提折舊時，其實際成本，雖受新臺幣 2,500,000 元之限制，但該項小客車於使用後出售或毀滅廢棄時，其收益或損失之計算，仍應以正常折舊方法之未折減餘額為基礎。

設上項小客車於 109 年 5 月 20 日出售，售價 1,900,000 元，銷項稅額 95,000 元，小客車損益之計算為：

(1)帳面累計折舊為：

$$\$570,000 \times 3 + \$570,000 \times \frac{5}{12} = \$1,947,500$$

(2)損益計算：

實際成本	$ 3,150,000
累計折舊	(1,947,500)
未折減餘額	$ 1,202,500

售價 $1,900,000 − 未折減餘額 $1,202,500 = 收益 $697,500

(3)帳務處理：

銀行存款	1,995,000	
累計折舊——小客車	1,947,500	
小客車		3,150,000
小客車出售收益		697,500
銷項稅額		95,000

營利事業辦理所得稅結算申報時，應將小客車出售收益列入非營業收益申報計稅。

5.小客車到期報廢：

小客車如於耐用年限屆滿後，始予報廢，並將小客車出售，售價為 200,000 元，銷項稅額 10,000 元，其帳務處理為：

(1)耐用年數屆滿後，小客車之未折減餘額為 300,000 元（也等於殘值）。

(2)報廢損益計算：

售價 $200,000 − 殘值 $300,000 = 損失 $100,000

(3)出售分錄：

銀行存款	210,000		
累計折舊	2,850,000		
小客車報廢損失	100,000		
小客車		3,150,000	
銷項稅額		10,000	

第十六節
各項耗竭及攤折

一、意 義

　　耗竭係指營利事業所擁有的遞耗資產（即天然資源）如礦產、油井、森林等，由於採掘或砍伐而使儲量逐漸減少，價值也隨之降低之資產，因此，必須以合理的方法將其資產成本分攤至每一採掘或砍伐單位，此種自然資源成本分攤，稱為耗竭，也稱為折耗。

　　攤折係營利事業所擁有的無形資產如商標權、特許權，亦必須以合理的方法，在其使用期間或受益期間，合理而有系統的加以分攤，此種無形資產成本分攤，稱為攤折，也稱為攤提或攤銷。

二、列支要件

　　如上所述，耗竭與攤折事實上為兩種不同類資產成本分攤，故以下分類說明。

㈠遞耗資產之耗竭

◇遞耗資產成本之決定

　　包括取得成本及一切為使資產達成可供使用狀態之必要支出，例如遞耗資產的

購入，包括買價及過戶費用，如係自行發現，則包括探勘及開發階段所發生之一切成本。

◇**耗竭計算方法**

　　得就下列方法擇一適用之，但採用後不得變更。

(1)成本耗竭法：就遞耗資產之成本，按可採掘之數量預計單位耗竭額，年終結算時，再就當年度實際採掘數量，按上項預計單位耗竭額，計算該年度應減除之耗竭額。

　　計算公式為：

$$耗竭額 = \frac{遞耗資產成本 - 殘值}{估計可採掘數量} \times 當年度實際採掘數量$$

例二十

　　該甲公司 106 年購入白雲石礦成本 5,000,000 元，預計可採掘白雲石礦 10,000 噸，開採後無殘值。106 年度開採 2,000 噸，則

$$106 年耗竭額 = \frac{\$5,000,000}{10,000} \times 2,000 = \$1,000,000$$

(2)百分比耗竭法：就採掘或出售產品之收入總額，依規定遞耗資產耗竭率，按年提列之。但每年度提列之耗竭額，不得超過該資產當年度未減除耗竭額前之收益額 50%；其累計額並不得超過該資產之成本；生產石油及天然氣者，每年得就當年度出售產量收入總額，依規定耗竭率提列，至該項資產生產枯竭時止。但每年提列之耗竭額，以不超過該項遞耗資產當年度未減除耗竭額前之收益額之 50% 為限。

例二十一

　　設例二十所開採的白雲石全部出售，每噸售價 6,000 元，採礦成本及營業費用為 9,000,000 元，則以百分比耗竭法計算如下：

$\cdot$ 銷貨收入　　　$6,000 \times 2,000 = \$12,000,000$

減採礦成本及營業費用　　　(9,000,000)

扣除耗竭前收益　　　$ 3,000,000

$\$3,000,000 \times 50\% = \$1,500,000$ 最高耗竭金額

$\cdot$ $\$12,000,000 \times 10\%$ （查核準則第 96 條所規定白雲石礦耗竭率）
  $= \$1,200,000$

$\cdot$ $\$1,200,000 < \$1,500,000$ 最高耗竭金額，故可全數提列。

$\cdot$ 106 年度以百分比耗竭法可提列耗竭 1,200,000 元，較成本耗竭法對營利事業有利。

㈡無形資產之攤折

無形資產必須出價取得才能攤折，以平均法逐年攤折，不得中斷。其計算標準為：

　1.營業權為 10 年。

　2.著作權為 15 年。

　3.商標權、專利權及其他特許權為取得後法定享有之年數。

　4.商譽最低為 5 年。

㈢其他遞延資產之攤提

　1.繳付電力線路補助費，應按約定使用年限分年攤提；其未約定使用年限者，按 5 年攤提；其屬租用者，亦同。

　2.支付土地改良暨探測礦藏、漁場等費用支出，均分 3 年攤銷之。

㈣原始憑證

遞耗資產及無形資產之取得成本必須取有統一發票或收據等合法憑證。

三、會計處理

㈠遞耗資產之取得及耗竭

例二十二

上述（例二十）甲公司106年度會計處理如下：

(1)購入時：

白雲石礦	5,000,000	
銀行存款		5,000,000

(2)106年終提列耗竭時（成本耗竭法）：

耗　竭	1,000,000	
累計耗竭——白雲石礦		1,000,000

㈡無形資產之取得及攤折

例二十三

甲公司106年購入專利權成本300,000元，106年有關分錄如下：

(1)購入時：

專利權	300,000	
銀行存款		300,000

(2)106年終攤折時：

各項攤提	20,000	
專利權（或累計攤銷——專利權）	20,000	

$$\$300,000 \times \frac{1}{15} = \$20,000$$

第十七節 其他費用

一、意　義

不屬於前章及本章各節所述之費用而實際發生者，如公會會費，皆可列為其他費用核實認定，茲分述如下：

1. 因業務關係支付員工喪葬費、撫卹費或賠償金，取得確實證明文據者。

2. 因業務需要免費發給員工之工作服。

3. 違約金及沒收保證金經取得證明文據者。

4. 竊盜損失無法追回，經提出損失清單及警察機關之證明文件者，其未受有保險賠償部分。

5. 因車禍支付被害人或其親屬之醫藥費、喪葬費、撫卹費或賠償金等，經取得確實證明文件者，其未受有保險賠償部分。

6. 購買體育器具及本身舉辦員工體育活動所支付之各項費用。

7. 舞廳等依政府規定所繳納之特別許可年費。

8. 聘請外籍人員來臺服務，附有聘僱合約者，其到任及返任歸國之行李運送費用。

9. 表揚特優員工或慶典獎勵優良員工之獎品。

10. 營利事業依法令規定應負擔之廢一般容器及廢輪胎等回收清除或處理費用。

11. 自中華民國 102 年 1 月 1 日起，營利事業與經銷商或客戶約定，以達到一定購銷數量或金額作為招待旅遊之條件者，其招待經銷商或客戶國內外旅遊之費用，應按其他費用列支，並依所得稅法第 89 條規定列單申報該管稽徵機關。

二、原始憑證

其他費用或損失之原始憑證，除應取得確實證明文件者外，為統一發票或普通收據。

第十八節
總公司費用之分攤

一、意 義

隨著我國經濟發展日益走向國際化及自由化，外國公司在我國境內設置分公司或工地場所日益增多，有關總公司或區域總部管理費用由分公司分攤及總公司之核計，皆屬於本節所敘述之範圍。

二、列支條件

㈠國外總公司在中華民國境內設立外國分公司

總公司或區域總部管理費用之分攤：

符合下列規定者，予以核實認定：

(1)總公司或其區域總部不對外營業而另設有營業部門者，其營業部門應與各地分公司共同分攤總公司或區域總部非營業部門之管理費用。

(2)總公司或其區域總部之管理費用未攤計入分公司之進貨成本、總公司或區域總部供應分公司營業所用之資金，未由分公司計付利息。

中華民國境內之外國分公司，依前述之規定，所分攤之國外總公司或區域總部管理費用，不適用營利事業所得稅不合常規移轉訂價查核準則之規定。

㈡國外總公司在中華民國境內設立工地場所

如符合下列規定者，則可比照上述外國分公司分攤總公司或區域總部管理費用或支付利息費用之規定辦理：

1.依規定辦理營業登記。

2.依所得稅法第41條規定單獨設立帳簿並計算營利事業所得額課稅。

三、原始憑證

有關總公司或區域總部管理費用之分攤，須提供下列證明文件：

1.分攤管理費用之計算，應以總公司或區域總部所屬各營業部門與各分支營業機構之營業收入百分比，為計算分攤標準。其有特殊情形者，得申報該管稽徵機關核准採用其他合理分攤標準。

2.分公司分攤國外總公司或區域總部管理費用，應由該分公司辦理當年度所得稅結算申報時，提供國外總公司或區域總部所在地合格會計師簽證，載有國外總公司或區域總部全部營業收入及總公司或區域總部管理費用金額之國外總公司或區域總部財務報告，並經我國駐在地使領館或我國政府認許機構之驗證，或外國稅務當局之證明。若國外總公司或區域總部財務報告未載明其管理費用金額、分攤標準內容、分攤計算方式及相關金額等資料者，應另提供國外總公司或區域總部所在地會計師查核簽證，載有該等資料之查核報告。

3.但經核准採用其他分攤標準者,其所提供之國外總公司或區域總部財務報告,應另載明分攤標準內容、分攤計算方式及總公司或區域總部所屬各營業部門與各分支營業機構之分攤金額等資料。

第十九節
聘僱外籍人員各項給予之規定

一、意　義

鑑於營利事業聘僱外籍員工來華工作或國外總公司派遣外籍技術人員來華工作之情形日漸增加,有關外籍人員之各項給付及津貼的課稅問題逐為營利事業所關切。故現將稅務法令中有關營利事業支付外籍員工各項費用之課稅規定列示於下，以為處理依據。

1.應列為薪資支出之項目：

⑴依聘僱合約約定，外籍人員工作一定期間由營利事業負擔其眷屬返國渡假之

旅費（參見財政部 69 年 11 月 11 日台財稅字第 39323 號函）。

(2)營利事業支付外籍人員子女教育費（參見財政部 68 年 8 月 8 日台財稅字第 35458 號函）。

(3)營利事業給付外籍員工家庭之水電瓦斯費、清潔費、電話費及為其購置消耗性物品之費用（參見財政部 97 年 9 月 3 日台財稅字第 09704042610 號）。

(4)營利事業代外籍員工繳納依稅法規定以該員工為納稅義務人之我國所得稅或其他稅捐，如依聘僱契約或其他足資證明文件約定為該員工提供勞務報酬之一部分，且營利事業已按薪資所得扣繳稅款並填報各類所得扣繳暨免扣繳憑單者，得以薪資費用列支（參見財政部 99 年 3 月 12 日台財稅字第 09804119811 號令）。

以上支出均須併入該外籍員工薪資所得，辦理扣繳申報。

2.應列為旅費支出之項目：

(1)依聘僱合約約定，由營利事業負擔外籍員工本人及眷屬之來回旅費（參見財政部 69 年 7 月 2 日台財稅字第 35247 號函）。

(2)依聘僱合約，工作一定期間後，由營利事業負擔外籍員工本人返國渡假之旅費（參見財政部 69 年 7 月 2 日台財稅字第 35247 號函）。

以上支出均免視為外籍員工薪資所得。

3.應列為租金支出之項目：包括營利事業租屋以供外籍員工使用，所支付之租金及租賃物之修繕費（參見財政部 69 年 7 月 2 日台財稅字第 35247 號函）。

4.其他：

(1)折舊費用之計提：營利事業購置耐久性傢俱供外籍員工使用，可列入該營利事業之財產目錄，依法提列折舊費用。

(2)其他費用：外籍人員來臺服務，附有聘僱合約者，其到任及返任歸國之行李運送費用。

5.不得列支之項目，包括下列各項，屬外籍員工家庭或個人費用性質均不得列為營利事業之費用：

· 營利事業代外籍員工繳納之各項稅捐，如非屬依聘僱契約或其他足資證明文件約定為該員工提供勞務報酬之一部分者，不得列為營利事業之費用或損失，該代繳之金額為外籍員工取自營利事業之贈與，核屬所得稅法第 14 條第 1 項第 10 類規定之其他所得，應依法課徵該外籍員工之所得稅（參見財政部 99 年 3 月 12 日台財稅字第 09804119811 號令）。

二、外籍專業人士租稅優惠

　　為加速推動臺灣經濟國際化，鼓勵外籍專業人士來臺服務，明定「外籍專業人士租稅優惠之適用範圍」。

　　1.適用範圍：所稱外籍專業人士，包括已在臺工作者，但對兼具中華民國國籍者及其他國家國籍之雙重國籍者，則排除適用。

　　2.適用對象：參照就業服務法第 46 條第 1 項第 1 款、第 2 款及相關規定訂定，並以外籍專業人士從事下列工作者為限：

　　⑴營繕工程或建築技術工作。

　　⑵交通事業工作。

　　⑶財稅金融服務工作。

　　⑷不動產經紀工作。

　　⑸移民服務工作。

　　⑹律師、專利師工作。

　　⑺技師工作。

　　⑻醫療保健工作。

　　⑼環境保護工作。

　　⑽文化、運動及休閒服務工作。

　　⑾學術研究工作。

　　⑿獸醫師工作。

　　⒀製造業工作。

　　⒁流通服務業工作。

　　⒂華僑或外國人經政府核准投資或設立事業之主管。

　　⒃專業、科學或技術服務業之經營管理、設計、規劃或諮詢等工作。

　　⒄餐飲業之廚師工作。

　　⒅其他經行政院勞工委員會會商中央目的事業主管機關指定之工作。

　　3.參照就業服務法第 46 條第 1 項第 1 款、第 2 款認定而享有租稅優惠之外籍專業人士，其同一課稅年度在臺居留合計須滿 183 天，且全年取自中華民國境內外雇主給付之應稅薪資須達新臺幣 1,200,000 元；外籍專業人士當年度在臺居留期間未滿

1年者，該期間薪資換算之全年應稅薪資須達 1,200,000 元。但機關、團體、學校或事業基於延攬外籍專業人士之特殊需要，並經財政部專案審查認定，得不受全年應稅薪資須達 1,200,000 元之限制。

4.所稱租稅優惠，係指機關、團體、學校或事業為延攬外籍專業人士，依聘僱契約約定，所支付之本人及眷屬來回旅費、工作至一定期間依契約規定返國渡假之旅費、搬家費、水電瓦斯費、清潔費、電話費、租金、租賃物修繕費及子女獎學金，得以費用列帳，不列為該外籍專業人士之應稅所得。

三、原始憑證

上述各項費用所應取得之原始憑證應為統一發票、小規模營利事業普通收據或個人所出具之收據。

習　題

1. 永安公司 103 年度研究發展支出資料如下：

(1)研發部門人員薪資 1,500,000 元。

(2)研究辦公室租金（含進項稅額）420,000 元。

(3)研究用材料（含進項稅額）84,000 元。

(4) 7 月 1 日買進供研究用機器，成本 6,300,000 元（含進項稅額），耐用年限 5 年，估計殘值 1,050,000 元，採平均法折舊。

(5)委託大專院校研究支出，訂有委託研究合約，103 年度支出 280,000 元。

(6)研究用圖書及文書支出（含進項稅額）12,600 元。

(7)購入實驗用器材設備（含進項稅額）105,000 元，耐用年限不及 2 年。

試計算 103 年度該公司可申報之研究發展費用之最高總額。

2. 大豐公司 103 年度有關稅捐給付如下，試作其分錄：

(1)進口貨品乙批 500,000 元，並且支付進口關稅 25,000 元。

(2)向個人購入辦公室價款 6,000,000 元，土地與房屋比例為 3:2，另支付房屋契稅 250,000 元。

3. 惠安公司 103 年度發生下列數筆之佣金支出：

　⑴ 3 月 5 日支付國外代理商佣金 3% 計美金 3,000 元，匯率 30.50。

　⑵ 7 月 8 日運出價值美金 300,000 元之貨物，並支付代理商美金 18,000 元，匯率 30.7，此項佣金超過 5%，惠安公司無法提出正當理由。

　⑶ 支付國內佣金 100,000 元，但未取得對方廠商統一發票。

　試計算本期惠安公司 103 年營利事業所得稅申報時，佣金支出自行依法調整申報金額。

4. 惠安公司於 103 年開業，有關應收帳款應收票據、備抵呆帳及呆帳損失資料如下：

　⑴ 103 年度結算時之應收帳款餘額 1,200,000 元及應收票據餘額 860,000 元；均為未提供質押品，103 年內未曾有呆帳發生。

　⑵ 104 年度實際發生呆帳 32,000 元，104 年底應收帳款及應收票據餘額為 1,620,000 元，均為未提供質押品。

　假設惠安公司係依所得稅法規定之百分比提列呆帳：

　試作 103 年底及 104 年有關呆帳之分錄。

5. 大安公司採用平均法計提折舊，有關 103 年設備及其折舊之資料如下：

　⑴ 購入機器設備成本為 2,100,000 元（內含 5% 營業稅），耐用年限 5 年，估計殘值 350,000 元。

　⑵ 103 年 7 月 1 日購置小客車 4,200,000 元，外加進項稅額 5%，耐用年數五年，估計殘值 500,000 元。

　試作該公司 103 年有關折舊費用分錄及該年度營利事業所得稅自行依法調整後折舊費用申報數。

6. 計算 104 年下列支出營利事業所得稅申報時，自行依法調整申報金額。

　⑴ 伙食費：公司員工 30 人，伙食費支出 750,000 元。

　⑵ 外銷損失：外銷貨物途中發生意外，造成存貨損壞因而賠償客戶 120,000 元，但從保險公司獲得 70,000 元之賠償收入。

　⑶ 耗竭：100 年購入煤礦成本 6,000,000 元，預計可採掘煤礦 15,000 噸，開採後無殘值；103 年度開採 2,500 噸。

7. 權利金免稅之條件為何？

第十三章
非營業損益

　　非營業損益乃是營利事業在從事其所登記的營業項目以外，所發生之非經常性附帶收入或損失，其歸類及內容係依營利事業之營業項目而定，但因本書之介紹係以從事買賣、製造、運輸、營建等為主體，故非營業損益之內容乃包括出售或交換資產利益或損失、兌換盈益或虧損、投資收益或損失、利息收入、利息支出、災害損失、其他收入及其他損失，再者因非營業損益之內容往往密切相關，如兌換盈益或損失，故本章將損益科目混合介紹。

第一節
出售或交換資產利益或損失

一、意　義

　　所謂出售或交換資產利益或損失，係指營利事業因出售或交換非為經常買進賣出之營利活動而持有之各種財產，而發生之利益或損失，此項財產主要係指耐久性資產，如土地、房屋、設備等，至於有價證券買賣所產生的損益，則依一般財務會計歸類為投資收益或損失項下說明。

二、列支內容

㈠出售或交換資產利益

　　1.出售資產之售價，大於資產之未折減餘額部分。
　　2.資產之交換，應以時價入帳，如有交換利益，應予認列。其時價無法可靠衡量時，按換出資產之帳面價值加支付之現金，或減去收到現金，作為換入資產成本入帳。

3.營利事業以應收債權、他公司股票或固定資產等作價抵充出資股款者，該資產所抵充出資股款之金額超過成本部分，應列為收益；其自 93 年 1 月 1 日起，以技術等無形資產作價抵充出資股款者，亦同。

㈡出售或交換資產損失

1.資產之未折減餘額大於出售價格者，其差價得列為出售資產損失。

2.資產之交換，應以時價入帳，如有交換損失，應予認列。其時價無法可靠衡量時，按換出資產之帳面價值加支付之現金，或減去收到現金，作為換入資產成本入帳。

3.營利事業以應收債權、他公司股票或固定資產等作價抵充出資股款者，該資產所抵充出資股款之金額低於成本部分，得列為損失；其自 93 年 1 月 1 日起，以技術等無形資產作價抵充出資股款者，亦同。

4.固定資產，如提出經事業主管機關監毀並出具載有監毀固定資產品名、數量及金額之證明文件，雖未達規定耐用年數仍可依其未折減餘額列為該年度之出售資產損失。

5.固定資產因特定事故未達耐用年限表規定耐用年數而毀滅或廢棄，可依會計師查核簽證報告或年度所得稅查核簽證報告並檢附相關資料,核實認定其報廢損失,無須報經稽徵機關核備或派員勘查監毀。

6.除上述 4.、 5.之情形外，固定資產未達規定耐用年數而毀滅或廢棄者，應於事前報請稽徵機關核備，以其未折減餘額列為該年度之損失。

7.但固定資產於使用期滿折舊足額後，如該項資產已不存在，僅剩殘值者，報廢時無須向稽徵機關辦理報備手續。

三、營業稅及所得稅徵免規定

屬加值型營業稅課徵範圍之營利事業，固定資產交易均須開立發票，至於營業稅繳納與否，應照下列規定辦理：

1.若屬按加值型營業稅課徵範圍之營利事業，除出售土地外應課徵營業稅。

2.若屬按營業總額課徵營業稅之營利事業，如金融保險業、特種飲食業及小規模營利事業，則免徵營業稅。

　　至於營利事業所得稅方面，凡出售固定資產交易增益，應列為收益課稅，而交易損失則可列為損失列報，但出售屬舊制之土地（參見第六章第一節「四、舊制之適用」）及依政府規定為儲備戰備物資而處理財產之增益，免納所得稅，如有損失應自該項增益項下減除。

四、會計處理釋例

例一

　　設永大公司 106 年 4 月 1 日出售機器 1 部，售價 100,000 元，外加營業稅 5%，該機器係 102 年 1 月 1 日購入，成本 600,000 元，耐用年數 5 年，預計殘值 100,000 元，則有關分錄如下：

(1) 106/4/1 提列折舊：

折舊費用	25,000	
累計折舊——機器		25,000

$$(\$600,000 - \$100,000) \times \frac{1}{5} \times \frac{3}{12} = \$25,000$$

(2) 出售分錄：

銀行存款	105,000	
累計折舊——機器	425,000*	
出售資產損失	75,000	
機　器		600,000
銷項稅額		5,000

$$* \text{ 累計折舊} = (\$600,000 - \$100,000) \times \frac{1}{5} \times 4 + \$25,000 = \$425,000$$

例二

　　上例中，若售價為 200,000 元，外加營業稅 5%，其餘資料不變，則分錄為：

(1) 同例一。

(2) 出售分錄：

銀行存款	210,000	
累計折舊——機器	425,000	
機　器		600,000
銷項稅額		10,000
出售資產增益		25,000

第二節
兌換盈益或虧損

一、意　義

　　營利事業因進口、出口或借貸等活動與國外公司或機構發生交易行為，而產生應收或應付款項，若其交易媒介係以外幣為計價單位，則將會因本國貨幣與外國貨幣匯率之變動而產生兌換盈益或虧損。

　　根據所得稅法及有關法令，一般營利事業兌換盈益或虧損之認列，係以實際發生者為限，例如：營利事業因外銷交易發生外幣應收帳款，俟後實際結匯時之匯率可能與交易當時不同，如外幣上漲，則產生兌換盈益，反之，則產生兌換虧損，此種兌換盈益或虧損係以實際發生者為限。

二、列支要件

　　1.兌換盈益或虧損均係已實現者才能認列，僅因匯率調整所產生之帳面差額，不得列計，如係盈益亦免列入當年度收益核計營利事業所得稅。

　　2.兌換盈益或虧損必須提供明細計算表以茲核對。

　　3.計算兌換損益時得以先進先出法或移動平均法認列外幣債權債務之入帳匯率與實際收付匯率間差額。

　　4.營利事業國外進、銷貨，其入帳匯率與結匯匯率變動所產生之收益或損失，應列為當年度兌換盈益或虧損，免再調整其外銷收入或進料、進貨成本。

三、會計處理

豐隆公司 106 年 3 月 6 日出口貨品乙批 US$10,000，設匯率為 US$1：NT$30.08，於 3 月 14 日結匯，匯率為 US$1：NT$30.03，設扣除各項銀行結匯費用 2,600 元及外銷推廣費用 400 元，則分錄如下：

(1)出口時：

應收帳款	300,800	
銷貨收入		300,800

(2)結匯時：

銀行存款	297,300	
出口費用	2,600	
推廣費用	400	
兌換虧損	500*	
應收帳款		300,800

* $10,000 × ($30.08 − $30.03) = $500

第三節
投資收益與損失

一、意 義

營利事業或因於淡季利用其閒置資金，或由於為控制另一公司，往往以投資另一公司的股票，以獲取預期的收益或權利，此種活動所獲取的收益，包括取得股息收入、出售證券盈益，均稱為投資收益；反之，由於被投資事業可能因經營不善，以至於投資公司須折減其原出資額，或出售證券時發生出售證券損失，而產生投資損失。

二、股息收入

　　營利事業以其資金投資於其他公司所取得之股息、紅利等收益，是為投資收益，原則上當營利事業投資於其他公司，如被投資公司當年度經股東同意或股東會決議不分配盈餘時，得免列投資收益。

　　營利事業投資於其他公司，其投資收益應以經被投資公司股東同意或股東會決議之分配數為準，並以被投資公司所訂除權或除息基準日之年度，為權責發生年度；其未訂分派股息及紅利基準日，或所訂分派股息及紅利基準日不明確者，以同意分配股息紅利之被投資公司股東同意日或股東會決議日之年度為權責發生年度。

　　購買股票所收取之股息紅利，因發放的方式或來源不同，而有現金股息及股票股息二種方式，均非營業稅課稅範圍，且屬公司投資於國內其他營利事業者，其自87年1月1日起所獲配之股利淨額或盈餘淨額，不計入所得額。

三、其　他

　　股份有限公司之營利事業將下列超過票面金額發行股票所得之溢額，作為資本公積時，免予計入所得額課稅：

　　1.以超過面額發行普通股或特別股溢價。

　　2.公司因企業合併而發行股票取得他公司股權或資產淨值所產生之股本溢價。

　　3.庫藏股票交易溢價。

　　4.轉換公司債相關之應付利息補償金，於約定賣回期間屆滿日可換得普通股市價高於約定賣回價格時轉列之金額。

　　5.因認股權證行使所得股本發行價格超過面額部分。

　　6.特別股或公司債轉換為普通股，原發行價格或帳面價值大於所轉換普通股面額之差額。

　　7.附認股權公司債行使普通股認股權證分攤之價值。

　　8.特別股收回價格低於發行價格之差額。

　　9.認股權證逾期未行使而將其帳面餘額轉列者。

　　10.因股東逾期未繳足股款而沒收之已繳股款。

　　11.公司因企業分割而發行股票取得他公司營業或資產淨值所產生之股本溢價。

　　12.公司因股份轉換而發行股票取得他公司股份或股權所產生之股本溢價。

四、投資損失

依查核準則規定投資損失應以實現者為限，並應取有被投資事業之減資彌補虧損、合併、破產或清算證明文件。但被投資事業在國外且無實質營運活動者，應以其轉投資具有實質營運之事業，因營運上虧損致國外被投資事業發生損失之證明文件，並應有我國駐外使領館、商務代表或外貿機關之驗證或證明；在大陸地區者，應有行政院大陸委員會委託處理臺灣地區與大陸地區人民往來有關事務之機構或團體之證明。如所投資之事業發生虧損，而原出資額並未折減者，則不予認列。

因此，投資損失之認列時間，如下列規定：

1.因被投資事業減資彌補虧損而發生投資損失，其需經主管機關核准者，以主管機關核准後股東會決議減資之基準日為準；其無需經主管機關核准者，以股東會決議減資之基準日為準。因被投資公司經法院裁定重整並辦理減資者，以法院裁定之重整計畫所訂減資基準日為準。

2.因被投資事業合併而發生投資損失，以合併基準日為準。

3.因被投資事業破產而發生投資損失，以法院破產終結裁定日為準。

4.因被投資事業清算而發生投資損失，以清算人依法辦理清算完結，結算表冊等經股東或股東會承認之日為準。

五、出售證券損益

營利事業以其資金投資於各種有價證券，如其他營利事業發行之股票、公司債或政府發行之公債等，其取得均以成本作為入帳基礎，而出售時售價如大於取得成本，即為證券交易增益，反之即為證券交易損失，自79年1月1日起，證券交易所得停止課徵所得稅，證券交易損失亦不得自所得額中扣除。惟自95年1月1日起，營利事業之證券交易所得適用所得基本稅額條例申報課稅之規定（請參閱第十五章）。

其出售成本之認定，依所得稅法第48條準用第44條之規定，其相關處理如下：

1.盤存之估價，以成本為準；成本高於淨變現價值時，納稅義務人得以淨變現價值為準；成本不明或淨變現價值無法合理預期時，由該管稽徵機關用鑑定或估定方法決定之。

2.前項成本，得按資產之種類或性質，採個別辨認法、先進先出法、加權平均法、移動平均法，或其他經主管機關規定之方法計算之。

3.短期投資之有價證券，在決算時之價格，遇有劇烈變動，得以決算日前一個月間之平均價為決算日之時價。

六、會計處理釋例

例四

大永公司於 105 年 10 月 1 日曾投資下列股票：

> 甲公司：10,000 股，每股面額 10 元，每股成本 12 元
> 乙公司：20,000 股，每股面額 10 元，每股成本 10 元
>
> 大永公司對上述被投資公司皆無重大影響力，且該等股票投資無活絡市場公開報價，且公允價值無法可靠衡量。

106 年有關交易如下：

⑴ 106 年 5 月 1 日收到甲公司分發現金股息每股 0.5 元，股票股利每股配發 0.1 股。

⑵ 106 年 6 月 10 日乙公司因虧損甚鉅，經股東決議減資，以每股折減 40% 方式比例折減持有股數，並於同月 30 日辦妥減資登記。

⑶ 106 年 12 月 1 日出售甲公司原始投資股票 5,000 股，每股售價 12.50 元，扣減佣金 200 元及證券交易稅 3‰。

有關分錄如下：

⑴ 105/10/1

以成本衡量之金融資產——甲公司	120,000	
以成本衡量之金融資產——乙公司	200,000	
銀行存款		320,000

⑵ 106/5/1

・現金股息之紀錄：

銀行存款	5,000	
投資收益		5,000

10,000 × \$0.5 = \$5,000

・獲配股票股利：

不作分錄，只作備忘分錄，收到 $10,000 \times 0.1 = 1,000$ 股

(3) 106/6/10

投資損失	80,000	
以成本衡量之金融資產——乙公司		80,000

(4) 106/12/1

銀行存款	62,112.50*	
出售證券收益		7,567.50
以成本衡量之金融資產——甲公司		54,545

* 售價：$\$12.5 \times 5,000 = \$62,500$

證券交易稅：$\$62,500 \times 3‰ = \$187.50$

實得：$\$62,500 - \$200 - \$187.50 = \$62,112.50$

成本：$\$120,000 \div (10,000 + 1,000) = \$10.909$ / 股
$\quad\quad \$10.909 \times 5,000 = \$54,545$

因出售國內公司發行之有價證券收益，停止課徵所得稅，故稅務申報時，應予以調整減除出售證券收益 7,567.5 元。(有關證券交易所得適用基本稅額條例申報課稅之規定，請參見第十五章)

第四節
利息收入與支出

　　營利事業基於財務運用或需要，可能借貸資金給予他人，而收取代價產生利息收入，也可能向他人借貸資金，支付代價產生利息支出，前者為營利事業所得來源之一，而後者則視其發生原因，可能資本化為資產成本，也可能列為當期費用，以下分別加以說明。

一、利息收入

　　利息收入既係基於資金借貸關係而收取，因此其計算有三因素：本金、利率及期數，計算公式為：利息 = 本金 × 利率 × 期數，由於現代經濟活動複雜，借貸資金之方式也多元化，因此利息收入之來源可能係投資於其他營利事業所發行之公司債、

短期票券或政府發行之公債而得，也可能係因存款於銀行而發生，由於產生原因不一，因此乃有下列不同之課稅方式：

(一)免列入課稅所得額之利息收入

1.外國政府或國際經濟開發金融機構，對中華民國政府或中華民國境內之法人所提供之貸款，及外國金融機構，對其在中華民國境內之分支機構或其他中華民國境內金融事業之融資，其所得之利息。

2.外國金融機構，對中華民國境內之法人所提供用於重要經濟建設計畫之貸款，經財政部核定者，其所得之利息。

3.以提供出口融資或保證為專業之外國政府機構及外國金融機構，對中華民國境內之法人所提供或保證之優惠利率出口貸款，其所得之利息。

(二)應列入課稅所得額之利息收入

此可分為實際發生之利息收入及設算之利息收入：

◇實際發生之利息收入

係實際已發生之利息收入，包括基於權責基礎調整之應收利息收入，如投資於公司債、銀行存款等產生之利息收入，退稅加計之利息收入，借貸資金於其他營利事業所收取之利息收入。

◇設算之利息收入

公司組織之股東、董事、監察人代收公司款項不於相當期間照繳，或挪用公司款項，應按該等期間所屬年度 1 月 1 日臺灣銀行之基準利率計算利息收入課稅。但公司如係遭侵占、背信或詐欺，已依法提起訴訟或經檢察官提起公訴者，不予計算利息收入課稅。若公司之資金貸與股東或任何他人未收取利息，或約定之利息偏低者，除屬預支職工薪資者外，比照前述規定辦理。

二、利息支出

係營利事業向其他營利事業或金融機構取得資金融通所支付之代價，由於營利事業可能因購置固定資產，可能為營業周轉等不同原因而需要舉債，故其利息支出在稅務上之處理也就因而互異，茲分別說明如下：

㈠列支與否之規定

◇應予資本化之利息支出

下列利息支出,應資本化為資產之成本:

⑴因購置土地以外固定資產而借款,自付款至取得資產期間應付之利息費用,應列入該項資產之成本。

⑵因增建固定資產而借款,在建造期間應付之利息費用,應作為該項資產之成本,以資本支出列帳。但建築完成後,應行支付之利息,可作費用列支。

⑶購買土地辦妥過戶手續或交付使用前借款利息,應列為資本支出。但非屬固定資產之土地,其借款利息應以遞延費用列帳,於土地出售時,再轉作其收入之減項。

⑷分期付款購置設備之利息支出,或分期付款價格與現購價格之差額,應併入該項資產之實際成本。但因購置設備向金融事業貸款,於取得該項資產後所支付之利息,得以費用列支。

◇不得列為費用之利息支出

下列利息支出,不得列為費用支出:

⑴資本利息為盈餘之分配,不得列為費用或損失。

⑵非營業所必需之借款利息,不予認定。

⑶借入款項未於帳內載明債權人之真實姓名與地址者,不予認定。但傳票憑證記載詳實,並依稅捐稽徵機關管理營利事業會計帳簿憑證辦法之規定保存者,不在此限。

⑷支付利息,記載債權人之姓名與事實不符,並查無其人者,不予認定,並應依所得稅法第 110 條規定處理,處以所漏稅額兩倍以下之罰鍰或按照補徵稅額處 3 倍以下之罰鍰。

⑸獨資之資本主及合夥組織之合夥人,所借貸之款項,均應以資本主往來論,不得列支利息。

⑹營業人一方面借入款項支付利息,一方面貸出款項並不收取利息,或收取利息低於所支付之利息,對於相當於該貸出款項支付之利息或其差額,不予認定。當無法查明數筆利率不同之借入款項,何筆係用以無息貸出時,應按加權平均法求出之平均借款利率核算之。

(7)向金融業以外之借款利息，超過利率標準部分，不予認定。利率之最高標準由財政部各地區國稅局參酌該區市場利率擬訂，報請財政部核定。

(8)自 100 年度起，營利事業對關係人之負債占業主權益超過一定比率者，超過部分之利息支出不得列為費用或損失。

根據營利事業對關係人負債之利息支出不得列為費用或損失查核辦法第 5 條規定，營利事業負債占業主權益比率超過 3:1 時，應依下列公式計算，不得列為費用或損失之利息支出：

$$不得列為費用或損失之利息支出$$
$$=當年度關係人之利息支出合計數 \times (1 - \frac{關係人之負債占業主權益之比率標準}{關係人之負債占業主權益之比率})$$

上述負債占業主權益比率之計算公式則為：

$$關係人之負債占業主權益之比率 = \frac{當年度每月平均各關係人之負債合計數}{當年度每月平均業主權益合計數}$$

$$每月平均各關係人之負債 = \frac{(每月各關係人之負債月初帳面餘額 + 月底帳面餘額)}{2}$$

$$每月平均業主權益 = \frac{(每月業主權益月初帳面餘額 + 月底帳面餘額)}{2}$$

◇得列為費用之利息支出

凡下列利息支出得以費用列支：

(1)在固定資產如土地、房屋、設備取得後，因其購置向金融機構借款之利息支出，得以費用列支。

(2)因進貨借款所支付之利息，應以財務費用列支，不得併入進貨成本計算。

(3)因投資而借入款之利息支出。

(4)營利事業資本主或合夥人支付其配偶之利息，如查明該資本主或合夥人與配偶係採分別財產制，並經依法登記有案者應予認定。

(5)代銷商及經銷商保證金事先約定支付利息，並經查明對方列有利息收入者，應予核實認定。

(6)依所得稅法第 68 條規定，補繳暫繳稅款所加計之利息；依所得稅法第 100 條

之 2 規定，因結算申報所列報之各項成本、費用或損失超限經核定補繳稅款所加計之利息，依稅捐稽徵法第 38 條規定行政救濟程序確定應補繳稅款所加計之利息，及依稅捐稽徵法第 48 條之 1 規定，自動補報並補繳漏稅款所加計之利息；各種稅法加計之滯納利息，得以費用列支。

㈡原始憑證

1.支付金融業之利息其原始憑證為金融機構之結算單或證明書，支付其他債權者之利息憑證為收息者之收據。

2.支付國外債權人之借款利息，除應取得收息者之收據外，已辦理結匯者應有結匯證明文件；未辦結匯者，應有銀行匯付或轉付之證明文件。

㈢扣繳規定

營利事業支付非金融機構之利息支出，應於給付時按下列方式扣繳：

1.軍、公、教退休（伍）金優惠存款之利息免予扣繳，仍應準用本法第 89 條第 3 項規定，由扣繳義務人列單申報該管稽徵機關。

2.短期票券到期兌償金額超過首次發售價格部分之利息，按給付額扣取 10%。

3.依金融資產證券化條例或不動產證券化條例規定發行之受益證券或資產基礎證券分配之利息，按分配額扣取 10%。

4.公債、公司債或金融債券之利息，按給付額扣取 10%。

5.以前三目之有價證券或短期票券從事附條件交易，到期賣回金額超過原買入金額部分之利息，按給付額扣取 10%。

6.其餘各種利息，一律按給付額扣取 10%。

7.納稅義務人及與其合併申報綜合所得稅之配偶暨受其扶養之親屬有下列所得者，得依儲蓄免扣證實施要點之規定領用免扣證，持交扣繳義務人於給付時登記，累計不超過新臺幣 270,000 元部分，免予扣繳。但郵政存簿儲金之利息及依法律規定分離課稅之利息，不包括在內。

⑴金融機構存款之利息。

⑵儲蓄性質信託資金之收益。

㈣會計處理釋例

例五

　　豐穡股份有限公司於 106 年 10 月 31 日購置機械設備乙套 1,000,000 元，因自有資金不足，另向豐禾有限公司借入 500,000 元，言明月息 1%，每月月底付息，該機器於 11 月 30 日安裝完畢，106 年度該兩公司有關利息支出及收入分錄分別列示如下：

1. 豐穡公司

　(1) 106/11/30

機械設備——借款利息	5,000*	
現　金		4,500
代扣稅款		500

　　* $500,000 \times 1\% = \$5,000$

　(2) 106/12/10

代扣稅款	500	
現　金		500

　(3) 106/12/31

利息支出	5,000	
現　金		4,500
代扣稅款		500

2. 豐禾公司

　(1) 106/11/30

現　金	4,500	
預付所得稅——利息所得稅	500	
利息收入		5,000

　(2) 106/12/31

現　金	4,500	
預付所得稅——利息所得稅	500	
利息收入		5,000

第五節
其他收入

本節包括租金收入及其他未於以上各節說明之非營業收入。

一、租金收入

營利事業若將其多餘之資產，如房屋出租給其他之營利事業或個人，所收取之租金稱之為租金收入，其有關課稅規定如下：

◇**每月租金收入**

如出租人屬加值型營業稅課稅之營業人，應開立統一發票加計 5% 營業稅，作為收款憑證。

◇**押金設算租金收入**

營業人出租財產收取押金，應於每月底依加值型及非加值型營業稅法施行細則第 24 條第 1 項規定公式，按該年 1 月 1 日郵政定期儲金 1 年期固定利率，適用 5% 徵收率計算稅額，計算銷售額開立統一發票（如承租人為營業人，開立三聯式發票，如非為營業人，則開立二聯式發票）交付承租人。不滿 1 月者，不計。該規定之公式為：

$$銷售額 = \frac{押金 \times 該年 1 月 1 日郵政定期儲金 1 年期固定利率 \div 12}{1 + 徵收率（即 5\%）}$$

由上揭細則所列公式可知，該筆營業稅係內含於利息收入中，自不得再向承租人收取，應由出租人併同當期營業稅繳納。

至於會計處理，上述之銷售額、出租人及承租人得分別以租金收入（支出）及利息支出（收入）列帳，現舉例如下：

例六

　　假設甲公司於 106 年 4 月 1 日將辦公室出租給乙公司，收取押金 800,000 元，本年 1 月 1 日郵政儲金匯業局 1 年期定期存款最高利率為 1.04%，4 月底依加值型及非加值型營業稅法施行細則第 24 條第 1 項之公式計算，得銷售額為 660 元，銷售稅額為 33 元，則出租人及承租人之會計分錄為：

　　(1)出租人甲公司：

利息支出	693	
租金收入		660
銷項稅額		33

　　(2)承租人乙公司：

租金支出	660	
進項稅額	33	
利息收入		693

　　至按特種稅額計算之營業人收取押金計算利息課稅部分，可參照上述原則辦理。

二、其他收入

　　除前述之各項非營業收入外，尚有幾項收入亦屬之，現分述於下：

　　1.營利事業繳納之稅捐，原以費用列帳者，如於繳納年度收到退稅款時，應以原科目沖回，如於以後年度收到退稅款者，應列為收到年度之非營業收入。

　　2.應收帳款、應收票據及各項欠款債權經依法列為呆帳損失後收回者，應就其收回之數額轉回備抵呆帳或列為收回年度之非營業收入。

　　3.下腳及廢料之盤存，均應列帳處理，其未列帳處理者，得依查得之資料調整之。但銷售下腳及廢料或附屬業務之收入，未列為收入或成本之減項者，應依所得稅法第 110 條之規定辦理。

　　上述出售下腳、廢料收入，應開立統一發票。

　　4.依所得稅法第 24 條規定，營利事業帳載應付未付之帳款、費用、損失及其他

各項債務，逾請求權時效尚未給付者，應於時效消滅年度轉列其他收入，俟實際給付時，再以營業外支出列帳。

5.營利事業從事土地、證券或期貨買賣，其應個別歸屬或分攤之費用或損失，逾 2 年尚未給付而依所得稅法施行細則第 82 條第 3 項（現依所得稅法第 24 條第 2 項）規定轉列之其他收入，應列為轉列當年度之免稅收入調整項目（參見財政部 96 年 11 月 30 日台財稅字第 09604126340 號令）。

第六節
災害損失

災害損失係營利事業遭受地震、風災、火災、蟲災及戰禍等不可抗力之災害而致使資產價值減少所蒙受之損失。

凡遭受不可抗力之災害損失，受有保險賠償部分，不得列為費用或損失。

前述災害損失，除船舶海難、空難事件，事實發生在海外，勘察困難，應憑主管官署或海事報告書及保險公司出具之證明處理外，應於事實發生後之次日起 30 日內，檢具清單及證明文件報請該管稽徵機關派員勘察，其未受保險賠償部分，並依下列規定核實認定：

1.建築物、機械、飛機、舟車、器具之一部分遭受災害損壞，應按該損壞部分所占該項資產之比例，依帳面未折減餘額計算，列為當年度損失。

2.建築物、機械、飛機、舟車、器具遭受災害全部滅失者，按該項資產帳面未折減餘額計算，列為當年度損失。

3.商品、原料、物料、在製品、半製品及在建工程等因災害而變質、損壞、毀滅、廢棄，有確實證明文據者，應依據有關帳據核實認定。

4.因受災害損壞之資產，其於出售時有售價收入者，該項售價收入，應列入收益。

5.員工及有關人員因遭受災害傷亡，其由各該事業支付之醫藥費、喪葬費及救濟金等費用，應取得有關機關或醫院出具之證明書據，予以核實認定。

災害損失，未依上述規定報經該管稽徵機關派員勘查，但能提出確實證據證明其損失屬實者，仍應核實認定。

另運輸損失均應提出證明。但依其商品之性質不可能提出證明者，得參酌當地同業該商品通常運輸損失率認定之。

習　題

1. 友成公司於 102 年 1 月 1 日及 7 月 1 日分別購入轎車各乙輛供營業使用，成本分別為 900,000 元及 3,600,000 元，估計殘值分別為 100,000 元及 500,000 元，皆採平均法並依法定耐用年數 5 年提列折舊。106 年 6 月 30 日出售該兩輛轎車，分別得款 300,000 元及 950,000 元，試作友成公司 102 年及 106 年相關分錄，並計算 103 年所得稅申報時，依稅法規定該兩車輛財產交易增益或損失申報數。

2. 利成公司 102 年 11 月 1 日進口原料一批，成本為美金 30,000 元，約定 3 個月後付款，假設進口時美金對新臺幣之匯率為 1：30.50，102 年底匯率為 1：31，103 年付款時之匯率為 1：30.70，試作該公司

　(1) 102 及 103 年相關之分錄。

　(2) 102 及 103 年該公司申報所得稅時，依稅法規定兌換利益或損失申報數為若干？

3. 達成公司於 102 年 10 月 1 日買入下列股票：

　(1) 甲公司 20,000 股，每股面額 10 元，每股成本 18 元（含證券交易稅）。

　(2) 乙公司 30,000 股，每股面額 10 元，每股成本 15 元（含證券交易稅）。

　103 年有關交易如下：

　(1) 103 年 5 月 1 日收到甲公司分發現金股息每股 1 元，資本公積無償配股每股配發 0.2 股。

　(2) 103 年 6 月 10 日乙公司因虧損甚鉅，經股東決議減資，以每股折減 50% 方式比例折減持有股數，並於同月 30 日辦妥減資登記。

　(3) 103 年 12 月 1 日出售甲公司原始投資股票 10,000 股，每股售價 20 元，扣減佣金及證券交易稅 1,000 元。

　試作該公司有關交易分錄。

4. 假設遠建公司於 103 年 4 月 1 日將辦公室出租給方乙公司，收取押金 1,000,000 元，該年 1 月 1 日郵政儲金匯業局 1 年期定期存款最高利率為 6%，試作：

　(1) 4 月底依加值型及非加值型營業稅法施行細則第 24 條第 1 項之公式計算，押金設算利息銷售額及銷售稅額為若干？

　(2) 出租人及承租人之有關分錄。

5. 永安公司有如下交易：

　(1) 103 年 10 月 1 日以 5% 利率向某銀行借入 8,000,000 元，用以支付興建廠房之預付工

程款 5,000,000 元。

(2)以 4% 年利息借入 2,000,000 元並無息貸款予子公司。

(3)向股東甲借款 3,000,000 元，年利息 16%，假定當年度財政部頒佈利率標準為 12%。

(4)進口開立 90 天期信用狀美金 50,000 元，先付 30%，餘款 70% 於 90 天後到期支付，年利率 6%，匯率 1:30.50。

(5)該公司股本總額 10,000,000 元，年終依 10% 年息，分配給股東利息。

試作：

(1)說明該交易是否可為利息費用，如否應列為那一個會計科目？

(2)該公司所得稅申報利息費用申報數為若干？

6. 立成公司 104 年 7 月 1 日因颱風侵襲工廠進水，發生下列損失：

(1)存貨受損，售得 40,000 元，由於存貨帳冊亦遭毀損，乃採毛利法估計未受損前存貨帳面價值，其相關資料如下：期初存貨 800,000 元，本期進貨 3,000,000 元，本期銷貨 4,500,000 元，毛利率 20%。

(2)自動化機器設備因浸水而不堪使用應予報廢，該機器設備係 102 年 1 月 1 日購入，成本為 6,300,000 元，採平均法折舊，耐用年限 5 年，估計殘值 1,000,000 元，獲保險賠償 3,000,000 元。

試計算該公司 104 年度災害損失金額。

第十四章

資產負債及權益之評價

資產與負債之評價，對所得額之影響甚鉅，諸如存貨評價將影響銷貨成本，應收款項評價將影響壞帳之提列，固定資產之評價與重估價影響折舊費用，預收款項及逾期未付款項應轉列收入而未轉列者，將構成違章案件。本章將以稅法之有關規定為主，分別舉例說明各項資產、負債及權益之評價。

第一節
資產之評價

一、存貨之評價

所謂存貨，依商業會計處理準則（以下簡稱商準）第 15 條第 2 項第 7 款及企業會計準則公報（以下簡稱企準或企準公報）第 5 號第 4 條之規定，係指企業持有供正常營業過程出售者；或正在製造過程中以供正常營業過程出售者；或將於製造過程或勞務提供過程中消耗之原料或物料。就買賣業言，係指持有以備售予顧客之商品；就製造業言，包括原料與物料、在製品、製成品等項目。茲將現行稅法有關存貨評價之規定分別說明於次。

㈠評價方法

商品、原料、物料、在製品、製成品、副產品等存貨之估價，以實際成本為準；成本高於淨變現價值時，得以淨變現價值為準，跌價損失得列銷貨成本；成本不明或淨變現價值無法合理預期時，由該管稽徵機關用鑑定或估定方法決定之。所稱淨變現價值，指營利事業預期正常營業出售存貨所能取得之淨額（所 44）。

營利事業之存貨依所得稅法第 44 條按成本與淨變現價值孰低估價時,存貨之成本應按個別項目逐項與其淨變現價值比較,同一類別或性質之存貨得按其分類或性

質比較；其方法一經選定，各期應一致使用。後續年度重新衡量存貨之淨變現價值，如原導致存貨之淨變現價值低於成本之因素已消失，或有證據顯示經濟情況改變而使淨變現價值增加時，應於原沖減金額之範圍內，迴轉存貨淨變現價值增加數，並認列為當年度銷貨成本之減少（查 51-2）。茲將成本與淨變現價值孰低之評價方法及其會計處理說明如下：

成本與淨變現價值孰低評價之各種計算方法

存貨項目	成　本	淨變現價值	逐項比較	分類比較
成衣類：				
襯　衫	$ 100,000	$ 120,000	$ 100,000	
汗　衫	60,000	50,000	50,000	
長　褲	250,000	220,000	220,000	
小　　計	$ 410,000	$ 390,000		$ 390,000
電器類：				
電視機	$ 600,000	$ 560,000	560,000	
錄影機	400,000	500,000	400,000	
電唱機	200,000	180,000	180,000	
小　　計	$1,200,000	$ 1,240,000		1,200,000
總　　計	$1,610,000	$ 1,630,000		
存貨評價			$1,510,000	$1,590,000

存貨採用成本與淨變現價值孰低評價時，其成本與淨變現價值之比較方法，分別說明於次：

◇逐項比較法

此法係將每一項存貨之成本與淨變現價值逐一加以比較，取其低者作為存貨之評價，然後將各項存貨評價結果予以加總，再與成本總額比較，若成本總額大於存貨評價結果之合計數，其差額即為存貨跌價損失，此項跌價損失得列為銷貨成本。本例採逐項比較結果，存貨評價應為 1,510,000 元，帳列存貨成本為 1,610,000 元，故發生存貨跌價損失 100,000 元，其分錄如下：

　　　　存貨跌價損失　　　　　　　　　100,000
　　　　　　備抵存貨跌價損失　　　　　　　　　100,000

◇分類比較法

存貨之成本應逐項與淨變現價值比較，但同一類別之存貨得分類比較。此法係將存貨分成若干類別，然後將每一類別之總成本與總淨變現價值比較，取其低者作為該類存貨評價。

存貨跌價損失	20,000	
備抵存貨跌價損失		20,000

上列「存貨跌價損失」科目，在損益表中列為銷貨成本，「備抵存貨跌價損失」在資產負債表中，應列為存貨之減項。

當提列備抵存貨跌價損失後，次年初即作回轉分錄，即借記「備抵存貨跌價損失」，貸記「存貨跌價損失」。屆報導期間結束日時，仍依成本與淨變現價值孰低法評價，若有跌價損失時，仍應提列「備抵存貨跌價損失」。若期初不作回轉分錄時，則於報導期間結束日按成本與市價孰低法評價結果，調整「備抵存貨跌價損失」科目。茲仍以上例逐項比較法為例，假設次年底經逐項比較之結果，存貨評價為1,000,000元，成本總額為1,040,000元，則存貨跌價損失40,000元，原提列備抵存貨跌價損失100,000元，應予沖回60,000元，其分錄如下：

備抵存貨跌價損失	60,000	
存貨跌價回升利益		60,000

上列「存貨跌價回升利益」科目，在損益表中列為銷貨成本減項。

(二)成本計算方法

存貨之計價方法，得按存貨之種類或性質，採用個別辨認法、先進先出法、加權平均法、移動平均法或其他經主管機關核定之方法。其屬按月結算其成本者，得按月加權平均計算存貨價值。在同一會計年度內，同一種類或性質之存貨，不得採用不同估價方法（查51）。有關各種存貨計價方法之說明請參閱本書第十章。

(三)運送品之評價

凡在運送中之貨品，以運出時之成本為成本，以到達地之時價為時價（所47）。

(四)副產品之評價

期末未出售之副產品存貨，凡有成本可資核計者，依前述成本或成本與淨變現價值孰低之原則評價，並依前述成本計算方法計價。若副產品無成本可資核計者，以其時價減除銷售費用後之價格作為評價標準（所47）。

二、金融商品

㈠評價方法

短期投資之有價證券，其估價準用所得稅法第 44 條有關存貨評價之規定辦理（所48）。

㈡稅務處理

依財政部 95 年 1 月 10 日台財稅字第 09504500480 號函規定，營利事業之金融商品按公平價值評價產生之未實現評價損益，依下列規定辦理：

1.營利事業之金融商品，依第 34 號財務會計準則公報「金融商品之會計處理準則」規定，按公平價值評價產生之未實現評價損益，除屬所得稅法第 48 條所定「短期投資之有價證券」，準用同法第 44 條估價規定產生之跌價損失，得列為當期損失外，不予認定。

2.上開所稱「短期投資之有價證券」，指營利事業之有價證券，依第 34 號財務會計準則公報及證券發行人財務報告編製準則第 7 條等規定作會計科目重分類後，經歸類為流動資產項下「公平價值變動列入損益之金融資產──流動」科目之有價證券。

依上開財政部函釋規定，僅限於分類為「公平價值變動列入損益之金融資產──流動」部分，其因評價所產生之跌價損失，始得列為當期損失。其餘部分因評價損失列為股東權益調整項目，故不得列為當期損失。

三、應收帳款及票據之評價

應收帳款及應收票據等債權之評價，應以其餘額扣除預計備抵呆帳後之數額為準。茲將現行稅法有關應收款項評價之規定分別說明於次。

㈠提列備抵呆帳之規定

應收帳款與應收票據可提列備抵呆帳最高不得超過其餘額之 1%；其為金融業者，不得超過其債權餘額 1%（所 49）。

營利事業依法得列報實際發生呆帳之比率超過上述標準者，得在其以前 3 個年度依法得列報實際發生呆帳之比率平均數限度內估列之（所 49）。

提列備抵呆帳，以應收帳款及應收票據為限，不包括已貼現之票據。凡已貼現之票據，不得提列備抵呆帳，但該票據到期不獲兌現，經執票人依法行使追索權而由該營利事業付款時，得視實際情形提列備抵呆帳或以呆帳損失列支（查 94）。

營利事業分期付款銷貨採毛利百分比計算損益者，其應收債權；採普通銷貨法計算損益者，其約載分期付款售價與現銷價格之差額部分之債權，不得提列備抵呆帳（查 94）。

凡備抵呆帳餘額超過上列限度者，應將超過部分轉列收益課稅，否則應以違章論處，按所得稅法第 110 條第 1 項規定，處以所漏稅額 2 倍以下之罰鍰。

有關呆帳損失與備抵呆帳之提列實例及會計處理方法，請參閱本書第十二章。

㈡呆帳轉銷之規定

營利事業之應收帳款、應收票據及各項欠款債權有下列情事之一者，視為實際發生呆帳損失，並應於發生當年度沖抵備抵呆帳（所 49，查 94）。倘若實際發生之呆帳損失，於列入損失後再收回者，應就其收回之數額，列為收回年度之收益：

1.因倒閉、逃匿、重整、和解或破產之宣告，或其他原因，致債權之一部或全部不能收回者。

2.債權中有逾期 2 年，經催收後未經收取本金或利息者。上述債權逾期 2 年之計算，係自該項債權原到期應行償還之次日起算；債務人於上述到期日以後償還部分債款者，亦同。

㈢呆帳損失之證明文件

1.債務人倒閉、逃匿，致債權之一部或全部不能收回之認定，應取具郵政事業無法送達之存證函，並依下列規定辦理（查 94）：

⑴債務人為營利事業，存證函應書有該營利事業倒閉或他遷不明前之確實營業

地址；所稱確實營業地址以催收日於主管機關依法登記之營業所在地為準；其與債務人確實營業地址不符者，如經債權人提出債務人另有確實營業地址之證明文件並經查明屬實者，不在此限。債務人為個人，已辦理戶籍異動登記者，由稽徵機關查對戶籍資料，憑以認定；其屬行方不明者，應有戶政機關發給之債務人戶籍謄本或證明。

⑵債務人居住國外者，應取得債務人所在地主管機關核發債務人倒閉、逃匿前登記營業地址之證明文件，並經我國駐外使領館、商務代表或外貿機構驗證屬實；登記營業地址與債務人確實營業地址不符者，債權人得提出經濟部駐外商務人員查證債務人倒閉、逃匿前之確實營業地址之復函，或其他足資證明債務人另有確實營業地址之文件並經稽徵機關查明屬實。

⑶債務人居住大陸地區者，應取得債務人所在地主管機關核發債務人倒閉、逃匿前登記營業地址之證明文件，並經行政院大陸委員會委託處理臺灣地區與大陸地區人民往來有關事務之機構或團體驗證；登記營業地址與債務人確實營業地址不符者，債權人得提出其他足資證明債務人另有確實營業地址之文件並經稽徵機關查明屬實。

2.屬和解者，如為法院之和解，包括破產前法院之和解或訴訟上之和解，應有法院之和解筆錄，或裁定書；如為商業會、工業會之和解，應有和解筆錄。

3.屬破產之宣告或依法重整者，應有法院之裁定書。

4.屬申請法院強制執行，債務人財產不足清償債務或無財產可供強制執行者，應有法院發給之債權憑證。

5.屬債務人依國外法令進行清算者，應依國外法令規定證明清算完結之相關文件及我國駐外使領館、商務代表或外貿機關之證明。

6.屬逾期 2 年，經債權人催收，未能收取本金或利息者，應取具郵政事業已送達之存證函、以拒收或人已亡故為由退回之存證信函或向法院訴追之催收證明。

四、固定資產之評價

㈠評價方法

營利事業之建築物、裝修附屬設備，及船舶、機械工具、器具等固定資產之評

價，以其實際成本減除累計折舊後之餘額為準（所 50）。固定資產經過相當年數使用後，實際成本遇有增減時，按照增減後之價額，以其未使用年數作為耐用年數，依規定折舊率計算折舊（所 52）。

所謂實際成本，凡資產出價取得者，指取得價格，包括取得之代價，及因取得並為適於營業上使用而支付之一切必要費用。凡自行製造或建築者，指製造或建築價格，包括自設計、製造、建築，以至適於營業上使用而支付之一切必要工料及費用。凡由期初盤存轉入者，指原盤存價格（所 45）。

㈡折舊方法

固定資產之折舊方法，以採用平均法、定率遞減法、年數合計法、生產數量法、工作時間法或其他經主管機關核定之折舊方法為準；資產種類繁多者，得分類綜合計算之（所 51）。

有關各種折舊方法之說明及釋例，請參閱第十二章第十五節。

㈢耐用年數

各種固定資產耐用年數，依固定資產耐用年數表之規定，除經政府獎勵特予縮短者外，計算折舊時，不得短於表列之最短年限。但為防止水污染或空氣污染所增置之設備，其耐用年數得縮短為 2 年，惟應於辦理當年度所得稅結算申報時，檢附工業主管機關之證明，一併申報該管稽徵機關核定（所 51，所細 48 之 1）。

營利事業購置或修繕固定資產，其耐用年限不及 2 年，或其耐用年限超過 2 年，而其支出金額不超過新臺幣 80,000 元者，得以其成本列為當年度之費用，不必按年提列折舊。但整批大量購置器具，每件金額雖未超過新臺幣 80,000 元，其耐用年數超過 2 年者，仍應列作資本支出（所 58，查 77 之 1）。

固定資產在取得時，已經過相當年數之使用者，得以其未使用年數作為耐用年數，按照規定折舊率計算折舊。固定資產在取得時，因特定事故，預知其不能合於規定之耐用年數者，得提出證明文據，以其實際可使用年數作為耐用年數，按照規定折舊率計算折舊（所 53）。

㈣殘　價

折舊性固定資產，應設置累計折舊科目，列為各該資產之減項。固定資產之折

舊，應逐年提列。

固定資產計算折舊時，應預估其殘值，並以減除殘值後之餘額為計算基礎。

固定資產耐用年數屆滿仍繼續使用者，得就殘值繼續提列折舊（所 54）。

㈤使用年限屆滿及報廢

固定資產之使用年數，已達規定年限，而其折舊累計未足額時，得以原折舊率繼續折舊，至折足為止（所 55）。

固定資產於使用期滿折舊足額後，毀滅或廢棄時，其廢料售價收入不足預留之殘價者，不足之額，得列為當年度之損失。其超過預留殘價者，超過之數額應列為當年度之收益。固定資產因特定事故，未達規定耐用年數而毀滅或廢棄時，得提出確實證明文據，以其未折減餘額列為該年度之損失。但有廢料之售價收入者，應將售價作為收益（所 57）。

有關固定資產提列折舊及會計處理釋例，請參閱第十二章第十五節。有關固定資產出售損益之計算及其會計處理，請參閱第十三章。

五、遞耗及無形資產之評價

㈠遞耗資產

遞耗資產之評價，以其成本減除各期提列耗竭額後之價額為準，有關耗竭額之計算釋例及會計處理，請參閱第十二章第十六節。

㈡無形資產

營業權、商標權、著作權、專利權及各種特許權等，均限以出價取得者為資產。此項無形資產之估價，以自其成本中按期扣除攤折額後之價額為準。

攤折額以其成本照規定年數按年平均計算之，但在取得後，如因特定事故，不能按照規定年數攤折時，得提出理由申請該管稽徵機關核准更正之。無形資產之攤折年限如下：

1.營業權以 10 年為計算攤折之標準。

2.著作權以 15 年為計算攤折之標準。

3.商標權、專利權及其他各種特許權等，可依其取得後法定享有之年數為計算攤折之標準（所60）。

㈢預付費用、創業期間費用、公司債發行費及折價費用

預付費用之估價，應以其有效期間未經過部分為準；用品盤存之估價，應以其未消耗部分之數額為準；其他遞延費用之估價，應以其未攤銷之數額為準。

營利事業創業期間發生之費用，應作為當期費用。所稱創業期間，指營利事業自開始籌備至所計劃之主要營業活動開始且產生重要收入前所涵蓋之期間。

公司債之發行費及折價發行之差額金，有償還期限之規定者，應按其償還期限分期攤提（所64）。

六、長期投資之評價

現行稅法有關長期投資，可分為存放款、股權投資及債券投資等三大類（所62、63），茲將其評價之有關規定分別說明於次。

㈠存款、放款及債券之評價

長期投資之存款、放款或債券，按其攤還期限計算現價為估價標準。現價之計算，其債權有利息者，按原利率計算；無利息者，按當地銀錢業定期一年存款之平均利率計算（所62）。

依公司法規定，公司之資金，除因公司間或與行號間有業務往來或有短期融通資金之必要者外，不得貸與股東或任何他人。公司負責人違反規定時，應與借用人連帶負返還責任；如公司受有損害者，亦應由其負損害賠償責任（公15）。故營利事業將資金貸與股東或他人（包含其他公司）時，應注意公司法第15條規定。

㈡長期股權投資之評價

◇評價方法

依所得稅法第63條規定，長期投資之握有附屬事業全部資本，或過半數資本者，應以該附屬事業之財產淨值，或按其出資額比例分配財產淨值為估價標準，在其他事業之長期投資，其出資額未及過半數者，以其成本為估價標準。

◇投資收益之處理

(1)所得稅法第 42 條規定:

公司組織之營利事業,因投資於國內其他營利事業,所獲配之股利淨額或盈餘淨額,不計入所得額課稅,其可扣抵稅額,應依所得稅法第 66 條之 3 規定,計入其股東可扣抵稅額帳戶餘額。教育、文化、公益、慈善機關或團體,有前項規定之股利淨額或盈餘淨額者,不計入所得額課稅,其可扣抵稅額,不得扣抵其應納所得稅額,並不得申請退還。

營利事業投資於國外其他營利事業所獲配之股利,則應列入所得額課稅,有關其所得歸屬年度之認定,應依營利事業所得稅查核準則第 30 條之規定辦理。

(2)營利事業所得稅查核準則之規定(查 30):

・營利事業投資於其他公司,倘被投資公司當年度經股東同意或股東會決議不分配盈餘時,得免列投資收益。

・營利事業投資於其他公司,其投資收益,應以經被投資公司股東同意或股東會決議之分配數為準,並以被投資公司所訂分派股息及紅利基準日之年度,為權責發生年度;其未訂分派股息及紅利基準日或其所訂分派股息及紅利基準日不明確者,以同意分配股息紅利之被投資公司股東同意日或股東會決議日之年度,為權責發生年度。

・前 2 款投資收益,如屬公司投資於國內其他營利事業者,其自 87 年 1 月 1 日起所獲配之股利淨額或盈餘淨額,不計入所得額。

・採權益法評價所認列之投資收益或投資損失,在申報所得稅時皆不予認定。

第二節
資產重估價

一、資產重估價之意義及條件

所謂資產重估價,依行政院發布之「營利事業資產重估價辦法」之規定,係將資產之帳面價值,按躉售物價指數予以調整。依所得稅法第 61 條之規定,營利事業遇有物價上漲達 25% 時,即得實施資產重估價。

所稱物價上漲達 25%，係以臺灣地區年度躉售物價全年平均總指數為標準，故凡未曾辦理資產重估價之營利事業，於當年度此項物價指數較資產取得年度物價指數上漲達 25% 時，即得向該管稽徵機關申請辦理資產重估價。若營利事業曾經辦理資產重估價者，則當年度物價指數，較前次依法令規定辦理資產重估價年度物價指數上漲達 25% 時，亦可再向該管稽徵機關申請辦理資產重估價（估 3）。

營利事業經核准辦理資產重估價者，如其部分資產之重估年度物價指數，未超過該資產取得年度物價指數達 25% 時，該項資產仍可辦理重估價（估 10）。職是之故，營利事業可辦理重估價之資產中，若其中有一項之物價上漲達 25% 時，則凡可辦理重估價之各項資產，皆可同時實施資產重估價。

營利事業辦理資產重估價之基準日，係指申請重估日之上一年度終了日。例如某公司於 102 年 2 月 1 日申請辦理資產重估價，則重估基準日為 101 年 12 月 31 日。

二、重估價資產之範圍及數量

㈠可辦理重估價之資產

營利事業重估價資產之範圍，限於所得稅法第 50 條、第 59 條及第 60 條所稱之固定資產、遞耗資產與無形資產三類。土地如有調整帳面價值之必要，應依土地法、平均地權條例之規定辦理，不適用「營利事業資產重估價辦法」之規定予以重估價（估 5）。茲分別說明於次：

◇固定資產

係指所得稅法第 50 條所稱之固定資產，包括建築物、裝修附屬設備及船舶、機械、工具、器具等項，以及固定資產耐用年數表所列之細目。

◇遞耗資產

係指所得稅法第 59 條所稱之遞耗資產，包括礦藏、森林、樹、油井等天然資源。

◇無形資產

係指所得稅法第 60 條所稱之無形資產，包括營業權、商標權、著作權、專利權及各種特許權等項目。

㈡重估價資產之數量

1.可辦理重估價之資產,其數量以該營利事業在重估價基準日,確為該營利事業所有之帳載數量為限;如經盤點後,發現其數量較帳面短少者,應按實有數量予以重估。

2.重估價基準日,帳載數量經盤點後較實有數量為少時,仍按帳載數量重估,在重估價基準日前,已提足折舊之資產,其帳面僅餘殘餘價值而未經報廢繼續使用者,不得重估。

3.營利事業購入已折舊足額或已逾出售人原定耐用年數之資產繼續使用時,其尚可使用之年數,曾於營利事業所得稅結算申報時,向稽徵機關申報,並提列折舊經認定有案者,得就其帳載未折減餘額辦理資產重估價。

4.重估價資產以出價取得,並為重估價基準日帳面所有之資產,及因受贈、交換、抵償或其他情形而取得有帳面價值之資產為限(估6)。

三、資產重估價之程序

茲依營利事業資產重估價辦法之規定,將資產重估價之有關程序分別說明於次。

㈠資產重估價之申請

辦理資產重估價之營利事業,應於其會計年度終了後之第2個月1個月內,檢具資產重估價申請書,向該管稽徵機關申請辦理資產重估價。故採用曆年制之營利事業,應於每年2月1日至2月底提出申請,採用非曆年制者,依此類推。申請書一式兩份,其內容並無規定之格式,僅需具備一般公文格式即可,惟應敘明公司設立日期、會計年度起訖日期、以前曾否辦理重估價,若曾辦理重估價者應敘明前次辦理重估年度(估17)。

該管稽徵機關接到資產重估價申請書時,除有特殊情形者外,應於收到之日起1個月內,核定准否辦理,其未能於1個月內通知者,視為對於申請之核可(估18)。

㈡資產重估價之申報

◇申報期限及應備文件

申請辦理資產重估價之營利事業,應於接到該管稽徵機關核准辦理重估通知書之日起60日內,填具下列書表向該管稽徵機關辦理重估申報,其逾60日之期限者,

得展期於 30 日內申報之（估 19）：

　　⑴資產重估價申報書。

　　⑵重估資產總表及其明細表。

　　⑶重估前後比較資產負債表。

　　營利事業遇有天災、戰禍以及其他不可抗力事故，不能於規定申報期限內辦理重估申報者，應於事故終了後 30 日內，向該管稽徵機關申請核准展期申報。展期申請以一次為限，最長不得超過 1 年（估 20）。

◇**委託會計師簽證**

　　營利事業得委託經財政部核准登記為稅務代理人之會計師，代為辦理資產重估事務，承辦會計師應依資產重估價辦法，及其他有關法令規定負責辦理，就重估資產有關帳冊資料核點、複算，對於所規定之申報書表加以簽證，並向稽徵機關提出辦理資產重估報告書，敘明重估事實經過及意見（估 22）。

◇**改正申報**

　　依照規定辦理重估申報之營利事業，如發現其重估價值有錯誤時，得於接到審定通知書前，填具規定書表向該管稽徵機關申報改正。惟依上項規定展期辦理重估申報者，不得改正申報（估 23、24）。

㈢資產重估價之調查與審定

◇**調　查**

　　稽徵機關於接到營利事業重估價申報書表後，應即指定專人調查，其有改正申報者，如係在審定通知書尚未發出前接到者，應併予調查（估 25）。稽徵機關於調查工作完成後，應組設資產重估審查小組，就調查報告、各項重估申報書表及改正申報書表予以審核，審定其重估價值（估 29）。

◇**審　定**

　　稽徵機關應於接到重估申報書表之日起 90 日內，發出資產重估價審定通知書。如因案情複雜，未能於 90 日內審定者，得延長之；延長最長以 90 日為限，並應於原處理期間屆滿前通知辦理申報之營利事業（估 30）。稽徵機關未能於上開所定期限內發出資產重估價審定通知書時，應以營利事業原申報或改正申報數額，視為審定資產重估價值（估 31）。

㈣行政救濟

◇複　審

　　營利事業對於審定重估價值不服時，得於接到資產重估價審定通知書後 30 日內，填具複審申請書，向稽徵機關申請複審。但對於以原申報或改正申報數額視為審定資產重估價值者，不得申請複審（估 32）。稽徵機關接到複審申請書後，應即另行指派人員三人組成複審小組，於接到複審申請書之日起 60 日內為複審之審定，並繕發複審審定通知書（估 33）。

◇訴願及行政訴訟

　　營利事業不服審定資產重估價值提起訴願及行政訴訟期間，仍應以原審定之資產重估價值計課營利事業所得稅。

■ 四、資產重估價之方法

㈠資產重估價值之計算

　　營利事業各項資產重估價值，應按下列公式重估計算之（估 8）：

　1.營利事業首次辦理重估價者：

$$資產重估價值 = (取得價值 - 累計折舊) \times \frac{重估年度物價指數}{取得資產年度物價指數}$$

　2.營利事業之資產，曾於以往年度辦理重估價者：

$$資產重估價值 = (上次重估價值 - 上次重估後之累計折舊) \times$$
$$\frac{重估年度物價指數}{上次重估年度物價指數}$$

綜合上列之計算公式，可將資產重估價值之計算公式簡化如下：

$$資產重估價值 = 重估基準日帳面價值 \times 重估物價倍數$$

資產重估增值額 = 重估價值 − 重估基準日帳面價值

營利事業申請辦理資產重估價所適用之物價指數，由財政部洽請行政院主計處於每年 1 月 25 日前提供，並據以編造物價倍數表發布之（估 3）。

㈡資產取得年度之認定

辦理重估價資產之取得年度，依卜列規定認定之（估 11）：

1. 資產之取得，以取得所有權之年度為取得年度；其屬分期付款者，以入帳使用年度為取得年度。

2. 資產取得後如發生擴充、換置、改良、修理等情事者，其增添部分，以其完成年度為取得年度。

3. 訂購資產及跨年度工程，以完成取得記入資產科目之年度為取得年度，其屬向國外進口者，以實際取得並記入該資產科目之年度為取得年度。

4. 資產由營利事業依法併購而取得，取得時以原帳面數額轉入者，得以被併購事業原始取得該項資產之年度為取得年度；其以成交價格入帳者，以併購年度為取得年度。

5. 資產之取得價值原列為費用支出，於計算所得額時，經調整為資本支出，而於基準日前補列入資產帳戶者，以其實際發生之年度為取得年度。

6. 原未記載於資產帳戶之資產，於基準日前已將其取得價值與數量補列入資產帳戶，且原始憑證齊全者，以其實際取得資產之年度為取得年度。

7. 資產由於受贈、交換、抵償或其他情形而取得者，應以其實際取得之年度為取得年度。

8. 重估資產實際支付款項，或實際取得之日期無從查考者，以完成取得記入資產科目之年度為取得年度（估 11）。

㈢資產價值之認定

營利事業固定資產、遞耗資產及無形資產在重估基準日之帳面價值，係以該項資產之原始取得成本減除累計折舊、耗竭及攤銷後之餘額為準。若以前年度曾辦理重估價者，則以上次重估基準日之重估價值，減除重估後所提列之累計折舊、耗竭及攤銷後之餘額為準。

㈣擴充與增添之重估價

營利事業於資產取得後，如發生擴充、換置、改良、修理等情事者，其增添部分與原始取得部分，應分別按其取得或增添年度之物價指數，個別計算重估價值，並以其總和為此項資產之重估價值（估12）。

五、資產重估價釋例

㈠首次辦理資產重估價

例一

假設惠眾公司於96年1月購入機器設備一臺，成本1,100,000元，耐用年數10年，採平均法折舊。97年1月增添該機器之附屬設備，成本為400,000元。設96年度至105年度之物價指數如下：

年 度	96	97	98	99	100	101	102	103	104	105
指 數	61%	63%	65%	67%	77%	93%	100%	100%	99%	99%

該公司購入此項設備後，迄100年物價上漲已達25%，爰以100年12月31日為重估基準日，於101年2月向該管稽徵機關申請辦理重估價，並經核准在案。茲將其有關重估價值之計算及會計處理分別說明於次：

(1)計算基準日重估價值及重估增值額：

	機器設備	增添部分
原始取得成本	$1,100,000	$400,000
減：累計折舊	500,000	160,000
基準日帳面價值 (A)	$ 600,000	$240,000
重估物價倍數	1.26*	1.22**
基準日重估價值 (B)	$ 756,000	$292,800
重估增值額 (B－A)	$ 156,000	$ 52,800

* 77% ÷ 61% = 1.26

* * 77% ÷ 63% = 1.22

⑵計算重估後每年折舊額：

	機器設備	增添部分
重估價值	$756,000	$292,800
年數（剩餘年限＋1）	6 年	6 年
重估後每年折舊額	$126,000	$ 48,800

重估後每年折舊額亦可計算如下：

	機器設備	增添部分
原折舊額	$100,000	$40,000
重估物價倍數	1.26	1.22
重估後每年折舊額	$126,000	$48,800

⑶會計處理：

記錄資產重估增值之分錄如下：

機器設備——重估增值	208,800	
未實現重估增值		208,800

記錄重估後每年提列折舊之分錄如下：

製造費用——折舊	174,800	
累計折舊——機器設備		174,800

⑷未實現重估增值：

未實現重估增值在資產負債表中應列於權益項下。

㈡第二次辦理資產重估價

例二

　　假設惠眾公司以 100 年 12 月 31 日為基準日辦理重估價後，至 102 年物價上漲已達 25%，復可辦理第二次重估價。設該公司以 102 年 12 月 31 日為重估基準日，並於 103 年 2 月向該管稽徵機關申請核准辦理重估價。茲將第二次重估價值之計算及會計處理列示於下：

(1)計算基準日重估價值及重估增值額:

	機器設備	增添部分
上次重估價值	$756,000	$292,800
減:累計折舊	252,000	97,600
基準日帳面價值 (A)	$504,000	$195,200
重估物價倍數	1.30*	1.30*
基準日重估價值 (B)	$655,200	$253,760
重估增值額 (B−A)	$151,200	$ 58,560

* 100% ÷ 77% = 1.30

(2)計算重估後每年折舊額:

	機器設備	增添部分
上次重估後折舊額	$126,000	$48,800
重估物價倍數	1.30	1.30
重估後每年折舊額	$163,800	$63,440

(3)會計處理:

機器設備——重估增值	209,760	
未實現重估增值		209,760
製造費用——折舊	227,240	
累計折舊——機器設備		227,240

六、土地之重估價

㈠土地重估價之方法

　　營利事業之土地重估價,係依照土地法及平均地權條例之規定辦理,亦即營利事業可按土地公告現值逐行調整帳面價值,不必依照「營利事業資產重估價辦法」之有關規定辦理,亦免向稽徵機關提出申請及向該管稽徵機關申報。

㈡土地重估價釋例

例三

　　假設惠眾公司持有土地一塊，帳面價值為 2,000,000 元，最近之公告現值為 3,000,000 元，假設土地增值稅估計為 400,000 元，則會計處理如下：

土地——重估增值	1,000,000	
未實現重估增值		600,000
遞延所得稅負債——土地增值稅		400,000

七、課稅規定

　　依營利事業資產重估價辦法之規定：

　　1.營利事業應根據審定資產重估價值，自重估年度終了日之次日起調整原資產帳戶，並將重估差價，記入業主權益項下之未實現重估增值帳戶。前項未實現重估增值，免予計入所得課徵營利事業所得稅。但該資產於重估後發生轉讓、滅失或報廢情事者，應於轉讓、滅失或報廢年度，轉列為營業外收入或損失（估 36）。

　　2.受贈之固有資產，如於受贈時將該捐贈收入列為資本公積處理未予課稅者，其按重估價值所提列之折舊，不得列為當年度損費自所得額中減除（估 37 第 3 項）。

第三節
負債之評價

一、流動負債

㈠意義及評價原則

　　所謂流動負債，依商業會計處理準則第 25 條及企業會計準則公報第 2 號第 32 條及 33 條之規定，負債符合下列情形之一時，將其分類為流動負債：

　　1.預期於其正常營業週期中清償之負債。

2. 主要為交易目的而持有之負債。

3. 預期於報導期間結束日後 12 個月內到期清償之負債,即使該負債之原始期間超過 12 個月,且於報導期間結束日後至通過財務報表前,已完成長期性之再融資或重新安排付款協議,亦應將其分類為流動負債。

4. 企業不能無條件將清償期限遞延至報導期間結束日後至少 12 個月之負債。

負債不符合分類為流動負債者,應分類為非流動負債。

主要之流動負債,例如短期借款、應付帳款、應付票據、應付費用、預收貨款、長期負債 1 年內到期部分,及其他流動負債。以下將分別說明各項流動負債之評價。

㈡短期借款

凡營利事業向金融機構及其他企業或個人所借入之款項,將於正常營業週期(通常假定其為 12 個月) 中償還者屬之,其評價應以實際借款金額為標準,期末時應依權責基礎計列應付利息。

例四

假設某公司於 105 年 1 月 15 日向銀行借入 1,000,000 元,期限 1 年,利率為年息 9%,其有關會計處理如下:

(1) 105 年 1 月 15 日借入時:

現　金	1,000,000	
短期借款		1,000,000

(2) 每月 15 日支付利息:

利息支出	7,500	
現　金		7,500

$1,000,000 \times 9\% \div 12 = \$7,500$

(3) 105 年底估列應付利息:

利息支出	4,000	
應付利息		4,000

$1,000,000 \times 9\% \times \dfrac{16}{360} = \$4,000$

⑷ 106 年 1 月 15 日到期償還本息：

短期借款	1,000,000	
應付利息	4,000	
利息支出	3,500	
現　金		1,007,500

㈢應付帳款

　　係指賒購商品、材料、或勞務所發生之債務，其償還期限一般皆在正常營業週期以內，故列為流動負債。應付帳款之評價應以到期值為準。

㈣應付票據

　　係指已簽發在外而尚未到期之票據，其到期日在正常營業週期以內者屬之，通常包括本票、匯票、遠期支票及發行商業本票。商業本票亦有單獨以「應付短期票券」科目列示。凡因交易行為所簽發之本票、匯票、遠期支票等皆以面值作為評價標準。至於企業發行商業本票，則應以現值評價。

例五

　　假設大華公司發行商業本票資料如下：

⑴發行期間：105 年 11 月 1 日至 106 年 2 月 28 日計 120 天。

⑵總面額：5,000,000 元。

⑶利率：6%。

⑷承銷價格：每萬元 9,800 元，即發行價格為 4,900,000 元。

⑸各項費用：包括簽證、保證及承銷等手續費計 25,000 元。

有關會計處理如下：

⑴105 年 11 月 1 日發行時：

現　金	4,900,000	
應付票據折價	100,000	
應付票據		5,000,000

利息支出	25,000	
現　金		25,000

　　上列「應付票據折價」可用「應付短期票券折價」之科目取代之,「應付票據」可用「應付短期票券」之科目取代之。應付短期票券折價(或應付票據折價),在資產負債表中,應列為應付短期票券(或應付票據)之減項。

　　(2) 105 年 12 月 31 日調整分錄:

利息支出	50,833	
應付票據折價		50,833

$\$100,000 \times \dfrac{61}{120} = \$50,833$

　　(3) 106 年 2 月 28 日到期還款:

應付票據	5,000,000	
現　金		5,000,000
利息支出	49,167	
應付票據折價		49,167

㈤應付費用

　　係指在權責基礎下,業已發生而尚未支付之各項費用屬之,常見之應付費用諸如員工薪資、利息、租金、稅捐、水電費等。應付費用凡金額業已確定者,應以實際應付之金額作為評價標準;若金額尚未確定者,則以估計金額為評價標準。

　　營利事業帳載應付未付之帳款、費用、損失及其他各項債務,逾請求權時效尚未給付者,應於時效消滅年度轉列其他收入,俟實際給付時,再以營業外支出列帳(所 24 二)。

㈥預收貨款

　　凡尚未交付貨物之前,先行收取之部分或全部價款者謂之預收貨款,當營利事業將貨物交付時,即應將預收貨款轉列銷貨收入申報課稅,否則以漏報收入論處。

(七)長期負債 1 年內到期部分

凡在報導期間結束日後 12 個月內到期之長期負債，應將其轉列流動負債。但在現有貸款機制下，如預期且有裁量能力將其再融資或展期至報導期間結束日後至少 12 個月，應將其分類為非流動負債（企準 2 號 34）。

(八)其他流動負債

凡不屬於上列七項之流動負債，其負債之金額業已確定者，應以其面值或到期值作為評價標準；若金額尚未確定者，應以合理估計之金額作為評價標準。

二、非流動負債

凡負債不符合分類為流動負債者，應分類為非流動負債（企準 2 號 32）。常見之非流動負債諸如長期借款、長期應付票據、應付公司債、長期租賃負債等屬之。茲將其評價方法分別說明於次。

(一)長期借款

長期借款通常皆提供機器設備、房屋、土地等作為擔保品，其償還期限一般皆在 3 至 7 年之間居多。此種借款皆需定期支付利息，故其評價以實際借款金額或到期值為準，惟期末時應依權責基礎計算應付利息入帳。此外，長期借款在報導期間結束日後 12 個月內到期部分，若須以流動資金償付時，應將其轉列流動負債。

例六

假設中華公司於 105 年 7 月 15 日以機器向銀行辦理抵押貸款，借入 10,000,000 元，利率為年息 9%，每月付息一次，借款期限 5 年，本金自 106 年起分 10 期攤還，即每年 1 月 15 日及 7 月 15 日各還本一次。茲將其部分有關之分錄列示於下：

(1) 105 年 7 月 15 日借款時：

現　金	10,000,000	
長期借款		10,000,000

(2) 105 年 8 月 15 日支付利息：

利息支出	77,500	
現　金		77,500

$10,000,000 \times 9\% \times \dfrac{31}{360} = \$77,500$

(3) 105 年 12 月 31 日調整及重分類：

利息支出	40,000	
應付利息		40,000

$10,000,000 \times 9\% \times \dfrac{16}{360} = \$40,000$

長期借款	2,000,000	
一年內到期之長期負債		2,000,000

(4) 106 年度及續後年度之分錄可比照辦理。

㈡長期應付票據

凡簽發之票據其到期日在報導期間結束日後逾 12 個月者屬之。長期應付票據之評價，應以現值為準。所謂現值，若票據附有利息者，其面額即為現值，期末應依權責基礎計算應付利息列帳；若票據未附利息者，應以其折現值為準。

例七

設大同公司於 105 年 7 月 1 日向大華公司借入 1,000,000 元，簽發本票一紙，票面利率為年息 9%，到期一次給付，到期日 108 年 8 月 1 日。其部分分錄如下：

(1) 105 年 7 月 1 日借款時：

現　金	1,000,000	
長期應付票據		1,000,000

(2) 105 年 12 月 31 日調整分錄：

| 利息支出 | 45,000 | |
| 應付利息 | | 45,000 |

$$\$1,000,000 \times 9\% \times \frac{6}{12} = \$45,000$$

上列「長期應付票據」與「應付利息」，在資產負債表中皆應列於非流動負債項下，俟 107 年 12 月 31 日再將其重分類為流動負債。

例八

設中同公司向中華公司借入 772,183 元，言明利率 9%，期限 3 年，即 105 年 1 月 1 日至 108 年 1 月 1 日，中同公司隨即將本息簽發本票一紙，面額 1,000,000 元，交付中華公司。中同公司該張票據應以折現值入帳，票據面額與折現值之差額為「應付票據折價」，應在票據流通期間予以攤銷，其攤銷方法有直線法與利息法兩種，未攤銷餘額在資產負債表中，應列為長期應付票據之減項。茲將其會計處理列示如下：

1. 105 年 1 月 1 日借款時：

現　金	772,183*	
應付票據折價	227,817	
長期應付票據		1,000,000

* $\$1,000,000 \times$ 折現因子 0.772183 = \$772,183

2. 105 年 12 月 31 日調整分錄：

(1)採用直線法攤銷：

| 利息支出 | 75,939 | |
| 應付票據折價 | | 75,939 |

$\$227,817 \div 3 = \$75,939$

(2)採用利息法攤銷：

| 利息支出 | 69,496 | |
| 應付票據折價 | | 69,496 |

$\$772,183 \times 9\% = \$69,496$

㈢應付公司債

公司債之評價，應以其面額列帳，當公司債以溢價或折價發行時，溢價應列為公司債之加項，折價則列為公司債之減項。應付公司債之溢價或折價，應以合理而有系統之方法，於債券流通期間內予以攤銷，作為利息費用之調整項目。攤銷之方法有二：一為直線法，即將溢價或折價金額平均分攤於各付息期間。二為利息法，係將每期期初之公司債帳面價值（即面額加溢價或減折價），乘以真實利率，以求得當期利息費用，實際支付之債券利息與此項利息費用之差額，即為溢價或折價之攤銷額。

第四節
權益之評價

一、股　本

公司組織之股本，應以向主管機關辦理登記之資本額為準。公司股本之來源包括股東繳入之資金、以保留盈餘或資本公積撥充資本。

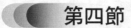

假設某公司經股東會決議增資發行新股 2,000,000 股，每股面額 10 元，其中保留盈餘與資本公積轉增資各占 500,000 股，現金增資 1,000,000 股，每股價格 12 元，其會計處理如下：

1. 現金增資認股時：

應收股款	12,000,000	
已認股本		10,000,000
資本公積		2,000,000

2. 增資基準日時：

現　　金	12,000,000	
應收股款		12,000,000

已認股本	10,000,000
資本公積	5,000,000
保留盈餘	5,000,000
股　　本	20,000,000

　　依公司法第 161 條之 1 規定，股份有限公司資本額達中央主管機關所定一定數額以上者，應於設立登記或發行新股變更登記後，3 個月內發行股票。公司負責人違反此項規定，不發行股票者，除由主管機關責令限期發行外，各處新臺幣 10,000 元以上 50,000 元以下罰鍰；期滿仍未發行者，得繼續責令限期發行，並按次連續各處新臺幣 20,000 元以上 100,000 元以下罰鍰，至發行股票為止。

二、資本公積

　　依商業會計處理準則第 28 條規定，資本公積指公司因股本交易所產生之權益。前項所列資本公積，應按其性質分別列示。

　　依證券發行人財務報告編製準則第 11 條規定，資本公積係指發行人發行金融工具之權益組成部分及發行人與業主間之股本交易所產生之溢價，通常包括超過票面金額發行股票溢價、受領贈與之所得及其他依證券發行人財務報告編製準則相關規範所產生者等。

三、法定盈餘公積

　　依公司法第 237 條規定，公司於完納一切稅捐後，分派盈餘時，應先提出 10% 為法定盈餘公積。但法定盈餘公積，已達資本總額時，不在此限。公司負責人違反此項規定，不提法定盈餘公積時，各科新臺幣 60,000 元以下罰金。

　　上述資本公積與法定盈餘公積，除填補公司虧損外，不得使用之，但有下述規定之情形或法律另有規定者，不在此限。公司非於盈餘公積填補資本虧損，仍有不足時，不得以資本公積補充之（公 239）。

　　公司無虧損者，得依股東會之決議，將法定盈餘公積及下列資本公積之全部或

一部，按股東原有股份之比例發給新股或現金：

　　1.超過票面金額發行股票所得溢額。

　　2.受領贈與之所得。

　　以法定盈餘公積發給新股或現金者，以該項公積超過實收資本額25%之部分為限（公241）。

四、保留盈餘

　　保留盈餘又稱未分配盈餘或累積盈餘，係指由於營業結果所產生之權益，未分配給股東或轉作公積與資本之部分。

　　自87年度起，營利事業當年度之盈餘未作分配者，應就該未分配盈餘加徵10%營利事業所得稅（所66之9）。

　　所稱未分配盈餘，在93年度（含）以前，係指經稽徵機關核定之課稅所得額，加計同年度依所得稅法或其他法律規定減免所得課稅之所得額、不計入所得課稅之所得額、已依所得稅法第39條規定扣除之虧損及減除下列各款後之餘額（所66之9）：

　　1.當年度應納之營利事業所得稅。

　　2.彌補以往年度虧損。

　　3.已由當年度盈餘分配之股利淨額或盈餘淨額。

　　4.依公司法或其他法律規定由當年度盈餘提列之法定盈餘公積，或已依合作社法規定提列之公積金及公益金。

　　5.依本國與外國所訂之條約，或依本國與外國或國際機構就經濟援助或貸款協議所訂之契約中，規定應提列之償債基金準備，或對於分配盈餘有限制者，其已由當年度盈餘提列或限制部分。

　　6.依公司或合作社章程規定由當年度盈餘給付之董、理、監事職工紅利或酬勞金。

　　7.依證券交易法第41條之規定，由主管機關命令自當年度盈餘已提列之特別盈餘公積。

　　8.處分固定資產之溢價收入作為資本公積者。

　　9.當年度損益計算項目，因超越規定之列支標準未准列支，具有合法憑證及能提出正當理由者。

10.其他經財政部核准之項目。其主要者包括下列各項：

⑴廣告費及災害損失，雖未依查核準則第 78 條第 1 項第 7 款及第 102 條規定期限報備，但有合法證明者。

⑵罰鍰、滯納金、短估金、滯報金、怠報金暨依所得稅法規定應加計之利息，經取得正式收據者。

⑶以前年度之費用未於當年度列支而於本年度列支，經依法剔除之數額，如確有支付事實，並有合法憑證者。

⑷公司所提列或超列之各項準備，其因與所得稅法規定不合，經稽徵機關調整改列課稅所得或公司以費用支出列帳，而經稽徵機關依規定調整為資本支出，依照會計原則處理可以沖回轉正者，應可於核定後自行調整帳目，其未沖回轉正者，不得自核定之營利事業所得額中減除後計算未分配盈餘（參見財政部 64 年 10 月 9 日台財稅字第 37296 號函）。

⑸商品盤損，因未依修正前查核準則第 101 條規定期限報備，致未被稽徵機關認定，但有合法證明者。

⑹外銷退稅收入，經海關查獲有溢退情事，並經發單追繳溢退稅款及裁定罰鍰者，其追繳及罰鍰部分。

⑺原物料超耗及各項費用損失超限剔除部分，若取有合法憑證者，得自未分配盈餘中減除。

⑻依所得稅法第 4 條之 1、第 4 條之 2 及其施行細則第 8 條之 4 規定，不得自所得額中減除之證券、期貨交易損失及土地交易損失。

⑼依所得稅法第 83 條及其施行細則第 81 條規定，按同業利潤標準核定之全部或部分所得額，與其依帳載資料申報之全部或部分所得額之差額。

⑽依擴大書面審核營利事業所得稅結算申報案件實施要點，按擴大書面審核純益率自行調整之所得額，與其依帳載資料申報之所得額之差額。

⑾依所得稅法第 80 條規定之所得額標準自行調整之所得額，與其依帳載資料申報之所得額之差額。

上述有關未分配盈餘之計算，如於申報時尚未經稽徵機關核定者，得以申報數計算之。其後經核定調整時，稽徵機關應依所得稅法第 100 條規定辦理（所 66 之 9）。亦即有溢繳時應予退還；若有不足者，應予補稅。

上述所稱課稅所得額，其經會計師查核簽證申報之案件，應以納稅義務人申報

數為準（所 66 之 9）。

自 94 年度起，未分配盈餘係指營利事業當年度依商業會計法規定處理之稅後純益，減除下列各款後之餘額（所 66 之 9）：

　1.彌補以往年度之虧損及經會計師查核簽證之次一年度虧損。

　2.已由當年度盈餘分配之股利淨額或盈餘淨額。

　3.已依公司法或其他法律規定由當年度盈餘提列之法定盈餘公積，或已依合作社法規定提列之公積金及公益金。

　4.依本國與外國所訂之條約，或依本國與外國或國際機構就經濟援助或貸款協議所訂之契約中，規定應提列之償債基金準備，或對於分配盈餘有限制者，其已由當年度盈餘提列或限制部分。

　5.已依公司或合作社章程規定由當年度盈餘給付之董、理、監事職工紅利或酬勞金。

　6.依其他法律規定，由主管機關命令自當年度盈餘已提列特別盈餘公積或限制分配部分。

　7.依其他法律規定，應由稅後純益轉為資本公積者。

　8.其他經財政部核准之項目。

上述 2.～ 7.，應以截至各該所得年度之次一會計年度結束前，已實際發生者為限。

營利事業當年度之財務報表經會計師查核簽證者，上述所稱之稅後純益，應以會計師查定數為準。其後如經主管機關查核通知調整者，應以調整更正後之數額為準。

營利事業依上述 4.及 6.規定限制之盈餘，於限制原因消滅年度之次一會計年度結束前，未作分配部分，應併同限制原因消滅年度之未分配盈餘計算，加徵 10% 營利事業所得稅。

習　題

1.我國稅法對於存貨評價之規定與財務會計準則之規定是否相同？請說明之。

2.我國稅法對於長期股權投資評價之規定與財務會計準則之規定是否相同？請說明之。

3.我國稅法對於金融資產評價之規定與財務會計準則之規定是否相同？請說明之。

4.營利事業哪些資產可以辦理重估價？資產重估價應具備何種條件？

5. 某公司於 97 年 1 月成立，同年 3 月購入機器 1 部，成本 2,200,000 元，100 年 1 月購入第 2 部機器，成本 3,300,000 元，機器之耐用年數皆為 10 年，公司採平均法計算折舊。凡依法可辦理重估價時，該公司皆依法申請核准並辦理之。各年度物價指數如下：

年　度	97	98	99	100	101	102	103	104	105
物價指數	100	105	110	115	128	135	145	155	165

試作：

(1) 請問該公司可在那些年度辦理資產重估價？

(2) 請計算歷次辦理資產重估價時之重估價值與重估增值額。

(3) 請計算 97 至 105 年各年度之折舊額。

(4) 請列示歷次重估價之分錄。

NOTE

第十五章

所得稅稽徵及會計處理

　　所得稅之稽徵，對納稅義務人權益之影響甚鉅，諸如未依規定扣繳稅款，未依限申報或繳納稅捐等情事，皆將遭致稅法有關規定之處罰。本章即在舉例說明扣繳、暫繳、結算申報、停業及清算申報等有關規定及其相關之會計處理。最後並說明舉發逃漏稅之獎勵，違反所得稅法有關規定之處罰，以及免罰之規定。

第一節
扣　繳

一、扣繳類目及扣繳義務人

　　所謂扣繳，係指扣繳義務人於所得給付時，就給付之價款或報酬，依法代扣稅款，並於規定期限內向公庫繳納。下列各類所得，除依所得稅法第 4 條各款規定免納所得稅者外，應由扣繳義務人於給付時，依規定之扣繳率或扣繳辦法，扣取稅款（所 88、89、89 之 1，所細 83）：

　　1.營利所得：公司分配予非中華民國境內居住之個人及總機構在中華民國境外之營利事業之股利淨額；合作社、合夥組織、獨資組織分配予非中華民國境內居住之社員、合夥人或獨資資本主之盈餘淨額。其扣繳義務人為公司、合作社、獨資組織或合夥組織負責人。納稅義務人為非中華民國境內居住之個人股東、總機構在中華民國境外之營利事業股東、非中華民國境內居住之社員、合夥組織合夥人或獨資資本主。

　　2.機關、團體、學校、事業、破產財團或執行業務者所給付之薪資、利息、租金、佣金、權利金、執行業務者之報酬、競技、競賽或機會中獎之獎金或給與、退休金、資遣費、退職金、離職金、終身俸、非屬保險給付之養老金、告發或檢舉獎金、結構型商品交易之所得，及給付在中華民國境內無固定營業場所或營業代理人

之國外營利事業之所得。此類所得之扣繳義務人為機關、團體、學校之責應扣繳單位主管、事業負責人、破產財團之破產管理人及執行業務者。納稅義務人為取得所得者。

3.所得稅法第 25 條所規定總機構在中華民國境外之營利事業,其在中華民國境內經營國際運輸、承包營建工程、提供技術服務或以出租機器設備等業務,經財政部核定以其在中華民國境內營業收入之 10%(國際運輸)或 15%(其餘各項業務)為所得額者。此類所得之扣繳義務人為營業代理人或給付人。納稅義務人為總機構在中華民國境外之營利事業。

4.依所得稅法第 26 條規定,在中華民國境內無分支機構之國外影片事業,其在中華民國境內之營利事業所得額。扣繳義務人為營業代理人或給付人。納稅義務人為國外影片事業。

5.獨資、合夥組織之營利事業依所得稅法第 71 條第 2 項或第 75 條第 4 項規定辦理結算申報或決算、清算申報,有應分配予非中華民國境內居住之獨資資本主或合夥組織合夥人之盈餘總額者,應於該年度結算申報或決算、清算申報法定截止日前,由扣繳義務人依規定之扣繳率,扣取稅款,並依所得稅法第 92 條規定繳納;其後實際分配時,不適用所得稅法第 88 條第 1 項第 1 款之規定。

6.信託收益之扣繳規定(所 89 之 1):

⑴所得稅法第 3 條之 4 信託財產發生之收入,扣繳義務人應於給付時,以信託行為之受託人為納稅義務人,依同法第 88 條及第 89 條規定辦理。但扣繳義務人給付同法第 3 條之 4 第 5 項規定之公益信託之收入,除依法不併計課稅之所得外,得免依同法第 88 條規定扣繳稅款。

⑵信託行為之受託人依所得稅法第 92 條之 1 規定開具扣繳憑單時,應以前項各類所得之扣繳稅款為受益人之已扣繳稅款;受益人有 2 人以上者,受託人應依同法第 3 條之 4 第 2 項規定之比例計算各受益人之已扣繳稅款。

⑶受益人為非中華民國境內居住之個人或在中華民國境內無固定營業場所之營利事業者,應以受託人為扣繳義務人,就其依所得稅法第 3 條之 4 第 1 項、第 2 項規定計算之該受益人之各類所得額,依同法第 88 條規定辦理扣繳。但該受益人之前項已扣繳稅款,得自其應扣繳稅款中減除。

⑷受益人為總機構在中華民國境外而在中華民國境內有固定營業場所之營利事業,其信託收益中屬獲配之股利淨額或盈餘淨額者,準用前項規定。

(5)所得稅法第 3 條之 4 第 5 項、第 6 項規定之公益信託或信託基金，實際分配
信託利益時，應以受託人為扣繳義務人，依所得稅法第 88 條及第 89 條規定
辦理。

二、免扣繳類目

◇免稅所得

依所得稅法第 4 條各款規定免納所得稅者，應免予扣繳（所細 83）。

◇營業收入

當所給付之價款或報酬，在取得此項所得之人，係屬營業收入者，給付人免予
扣繳。例如營利事業支付利息給金融機構，因該項利息為金融業之營業收入，故免
予扣繳，惟若給付與非金融業時，即應依法扣繳。

◇金額微小者

中華民國境內居住之個人，在中華民國境內有固定營業場所之營利事業及在臺
灣地區有固定營業場所或營業代理人之大陸地區法人、團體或其他機構，如有薪資、
佣金、利息、租金、權利金、競技、競賽、機會中獎獎金或給與、執行業務者之報
酬、退職所得等各項所得，每次應扣繳稅額不超過新臺幣 2,000 元者，免予扣繳。
但下列依所得稅法規定分離課稅之所得，仍應依規定扣繳：

1.短期票券到期兌償金額超過首次發售價格部分之利息。

2.依金融資產證券化條例或不動產證券化條例規定發行之受益憑證或資產基礎
證券分配之利息。

3.公債、公司債及金融債券之利息。

4.以前 3 款之有價證券或短期票券從事附條件交易，到期賣回金額超過原買入
金額部分之利息。

5.政府舉辦之獎券中獎獎金。

6.告發或檢舉獎金。

7.與證券商或銀行從事結構型商品交易之所得。

8.大陸地區人民於一課稅年度內在臺灣地區居留、停留合計滿 183 天所取得之
所得，適用此項規定扣繳。

扣繳義務人對同一納稅義務人全年給付金額不超過新臺幣 1,000 元者，得免依

所得稅法第 89 條第 3 項之規定將所得人資料列單申報該管稽徵機關。

◇**免稅之投資收益**

　　公司組織之營利事業，投資於國內其他營利事業，所獲配之股利淨額或盈餘淨額，不計入所得額課稅，並免予扣繳（所 42）。但總機構在中華民國境外之營利事業，其所獲配之股利淨額或盈餘淨額，應扣取稅款。

◇**臨時工資**

　　碼頭、車站搬運工友及營建業等按日計算並按日給付之臨時工工資，免予扣繳。但扣繳義務人應於每年 1 月底前，將上年度免予扣繳薪資所得稅款之臨時工工資受領人姓名、住址、國民身分證統一編號及全年給付額，依規定表式，列單申報該管稽徵機關歸戶。

◇**政府舉辦之獎券中獎獎金**

　　每聯（組、注）獎額不超過新臺幣 2,000 元者，免予扣繳。

◇**領用「儲蓄免扣證」者**

　　納稅義務人及與其合併申報綜合所得稅之配偶與受其扶養之親屬有金融機構存款之利息及儲蓄性質信託資金之收益者，得依儲蓄免扣證實施要點之規定領用免扣證，持交扣繳義務人於給付時登記，累計不超過新臺幣 270,000 元部分，免予扣繳。但郵政存簿儲金之利息及依法律規定分離課稅之利息，不包括在內。

◇**其　他**

　　凡不屬前列應扣繳類目之所得（所得稅法第 88 條所規定之範圍），及不屬前列之扣繳義務人（所得稅法第 89 條所規定之扣繳義務人）者，此類給付人於給付價款或報酬時，免予扣繳。例如個人給付租金時，免予扣繳，蓋個人非屬前列租金之扣繳義務人。

三、扣繳率

　　依所得稅法第 88 條末項之規定，各類所得之扣繳率及扣繳辦法，由財政部擬訂，報請行政院核定。依財政部 105 年 1 月 6 日台財稅字第 10400737840 號令所公布之「各類所得扣繳率標準」如表 15–1。

● 表 15-1　各類所得扣繳率表

所得種類	扣繳率	
	居住者及有固定營業場所之營利事業	非居住者及無固定營業場所之營利事業
股　利	免扣繳。	20%。
薪　資	5% 或按薪資扣繳辦法扣繳；非固定薪資 5%。	18%；6%；5%。
利　息	1. 短期票券利息 10%。 2. 受益證券或資產基礎證券分配之利息 10%。 3. 公債、公司債或金融債券之利息 10%。 4. 以上 1.～3. 之有價證券或短期票券從事附條件交易之利息 10%。 5. 其餘各種利息 10%。 6. 軍公教退休（伍）金優惠存款利息免扣繳。	1. 短期票券利息 15%。 2. 受益證券或資產基礎證券分配之利息 15%。 3. 公債、公司債或金融債券之利息 15%。 4. 以上 1.～3. 之有價證券或短期票券從事附條件交易之利息 15%。 5. 其餘各種利息 20%。
租　金	10%。	20%。
權利金	10%。	20%。
競技、競賽、機會中獎之獎金或給與	10%；政府舉辦之獎券中獎獎金每聯超過 2,000 元者 20% 分離課稅。	20%。政府舉辦之獎券中獎獎金每聯不超過 2,000 元者免予扣繳。
執行業務報酬	10%。	20%；每次給付額不超過 5,000 元免扣繳（稿費、版稅等）。
佣　金	10%。	20%。
退職所得	按給付額減除定額免稅後扣取 6%。	按給付額減除定額免稅後扣取 18%。
告發或檢舉獎金	20%。	20%。
結構型商品交易所得	10%。	15%。
財產交易所得	申報納稅。	按 20% 申報納稅；35%；45%。
信託收益	20%。	20%。
其他所得	申報納稅。	20%。
國際運輸及承包工程等事業依法按扣繳方式納稅者	20%。	20%。
國外影片事業依法按扣繳方式納稅者	20%。	20%。

註：　1. 大陸地區人民於一課稅年度內在臺灣地區居留、停留合計滿 183 天及在臺灣地區有固定營業場所之大陸地區法人、團體或其他機構，依居住者及有固定營業場所之營利事業之規定扣繳。
　　　2. 大陸地區人民於一課稅年度內在臺灣地區居留、停留合計未滿 183 天及在臺灣地區無固定營業場所之大陸地區法人、團體或其他機構，依非居住者及無固定營業場所之營利事業之規定扣繳。

四、各類所得扣繳規定

(一)營利所得

茲將現行稅法有關營利所得扣繳之重要規定說明於次:

1. 公司之應付股利於股東會議決議分配盈餘之日起,6 個月內尚未給付者,視同給付,應依規定扣繳(所細 82)。

2. 公司所分配之股利或合作社所分配之盈餘,納稅義務人如為中華民國境內居住之個人,或總機構在中華民國境內之營利事業,免予扣繳。

3. 總機構在中華民國境外之營利事業,因投資於國內其他營利事業,所獲配之股利淨額或盈餘淨額,由扣繳義務人於給付時,按給付額扣取 20%。

4. 非中華民國境內居住之個人,如有公司分配之股利,合作社所分配之盈餘,合夥組織營利事業合夥人每年應分配之盈餘,獨資組織營利事業資本主每年所得之盈餘,按給付額、應分配額、或所得數扣取 20%。

5. 大陸地區人民於一課稅年度內,在臺灣地區居留、停留合計未滿 183 天,在臺灣地區投資所獲配或應獲配之股利淨額或盈餘淨額,由扣繳義務人於給付時,按給付額或應分配額扣取 20%。

6. 大陸地區法人、團體或其他機構,在臺灣地區投資所獲配或應獲配之股利淨額或盈餘淨額,由扣繳義務人於給付時,按給付額或應分配額扣取 20%。

7. 大陸地區人民、法人、團體或其他機構於第三地區投資之公司,在臺灣地區投資所獲配之股利淨額或盈餘淨額,由扣繳義務人於給付時,按給付額扣取 20%。

(二)薪資所得

◇填報扶養資料

依薪資所得扣繳辦法規定,凡公教軍警人員及公私事業或團體按月給付職工之薪資,除依所得稅法准予免徵所得稅者外,所有薪資之受領人,均應向其服務機關、團體或事業之扣繳義務人填報免稅額申報表,載明其依照所得稅法第 17 條規定,准予減除免稅額之配偶及受扶養親屬姓名、出生年月日及國民身分證統一編號等事項。年度進行中遇有變動者,應於發生之日起 10 日內將異動後情形,依規定填表通知扣

繳義務人。

◇固定薪資之扣繳

扣繳義務人於每月給付薪資時，得由納稅義務人選擇按全月給付總額扣取 5%，或按薪資受領人有無配偶及受扶養親屬人數，適用薪資所得扣繳稅額表之規定，就其有無配偶、受扶養親屬人數及全月薪資數額，分別按表列應扣稅額，扣取稅款，但依薪資所得扣繳稅額表未達起扣標準者，免予扣繳。薪資受領人未依規定填報配偶姓名及受扶養親屬姓名及人數者，視同無配偶及無受扶養親屬，按全月給付總額，依薪資所得扣繳稅額表無配偶及無受扶養親屬人數欄之扣繳稅額辦理扣繳。

◇非固定薪資之扣繳

薪資受領人除按月給付之薪資以外，尚有職務上或工作上之獎金、津貼、補助費等非固定性薪資者，如係合併於按月給付之薪資一次給付者，可就給付總額依上述固定薪資扣繳規定扣繳稅款；其非合併於按月給付之薪資一次給付者，應按其給付金額扣取 5%。薪資受領人之兼職所得一律按給付額扣取 5%。但每次應扣繳稅款不超過新臺幣 2,000 元者，免予扣繳。

碼頭、車站搬運工及營建業等按日計算並按日給付之臨時工，其工資免予扣繳。但仍應依所得稅法第 89 條第 3 項規定，由扣繳義務人列單申報該管稽徵機關。

對同一納稅義務人全年給付金額不超過新臺幣 1,000 元者，並得免依所得稅法第 89 條第 3 項之規定列單申報該管稽徵機關。

◇變動所得之扣繳

退職所得按給付額減除定額免稅後之餘額於給付時扣繳 6%。納稅義務人如為非中華民國境內居住之個人，按給付額減除定額免稅後之餘額扣取 18%。

◇非居住者薪資扣繳規定

1.非中華民國境內居住之個人，薪資按給付額扣取 18%，但符合下列各項規定之一者，不在此限：

　⑴政府派駐國外工作人員所領政府發給之薪資按全月給付總額超過新臺幣 30,000 元部分，扣取 5%。

　⑵自 98 年 1 月 1 日起，除前項所定人員以外之個人，全月薪資給付總額在行政院核定每月基本工資 1.5 倍以下者，按給付額扣取 6%。

2.非中華民國境內居住之個人，於一課稅年度內，在中華民國境內居留合計不超過 90 天者，其自中華民國境外雇主所取得之勞務報酬，非屬中華民國來源所得，

依法免稅亦免扣繳。如居留超過 90 天，其由國外雇主所取得之勞務報酬，應依規定之扣繳率由所得人申報納稅，免予扣繳（所 8）。

3.非中華民國境內居住之個人，在中華民國境內提供勞務之報酬，由我國境內雇主所給付者，係屬中華民國來源所得，無論其居住期間是否超過 90 天，皆應依法扣繳。

(三)利息所得

1.扣繳義務人給付利息時，除合於免扣繳之規定者外，皆應依法扣繳稅款。若納稅義務人為中華民國境內居住之個人，或在中華民國境內有固定營業場所之營利事業，其扣繳率為 10%，但每次應扣繳稅額不超過新臺幣 2,000 元者，免予扣繳；若為非中華民國境內居住之個人或在中華民國境內無固定營業場所之營利事業，其扣繳率為 20%。

2.個人取得短期票券到期兌償金額超過首次發售價格部分之利息所得，扣繳率為 10%，不併計綜合所得總額（所14之1）。營利事業持有之短期票券發票日在 99 年 1 月 1 日以後者，扣繳率為 10%，其利息所得並應計入營利事業所得額課稅（所 24）。非中華民國境內居住之個人，或在中華民國境內無固定營業場所之營利事業，其短期票券到期兌償金額超過首次發售價格部分之利息，應按給付額扣取 15%。

3.依金融資產證券化條例或不動產證券化條例之規定，發行之受益證券或資產基礎證券分配之利息所得，其為個人者，按分配額扣取 10%，不併計綜合所得總額（所 14 之 1）；其為營利事業者，按分配額扣取 10%，並應計入營利事業所得額課稅（所 24）；其為非中華民國境內居住之個人，或在中華民國境內無固定營業場所之營利事業，按分配額扣取 15%。

4.公債、公司債、金融債券之利息，其為個人者，按給付額扣取 10%，不併計綜合所得總額（所 14 之 1）；其為營利事業者，按給付額扣取 10%，並應計入營利事業所得額課稅；為非中華民國境內居住之個人，或在中華民國境內無固定營業場所之營利事業，按給付額扣取 15%。

5.從事上述受益證券或資產基礎證券或短期票券或公債、公司債或金融債券之附條件交易，其到期賣回金額超過原買入金額部分之利息所得，其為個人者，按給付額扣取 10%，不併計綜合所得總額（所 14 之 1）；其為營利事業者，按給付額扣取 10%，並應計入營利事業所得額課稅；其為非中華民國境內居住之個人，或在中

華民國境內無固定營業場所之營利事業，按給付額扣取 15%。

6.領用「儲蓄免扣證」者，其利息累計不超過新臺幣 270,000 元部分免予扣繳，詳請參閱本節免扣繳類目之說明。

7.私人間借貸款項之利息，由於給付者依法非屬扣繳義務人，故免予扣繳，惟取得利息者應將該項所得併計綜合所得總額申報課稅。

8.軍、公、教退休（伍）金優惠存款之利息，免予扣繳，但仍應依所得稅法第 89 條第 3 項規定，由扣繳義務人列單申報該管稽繳機關。

9.金融業及信託保險業所取得之利息，係屬營業收入，給付人免予扣繳。

㈣租賃及權利金所得

1.扣繳義務人於給付租金或權利金時，若納稅義務人為中華民國境內居住者，或在中華民國境內有固定營業場所之營利事業，租金部分應按給付額扣取 10%，權利金按給付額扣取 10%，但每次應扣繳稅額不超過新臺幣 2,000 元者，免予扣繳，年終合併當年度所得額申報課稅。若納稅義務人非屬中華民國境內居住之個人或在中華民國境內無固定營業場所之營利事業，應按給付額扣取 20%，免辦結算申報。

2.銀行業貸放款之利息所得及營利事業依法開立統一發票之佣金、租賃及權利金收入，均免予扣繳（所細 83）。

3.財產出租，收有押金或任何款項類似押金者，或以財產出典而取得典價者，就各該款項按當地銀行業通行之 1 年期存款利率，計算之租賃收入，由出租人自行併計當年度所得額申報課稅，承租人免予扣繳（所 14）。

㈤競技、競賽及機會中獎之獎金或給與

1.扣繳義務人給付中獎之獎金或給與，除政府舉辦之獎券中獎獎金外，應按給付全額扣取 10%，但每次應扣繳稅額不超過新臺幣 2,000 元者，免予扣繳。受領人如為非中華民國境內居住之個人，或在中華民國境內無固定營業場所之營利事業，應按給付額扣取 20%。

2.政府舉辦之獎券中獎獎金，每聯（組、注）獎額不超過新臺幣 2,000 元者，免予扣繳。每聯獎額超過 2,000 元者，應按給付全額扣取 20%，不再併計綜合所得總額申報課稅，但營利事業仍應計入其所得額課稅。統一發票中獎之獎金，可適用此項規定辦理。

3.受領之獎金如為實物、有價證券或外國貨幣，應以取得時政府規定之價格或認可之兌換率折算之，未經政府規定者，以當地時價計算所得額，依法扣繳（所14）。

㈥執行業務所得

1.扣繳義務人給付執行業務者之報酬，應就給付額扣取 10%，但每次應扣繳稅額不超過新臺幣 2,000 元者，免予扣繳。受領人如係非中華民國境內居住之個人，或在中華民國境內無固定營業場所之營利事業，應就給付額扣取 20%，免辦結算申報。所稱執行業務者，係指律師、會計師、建築師、技師、醫師、藥師、助產士、著作人、經紀人、代書人、工匠、表演人及其他以技藝自力營生者（所11）。

2.納稅義務人如為非中華民國境內居住之個人，扣繳義務人給付稿費、版稅、樂譜、作曲、編劇、漫畫、講演之鐘點費收入，每次給付金額不超過新臺幣 5,000 元者，得免予扣繳。若每次給付額超過該金額時，應依上述扣繳率 20% 扣繳。

3.執行業務者如係受公司雇用，經常擔任公司所指定之工作，其自公司定期所取得之報酬，核非屬執行業務之報酬，應依薪資所得扣繳規定予以扣繳。

㈦佣金所得

1.營利事業取得之佣金收入，如經開立統一發票交付對方，或行紀業與兼營行紀業者收取之佣金，均免予扣繳。

2.國內營利事業給付國外之外銷佣金，其勞務提供地若在中華民國境外，以其非屬中華民國來源所得，故免予扣繳。

3.扣繳義務人給付佣金時，除上述情形者外，應按給付額扣取 10%，但每次應扣繳稅額不超過新臺幣 2,000 元者，免予扣繳。受領人若非中華民國境內居住者，或無固定營業場所之營利事業，應按給付額扣取 20%，免辦結算申報。

㈧財產交易所得

1.在中華民國境內無固定營業場所及營業代理人之營利事業，如有下述房屋、土地或房屋使用權以外之財產交易所得，應按所得額 20% 扣繳率申報納稅。非中華民國境內居住之個人，如有下述房屋、土地或房屋使用權以外之財產交易所得、自力耕作、漁、牧、林礦所得或其他所得，應按所得額 20% 扣繳率申報納稅。

2.大陸地區法人、團體或其他機構，在臺灣地區無固定營業場所及營業代理人

者，如有下述房屋、土地或房屋使用權以外之財產交易所得，及大陸地區人民於一課稅年度內在臺灣地區居留、停留合計未滿 183 天者，如有下述房屋、土地或房屋使用權以外之財產交易所得、自力耕作、漁、牧、林礦所得或其他所得，應按所得額 20% 扣繳率申報納稅。

　　3.非中華民國境內居住之個人，交易所得稅法第 4 條之 4 規定之房屋、土地或房屋使用權，其有依所得稅法第 14 條之 4 第 3 項規定計算之餘額，應依其持有該房屋、土地或房屋使用權之期間，按下列扣繳率申報納稅：

　　⑴持有期間在 1 年以內者，為 45%。

　　⑵持有期間超過 1 年者，為 35%。

　　4.大陸地區人民於一課稅年度內在臺灣地區居留、停留合計未滿 183 天者，如有前述所得稅法第 14 條之 4 第 3 項規定計算之餘額，適用前項規定申報納稅。

　　5.在中華民國境內無固定營業場所及營業代理人之營利事業，交易所得稅法第 4 條之 4 第 1 項規定之房屋、土地，其依所得稅法第 24 條之 5 第 1 項規定計算之餘額，或交易所得稅法第 24 條之 5 第 4 項規定之股權，其交易所得額，應依下列扣繳稅率申報納稅：

　　⑴持有期間在 1 年以內者，為 45%。

　　⑵持有期間超過 1 年者，為 35%。

　　6.大陸地區法人、團體或其他機構，在臺灣地區無固定營業場所及營業代理人者，交易所得稅法第 4 條之 4 第 1 項規定之房屋、土地，其依所得稅法第 24 條之 5 第 1 項規定計算之餘額，或交易所得稅法第 24 條之 5 第 4 項規定之股權，其交易所得額，適用前項規定申報納稅。

　　7.有關房屋、土地或房屋使用權交易所得之相關課稅規定，請參閱第六章。

㈨退職所得

　　中華民國境內居住之個人，退職所得按給付額減除定額免稅後之餘額扣取 6%；非中華民國境內居住之個人，退職所得按給付額減除定額免稅後之餘額扣取 18%。

㈩告發或檢舉獎金

　　無論是否為中華民國境內居住之個人，或在中華民國境內無論有無固定營業場所，一律按給付額扣取 20%。

㈢結構型商品交易所得

個人與證券商或銀行從事結構型商品交易之所得,扣繳率為10%,不併計個人綜合所得總額(所14之1);其為營利事業者,應計入營利事業所得額課稅;其為非中華民國境內居住之個人,或在中華民國境內無固定營業場所之營利事業,應按所得額扣取15%。

㈢國際運輸等外國事業所得

總機構在中華民國境外之營利事業,在中華民國境內經營國際運輸、承包營建工程、提供技術服務或出租機器設備等業務,不論其在中華民國境內是否設有分支機構或代理人,凡依所得稅法第25條規定,經財政部核准或核定,國際運輸業務之所得額按其中華民國境內營業收入10%計算,其餘業務按15%計算。其應納營利事業所得稅依所得稅法第98條之1第2款及第3款規定,應由營業代理人或給付人扣繳者,按其在中華民國境內之營利事業所得額扣取20%(所25)。

㈢國外影片事業所得

國外影片事業在中華民國境內無分支機構,經由營業代理人出租影片之收入,應以其二分之一為在中華民國境內之營利事業所得額,扣取20%,免辦結算申報(所26)。

㈢信託收益

1. 依所得稅法第3條之2第1項至第3項規定之信託受益人,如為在中華民國境內無固定營業場所及營業代理人之營利事業,或在臺灣地區無固定營業場所及營業代理人之大陸地區法人、團體或其他機構,應於信託成立、變更或追加時,由委託人按該受益人享有信託利益之權利價值或權利價值增加部分扣取20%。

2. 信託受益人如為非中華民國境內居住之個人,或於一課稅年度內在臺灣地區居留、停留合計未滿183天之大陸地區人民,應於信託成立、變更或追加年度,就其享有信託利益之權利價值或權利價值增加部分,按20%扣繳率申報納稅。

3. 依所得稅法第3條之2第4項規定之信託受益人不特定或尚未存在者,受託人於信託成立、變更或追加年度,應就該受益人享有信託利益之權利價值或權利價值增加部分,按20%扣繳率申報納稅。

4.依所得稅法第 3 條之 4 第 3 項規定之信託受益人不特定或尚未存在者，其依規定計算之所得，按 20% 扣繳率申報納稅。

5.受託人交易所得稅法第 4 條之 4 規定之房屋、土地或房屋使用權，其有依所得稅法第 14 條之 4 第 3 項規定計算之餘額，應依其持有該房屋、土地或房屋使用權之期間，按下列扣繳率申報納稅：

(1)持有期間在 1 年以內者，為 45%。

(2)持有期間超過 1 年，未逾 2 年者，為 35%。

(3)持有期間超過 2 年，未逾 10 年者，為 20%。

(4)持有期間超過 10 年者，為 15%。

㈤國際金融業務

國際金融業務分行對中華民國境內之個人、法人、政府機關或金融機構授信之收入，應按授信收入總額 15% 扣繳率申報納稅。

㈥其他各類所得

凡不屬上列各類所得，依法應予扣繳者，扣繳義務人應依規定扣繳率扣繳。在中華民國境內無固定營業場所及營業代理人之營利事業，其有上列各類所得以外之所得，應按給付額扣取 20%。

五、稅款之扣繳與報繳時間

㈠扣繳時間

凡依法應扣繳之各類所得，由扣繳義務人於給付時扣繳。所稱「給付時」，係指實際給付、轉帳給付或匯撥給付之時。公司之應付股利，於股東會決議分配盈餘之日起，6 個月內尚未給付者，視同給付，應由扣繳義務人依規定辦理扣繳（所細 82）。

㈡未履行扣繳責任之處理

扣繳義務人未履行扣繳責任，而有行蹤不明或其他情事，致無從追究者，稽徵機關得逕行向納稅義務人徵收之（所 89）。

㈢扣繳稅款之報繳

各類所得稅款之扣繳義務人，應於每月 10 日前將上 1 月內所扣稅款向國庫繳清。

非中華民國境內居住之個人，或在中華民國境內無固定營業場所之營利事業，扣繳義務人應於代扣稅款之日起 10 日內，將所扣稅款向國庫繳清，並開具扣繳憑單，向該管稽徵機關申報核驗後，發給納稅義務人。

總機構在中華民國境外而在中華民國境內有固定營業場所之營利事業，其獲配之股利淨額或盈餘淨額，準用前項規定（所 92）。

六、扣繳資料之申報

㈠扣繳憑單及股利憑單之申報

1.扣繳義務人應於每年 1 月底前，將上一年度內扣繳各納稅義務人之稅款數額，開具扣繳憑單，彙報該管稽徵機關查核，並應於 2 月 10 日前將扣繳憑單填發納稅義務人。每年 1 月遇連續 3 日以上國定假日者，扣繳憑單彙報期間延長至 2 月 5 日止，扣繳憑單填發期間延長至 2 月 15 日止。但營利事業有解散、廢止、合併或轉讓，或機關、團體裁撤、變更時，扣繳義務人應隨時就已扣繳稅款數額，填發扣繳憑單，並於 10 日內向該管稽徵機關辦理申報（所 92）。

2.應設置股東可扣抵稅額帳戶之營利事業，應於每年 1 月底前，將上 1 年內分配予股東之股利或社員之盈餘，填具股利憑單、全年股利分配彙總資料，一併彙報該管稽徵機關查核；並應於 2 月 10 日前將股利憑單填發納稅義務人。每年 1 月遇連續 3 日以上國定假日者，股利憑單、全年股利分配彙總資料彙報期間延長至 2 月 5 日止，股利憑單填發期間延長至 2 月 15 日止。但營利事業有解散或合併時，應隨時就已分配之股利或盈餘填具股利憑單，並於 10 日內向該管稽徵機關申報。該營利事業於辦理結算申報時，應依規定格式填列上 1 年內股東可扣抵稅額帳戶變動明細資料，併同結算申報書申報該管稽徵機關查核。但營利事業遇有解散者，應於清算完結日辦理申報；其為合併者，應於合併生效日辦理申報。所稱股東可扣抵稅額帳戶變動明細資料，係指股東可扣抵稅額帳戶之期初餘額、當年度增加金額明細、減少

金額明細及其餘額（所 102 之 1）。

3.非中華民國境內居住之個人，或在中華民國境內無固定營業場所之營利事業，有應扣繳之各類所得時，扣繳義務人應於代扣稅款之日起 10 日內，將所扣稅款向國庫繳清，並開具扣繳憑單，向該管稽徵機關申報核驗後，發納稅義務人（所 92）。

4.信託行為之受託人應於每年 1 月底前，填具上一年度各信託之財產目錄、收支計算表及依所得稅法第 3 條之 4 第 1 項、第 2 項、第 5 項、第 6 項應計算或分配予受益人之所得額、所得稅法第 89 條之 1 規定之扣繳稅額資料等相關文件，依規定格式向該管稽徵機關列單申報；並應於 2 月 10 日前將扣繳憑單或免扣繳憑單及相關憑單填發納稅義務人。每年 1 月遇連續 3 日以上國定假日者，信託之財產目錄、收支計算表及相關文件申報期間延長至 2 月 5 日止，扣繳憑單或免扣繳憑單及相關憑單填發期間延長至 2 月 15 日止（所 92 之 1）。

㈡免扣繳憑單之申報

機關、團體、學校、事業、破產財團或執行業務者每年所給付依規定應扣繳稅款之所得，因未達起扣點，或因不屬稅法規定之扣繳範圍，而未經扣繳稅款者，應於每年 1 月底前，將受領人姓名、住址、國民身分證統一編號及全年給付金額等，依規定格式，列單申報主管稽徵機關，並應於 2 月 10 日前，將免扣繳憑單填發納稅義務人（所 89）。

㈢免填發憑單予納稅義務人

依所得稅法第 89 條第 3 項、第 92 條第 1 項、第 92 條之 1 及第 102 條之 1 等相關規定應填發免扣繳憑單、扣繳憑單、相關憑單及股利憑單之機關、團體、學校、事業、破產財團、執行業務者、扣繳義務人、信託行為之受託人及營利事業，已依規定期限將憑單申報該管稽徵機關，且憑單內容符合下列情形者，得免填發憑單予納稅義務人：

1.納稅義務人為在中華民國境內居住之個人、在中華民國境內有固定營業場所之營利事業、機關、團體、執行業務者或信託行為之受託人。

2.扣繳或免扣繳資料及股利資料經稽徵機關納入結算申報期間提供所得資料查詢服務。

3.其他財政部規定之情形。

依規定免填發憑單予納稅義務人者，如納稅義務人要求填發時，仍應填發（所94 之 1 及 102 之 1）。

七、會計處理釋例

例一

設某公司向私人租用辦公室，每月租金 100,000 元，按月給付，其有關會計處理如下：

(1)給付租金時：

營業費用——租金支出	100,000	
現　金		88,090
代扣所得稅		10,000
代扣健保費		1,910*

*自 105 年 1 月 1 日每次支付租金超過 20,000 元時，應扣取 1.91% 補充健保費。

(2)次月 10 日前報繳稅款：

代扣所得稅	10,000	
代扣健保費	1,910	
現　金		11,910

例二

設某公司本月份發放員工薪資 400,000 元，扣繳稅款 10,000 元；支付離職經理退職金 200,000 元，其中半數應按 6% 扣繳稅款計 6,000 元；支付專題講演費 5,000 元，未達起扣點，免予扣繳。其有關會計處理如下：

(1)給付時：

營業費用——薪資支出	400,000	
營業費用——退職金	200,000	
營業費用——其他支出	5,000	
現　金		589,000
代扣所得稅		16,000

(2)次月 10 日前報繳稅款：

代扣所得稅	16,000	
現　　金		16,000

八、違反扣繳之處罰

(一)未依規定填報免扣繳憑單之處罰

政府機關、公立學校或公營事業違反所得稅法第 89 條第 3 項規定，未依限或未據實申報或未依限填發免扣繳憑單者，應通知其主管機關議處該機關或學校之責應扣繳單位主管或事業之負責人。私人團體、私立學校、私營事業、破產財團或執行業務者，違反所得稅法第 89 條第 3 項規定，未依限填報或未據實申報或未依限填發免扣繳憑單者，處該團體或學校之責應扣繳單位主管、事業之負責人、破產財團之破產管理人或執行業務者 1,500 元之罰鍰，並通知限期補報或填發；屆期不補報或填發者，應按所給付之金額，處該團體或學校之責應扣繳單位主管、事業之負責人、破產財團之破產管理人或執行業務者 5% 之罰鍰。但最高不得超過 90,000 元，最低不得少於 3,000 元（所 111）。

(二)未依規定填報扣繳憑單之處罰

扣繳義務人已依法扣繳稅款，而未依所得稅法第 92 條規定之期限按實填報或填發扣繳憑單者，除限期責令補報或填發外，應按扣繳稅額處 20% 之罰鍰，但最高不得超過 20,000 元，最低不得少於 1,500 元；逾期自動申報或填發者，減半處罰；經稽徵機關限期責令補報或填發扣繳憑單，扣繳義務人未依限按實補報或填發者，應按扣繳稅額處 3 倍以下之罰鍰，但最高不得超過 45,000 元，最低不得少於 3,000 元（所 114）。

(三)未依規定填報股利憑單之處罰

營利事業未依所得稅法第 102 條之 1 第 1 項規定之期限，按實填報或填發股利

憑單者，除限期責令補報或填發外，應按股利憑單所載可扣抵稅額之總額處 20% 罰鍰，但最高不得超過 30,000 元，最低不得少於 1,500 元；逾期自動申報或填發者，減半處罰。經稽徵機關限期責令補報或填發股利憑單，營利事業未依限按實補報或填發者，應按可扣抵稅額之總額處 3 倍以下之罰鍰，但最高不得超過 60,000 元，最低不得少於 3,000 元。

營利事業違反所得稅法第 102 之 1 條第 2 項規定，未依限申報或未據實申報股東可扣抵稅額帳戶變動明細資料者，處 7,500 元之罰鍰，並通知限期補報；屆期不補報者，得按月連續處罰至依規定補報為止（所 114 之 3）。

㈣短漏扣繳之處罰

扣繳義務人未依所得稅法第 88 條規定扣繳稅款者，除限期責令補繳應扣未扣或短扣之稅款及補報扣繳憑單外，並按應扣未扣或短扣之稅額處 1 倍以下之罰鍰；其未於限期內補繳應扣未扣或短扣之稅款，或不按實補報扣繳憑單者，應按應扣未扣或短扣之稅額處 3 倍以下之罰鍰（所 114）。

㈤扣繳稅款滯納之處罰

扣繳義務人未依所得稅法第 92 條規定期限向公庫繳納所扣繳稅款者，每逾 2 日加徵 1% 滯納金，逾 30 日仍未繳納者，移送法院強制執行（所 114，稽 20）。

㈥違反扣繳之刑罰

代徵人或扣繳義務人，以詐術或其他不正當方法匿報、短報、短徵、不為代徵或扣繳稅捐、或侵占已代徵或已扣繳之稅捐者，處 5 年以下有期徒刑、拘役、或科或併科新臺幣 60,000 元以下罰金（稽 42）。

㈦幫助犯之刑罰

教唆或幫助犯上項之罪者，處 3 年以下有期徒刑、拘役、或科新臺幣 60,000 元以下罰金。稅務人員、執行業務之律師、會計師、或其他合法代理人犯該項之罪者，加重其刑至二分之一（稽 43）。

第二節

暫　繳

一、暫繳申報之對象及期間

㈠何人應辦理暫繳申報

營利事業除符合下列之規定者外，皆應依規定辦理暫繳申報（所 67、69）：

1.在中華民國境內無固定營業場所之營利事業，其營利事業所得稅依所得稅法第 98 條之 1 之規定，應由營業代理人或給付人扣繳者。

2.獨資、合夥組織之營利事業及經核定之小規模營利事業。

3.依所得稅法或其他有關法律規定免徵營利事業所得稅者。

4.其他經財政部核定之營利事業。

5.上年度結算申報營利事業所得稅無應納稅額者。

6.本年度上半年新開業者。

7.上半年度無營業收入。

8.營利事業於暫繳申報期間屆滿前遇有解散、廢止、合併、轉讓情事，其依所得稅法第 75 條規定，應辦理當期決算申報者。

9.營利事業按其上年度結算申報營利事業所得稅應納稅額之二分之一之暫繳稅額在 2,000 元以下者。

㈡暫繳申報期間

應辦理暫繳申報之納稅義務人，應於每年 9 月 1 日起至 9 月 30 日止，按其上年度結算申報營利事業所得稅應納稅額二分之一為暫繳稅額，自行向公庫繳納。會計年度採用非曆年制者，應於營業年度第 9 個月之 1 個月內辦理之。暫繳稅額申報書之格式及填寫方法如表 15-2。

二、暫繳之申報

㈠暫繳稅額計算方法

納稅義務人應於每年 9 月 1 日起 1 個月內，按其上年度結算申報營利事業所得稅應納稅額二分之一為暫繳稅額，自行向庫繳納，並依規定格式，填具暫繳稅款申報書，檢附暫繳稅款繳款收據，一併申報該管稽徵機關（所 67）。

營利事業未以投資抵減稅額、行政救濟留抵稅額及扣繳稅額抵減前項暫繳稅額者，於自行向庫繳納暫繳稅款後，得免依前項規定辦理申報。

公司組織之營利事業，會計帳冊簿據完備，使用所得稅法第 77 條所稱藍色申報書或經會計師查核簽證，並如期辦理暫繳申報者，得以當年度前 6 個月之營業收入總額，依所得稅法有關營利事業所得稅之規定，試算其前半年之營利事業所得額，按當年度稅率，計算其暫繳稅額，不適用前項暫繳稅額之計算方式。

㈡稅額計算釋例

例三

假設和平股份有限公司成立有年，102 年度應納稅額為302,500元，則 103 年暫繳稅額為 151,250 元，其計算及會計處理方法如下：

$$暫繳稅額 = 上年度應納稅額 \times \frac{1}{2}$$
$$= \$302,500 \times \frac{1}{2}$$
$$= \$151,250$$

預付所得稅	151,250	
現　金		151,250

有關暫繳申報之釋例，詳如表 15-2。

● 表 15-2

第1聯（申報收據聯）：由稽徵機關加蓋印戳發還納稅義務人。 | 核定版

中華民國 105 年度營利事業所得稅暫繳稅額申報書

（暫繳所得期間：自民國 105 年 1 月 1 日起至 105 年 6 月 30 日止）

□會簽申報案件　　□藍色申報案件　　☑一般申報案件

| 營利事業名稱 | 和平股份有限公司 | | | | | | | | | | | 會計年度 | ☑曆年制 |
| 營利事業統一編號 | 07346500 | 稅籍編號 | 1 | 2 | 3 | 4 | 5 | 6 | 7 | 8 | 9 | | □特殊會計年度(　　月制) |

| 營業地址 | 台北 市縣 大同 鄉鎮市區 永德 路街 一 段 巷 弄一 號之 （ 樓之 室） |

| 代理申報人（自行辦理申報者無須填報） | 08 姓名 | | 10 證書(登錄)字號【執業證書別】 | □會計師(請填稅務代理人證號)：(　)台財稅登字第　　　　號 □記帳士：(　)台財稅證字第　　　　號 加入公會名稱及其會員證號：　　公會、　　號 □記帳及報稅代理人：　　國稅登字第　　　　號 加入公會名稱及其會員證號：　　公會、　　號 |
| | 09 身分證統一編號 | | 11 電話 | 手機 | 申報金額 |

01	104 年度結算申報應納稅額(依 104 年度結算申報書第 60 欄)	302,500
02	本年度應納暫繳稅額(計算至元為止，角以下無條件捨去)(詳申報須知第一、三、四、八點)	✓ 所得稅法第 67 條第 1 項(02=01×1/2)	151,250
		所得稅法第 67 條第 3 項[(　　元×12/　　)×　　%]×　　/12	
12	依境外所得來源國稅法規定減免之所得稅可扣抵之稅額(所得稅法第 67 條第 3 項試算案件適用)【附所得稅法第 3 條第 2 項規定之納稅憑證及簽證文件　　張】	
13	大陸地區來源所得在大陸地區及第三地區已繳納之所得稅可扣抵之稅額(所得稅法第 67 條第 3 項試算案件適用)【附臺灣地區與大陸地區人民關係條例施行細則第 21 條規定之納稅憑證及文件　　張】	
03	以前年度(非當年度)尚未抵減之各項投資抵減稅額(詳備註1)於本年度抵減額 ……【附證明文件及明細表　　張】 尚未抵減之股東投資抵減稅額(詳備註2)於本年度抵減額 …………【附證明文件及明細表　　張】	
04	行政救濟留抵稅額於本年度抵減額	
05	本年度抵減之扣繳稅額(分離課稅所得之扣繳稅額不得抵減)　　【附扣繳憑單備查聯影本　　張】	
14	總機構在中華民國境外，在境內有固定營業場所或營業代理人者，當年度前6個月交易符合所得稅法第4條之4及第24條之5規定之房屋、土地暨股權所得應納稅額(所得稅法第 67 條第3項試算案件適用)	
06	本年度應自行繳納暫繳稅額(06=02-12-13-03-04-05+14)　　【自行繳納暫繳稅額繳款書證明聯　　張】	151,250

備註：
1. 指符合廢止前促進產業升級條例第6條、第7條、第15條；獎勵民間參與交通建設條例第29條；新市鎮開發條例第14條、第24條；都市更新條例第49條；科學工業園區設置管理條例第18條；促進民間參與公共建設法第37條；發展觀光條例第50條；企業併購法第42條；資源回收再利用法第23條；生技新藥產業發展條例第5條；中小企業發展條例第35條選擇抵減自當年度起3年內各年度應納營利事業所得稅額規定者。
2. 指繳清暫繳稅前，取得稽徵機關依據廢止前促進產業升級條例第8條、獎勵民間參與交通建設條例第33條、促進民間參與公共建設法第40條、104年6月10日修正前電影法第39條之1或生技新藥產業發展條例第6條及相關法規所核發之「營利事業股東投資抵減稅額證明書」者。

其他附件：
□會計師簽證申報查核報告書　　張
□105 年度營利事業所得稅暫繳損益試算表　　張
□暫繳資產負債表　　張
□105 年度暫繳營業成本明細表　　張
□105 年度暫繳其他費用及製造費用明細表　　張
□105 年 1 月 1 日起交易符合所得稅法第 4 條之 4、第 24 條之 5 規定之房屋、土地及股權之收入、成本、費用、損失明細表　　張
□委任書　　張

此致
財政部　台北　國稅局　大同　分局(稽徵所)
　營利事業名稱：和平股份有限公司　　　　　　(蓋章)
　負責人、代表人或管理人姓名：李和平　　　　(蓋章)
　電話：
　傳真機號碼：
　簽證會計師：　　　　　　　　　　　　　　　(蓋章)
　代理申報人：　　　　　　　　　　　　　　　(蓋章)

| 蓋收件章 |
| 收件　年　月　日 |
| 收件編號 |

附 註：1.委任代辦申報案件，未自行取具委任書者，請填具第 2 聯委任書。　　2.申報須知見第 2 聯背面。

營利事業名稱	負責人、代表人或管理人姓名	應納暫繳稅額	於本年度抵減(繳)之金額					自繳暫繳稅額
			境外所得可扣抵之稅額	大陸地區來源所得可扣抵之稅額	尚未抵減之各項投資抵減稅額	行政救濟留抵稅額	扣繳稅額	
和平股份有限公司	李和平	151,250	0	0	0	0	0	151,250
營業地址	台北 市縣 大同 鄉鎮市區 永德 路街 一 段 巷 弄一 號之 （ 樓之 室）							

茲收到　　　　　　　　　　公司(合作社)
☑105 年度營利事業所得稅暫繳稅額申報書 1 份　　張
□境外所得來源國之所得稅納稅憑證及簽證文件　　張
□大陸及第三地區所得來源之所得稅納稅憑證及文件　　張
□以前年度(非當年度)尚未抵減之各項投資抵減稅額文件　　張
□尚未抵減之股東投資抵減稅額證明書
□營利事業所得稅留抵稅額證明書
□扣繳憑單備查聯影本　　張
☑自行繳納暫繳稅額繳款書證明聯　　張

□會計師簽證申報查核報告書　　張
□105 年度營利事業所得稅暫繳損益試算表　　張
□暫繳資產負債表　　張
□105 年度暫繳營業成本明細表　　張
□105 年度暫繳其他費用及製造費用明細表　　張
□105 年 1 月 1 日起交易符合所得稅法第 4 條之 4、第 24 條之 5 規定之房屋、土地及股權之收入、成本、費用、損失明細表　　張
□委任書　　張

財政部　台北　國稅局　大同　分局(稽徵所)簽收
收件日期：　　　　　　　　收件編號：

＊本聯由納稅義務人自存作為申報收據。

㈢未辦申報之核定

　　營利事業未依規定期間辦理暫繳，而於 10 月 31 日以前已依規定計算補報及補繳暫繳稅額者，應自 10 月 1 日起至其繳納暫繳稅額之日止，按其暫繳稅額，依所得稅法第 123 條所規定之郵政儲金匯業局 1 年期定期儲金固定利率，按日加計利息，一併徵收。

　　營利事業逾 10 月 31 日仍未依前項規定辦理暫繳者，稽徵機關應按其上年度結算申報營利事業所得稅應納稅額之二分之一為暫繳稅額，並依上開所得稅法第 123 條規定之存款利率，加計 1 個月之利息，一併填具暫繳稅額核定通知書，通知該營利事業於 15 日內自行向庫繳納（所 68）。

第三節
結算申報

━、申報之期限及處所

㈠結算申報之期限

◇申報期間

　　納稅義務人應於每年 5 月 1 日起至 5 月 31 日止，填具結算申報書，向該管稽徵機關，申報其上一年度內構成綜合所得總額或營利事業收入總額之項目及數額，以及有關減免、扣除之事實，並應依其全年應納稅額減除暫繳稅額、尚未抵繳之扣繳稅額及可扣抵稅額，計算其應納結算稅額，於申報前自行繳納。但依法不併計課稅之所得之扣繳稅款及營利事業獲配股利總額或盈餘總額所含之可扣抵稅額，不得減除（所 71）。

　　民國 103 年度以前，獨資、合夥組織之營利事業應依前項規定辦理結算申報，無須計算及繳納其應納之結算稅額；其營利事業所得額，應由獨資資本主或合夥組織合夥人依所得稅法第 14 條第 1 項第一類規定列為營利所得，依所得稅法規定課徵綜合所得稅（所 71）。

　　自 104 年度起，獨資、合夥組織之營利事業，以其全年應納稅額之半數，減除

尚未抵繳之扣繳稅額，計算其應納之結算稅額，於申報前自行繳納；其營利事業所
得額減除全年應納稅額半數後之餘額，應由獨資資本主或合夥組織合夥人依所得稅
法第 14 條第 1 項第一類規定列為營利所得，依所得稅法規定課徵綜合所得稅。但其
為小規模營利事業者，無須辦理結算申報，其營利事業所得額，應由獨資資本主或
合夥組織合夥人依第 14 條第 1 項第一類規定列為營利所得，依所得稅法規定課徵綜
合所得稅（所 71）。

中華民國境內居住之個人全年綜合所得總額不超過當年度規定之免稅額及標準
扣除額之合計數者，得免辦結算申報。但申請退還扣繳稅款及可扣抵稅額者，仍應
辦理結算申報。所稱可扣抵稅額，指股利憑單所載之可扣抵稅額（所 71）。

◇催 報

稽徵機關應隨時協助及催促納稅義務人依限辦理結算申報，並於結算申報期限
屆滿前 15 日填具催報書，提示延遲申報之責任（所 78）。

◇未依限申報之處理

納稅義務人未依規定期限辦理結算申報，稽徵機關應即填具滯報通知書，送達
納稅義務人，限於接到滯報通知書之日起 15 日內補辦結算申報；其屆限仍未辦理結
算申報者，稽徵機關應依查得之資料或同業利潤標準，核定其所得額及應納稅額，
並填具核定稅額通知書，連同繳款書，送達納稅義務人依限繳納；嗣後如經調查另
行發現課稅資料，仍應依稅捐稽徵法有關規定辦理。民國 103 年度以前，其屬獨資、
合夥組織之營利事業者，稽徵機關應於核定其所得額後，將其營利事業所得額直接
歸併獨資資本主或合夥組織合夥人之營利所得，依所得稅法規定課徵綜合所得稅。

自 104 年度起，其屬獨資、合夥組織之營利事業者，稽徵機關應核定其所得額
及依所得稅法第 71 條第 2 項規定計算應納之結算稅額，並填具核定稅額通知書，連
同繳款書送達納稅義務人依限繳納；並將其營利事業所得額減除應納稅額半數後之
餘額，歸併獨資資本主或合夥組織合夥人之營利所得，依所得稅法規定課徵綜合所
得稅（所 79）。

綜合所得稅納稅義務人及小規模營利事業，不適用前項催報之規定；其屆期未
申報者，稽徵機關應即依查得之資料，核定其所得額及應納稅額，通知依限繳納；
嗣後如經稽徵機關調查另行發現課稅資料，仍應依稅捐稽徵法有關規定辦理（所 79）。

㈡申報處所

◇有固定營業場所者

　　營利事業之總機構在中華民國境內，並在中華民國境內設有其他固定營業場所者，應由該營利事業之總機構向其申報時登記地之稽徵機關合併辦理申報。總機構在中華民國境外，而有固定營業場所在中華民國境內者，應由其固定營業場所分別向其申報時登記地之稽徵機關辦理申報（所細 49）。

◇無固定營業場所者

　　國外營利事業在中華民國境內無固定營業場所而有營業代理人者，營業代理人應向其申報時登記地之稽徵機關辦理申報（所細 49）。

二、申報書之種類

◇普通申報書

　　一般營利事業，除核定適用藍色申報書者外，適用之。

◇藍色申報書

　　係指使用藍色紙張，依規定格式印製之結算申報書，專為獎勵營利事業誠實申報而設置，故應經稽徵機關核准者始得適用。

　　適用藍色申報書之條件如下：

⑴依規定設帳、記帳並保存憑證者。

⑵誠實依法自動調整其結算申報所得額。

⑶申請年度之上一年度已辦理結算申報。

⑷申請年度帳目無虛偽不實之記載。

⑸應繳所得稅款及有關之滯報金、怠報金、短估金、滯納金、利息、罰鍰等皆已繳清者。

　　採用藍色申報書之獎勵如下：

⑴交際費限額較高：凡使用藍色申報書之營利事業，其得列支之交際費限額，較使用普通申報書者為高，有關其列支限額請參閱第十一章第十二節。

⑵以往年度虧損之抵扣：以往年度營業之虧損，不得列入本年度計算。但公司組織之營利事業，會計帳冊簿據完備，虧損及申報扣除年度均使用藍色申報書或經會計師查核簽證，並如期申報者，得將經該管稽徵機關核定之前 10 年內各期虧損，自本年度純益額中扣除後，再行核課。所得稅法 98 年 1 月 6 日

修正之條文施行前，符合前項規定之公司組織營利事業，經稽徵機關核定之以前年度虧損，尚未依法扣除完畢者，於修正施行後，適用修正後之規定（所 39）。

　⑶綜合所得稅之盈虧互抵：計算個人綜合所得總額時，如納稅義務人及其配偶經營兩個以上之營利事業，均係使用藍色申報書，並依期限申報綜合所得稅，其中有虧損者，得將核定之虧損，就核定之營利所得中減除，以其餘額為所得額（所 16）。

◇**機關團體作業組織申報表**

凡教育、文化、公益、慈善機關或團體及其作業組織適用。

三、稅額計算及會計處理釋例

㈠稅　率

98 年 12 月 31 日（含）以前，營利事業所得稅起徵額、課稅級距及累進稅率如下（所 5）：

　⑴營利事業全年課稅所得額在 50,000 元以下者，免徵營利事業所得稅。

　⑵營利事業全年課稅所得額在 100,000 元以下者，就其全部課稅所得額課徵 15%。但其應納稅額不得超過營利事業課稅所得額超過 50,000 元以上部分之半數。

　⑶超過 100,000 元以上者，就其超過額課徵 25%。

自 99 年 1 月 1 日起，營利事業所得稅起徵額、課稅級距及稅率如下：

　1.營利事業全年課稅所得額在 120,000 元以下者，免徵營利事業所得稅。

　2.營利事業全年課稅所得額超過 120,000 元者，就其全部課稅所得額課徵 17%。但其應納稅額不得超過營利事業課稅所得額超過 120,000 元部分之半數（所 5）。

上列稅率結構可用速算公式列示如表 15-3。

表 15-3　稅率結構表

級　距	課稅所得額級距	稅　率	速算公式
1	120,000 元以下	免稅	
2	超過 120,000 元以上	17%	① P 在 181,818 元以下者 $T = (P - \$120,000) \times \dfrac{1}{2}$。 ② P 在 181,819 元以上者 $T = P \times 17\%$。

註：T = 稅額，P = 課稅所得額。

㈡稅額計算釋例

◇營業期間滿 1 年者

> **例四**
>
> 　　假設大華股份有限公司 104 年度經結算全年課稅所得額為 1,499,250 元，暫繳稅額 151,250 元，未抵繳之扣繳稅額 42,300 元。105 年 11 月經臺北市國稅局核定之全年課稅所得額 2,100,000 元，有關其稅額計算及會計處理如下：
>
> ⑴全年應納稅額 ＝ $1,499,250 × 17\% = \$254,873$。
>
> ⑵結算申報應自行向公庫補繳稅額：
>
> | | | |
> |---|---:|---:|
> | 全年應納稅額 | | $254,873 |
> | 減：暫繳稅額 | $151,250 | |
> | 　未抵繳之扣繳稅額 | 42,300 | 193,550 |
> | 結算申報自行補繳稅額 | | $ 61,323 |
>
> ⑶核定應補繳稅額：
>
> 核定全年應納稅額 ＝ $2,100,000 × 17\% = \$357,000$
> 核定應補繳稅額 ＝ $\$357,000 - \$254,873 = \$102,127$
>
> ⑷會計處理：
>
> ・104 年 12 月 31 日調整分錄：
>
> | | | |
> |---|---:|---:|
> | 所得稅 | 254,873 | |
> | 　預付所得稅 | | 193,550 |
> | 　應付所得稅 | | 61,323 |
> | 本期損益 | 254,873 | |
> | 　所得稅 | | 254,873 |
>
> ・105 年 5 月結算申報自行補繳稅額：
>
> | | | |
> |---|---:|---:|
> | 應付所得稅 | 61,323 | |
> | 　現　金 | | 61,323 |

・105 年 11 月核定補繳稅額：

所得稅	102,127	
現　金		102,127

◇營業期間未滿 1 年者

例五

　　假設中華公司於 104 年 4 月開始營業，經結算 104 年度課稅所得額為 1,500,000 元，則應納稅額為 255,000 元，其計算及會計處理如下：

(1)稅額計算方法：

$$換算全年所得額 = 實際課稅所得額 \times \frac{12}{實際營業月數}$$

$$\$1,500,000 \times \frac{12}{9} = \$2,000,000$$

$$換算之全年應納稅額 = 換算之全年所得額 \times 稅率$$

$$\$2,000,000 \times 17\% = \$340,000$$

$$應納稅額 = 換算之全年應納稅額 \times \frac{實際營業月數}{12}$$

$$\$340,000 \times \frac{9}{12} = \$255,000$$

(2)會計處理：

・104 年 12 月 31 日調整分錄：

所得稅	255,000	
應付所得稅		255,000
本期損益	255,000	
所得稅		255,000

· 105 年 5 月結算申報自行補繳稅額：

應付所得稅	255,000	
現　金		255,000

四、結算申報釋例

㈠自行依法調整之意義

　　所謂自行依法調整，即通稱之帳外調整，係指該等調整項目，僅須在所得稅結算申報書中，將金額逕行予以調整增減即可，毋庸將其作成調整分錄入帳。由於營利事業之交易事項，係依一般公認會計原則入帳，惟稅法規定與一般公認會計原則有不一致之處，故在申報所得稅時，應依照稅法之規定予以調整。例如交際費，在稅法上有一定之限額，當營利事業實際支付之交際費超過稅法規定之限額時，即應在申報書上自動予以調整減除。職是之故，營利事業所得稅結算申報書中，各科目之金額欄皆分為「帳載結算金額」及「自行依法調整後金額」等兩欄，俾供自行調整之用。其中「帳載結算金額」欄，即填寫依一般公認會計原則入帳之帳載金額，依稅法規定應行調整之金額，自帳載金額中減除後，將其符合稅法規定之金額填入「自行依法調整後金額」欄。設某公司某年度實際支付之交際費為 200,000 元，依稅法規定所能列報之限額為 150,000 元，在此種情況下，「帳載結算金額」欄應填寫200,000 元，「自行依法調整後金額」欄則填寫 150,000 元。

㈡結算申報實例

例六

　　假設大中華股份有限公司 105 年度帳載結算之所得額為 4,719,410 元，惟因若干項目之列支與稅法規定不合，故應自行依法調整（即帳外調整），經自行依法調整後之課稅所得額為 2,472,745 元。有關該公司之結算申報書詳如表15-4。

在表 15-4 中，有關帳外調整項目分別說明於次：

1.文具用品：帳載金額 46,607 元，經查其中 928 元之憑證不符稅法規定，應予調整減除，故自行調整後金額為 45,679 元。

2.旅費：帳載金額 656,539 元，經查其國外出差旅費之膳什費為 104,187 元，惟依稅法規定得列支之限額為 57,640 元，超過限額部分計 46,547 元，應作帳外調整，故自行調整後金額為 609,992 元。

3.廣告費：帳載金額 45,679 元，經查其中有一筆刊登報紙廣告 240 元，因未保存廣告樣張，與稅法規定不符，應予帳外調整，故自行調整後金額為 45,439 元。

4.交際費：帳載金額 354,695 元，惟依稅法規定所能列支之最高限額為 321,438 元，超過限額部分 33,257 元，應予調整減除，自行調整後金額為 321,438 元。

5.捐贈：帳載金額 5,500 元，經查其中 1,200 元之捐贈對象與所得稅法第 36 條之規定不合，應自行調整減除，調整後之金額未超過稅法規定之限額，故自行調整後金額為 4,300 元。

6.折舊：帳載金額為 1,173,011 元，經查該公司有二部乘人小客車，其實際成本分別為 2,700,000 元及 1,850,000 元，購置時間均於 103 年度購入，其實際成本超過新臺幣 2,500,000 元部分之折舊計 33,333 元，依所得稅法第 51 條之 1 規定，應不予認定，故應自行調整減除，其自行調整後金額為 1,139,678 元。

7.其他費用：帳載金額 523,089 元，經查其中一筆支出 650 元，所取得之原始憑證在形式上不合稅法規定，應予以減除，故自行調整後金額為 522,439 元。

8.投資收入：帳載金額 60,964 元，係投資於台泥公司所獲配之現金股利，依所得稅法第 42 條規定，不計入所得額課稅。

9.證券交易所得：帳載金額 1,345,111 元，經查係買賣台泥公司股票利得，依所得稅法第 4 條之 1 規定，證券交易所得停止課徵所得稅。

10.出售土地損失：帳載金額 308,560 元，依所得稅法施行細則第 8 條之 4 規定，不得扣除。

11.前 10 年核定虧損未扣除餘額：1,265,305 元。

表 15-4

１０５年度損益及稅額計算表

所得期間：自民國 105 年 1 月 1 日起至 105 年 12 月 31 日止

□申報適用房地合一課稅新制者（請打✓），並請填報第C1頁「交易符合所得稅法第4條之4、第24條之5規定之房屋、土地及股權之收入、成本、費用、損失明細表」

營利事業名稱	大中華股份有限公司	營利事業統一編號	73465021	組織種類	1股份 ∨	4兩合	7外國分公司
					2有限	5合夥	8外國辦事處
					3無限	6獨資	0其他

	損益項目		帳載結算金額	自行依法調整後金額
營業淨利	01 營業收入總額(包括外匯收入　元)	01	44,541,594	44,541,594
	02 減：銷貨退回	02	625,348	625,348
	03 銷貨折讓	03	22,139	22,139
	04 營業收入淨額(01－02－03)	04	43,894,107	43,894,107
	05 營業成本(請填第４頁明細表)	05	29,898,337	29,898,337
	06 營業毛利(04－05)	06	13,995,770	13,995,770
	07 毛利率(06÷04×100)	07	31.89 %	31.89 %
	08 營業費用及損失總額(10至32合計)	08	12,363,013	12,246,858
	09 費用率(08÷04×100)	09	28.17 %	27.90 %
	10 薪資支出	10	6,006,353	6,006,353
	11 租金支出	11	-	-
	12 文具用品	12	46,607	45,679
	13 旅費	13	656,539	609,992
	14 運費	14	104,896	104,896
	15 郵電費	15	480,954	480,954
	16 修繕費	16	115,288	115,288
	17 廣告費	17	45,679	45,439
	18 水電瓦斯費	18	188,335	188,335
	19 保險費	19	421,767	421,767
	20 交際費	20	354,695	321,438
	21 捐贈	21	5,500	4,300
	22 稅捐	22	856,346	856,346
	23 呆帳損失	23	570,118	570,118
	24 折舊	24	1,173,011	1,139,678
	25 各項耗竭及攤提(請另填附明細表)	25	-	-
	26 外銷損失	26	-	-
	27 伙食費	27	302,400	302,400
	28 職工福利	28	50,000	50,000
	29 研究費	29	-	-
	30 佣金支出	30	461,436	461,436
	31 訓練費	31	-	-
	32 其他費用(請填第５頁明細表)	32	523,089	522,439
	33 營業淨利(06－08)	33	1,632,757	1,748,912
	104 營業淨利率(33÷04×100)	104	3.72 %	3.98 %
非營業收益	34 非營業收入總額(35至44合計)	34	3,854,989	3,794,025
	35 投資收益及一般股息及紅利（含國外）	35	-	-
	36 依所得稅法第42條規定取得之股利淨額或盈餘淨額（不含權益法之投資收益）	36	60,964	
	38 利息收入	38	55,534	55,534
	39 租賃收入	39	1,567,000	1,567,000
	40 出售資產增益(包括證券、期貨、土地交易所得)	40	1,345,111	1,345,111
	41 佣金收入	41	825,849	825,849
	43 兌換盈益	43	-	-
	44 其他收入(包括97退稅收入　元)	44	531	531
非營業損失	45 非營業損失及費用總額(46至52合計)	45	768,336	768,336
	46 利息支出	46	458,686	458,686
	47 投資損失	47	-	-
	48 出售資產損失(包括證券、期貨、土地交易損失)	48	308,560	308,560
	49 災害損失	49	-	-
	51 兌換虧損	51	1,090	1,090
	52 其他損失	52	-	-
損益及課稅所得	53 全年所得額(33＋34－45)	53	4,719,410	4,774,601
	54 純益率[53÷(04+34)×100)]	54	9.88 %	10.01 %
	93 國際金融(證券、保險)業務分行(分公司)免稅所得(損失)(請附計算表)	93		-
	99 停徵之證券、期貨交易所得(損失)	99		1,345,111
	101 免徵所得稅之出售土地增益(損失)	101		-308,560
	57 合於獎勵規定之免稅所得(附計算表)	57		-
	125 適用噸位稅制收入之所得(損失)(請填附明細表)	125		-
	126 依船舶淨噸位計算之所得（請附計算表）	126		-
	129 中小企業增僱員工或加薪薪資費用加成減除金額	129		-
	132 智慧財產權讓與或授權收益範圍內之研發支出加倍減除金額	132		-
	58	58		-
	55 前十年核定虧損本年度扣除額【詳申報須知五、(八)及(九)】	55		1,265,305
	59 課稅所得額(53-93-99-101-57-129-132-58-55-125+126)	59		2,472,745

營業收入調節說明

本年度結算申報營業收入總額01　44,541,594 元

與總分支機構申報營業稅銷售額68　49,335,243 元

相差69　4,793,649 元，說明如下：

總分支機構申報營業稅銷售額

加：70 上期結轉本期預收款　元

71 本期應收未開立發票金額　元

72 本期三角貿易採買賣方式列帳之營業收入　元

75 其他(請附明細表或說明)　元

說明：

減：76 本期預收款　元

77 上期應收本期開立發票金額　元

78 視為銷貨開立發票金額(請附明細表)　元

86 本期專案作廢發票金額（請附核准函）　元

80 佣金收入　825,849 元

81 租金收入　1,567,000 元

82 出售下腳廢料　元

83 出售資產　2,400,800 元

84 代收款(請附明細表)　元

85 因信託行為開立發票金額（請附明細表）　元

88 資產融資開立發票金額　元

87 其他(請附明細表或說明)　51,196 元

說明：

總分支機構申報營業稅銷售額之銷貨退回及折讓差異情形

128營業稅申報銷貨退回及折讓金額：＿＿元，與本頁02銷貨退回及03銷貨折讓之差異說明：

揭露事項

本營利事業本期進貨、進料、費用及損失，因交易相對人未給與統一發票，致無法取得合法憑證，惟已誠實入帳，能提示送貨單、交易相關文件及支付款項資料者，屬進貨成本＿＿元、營業費用及損失＿＿元。

依所得基本稅額條例施行細則第5條第2項規定自行擇定申報情形

501 本年度擇定申報合於獎勵規定之免稅所得　- 元（請將本欄金額填入第57欄）

502 本年度擇定申報前十年核定虧損本年度扣除額　1,265,305 元（請將本欄金額填入第55欄）

（本年度同時有合於獎勵規定之免稅所得及前十年虧損扣除之適用者，請依規定於填寫本申報書時自行擇定減除順序及金額。）

營業收入分類表

標準代號	小業別	擴大書審純益率	所得額標準	營業收入淨額
89 5299-99				90 43,894,107
91				92
94				96

102 本營利事業自＿＿年＿＿月起核准使用收銀機開立統一發票並自＿＿年＿＿月起經核准且全部改依電子發票實施作業要點規定開立電子發票。

122 所得稅費用(利益)　884,050 元(請附明細表)

123 依臺灣地區與大陸地區人民關係條例規定之大陸地區來源所得　元

124 本年度存貨計價係 a☑沿用 b☐變更 原方法，採用 g☑加權平均 h☐移動平均 i☐先進先出 j☐個別辨認 k☐其他＿＿法，盤存制度採用 c☑永續 d☐實地，存貨評價基礎係 e☑成本 f☐成本與淨變現價值孰低 基礎。

依「營利事業所得稅結算申報案件擴大書面審核實施要點」辦理結算申報者，其土地及其定著物(如房屋)之交易增益暨依法不計入所得課稅之所得額127＿＿元；其權益法之投資收益130＿＿元。

附註：

一、申報時，請依本申報書所列之損益項目順序填寫，無法歸類之營業費用及損失，請一律填於第32欄「其他費用」項目。

二、標準代號如「棉梭織布製造」1121-11「其他汽車維修」9511-99……等，請參考本申報書最後附表「稅務行業標準代號及擴大書面審核適用純益率標準彙編表」之代號。

三、營業收入分類表請按小業別的營業收入淨額大小順序填列，並以營業收入淨額最多之小業別代號為行業標準代號。

四、全年所得額為虧損時，請在金額前冠上負號。稅率表、稅額計算及應填送之附表均詳見本頁第３聯背面「申報須知」；證券、期貨、非屬所得稅法第4條之4規定之土地交易所得等免稅所得項目，請另附損益表並黏貼於第14頁之附件黏貼欄。

五、有限合夥組織之營利事業，請勾選「0其他」之組織種類。

稅額計算

	項目		金額
60	本年度應納稅額(獨資合夥組織營利事業為應納稅額之半數)（計算至元為止，角以下無條件捨去） (1) 課稅所得額 2,472,745 元 × 稅率 17 %＝		420,366 元
	(2)營業期間不滿1年者，換算全年所得核課：[(- 元 × 12/) × %] × /12 ＝		- 元
	(3)獨資合夥組織之營利事業續填本計算式並據以填入60欄：(1)或(2)應納稅額 - 元 × 1/2 ＝		- 元
112	依境外所得來源國稅法規定繳納之所得稅可扣抵之稅額(附所得稅法第３條第２項規定之納稅憑證及簽證文件)	112	- 元
119	大陸地區來源所得在大陸地區及第三地區已繳納之所得稅可扣抵之稅額（附臺灣地區與大陸地區人民關係條例施行細則第21條規定之納稅憑證及文件）	119	- 元
95	依法律規定之投資抵減稅額，於本年度抵減之稅額（應檢附證明文件詳申報須知八）	95	- 元
118	已扣抵國外所得稅額之基本稅額與一般所得稅額之差額（詳須知九、十，應填報本申報書2頁之各欄項，並將該頁(15)欄計算結果填入本欄）	118	- 元
113	行政救濟留抵稅額於本年度抵減額（本項含110欄金額，應提示營利事業所得稅留抵稅額證明書正本經核驗後發還）	113	- 元
62	本年度暫繳自繳稅額(含已繳納及核定未繳納稅額)	62	- 元
63	本年度抵繳之扣繳稅額（註：分離課稅所得之扣繳稅額不得抵繳）	63	42,300 元
131	總機構在中華民國境外，在境內有固定營業場所或營業代理人者，自105年1月1日起交易符合所得稅法第4條之4及第24條之5規定之房屋、土地暨股權所得應納稅額（詳C1頁）	131	- 元
64	本年度應自行向公庫補繳之營利事業所得稅額（附自繳繳款書收據，60－112－119－95＋118－113－62－63＋131）	64	378,066 元
65	本年度申請應退還之營利事業所得稅額(62+63+64)－(60-112-119-95+118-113+131)，(60-112-119-95+118-113+131)<0以0計	65	- 元
116	以本年度應退稅額抵繳上年度未分配盈餘申報自繳稅額之金額(即第12頁第26項金額)	116	- 元
117	以本年度應退稅額抵繳上年度未分配盈餘申報自繳稅額後應退還之稅額(65－116)	117	- 元

備註：請參閱背面申報須知

簽證會計師：　　　　（蓋章）

分局稽徵所收件編號	

第1聯 正聯 （稽徵機關存查）

第2聯 副聯 （兼作結算申報收據聯）

第3聯 副聯 （供掃描建檔用，各項數據務請填寫清楚）

（第 1 頁）

五、所得基本稅額

長期以來，我國採行各項租稅減免措施，以促進產業發展、提升國家整體利益。影響所及，除了減免範圍逐漸擴增之外，並產生減免利益集中少數行業之情形，實有違反租稅公平之原則。有鑑於此，「最低稅負制」之實施，使適用租稅減免規定而繳納較低所得稅負或甚至免稅之納稅義務人，至少需負擔一定比例之所得稅，在兼顧既有產業或社會政策情況下，可調和因適用租稅減免規定所造成租稅負擔失衡的現象。

國際間最低稅負制之實施，其課徵方式可分為附加式與替代式二種，其中替代式最低稅負制可以依照納稅義務人有效稅率高低，決定納稅義務人是否適用最低稅負制，並排除中低所得者之適用，較符合量能課稅原則，因此目前實施最低稅負制國家，大多採行替代式，而我國實施之最低稅負制，亦採用替代式。

「基本所得額」即為最低稅負之稅基，係據以計算基本稅額之金額，於營利事業部分，係指依所得稅法規定計算之課稅所得額，加計應計入最低稅負稅基之免徵、免納或停徵營利事業所得稅之所得額後之合計數。

㈠適用範圍

營利事業除符合下列情形之一者外，應依「所得基本稅額條例」計算、申報及繳納所得稅（所基 3）：

1. 獨資或合夥組織之營利事業。
2. 教育、文化、公益、慈善機關或團體。
3. 依法經營不對外營業之消費合作社。
4. 各級政府公有事業。
5. 在中華民國境內無固定營業場所及營業代理人之營利事業。
6. 辦理清算申報或經宣告破產之營利事業。
7. 營利事業所得稅申報未適用投資抵減獎勵，且無計算所得基本稅額條例第 7 條第 1 項規定加計項目，若營利事業以投資抵減稅額抵減未分配盈餘加徵之稅額，而未抵減結算、決算或變更會計年度申報應納稅額，仍得適用此項規定。
8. 計算出基本所得額在新臺幣 200 萬元（自 102 年起為 50 萬元）以下之營利事業。

(二)基本所得額計算

營利事業之基本所得額，為依所得稅法規定計算之課稅所得額，加計所得基本稅額條例第 7 條第 1 項各款規定免徵、免納或停徵營利事業所得稅之所得額後之合計數：

　　1.停徵所得稅之證券交易所得及期貨交易所得。

　　2.依廢止前促進產業升級條例第 9 條、第 9 條之 2、第 10 條、第 15 條及第 70 條之 1 規定免徵營利事業所得稅之所得額。

　　3.依獎勵民間參與交通建設條例第 28 條；促進民間參與公共建設法第 36 條；科學工業園區設置管理條例第 18 條及企業併購法第 37 條等規定免納營利事業所得稅之獎勵減免所得。

　　4.依國際金融業務條例第 13 條規定免徵營利事業所得稅之所得額。但不包括依所得稅法第 73 條之 1 規定，就其授信收入總額按規定之扣繳率申報納稅之所得額。

　　5.本條例施行後法律新增之減免營利事業所得稅之所得額及不計入所得課稅之所得額，經財政部公告者。

營利事業於 102 年度以後出售其持有滿 3 年以上屬所得稅法第 4 條之 1 規定之股票者，於計算其當年度證券交易所得時，減除其當年度出售該持有滿 3 年以上股票之交易損失，餘額為正者，以餘額半數計入當年度證券交易所得；餘額為負者，得自發生年度之次年度起 5 年內，從當年度各該款所得中減除。基本所得額計算公式如下：

> 基本所得額 ＝ 課稅所得額 +〔證券（期貨）交易之所得額 － 經稽徵機關核定之前 5 年證券（期貨）交易損失〕+ 上述 2.及 3.之免稅所得 +（國際金融業務分行之所得額 － 經稽徵機關核定之前 5 年國際金融業務分行損失）+（其他經財政部公告之減免所得稅及不計入所得課稅之所得額 － 其他經財政部公告之減免所得稅及不計入所得課稅之所得額發生之前 5 年損失）

前開計算公式應加計之證券（期貨）交易之所得額、國際金融業務分行之所得額及其他經財政部公告之減免、不計入所得課稅之所得額，經分別扣除損失後之餘額為負數者，該負數不予計入。計算出基本所得額即可計算基本稅額，基本稅額之計算公式如下：

> 基本稅額 =（基本所得額 – 免稅額）× 稅率

計算出基本稅額後，就一般所得稅額及基本稅額比較，二者擇高課稅：

> 一般所得稅額 ≥ 基本稅額→繳納一般所得稅額
>
> 一般所得稅額 < 基本稅額→繳納一般所得稅額 + 差額

營利事業所得基本稅額相關釋例如例七及例八：

例七

一般營利事業所得稅	情況 1	情況 2	情況 3
課稅所得額	$200,000	$10,000,000	$10,000,000
應納稅額 (A)	34,000	1,700,000	1,700,000
投資抵減稅額 (C)	0	0	(1,000,000)
本年度應繳納稅額	$ 34,000	$ 1,700,000	$ 700,000
最低稅負制			
課稅所得額	$200,000	$10,000,000	$10,000,000
獎勵 5 年免稅所得	100,000	1,000,000	1,000,000
基本所得額	$300,000	$11,000,000	$11,000,000
免稅額（50 萬元）	–	(500,000)	(500,000)
	–	$10,500,000	$10,500,000
稅率		12%	12%
基本稅額 (B)	–	$ 1,260,000	$ 1,260,000
一般所得稅額與基本稅額比較			
基本稅額 (B)	–	$ 1,260,000	$ 1,260,000
一般所得稅額 (D = A – C)	$ 34,000	$ 1,700,000	$ 700,000
B > D 者，應另就差額繳納之稅款			$ 560,000
	↓	↓	↓
	基本所得額小於 500,000 元，無須適用最低稅負制，僅按一般營利事業所得稅規定繳稅即可。	一般所得稅額大於基本稅額，僅按一般營利事業所得稅規定繳稅即可。	一般所得稅額小於基本稅額，除繳納一般營利事業所得稅額 700,000 元外，須另繳納差額 560,000 元。

例八

一般營利事業所得稅	情況 4	情況 5
全年所得額	$(10,000,000)	$(10,000,000)
前 10 年核定虧損本年度扣除額	0	0
合於獎勵規定之免稅所得	0	0
停徵之證券、期貨交易所得（損失）	(2,000,000)	(50,000,000)
免徵所得稅之出售土地增益	0	0
OBU 免稅所得（損失）	(2,500,000)	30,000,000
課稅所得額	$ (5,500,000)	$ 10,000,000
本年度應繳納稅額 (A)	0	$ 1,700,000
最低稅負制		
課稅所得額	$ (5,500,000)	$ 10,000,000
合於獎勵規定之免稅所得	0	0
停徵之證券、期貨交易所得（損失）	0	0
OBU 免稅所得（損失）	0	30,000,000
基本所得額	(5,500,000)	40,000,000
免稅額	–	(500,000)
		$ 39,500,000
稅率		12%
基本稅額 (B)	–	$ 4,740,000
一般所得稅額與基本稅額比較		
基本稅額 (B)	–	$ 4,740,000
一般所得稅額 (A)	–	$ 1,700,000
B＞A 者，應另就差額繳納之稅款	–	$ 3,040,000
	↓	↓

情況 4：證券、期貨交易損失及 OBU 損失於計入基本所得額時，以零計入。基本所得額為負數，無須繳納最低稅負。

情況 5：證券、期貨交易損失於計入基本所得額時，以零計入。一般所得稅額小於基本稅額，除繳納一般所得稅額 1,700,000 元外，須另繳納差額 3,040,000 元。

　　營利事業依所得基本稅額條例第 7 條第 1 項規定加計所得額時，如有經稽徵機關核定之證券交易損失或國際金融（證券）業務分行虧損，其損失自發生年度之次一年度起 5 年內，從當年度各該款所得額中之扣除順序，應按損失發生年度，逐年依序扣除。當年度無各該款所得額可供扣除或扣除後尚未有未扣除餘額者，始得依同條第 2 項規定遞延至以後年度扣除（財政部 101 年 8 月 29 日台財稅字第 10100119890 號令）。茲以臺北公司舉例說明如下：

單位：萬元

項目 ＼ 年度	100	101	102	103
證券交易所得	(3,000)	(3,500)	4,000	5,000
課稅所得額			(5,000)	2,000

　　臺北公司 102 及 103 年度申報及計算基本所得額時，其 100 及 101 年度證券交易損失應依序自 102 年度及 103 年度證券交易所得中扣除。

單位：萬元

	102 年度	103 年度
課稅所得額	$(5,000)	$2,000
加計項目：		
證券交易所得	4,000	5,000
減除以前年度證券交易損失		
100 年度	(3,000)	
101 年度	(1,000)	(2,500)
基本所得額	$(5,000)	$4,500

　　營利事業於 102 年出售持股滿 3 年以上之股票，其交易所得減半課稅，依所得基本稅額條例第 7 條及施行細則第 5 條規定，舉例說明如下，臺中公司於 103 年度出售持有滿 3 年以上股票交易所得為 8,000,000 元,當年度出售其他有價證券及期貨交易損失為 2,000,000 元；97 年度及 98 年度經稽徵機關核定之證券及期貨交易損失分別為 4,500,000 元及 2,500,000 元,由於 97 年度之損失自發生年度之次一年度起已逾 5 年不得減除，故 103 年度證券及期貨交易損益為 3,500,000 元（＝8,000,000 元－

2,000,000 元 - 2,500,000 元）；因 102 年度出售持有滿 3 年以上股票交易所得為 8,000,000 元大於當年證券及期貨交易所得 3,500,000 元，故臺中公司於 102 年度應計入基本所得額之證券交易所得為 1,750,000 元（＝ 3,500,000 元 × $\frac{1}{2}$）。

㈢基本稅率

營利事業所得基本稅額之適用稅率，由行政院視經濟環境訂定之；該稅率自 102 年起最低不得低於 12%，最高不得超過 15%；102 年度以後核定之適用稅率為 12%（101 年度以前為 10%）。營利事業依規定自行繳納基本稅額與一般所得稅額之差額，及經稽徵機關調查核定增加之繳納稅額，均得依所得稅法第 66 條之 3 規定，計入當年度股東可扣抵稅額帳戶餘額；其計入日期為繳納稅款日。營利事業經稽徵機關調查核定減少之稅額，應自當年度股東可扣抵稅額帳戶中減除；其減除日期為核定退稅通知書送達日。

六、未分配盈餘之申報

㈠未分配盈餘之申報期限

◇申報期間

營利事業應於其各該所得年度辦理結算申報之次年 5 月 1 日至 5 月 31 日止，就第 66 條之 9 第 2 項規定計算之未分配盈餘填具申報書，向該管稽徵機關申報，並計算應加徵之稅額於申報前自行繳納。其經計算之未分配盈餘為零或負數者，仍應辦理申報（所 102 之 2）。

◇解散或合併時之申報

營利事業於依前述規定辦理申報前經解散或合併者，應於解散或合併日起 45 日內，填具申報書，就截至解散日或合併日止尚未加徵 10% 營利事業所得稅之未分配盈餘，向該管稽徵機關申報，並計算應加徵之稅額，於申報前自行繳納。營利事業未依規定期限申報者，稽徵機關應即依查得資料核定其未分配盈餘及應加徵之稅額，通知營利事業繳納（所 102 之 2）。

※另依財政部 89 年 4 月 11 日台財稅字第 0890450265 號函規定，營利事業解散

或合併年度之當期決算所得額及前一年度之盈餘，應免依所得稅法第 102 條之 2 第 3 項規定辦理未分配盈餘申報。惟解散日所屬之會計年度結束前尚未辦理清算完結者,其前一年度之盈餘仍應依所得稅法第 66 條之 9 規定計算未分配盈餘，並依同法第 102 條之 2 第 1 項規定期限辦理申報；其於上開申報期限屆滿前辦理清算完結者，應於清算完結日前辦理申報。又因合併而消滅之營利事業，其合併年度之當期決算所得額及前一年度之盈餘，應由合併後存續或另立之營利事業，按該盈餘所屬之所得年度，依所得稅法第 102 條之 2 第 1 項規定期限辦理申報。

◇變更會計年度之申報

營利事業於報經該管稽徵機關核准，變更其會計年度者，應就變更前尚未申報加徵 10% 營利事業所得稅之未分配盈餘，併入變更後會計年度之未分配盈餘內計算，並依第 1 項及第 2 項規定辦理（所 102 之 2）。

◇催　報

稽徵機關應協助營利事業依限辦理未分配盈餘申報,並於申報期限屆滿前 15 日填具催報書，提示延遲申報之責任。催報書得以公告方式為之。

◇未依限申報之處理

營利事業未依規定期限，辦理未分配盈餘申報者，稽徵機關應即填具滯報通知書，送達營利事業，限於接到滯報通知書之日起 15 日內補辦申報；其逾期未辦理申報者，稽徵機關應依查得資料，核定其未分配盈餘及應加徵之稅額，並填具核定稅額通知書，連同繳款書，送達營利事業依限繳納；嗣後如經調查另行發現課稅資料，仍應依稅捐稽徵法有關規定辦理（所 102 之 3）。

㈡未分配盈餘申報實例

例九

假設忠孝股份有限公司 104 年度稅前淨利 4,719,410 元，課稅所得額 4,838,270 元，所得稅費用 822,505 元，稅後淨利 3,896,905 元，並經會計師查核當年度財務報表，其他補充資料如下：

⑴ 86 年度以前未分配盈餘 302,000 元，優先分配 104 年度盈餘。

⑵ 104 年度稅前淨利包括出售固定資產利益 200,000 元，與課稅所得差異項目有交際費超限 60,500 元、折舊超限 258,360 元，投資收益（現金股利）

1,000,000 元及證券交易損失 800,000 元。

　　(3) 105 年度股東會決議分配如下：

提列法定盈餘公積	389,690 元
員工紅利 *	300,000 元
現金股利	2,700,000 元

*依經濟部 96 年 1 月 24 日經商第 09600500940 號規定，有關員工分紅之會計處理，參考國際會計準則之規定，應列為費用，並自 97 年 1 月 1 日起生效。

　　有關該公司 104 年度未分配盈餘申報書詳如表 15–5。

七、會計年度變更之申報

　　營利事業報經該管稽徵機關核准變更其會計年度者,應於變更之日起 1 個月內,將變更前之營利事業所得額,依規定格式向該管稽徵機關申報,並於提出申報書前,先行計算其應納稅額自行繳納之（所 74）。

八、簽證與代辦申報

(一)簽證申報

　　在一定範圍內之營利事業，其營利事業所得稅結算申報，應委託經財政部核准登記為稅務代理人之會計師查核簽證申報。營利事業委託會計師或其他合法代理人查核簽證申報者，得享受使用藍色申報書者所規定之各項獎勵（所 102）。

　　所稱一定範圍內之營利事業，依財政部發布之「營利事業委託會計師查核簽證申報所得稅辦法」第 3 條規定，包括下列各項：

　　1.銀行業、信用合作社業、信託投資業、票券金融業、融資性租賃業、證券業（證券投資顧問業除外）、期貨業及保險業。

　　2.公開發行股票之營利事業。

　　3.依原獎勵投資條例或促進產業升級條例或其他法律規定，經核准享受免徵營利事業所得稅之營利事業，其全年營業收入淨額與非營業收入在新臺幣 50,000,000 元以上者。

● 表 15-5

１０４年度未分配盈餘申報書

營利事業名稱	忠孝股份有限公司		
項次	項　　　　　目		金額
1	☑1～1會計師查核簽證當年度財務報表所載之稅後純益。（經主管機關核查通知調整者，以調整更正後之數額為準。）（請參考背面申報須知四） □1～2當年度依商業會計法規定處理之稅後純益（當年度財務報表非經會計師查核簽證之營利事業適用）。（請參考背面申報須知四）	1	3,896,905
2	加：於94年度或以後年度依所得稅法第66條之9第2項第5款及第7款規定限制或提列之盈餘，於限制原因消減年度之次一會計年度結束前未作分配之金額。	2	
3		3	
4		4	
5		5	
6	減：彌補以往年度之虧損。	6	2,700,000
7	經會計師查核簽證之次一年度虧損額。（請參考背面申報須知七）	7	389,690
8	已由當年度盈餘分配之股利淨額或盈餘淨額。	8	
9	已依公司法或其他法律規定由當年度盈餘提列之法定盈餘公積，或已依合作社法規定提列之公積金及公益金。	9	
10	依本國與外國所訂之條約，或依本國與外國或國際機構就經濟援助或貸款協議所訂之契約中，規定應提列之償債基金準備，或對於分配盈餘有限制者，其已由當年度盈餘提列或限制部分。	10	
11	已依合作社章程規定由當年度盈餘給付之理、監事職工紅利或酬勞金。（請參考背面申報須知十）	11	
12	依其他法律規定，由主管機關命令自當年度盈餘已提列特別盈餘公積或限制分配部分。	12	
13	依其他法律規定，應由稅後純益轉為資本公積者。	13	
14	其他經財政部核准之項目。	14	
15		15	
22	合計：當年度依所得稅法第66條之9第2項規定計算之未分配盈餘。(1+2+……+5)-(6+7+……+15)	22	807,215
23	依所得稅法第66條之9第1項規定應納稅額。（22項×10%）	23	80,721
24	減：依法律規定之投資抵減稅額，本年度抵減稅額。	24	
25	減：依所得稅法第100條之1規定留抵稅額。	25	
26	減：以105年度結算申報應退還營利事業所得稅稅額抵繳之金額。（即第1頁第116欄金額）	26	-
27	依所得稅法第66條之9第1項規定自行繳納之未分配盈餘加徵10% 營利事業所得稅稅額（附自繳稅款繳書）（23-24-25-26）。	27	80,721

簽證會計師：　　　　　　　　　　　（蓋章）

營利事業統一編號	

分　局稽　徵　所收件編號	

第1聯 正聯（稽徵機關存查）
第2聯 副聯（供掃描建檔用，各項數據務請填寫清楚）
第3聯 副聯（兼作未分配盈餘申報書收據聯）（請詳閱第2聯背面申報須知）

（第16頁）

4.依金融控股公司法或企業併購法或其他法律規定，合併辦理所得稅結算申報之營利事業。

5.不屬於以上 4 款之營利事業，其全年營業收入淨額與非營業收入在新臺幣 1 億元以上者。

會計師接受營利事業委託，查核簽證其營利事業所得稅結算申報時，除應就委託人當年度有關所得額之帳簿、憑證、文據予以查核，依所得稅法及有關規定，核定其所得額及課稅所得額外，並應向該管稽徵機關提出詳細查帳報告，委託人當期與前期之資產、負債、損益比較分析明細表及查帳工作底稿，以供稽徵機關查核。

稽徵機關對於會計師代理所得稅簽證申報案件及所提供查帳報告、查帳工作底稿以及其他有關報表說明，倘有疑問或認為尚有應行查核事項，除得向該會計師查詢，或通知會計師限期補具查核說明文件，或通知會計師向委託人調閱帳簿文據並會同審核外，對會計師代理簽證申報案件，應就書面查核認定。稅捐稽徵機關得視人力許可，對此項書面查核認定案件，定期實地抽查。

㈡代辦申報

會計師代理營利事業所得稅結算申報之方式，除上述之查核簽證申報外，尚有代辦申報。會計師受託代辦所得稅結算申報案件時，免依上述簽證申報之規定提出查帳報告及查帳工作底稿，惟仍應就委託人當年度決算所得額及所得淨額，依所得稅法及有關規定，就其帳目憑證及有關文件，擇要核對，其有不合規定者，應予調整並加具說明。

九、書面審核

所謂書面審核，係指營利事業之所得稅結算申報案件，稽徵機關僅就其申報書表及各項文件作書面審查，不調閱帳簿、憑證、文據予以查核。依所得稅法第 80 條第 3 項規定，納稅義務人申報之所得額，如在各該業所得額標準以上，即以其原申報額為準，如不及前項規定標準者，應再個別調查核定之。另依查核準則規定，納稅義務人申報書件齊全，並合乎下列條件之一者，即由稽徵機關予以書面審核，惟書面審核之案件，在稅捐之核課期間內，稽徵機關仍得依規定抽查（查 2）。

　　1.營利事業申報之所得額，達各該業所得額標準者，即申報之所得額，達財政部每年公布之各業同業利潤標準者。

　　2.會計師查核簽證申報之案件。

　　3.符合擴大書面審核之案件：政府為簡化稽徵作業，推行便民服務，爰訂定「營利事業所得稅結算申報案件擴大書面審核實施要點」，凡符合一定標準者，得予以書面審核。依該要點規定，105 年度之標準，凡全年營業收入淨額及非營業收入〔不包括土地及其定著物（如房屋等）之交易增益暨依法不計入所得額課稅之所得額〕合計在新臺幣 30,000,000 元以下之營利事業，其年度結算申報，書表齊全，自行依法調整之純益率在下列標準以上並於申報期限截止前繳清應納稅款者（獨資、合夥組織以其全年應納稅款之半數，減除尚未抵繳之扣繳稅額，計算其應納稅額），應就其申報案件予以書面審核。有關各業別之純益率詳如表 15-6：

●表 15-6　擴大書面審核各業別純益率表

營業類別	純益率
(1)稻米批發；農產品（花卉）批發市場承銷；農產品（活體家畜）批發市場承銷；農產品（果菜）批發市場承銷；農產品（家畜肉品、家禽）批發市場承銷；農產品（魚）批發市場承銷。	1%
(2)豆類、麥類及其他雜糧買賣；國產菸酒批發；進口菸酒批發；金（銀）條、金（銀）塊、金（銀）錠及金（銀）幣買賣；菸酒零售；稻米零售；計程車客運。	2%
(3)未分類其他礦業及土石採取；其他食用油脂製造；其他碾穀；動物飼料配製；粗製茶；精製茶；家畜批發；家禽活體買賣；魚類批發；其他水產品批發；鹽；麵粉批發；廢紙批發；廢五金批發；其他回收物料批發；水產品零售；汽油零售。	3%
(4)農、林、漁、牧業（農作物採收除外）；大理石採取；其他砂、石及黏土採取；金屬礦採取；硫磺礦採取；紡紗業（瓊麻絲紗（線）紡製；韌性植物纖維處理除外）；織布業（玻璃纖維梭織布製造；麻絲梭織物製造除外）；織帶織製；針織成衣製造業（針織睡衣製造除外）；竹製品製造；堆肥處理；蛋類買賣；動物飼料批發；刷子、掃帚批發；未分類其他家庭器具及用品買賣；液化石油氣批發；桶裝瓦斯零售；寵物飼料零售；遊覽車客運；汽車貨櫃貨運；搬家運送服務；其他汽車貨運；市場管理；綠化服務；未分類其他組織。	4%
(5)矽砂採取；砂石採取；冷凍冷藏水產製造；豆腐（乾、皮）製造；豆類加工食品（豆腐、豆乾、豆皮、豆腐乳、豆豉、豆漿除外）製造；代客碾穀；紅糖製造；毛巾物製造；梭織運動服製造；襪類製造；皮革、毛皮整製；合板及組合木材製造；整地、播種及收穫機械設備製造；拉鍊製造；綜合商品批發；蔬菜買賣；水果買賣；畜肉買賣；禽肉買賣；豆腐批發；豆類製品零售；絲織、麻織、棉織、毛織品買賣；家電（視聽設備除外）買賣；家用攝影機買賣；照相機買賣；金（銀）飾買賣；砂石批發；柴油買賣；汽車輪胎買賣；超級市場；直營連鎖式便利商店；加盟連鎖式便利商店；雜貨店（以食品飲料為主）；雜貨店（非以食品飲料為主）；未分類其他綜	5%

合商品零售；零售攤販業；團膳供應；學校營養午餐供應；影片服務業（電視節目製作及電視節目代理及發行除外）；展示場管理；複合支援服務。	
(6)產業用機械設備維修及安裝業（鍋爐、金屬貯槽及壓力容器維修及安裝、船舶維修、航空器維修除外）；污染土地整治服務；營造業（住宅營建；納骨塔營建；其他建築工程；冷凍、通風、空調系統裝修工程；其他建築設備安裝除外）；加盟連鎖式便利商店（無商品進、銷貨行為）；餐盒零售；短期住宿服務業；電視節目製作；電視節目代理及發行；廣播節目製作及發行；廣播業；無線電視頻道經營；衛星電視頻道經營；不動產投資開發、興建及租售；廣告業（其他廣告服務除外）；商業設計；燈光、舞臺設計服務。	7%
(7)納骨塔營建；保健食品買賣；附駕駛之小客車租賃；報關服務；船務代理；停車場管理；運輸公證服務；倉儲業；電信業；電腦系統設計服務業；入口網站經營、資料處理、網站代管及相關服務業；其他資訊供應服務業；存款機構（其他存款機構除外）；其他金融中介業（民間融資、投資有價證券除外）；人身保險業；財產保險業；再保險業；保險及退休基金輔助業（財產保險經紀及人身保險經紀除外）；證券業；期貨業；未分類其他金融輔助；土地開發；不動產租賃；不動產轉租賃；積體電路設計；專門設計服務業（商業設計除外）；其他藝人及模特兒等經紀；機械設備租賃業；運輸工具設備租賃業；個人及家庭用品租賃業；人力仲介業；人力供應業；旅行及相關代訂服務業；信用評等服務；吃到飽餐廳。	8%
(8)連鎖速食店；餐館；咖啡館；酒精飲料店；視唱中心(KTV)；視聽中心。	9%
(9)電力供應業；商品經紀業；多層次傳銷（佣金收入）；有娛樂節目餐廳；民間融資；財產保險經紀；人身保險經紀；證券投資顧問；其他投資顧問；不動產仲介；不動產代銷；法律服務業；管理顧問業；建築、工程服務及相關技術顧問業（積體電路設計除外）；未分類其他技術檢測及分析服務；市場研究及民意調查業；環境顧問服務；農、林、漁、礦、食品、紡織等技術指導服務；信用調查服務；汽車駕駛訓練；其他未分類教育服務；其他教育輔助服務；醫學檢驗服務；彩券銷售；特種茶室；特種咖啡廳；酒家、酒吧；舞廳；夜總會；特種視唱、視聽中心；電動玩具店；小鋼珠（柏青哥）店；指甲彩繪；豪華理容總匯；其他美容美體服務；美姿禮儀造型設計；寵物照顧及訓練。	10%
(10)不屬於上列九款之業別。	6%

經營兩種以上行業之營利事業，以主要業別（收入較高者）之純益率標準計算之。

下列各款申報案件不適用擴大書面審核之規定：

⑴不動產買賣之申報案件。

⑵其他存款機構；投資有價證券；基金管理；專業考試補習教學；醫院；其他未分類醫療保健服務。

⑶電力供應業；商品經紀業；多層次傳銷（佣金收入）；停車場管理；電視節目製作；電視節目代理及發行；廣播節目製作及發行；廣播電臺經營；無線電視頻道經營；衛星電視頻道經營；金融租賃；民間融資；財產保險經紀；人身保險經紀；其他投資顧問；土地開發；不動產投資開發、興建及租售；不

動產租賃；不動產轉租賃；不動產仲介；不動產代銷；法律服務業；管理顧問業；建築、工程服務及相關技術顧問業（積體電路設計除外）；未分類其他技術檢測及分析服務；市場研究及民意調查業；環境顧問服務；農、林、漁、礦、食品、紡織等技術指導服務；機械設備租賃業；運輸工具設備租賃業；個人及家庭用品租賃業；信用調查服務；汽車駕駛訓練；其他未分類教育服務；其他教育輔助服務；醫學檢驗服務等全年營業收入淨額及非營業收入【不包括土地及其定著物（如房屋等）之交易增益暨依法不計入所得課稅之所得額】合計在新臺幣 10,000,000 元以上之申報案件。

⑷符合所得稅法第 11 條第 4 項規定之教育、文化、公益、慈善機關或團體及其附屬作業組織或農會、漁會申報案件。

⑸國外或大陸地區營利事業在我國境內設有分支機構之申報案件。

⑹營業代理人代理國外或大陸地區營利事業申報案件。

⑺逾期申報案件。但已依上列規定純益率標準調整所得額，並於申報期限截止前繳清應納稅款或無應納稅款者，可准其適用擴大書面審核規定辦理。

有關擴大書面審核之其他重要規定如下：

⑴適用擴大書面審核要點之申報案件，經發現有短、漏報情事時，應按下列規定補稅處罰：

・短、漏報營業收入之成本已列報者，應按全額核定漏報所得額。

・短、漏報營業收入之成本未列報者，得適用同業利潤標準之毛利率核計漏報所得額，惟核定所得額，以不超過當年度全部營業收入淨額依同業利潤標準核定之所得稅為限。

・短、漏報非營業收入在新臺幣 100,000 元以下者，應按全額核定漏報所得額。

・短、漏報非營業收入超過新臺幣 100,000 元者，得就其短、漏報部分查帳核定，併入原按本要點規定之純益率標準申報之所得額核計應納稅額。

⑵經營零售業務之營利事業於 102 年 12 月 31 日以前經主管稽徵機關核定使用收銀機開立統一發票，自 103 年度或變更年度起至 112 年度止，各該年度符合下列各款規定者，全年度可適用本要點之純益率標準降低 1 個百分點：(A)經申請核准全部依統一發票使用辦法第 7 條第 3 項第 6 款規定，以網際網路或其他電子方式開立、傳輸或接收統一發票。但遇有機器故障，致不能依上

開規定辦理者，不在此限。(B)依規定設置帳簿及記載，且當年度未經查獲有短、漏開發票及短、漏報營業收入情事。(C)所稱「經營零售業務」，指以對最終消費者銷售商品或提供服務為主要營業項目，例如從事零售、餐飲、旅宿及服務等業務。

(3)申報適用本要點實施書面審核者，應依規定設置帳簿記載並取得、給與及保存憑證，其帳載結算事項，並依營利事業所得稅查核準則第 2 條第 2 項規定自行依法調整，調整後之純益率如高於本要點之純益率，應依較高之純益率申報繳納稅款，否則稅捐稽徵機關於書面審核時，對不合規定部分仍不予認列。

(4)小規模營利事業所得之計算，應以本要點規定之純益率為準。如其於年度中途改為使用統一發票商號，應將查定營業額合併已開立統一發票之營業額一併申報。其免用統一發票期間之實際營業額如經調查發現高於查定營業額時，應按其實際營業額併計適用本要點規定之純益率標準予以核定；若併計後之全年營業收入及非營業收入「不包括土地及其定著物（如房屋等）之交易增益暨依法不計入所得課稅之所得額」之合計數大於前述 30,000,000 元者，不適用本要點。

(5)理容業、沐浴業、計程車客運、酒吧或其他經核准免用統一發票依查定課徵營業稅之營利事業，適用本要點規定辦理者，其申報之營業額與查定之營業額如有不同，應擇高依本要點規定之純益率標準核定。

(6)土地及其定著物（如房屋等）交易之損益，應依營利事業所得稅查核準則第 32 條及第 100 條之規定計算，符合所得稅法第 4 條之 4 規定之房屋、土地交易損益，應依同法第 24 條之 5 及房地合一課徵所得稅申報作業要點規定計算，申報時應檢附有關憑證資料影本，以憑審查。

(7)獨資、合夥組織之營利事業如經自動調整符合擴大書面審核標準，其獨資資本主或合夥組織合夥人辦理同年度綜合所得稅結算申報時，應將其營利事業所得額減除全年應納稅額半數後之餘額列為營利所得，並依所得稅法第 71 條規定辦理，如有應分配予非中華民國境內居住之獨資資本主或合夥組織合夥人之盈餘，應依同法第 88 條及第 89 條規定，由扣繳義務人依規定之扣繳率扣取稅款。

(8)營利事業 106 年度解散、廢止、合併或轉讓之決算申報案件，可比照本要點書面審核之規定辦理。

(9)依本要點規定書面審核之案件，於辦理抽查時，應根據「營利事業所得稅結算申報書面審核案件抽查要點」規定辦理。

第四節
停業及清算申報

一、申報期限及手續

㈠決算申報

營利事業遇有解散、廢止、合併或轉讓情事時，應於截至解散、廢止、合併或轉讓之日止，辦理當期決算，於 45 日內，依規定格式，向該管稽徵機關申報其營利事業所得額及應納稅額，並於提出申報前自行繳納之（所 75）。

上述 45 日申報期限之起算，應以主管機關核准之次日為準起算（財政部 97 年 1 月 24 日台財稅字第 09604136230 號函）。有關其申報手續及所得額之計算方法，得比照年度結算辦理，有關稅額計算方法，得比照第三節有關營業期間不滿 1 年之規定計算之。

㈡清算申報

營利事業在清算期間之清算所得，應於清算結束之日起 30 日內，依規定格式書表向該管稽徵機關申報，並於申報前依照當年度所適用之營利事業所得稅稅率自行計算繳納。但依其他法律得免除清算程序者，免辦清算申報（所 75）。

上述所稱清算期間，其屬公司組織者，依公司法規定之期限，按公司法第 87 條規定，清算人應於 6 個月內完成結清算，不能於 6 個月內完成結清算時，清算人得申敘理由，聲請法院展期。其非屬公司組織者，為自解散、廢止、合併或轉讓之口起 3 個月。

獨資、合夥組織之營利事業，在 103 年度以前，應依上述規定辦理當期決算或清算申報，無須計算及繳納其應納稅額；其營利事業所得額，應由獨資資本主或合夥組織合夥人依所得稅法第 14 條第 1 項第一類規定列為營利所得，依所得稅法規定課徵綜合所得稅。

　　獨資、合夥組織之營利事業，自 104 年度起，應依所得稅法第 71 條第 2 項規定
計算應繳納之稅額，於申報前自行繳納；其營利事業所得額減除應納稅額半數後之餘
額，應由獨資資本主或合夥組織合夥人依所得稅法第 14 條第 1 項第一類規定列為營
利所得，依所得稅法規定課徵綜合所得稅。但其為小規模營利事業者，無須辦理當期
決算或清算申報，其營利事業所得額，應由獨資資本主或合夥組織合夥人依所得稅法
第 14 條第 1 項第一類規定列為營利所得，依所得稅法規定課徵綜合所得稅（所 75）。

㈢宣告破產決算申報

　　營利事業宣告破產者，應於法院公告債權登記期間截止 10 日前，向該管稽徵機
關提出當期營利事業所得稅決算申報；其未依限申報者，稽徵機關應即依查得之資
料，核定其所得額及應納稅額（所 75）。

㈣未依限申報之處理

　　營利事業未依上列規定期限申報其當期決算所得額或清算所得者，稽徵機關應
即依查得資料核定其所得額及應納稅額。

　　其屬獨資、合夥組織之營利事業者，在 103 年度以前，稽徵機關應於核定其所
得額後，將其營利事業所得額直接歸併獨資資本主或合夥組織合夥人之營利所得，
依所得稅法規定課徵綜合所得稅。自 104 年度起，稽徵機關應核定其所得額及依所
得稅法第 71 條第 2 項規定計算應繳納之稅額；其營利事業所得額減除應納稅額半數
後之餘額，歸併獨資資本主或合夥組織合夥人之營利所得，依所得稅法規定課徵綜
合所得稅（所 75）。

二、清算所得之計算

　　營利事業之清算所得，應按當年度營利事業所得稅稅率計算，對於所得稅法第
40 條有關其營業期間不滿 1 年者，應按實際營業期間換算全年所得額之規定，於清
算所得之計算不適用。有關清算所得之計算方法如次（所細 64、65）：

> 存貨變現損益＝存貨變現收入－存貨變現成本
> 清算收益＝非存貨資產變現收益＋償還負債收益＋清算結束剩餘資產估價收益＋
> 　　其他收益

清算損失＝非存貨資產變現損失＋收取債權損失＋清算結束剩餘資產估價損失＋

清算費用＋其他損失

清算所得或虧損＝存貨變現損益＋清算收益－清算損失

清算課稅所得＝清算所得－依法准予扣除之以往年度核定虧損額－各項依法免計

入所得之收益－各項依法免稅之所得

第五節
獎懲規定

一、檢舉逃漏稅之獎勵

告發或檢舉納稅義務人或扣繳義務人有匿報、短報或以詐欺及其他不正當行為之逃稅情事，經查明屬實者，稽徵機關應以罰鍰 20%（最高以新臺幣 4,800,000 元為限）獎給舉發人，並為舉發人絕對保守祕密。此項告發或檢舉獎金，稽徵機關應於裁罰確定並收到罰鍰後 3 日內，通知原舉發人，限期領取。舉發人如有參與逃稅行為者不給獎金。公務員為舉發人時，不適用此項獎金之規定（所 103）。

二、處罰規定

㈠裁罰適用從新從輕之原則

納稅義務人違反稅法之規定，適用裁處時之法律。但裁處前之法律有利於納稅義務人者，適用最有利於納稅義務人之法律（稽 48 之 3）。

㈡租稅刑事罰

所謂租稅刑事罰，係指對違反稅法規定者，科處刑責之謂，此項處罰以故意為要件，亦即以處罰故意行為為原則。現行稅捐稽徵法有關刑事罰之規定如下：

　1.納稅義務人以詐術或其他不正當方法逃漏稅捐者，處 5 年以下有期徒刑、拘

役或科或併科新臺幣 60,000 元以下罰金（稽 41）。

　　2.代徵人或扣繳義務人以詐術或其他不正當方法匿報、短報、短徵或不為代徵或扣繳稅捐者，處 5 年以下有期徒刑、拘役、或科或併科新臺幣 60,000 元以下罰金。代徵人或扣繳義務人侵占已代徵或已扣繳之稅捐者，亦同（稽 42）。

　　3.教唆或幫助犯稅捐稽徵法第 41 條或第 42 條之罪者，處 3 年以下有期徒刑、拘役、或科新臺幣 60,000 元以下罰金。稅務人員、執行業務之律師、會計師或其他合法代理人犯前項之罪者，加重其刑至二分之一（稽 43）。

　　稅捐稽徵人員違反稅捐稽徵法第 33 條保密規定者，處新臺幣 10,000 元以上 50,000 元以下罰鍰（稽 43）。

㈢租稅行政罰

　　所謂租稅行政罰，係指對違反稅法規定者，處以罰鍰之謂，此項處罰以故意或過失為要件，亦即違反稅法規定者，應出於故意或過失之行為，始予以處罰，現行所得稅法有關行政罰之重要規定如次：

◇短漏報所得之處罰

　　納稅義務人已依所得稅法規定辦理結算、決算或清算申報，而對規定應申報課稅之所得額有漏報或短報情事者，處以所漏稅額 2 倍以下之罰鍰（所 110）。

　　納稅義務人未依所得稅法規定自行辦理結算、決算或清算申報，而經稽徵機關調查，發現有依法規定課稅之所得額者，除依法核定補徵應納稅額外，應照補徵稅額，處 3 倍以下之罰鍰（所 110）。

　　營利事業因受獎勵免稅或營業虧損，致加計短漏之所得額後仍無應納稅額者，應就短漏之所得額依當年度適用之營利事業所得稅稅率計算之金額，分別依上項之規定倍數處罰。但最高不得超過 90,000 元，最低不得少於 4,500 元（所 110）。

　　前述第 1 項及第 2 項規定之納稅義務人為獨資、合夥組織之營利事業者，在 103 年度以前，應就稽徵機關核定短漏之課稅所得額依當年度適用之營利事業所得稅稅率計算之金額，分別依前述第 1 項及第 2 項之規定倍數處罰。自 104 年度起，應就稽徵機關核定短漏之課稅所得額，按所漏稅額之半數，分別依前述第 1 項及第 2 項之規定倍數處罰，不適用前項規定（所 110）。

　　營利事業已依規定辦理未分配盈餘申報，但有漏報或短報者，處以所漏稅額 1 倍以下之罰鍰（所 110 之 2）。

　　營利事業未依規定自行辦理未分配盈餘申報，而經稽徵機關調查，發現有應依規定申報之未分配盈餘者，除依法補徵應加徵之稅額外，應照補徵稅額處 1 倍以下之罰鍰（所 110 之 2）。

◇滯納之處罰

　　納稅義務人逾限繳納稅款者，每逾 2 日按滯納之金額加徵 1% 滯納金；逾 30 日仍未繳納者，除由稽徵機關移送強制執行外，其為營利事業者，並得停止其營業至納稅義務人繳納之日止。但因不可抗力或不可歸責於納稅義務人之事由，致不能於法定期間內繳清稅捐，得於其原因消滅後 10 日內，提出具體證明，向稽徵機關申請延期或分期繳納經核准者，免予加徵滯納金。

　　前項應納稅款，應自滯納期限屆滿之次日起，至納稅義務人繳納之日止，依所得稅法第 123 條規定之存款利率，按日加計利息，一併徵收。

　　所得稅法所規定之停止營業處分，由稽徵機關執行，並由警察機關協助之（所 112）。

◇違反扣繳規定之處罰

　　請參閱本章第一節之說明。

◇未依法給與、取得、保存憑證之處罰

　　營利事業依法規定應給與他人憑證而未給與，應自他人取得憑證而未取得，或應保存憑證而未保存者，應就其未給與憑證、未取得憑證或未保存憑證，經查明認定之總額，處 5% 罰鍰，此項處罰金額最高不得超過新臺幣 1,000,000 元。但營利事業取得非實際交易對象所開立之憑證，如經查明確有進貨事實及該項憑證確由實際銷貨之營利事業所交付，且實際銷貨之營利事業已依法處罰者，免予處罰（稽 44）。

◇違反設帳規定之處罰

　　請參閱本書第三章之說明。

◇違反提送帳證之處罰

　　納稅義務人不按規定時間提送各種帳簿文據者，稽徵機關應處以 1,500 元以下之罰鍰。納稅義務人未經提出正當理由，拒絕接受繳款書者，稽徵機關除依稅捐稽徵法第 18 條規定送達外，並處以 1,500 元以下之罰鍰（所 107）。

◇滯報與怠報之處罰

　　納稅義務人違反所得稅法第 71 條規定，未依限辦理結算申報，但已依所得稅法第 79 條第 1 項規定補辦結算申報，經稽徵機關據以調查核定其所得額及應納稅額

者，應按核定應納稅額另徵 10% 滯報金。其屬獨資、合夥組織之營利事業，在 103
年度以前，應按稽徵機關調查核定之所得額，按當年度適用之營利事業所得稅稅率
計算之金額另徵 10% 滯報金。自 104 年度起，應按稽徵機關調查核定應納稅額之半
數，另徵 10% 滯報金。滯報金最高不得超過 30,000 元，最低不得少於 1,500元（所
108）。

營利事業違反所得稅法第 102 條之 2 規定，未依限辦理未分配盈餘申報，但已
依所得稅法第 102 條之 3 第 2 項規定補辦申報，經稽徵機關據以調查核定其未分配
盈餘及應加徵之稅額者，應按核定應加徵之稅額另徵10%滯報金。但最高不得超過
30,000 元，最低不得少於 1,500 元（所 108 之 1）。

納稅義務人逾所得稅法第 79 條第 1 項規定之補報期限，仍未辦理結算申報，經
稽徵機關依查得資料或同業利潤標準核定其所得額及應納稅額者，應按核定應納稅
額另徵 20% 怠報金。其屬獨資、合夥組織之營利事業，在 103 年度以前，應按稽徵
機關調查核定之所得額，按當年度適用之營利事業所得稅稅率計算之金額另徵 20%
怠報金；自 104 年度起，應按稽徵機關調查核定應納稅額之半數，另徵 20% 怠報金。
怠報金最高不得超過 90,000 元，最低不得少於 4,500 元（所 108）。

營利事業逾所得稅法第 102 條之 3 第 2 項規定之補報期限，仍未辦理未分配盈
餘申報，經稽徵機關依查得資料核定其未分配盈餘及應加徵之稅額者，應按核定應
加徵之稅額另徵 20% 怠報金。但最高不得超過 90,000 元，最低不得少於 4,500 元（所
108 之 1）。

◇應申報事項未依規定申報之處罰

有下列事項者，除由該管稽徵機關限期責令補報或補登記外，處以 1,500 元以
下之罰鍰（所 106）：

　⑴公司組織之營利事業負責人、合作社之負責人，應依所得稅法第 76 條規定於
　　申報營利事業所得稅時，應將股東或社員之姓名、住址、已付之股利或盈餘
　　數額；合夥組織之負責人應將合夥人姓名、住址、出資比例及分配損益之比
　　例，列單申報，其屆期不申報應分配或已分配與股東或社員之之股利或盈餘。

　⑵合夥組織之營利事業負責人，違反所得稅法第 76 條規定，不將合夥人之姓名、
　　住址、投資數額及分配損益之比例，列單申報。

　⑶營利事業代客買賣貨物，應依所得稅法第 90 條規定，將買賣客戶姓名、地址、
　　貨物名稱、種類、數量、成交價格、日期及佣金等詳細記帳，並將有關文據

保存，負責人違反此項規定，不將規定事項詳細記帳者。

(4)各倉庫應將堆存貨物之客戶名稱、地址、貨物名稱、種類、數量、估價、倉租及入倉出倉日期等，依所得稅法第 91 條規定，於貨物入倉之日起 3 日內，依規定格式報告該管稽徵機關，倉庫負責人違反此項規定，不將規定事項報告者。

◇信託行為之受託人違反規定之處罰

信託行為之受託人短漏報信託財產發生之收入或虛報相關之成本、必要費用、損耗，致短計所得稅法第 3 條之 4 第 1 項、第 2 項、第 5 項、第 6 項規定受益人之所得額，或未正確按所得類別歸類致減少受益人之納稅義務者，應按其短計之所得額或未正確歸類之金額，處受託人 5% 罰鍰。但最高不得超過 300,000 元，最低不得少於 15,000 元。

信託行為之受託人未依所得稅法第 3 條之 4 第 2 項規定之比例計算各受益人之各類所得額者，應按其計算之所得額與依規定比例計算之所得額之差額，處受託人 5% 之罰鍰。但最高不得超過 300,000 元，最低不得少於 15,000 元。

信託行為之受託人未依限或未據實申報或未依限填發所得稅法第 92 條之 1 規定之相關文件或扣繳憑單或免扣繳憑單及相關憑單者，應處該受託人 7,500 元之罰鍰，並通知限期補報或填發；屆期不補報或填發者，應按該信託當年度之所得額，處受託人 5% 之罰鍰。但最高不得超過 300,000 元，最低不得少於 15,000 元（所 111 之 1）。

◇超額分配可扣抵稅額之處罰

營利事業有下列各款規定情形之一者，應就其超額分配之可扣抵稅額，責令營利事業限期補繳，並按超額分配之金額，處 1 倍以下之罰鍰（所 114 之 2）：

(1)違反所得稅法第 66 條之 2 第 2 項、第 66 條之 3 或第 66 條之 4 規定，虛增股東可扣抵稅額帳戶金額，或短計第 66 條之 6 規定之帳載累積未分配盈餘帳戶金額，致分配予股東或社員之可扣抵稅額，超過其應分配之可扣抵稅額者。

(2)違反第 66 條之 5 第 1 項規定，分配予股東或社員之可扣抵稅額，超過股利或盈餘之分配日股東可扣抵稅額帳戶餘額者。

(3)違反第 66 條之 6 規定，分配股利淨額所適用之稅額扣抵比率，超過規定比率，致所分配之可扣抵稅額，超過依規定計算之金額者。

營利事業違反第 66 條之 7 規定，分配可扣抵稅額予其股東或社員，扣抵其應納

所得稅額者，應就分配之可扣抵稅額，責令營利事業限期補繳，並按分配之金額處1倍以下之罰鍰。

　　營利事業有歇業、倒閉或他遷不明之情形者，稽徵機關應就該營利事業超額分配或不應分配予股東或社員扣抵之可扣抵稅額，向股東或社員追繳。

◇聲請法院假扣押免提擔保

　　主管稽徵機關對於逃稅、漏稅案件應補徵之稅款，經核定稅額送達繳納通知後，如發現納稅義務人有隱匿或移轉財產逃避執行之跡象者，得敘明事實，聲請法院假扣押，並免提擔保。但納稅義務人已提供相當財產保證，或覓具殷實商保者，應即聲請撤銷或免為假扣押（所110之1）。

◇稅務代理人違法代辦之處罰

　　會計師或其他合法代理人，為納稅義務人代辦有關應行估計、報告、申報、申請複查、訴願、行政訴訟，證明帳目內容及其他有關稅務事項，違反所得稅法規定時，得由該管稽徵機關層報財政部依法懲處（所118）。

◇稽徵人員違反保密規定之處罰

　　稽徵機關人員對於納稅義務人之所得額、納稅額及其證明關係文據，以及其他方面之陳述與文件，除對有關人員及機構外，應絕對保密，違者經主管長官查實或於受害人告發，經查實後，應予以嚴厲懲處，觸犯刑法者，並應移送法院論罪。所稱有關人員及機構，係指納稅義務人本人，及其代理人或辯護人、合夥人、納稅義務人之繼承人、扣繳義務人、稅務機關、監察機關、受理有關稅務訴願訴訟機關，以及經財政部核定之機關與人員。稽徵機關對其他政府機關為統計目的而供應之資料，並不洩漏納稅義務人之姓名者不受保密之限制。政府機關人員對稽徵機關所提供之上述資料，如有洩漏情事，比照同項對稽徵機關人員洩漏祕密之處分議處（所119）。

　　稅務稽徵人員違反稅捐稽徵法第33條之保密規定者，處10,000元以上、50,000元以下罰鍰（稽43）。

三、免罰規定

　　納稅義務人自動向稅捐稽徵機關補報並補繳所漏稅款者，凡屬未經檢舉、未經稅捐稽徵機關或財政部指定之調查人員進行調查之案件，其屬稅捐稽徵法第41條至第45條之處罰，以及各稅法所定關於逃漏稅之處罰，一律免除；其涉及刑事責任者，

並得免除其刑。但其補繳之稅款，應自該項稅捐原繳納期限截止之次日起，至補繳之日止，就補繳之應納稅捐，依原應繳納稅款期間屆滿之日郵政儲金匯業局之 1 年期定期存款利率，按日加計利息，一併徵收（稽 48 之 1）。

營利事業應保存憑證而未保存，如已給與或取得憑證且帳簿記載明確，不涉及逃漏稅捐，於稅捐稽徵機關裁處或行政救濟程序終結前，提出原始憑證或取得與原應保存憑證相當之證明者，免依稅捐稽徵法第 44 條規定處罰；其涉及刑事責任者，並得免除其刑（稽 48-1）。

依稅捐稽徵法或稅法規定應處罰鍰之行為，其情節輕微，或漏稅在一定金額以下者，得減輕或免予處罰。前項情節輕微、金額及減免標準，由財政部擬訂，報請行政院核定後發布之（稽 48 之 2）。

習　題

1. 大陸地區人民、營利事業、機關或團體，取得臺灣地區之營利所得應否扣繳？如何扣繳？

2. 扣繳義務人違反扣繳規定時將會受到那些處罰？

3. 某公司 103 年 7 月支付國外某股東之股利 1,000,000 元，未扣繳稅額，經臺北市國稅局查獲。請問該項股利應否扣繳？若應扣繳，則扣繳稅額為若干？經國稅局查獲應否處罰？

4. 營利事業應於何時辦理暫繳申報？暫繳稅額如何計算？

5. 某公司 93 年成立於高雄市，103 年 4 月遷移至臺北市，請問該公司 102 年度營利事業所得稅應於何時辦理結算申報？應向那個機關辦理申報？

6. 何謂「書面審核」？那些情況得適用書面審核？

7. 某公司 102 年度營利事業所得稅應納稅額 6,000,000 元，103 年上半年度營業收入 2 億元，扣繳稅額 200,000 元。

試作：

(1)請計算 103 年暫繳稅額。

(2)請列示暫繳所得稅之分錄。

8. 某公司 103 年度課稅所得額 8,000,000 元，暫繳稅額 700,000 元，扣繳稅額 300,000 元。

試作：

(1)請計算 103 年度應納稅額及結算申報應補繳稅額。

⑵請列示有關所得稅分錄。

⑶103年度經國稅局核定之課稅所得額 9,000,000 元，請計算核定應補繳稅額及相關所得稅分錄。

9.某公司 103 年度會計淨利 10,000,000 元，其他資料如下：

⑴採權益法認列之投資收益 1,000,000 元，投資損失 600,000 元。

⑵證券交易損失 1,500,000 元，證券交易所得 800,000 元。

⑶各項費用超限金額 400,000 元應予剔除。

⑷資產重估增值 5,000,000 元。

⑸未實現兌換損失 600,000 元。

⑹出售土地利益 1,800,000 元，出售房屋損失 800,000 元。

⑺取得現金股利（採成本法評價）100,000 元。

⑻暫繳稅額 700,000 元，扣繳稅額 168,000 元。

試作：

⑴請計算 103 年度課稅所得額、應納稅額及結算申報應補（退）稅額。

⑵列示有關所得稅分錄。

⑶國稅局核定之課稅所得額 10,500,000 元，請計算核定應補繳稅額及列示有關所得稅之分錄。

第十六章

關係人移轉訂價

　　財政部於 93 年依所得稅法第 80 條第 5 項規定，訂定「營利事業所得稅不合常規移轉訂價查核準則」（以下簡稱「移轉訂價查核準則」），並於 93 年 12 月 29 日以台財稅字第 09304163770 號令訂定發布。

　　我國之移轉訂價（Transfer Pricing，簡稱 TP）查核準則，主要係參考經濟合作暨發展組織（Organization for Economic Cooperation and Development，簡稱 OECD）之「跨國企業與稅捐機關移轉訂價指導原則」及美、英、日等一些主要國家之規範而制定。本章即以「移轉訂價查核準則」之規定，分別說明適用範圍、重要名詞定義、從屬與控制範圍之認定、適用之交易類型、常規交易原則、常規交易方法、文據資料之申報、預先訂價協議、調查核定及調整等相關規定。

第一節
總　則

一、適用範圍

　　我國「移轉訂價查核準則」係依所得稅法第 80 條第 5 項之立法授權訂定，其適用範圍包括一般營利事業及金融控股公司法或企業併購法規定之公司。茲分述如次：

㈠一般營利事業

　　營利事業與國內外其他營利事業具有從屬關係，或直接間接為另一事業所有或控制，其相互間有關收益、成本、費用或損益攤計之交易，應符合營業常規，以正確計算相關營利事業在中華民國境內之納稅義務。

　　前項營利事業從事交易時，有以不合營業常規之安排，規避或減少其在中華民國境內之納稅義務者，稽徵機關為正確計算相關營利事業之所得額及應納稅額，得

依法進行調查，並依所得稅法第 43 條之 1 規定，報經財政部核准按營業常規予以調整（查準 2）。

㈡金融控股公司法或企業併購法規定之公司

金融控股公司法或企業併購法規定之公司與其子公司相互間，及該等公司或其子公司與國內、外其他個人、營利事業或教育、文化、公益、慈善機關或團體相互間，有關收入、成本、費用及損益攤計之交易，應符合交易常規。

前項公司從事交易時，有以不合交易常規之安排，規避或減少其在中華民國境內之納稅義務者，稽徵機關為正確計算相關納稅義務人之所得額及應納稅額，得依法進行調查，並依金融控股公司法第 50 條第 1 項或企業併購法第 42 條第 1 項第 1 款規定，報經各該規定之主管機關核准，按交易常規予以調整（查準 2）。

二、從屬與控制關係之認定

所得稅法第 43 條之 1 所稱營利事業與國內外其他營利事業具有從屬關係，或直接間接為另一事業所有或控制，指營利事業相互間有下列情形之一者（查準 3）：

1.營利事業直接或間接持有另一營利事業有表決權之股份或資本額，超過該另一營利事業已發行有表決權之股份總數或資本總額 20% 以上。

2.營利事業與另一營利事業直接或間接由相同之人持有或控制之已發行有表決權之股份總數或資本總額各達 20% 以上。

3.營利事業持有另一營利事業有表決權之股份總數或資本總額百分比為最高且達 10% 以上。

4.營利事業與另一營利事業之執行業務股東或董事有半數以上相同。

5.營利事業及其直接或間接持有之股份總數或資本總額達 50% 以上之營利事業，派任於另一營利事業之董事，合計超過該另一營利事業董事總席次半數以上。

6.營利事業之董事長、總經理或與其相當或更高層級職位之人與另一營利事業之董事長、總經理或與其相當或更高層級職位之人為同一人，或具有配偶或二親等以內親屬關係。

7.總機構在中華民國境外之營利事業，其在中華民國境內之分支機構，與該總機構或該營利事業在中華民國境外之其他分支機構；總機構在中華民國境內之營利

事業，其總機構或其在中華民國境內之分支機構，與該營利事業在中華民國境外之分支機構。

　　8.營利事業直接或間接控制另一營利事業之人事、財務或業務經營，包括：

⑴營利事業指派人員擔任另一營利事業之總經理或與其相當或更高層級之職位。

⑵非金融機構之營利事業，對另一營利事業之資金融通金額或背書保證金額達該另一營利事業總資產之三分之一以上。

⑶營利事業之生產經營活動須由另一營利事業提供專利權、商標權、著作權、祕密方法、專門技術或各種特許權利，始能進行，且該生產經營活動之產值達該營利事業同年度生產經營活動總產值 50% 以上。

⑷營利事業購進之原物料、商品，其價格及交易條件由另一營利事業控制，且該購進之原物料、商品之金額達該營利事業同年度購進之原物料、商品之總金額 50% 以上。

⑸營利事業商品之銷售，由另一營利事業控制，且該商品之銷售收入達該營利事業同年度銷售收入總額 50% 以上。

　　9.營利事業與其他營利事業簽訂合資或聯合經營契約。

　　10.其他足資證明營利事業對另一營利事業具有控制能力或在人事、財務、業務經營或管理政策上具有重大影響力之情形。

三、重要名詞定義

　　「移轉訂價查核準則」中之用詞定義如下（查準 4）：

◇關係企業

　　指營利事業相互間有從屬或控制關係者。

◇關係人

　　指前款關係企業或有下列情形之人：

⑴營利事業與受其捐贈之金額達實收基金總額三分之一以上之財團法人。

⑵營利事業與其董事、監察人、總經理或與其相當或更高層級職位之人、副總經理、協理及直屬總經理之部門主管。

⑶營利事業與其董事、監察人、總經理或與其相當或更高層級職位之人之配偶。

⑷營利事業與其董事長、總經理或與其相當或更高層級職位之人之二親等以內親屬。

⑸營利事業與其他足資證明對該營利事業具有控制能力或在人事、財務、業務經營或管理政策上具有重大影響力之人。

◇非關係人

指前款以外之人。

◇受控交易

指關係人相互間所從事之交易，且屬「移轉訂價查核準則」第 2 條第 1 項或第 3 項規定之範圍者。

◇未受控交易

指非關係人相互間所從事之交易。

◇交易結果

指交易價格或利潤。

◇不合營業常規或不合交易常規

指交易人相互間，於其商業或財務上所訂定之條件，異於雙方為非關係人所為，致原應歸屬於其中一交易人之所得，因該等條件而未歸屬於該交易人者。

◇有形資產

指商品、原料、物料、在製品、製成品、副產品、短期投資、有價證券、應收帳款、應收票據、應收債權及其他應收款、固定資產、遞耗資產、長期投資及其他有形資產。

◇無形資產

指營業權、著作權、專利權、商標權、事業名稱、品牌名稱、設計或模型、計畫、祕密方法、營業祕密，或有關工業、商業或科學經驗之資訊或專門知識、各種特許權利、行銷網路、客戶資料及其他具有財產價值之權利。

◇移轉訂價

指營利事業從事受控交易所訂定之價格或利潤。

◇常規交易方法

指評估受控交易之結果是否符合營業常規或交易常規之方法，或決定受控交易常規交易結果之方法。

◇**企業重組**

指跨國企業或多國籍企業集團進行涉及關係企業間功能、資產、風險之重新配置及契約條款或安排之終止或重新議定、移轉之組織架構調整活動。其重組交易類型包括：

(1)全功能配銷商與有限風險配銷商或代理商間功能之轉換。

(2)全功能製造商與代工（進料或合約）製造商或來料加工製造商間功能之轉換。

(3)將無形資產權利移轉至集團內特定企業集中管理或分散至集團內其他企業。

(4)組織精簡或結束營運。

(5)經財政部公告之其他安排。

金融控股公司法或企業併購法規定之公司或其子公司與非關係人相互間，有關收入、成本、費用及損益之攤計，不符合交易常規者，於稽徵機關進行調查時，視為關係人，其相互間所從事之交易，視為受控交易。

四、適用之交易類型

適用於「移轉訂價查核準則」之交易類型如下（查準5）：

◇**有形資產之移轉**

包括買賣、交換、贈與或其他安排。

◇**有形資產之使用**

包括租賃、設定權利、提供他人持有、使用或占有，或其他安排。

◇**無形資產之移轉**

包括買賣、交換、贈與或其他安排。

◇**無形資產之使用**

包括授權、再授權、提供他人使用或其他安排。

◇**服務之提供**

包括行銷、管理、行政、技術、人事、研究與發展、資訊處理、法律、會計或其他服務。

◇**資金之使用**

包括資金借貸、預付款、暫付款、擔保、延期收款或其他安排。

◇**其他經財政部核定之交易類型**

第二節
常規交易原則

一、常規申報及調整原則

　　營利事業於辦理營利事業所得稅結算申報時，應依「移轉訂價查核準則」之規定，評估受控交易之結果是否符合常規，或決定受控交易之常規交易結果；稽徵機關進行不合常規移轉訂價之調查及核定時，亦同（查準6）。

二、常規交易原則

　　營利事業與稽徵機關依前述規定評估受控交易之結果是否符合常規，或決定受控交易之常規交易結果時，依下列原則辦理（查準7）:

◇**可比較原則**

　　以非關係人於可比較情況下從事可比較未受控交易之結果為常規交易結果，以評定受控交易之結果是否符合常規（查準7）。

◇**採用最適常規交易方法**

　　按交易類型，依「移轉訂價查核準則」之規定，採用最適之常規交易方法，以決定其常規交易結果（查準7）。

　　營利事業與稽徵機關決定前述最適常規交易方法時，應依受控交易之交易類型，依下列規定決定之（查準9）:

　　⑴可比較程度: 以營利事業及其所從事之受控交易與可比較對象間之可比較程度決定之。其應考量「移轉訂價查核準則」第8條第1項規定之因素，尤應特別考量第14條第2項、第15條第2項至第4項、第16條第4項、第17條第3項、第18條第7項及第19條第2項所列應特別考量因素之相似程度。相似程度愈高者，其適用性愈高。

　　⑵資料與假設之品質: 以蒐集之資料足夠完整正確且能確認前款因素之差異、依第8條第2項規定進行調整以消除該等差異之可能性及適宜性、使用假設

之合理性因素決定之。品質愈佳者，其適用性愈高。

◇**按個別交易評價**

除適用之常規交易方法另有規定外，以個別交易為基礎，各自適用常規交易方法。但個別交易間有關聯性或連續性者，應合併相關交易適用常規交易方法，以決定其常規交易結果（查準 7）。

◇**使用交易當年度資料**

(1)決定常規交易結果時，以營利事業從事受控交易當年度之資料及同一年度非關係人從事可比較未受控交易之資料為基礎。但有下列情形之一者，得以涵蓋當年度及以前年度之連續多年度交易資料為基礎：

　‧營利事業所屬產業受商業循環影響。

　‧交易之有形資產、無形資產及服務受生命週期影響。

　‧營利事業採用市場占有率策略。

　‧採用以利潤為基礎之方法決定常規交易結果。

　‧其他經財政部核定之情形。

(2)前款交易當年度之資料，如屬「移轉訂價查核準則」第 20 條規定之可比較未受控交易財務報表資料，且為營利事業於辦理交易當年度營利事業所得稅結算申報時未能取得之資料者，營利事業得以可比較未受控交易之連續前 3 年度平均數代替之；營利事業有前目(1)但書規定情形之一者，得以不涵蓋當年度資料之連續多年度可比較未受控交易資料為基礎。

(3)營利事業依前述規定辦理者，稽徵機關於進行不合常規移轉訂價之調查及核定時，應與營利事業採用相同之原則決定所使用之資料（查準 7）。

◇**採用常規交易範圍**

(1)所稱常規交易範圍，指二個或二個以上之可比較未受控交易，適用相同之常規交易方法所產生常規交易結果之範圍。可比較未受控交易之資料如未臻完整，致無法確認其與受控交易間之差異，或無法進行調整以消除該等差異對交易結果所產生之影響者，以可比較未受控交易結果之第二十五百分位數至第七十五百分位數之區間為常規交易範圍。

(2)依前款規定使用多年度資料者，以可比較未受控交易結果之多年度平均數，依前目規定產生常規交易範圍。

(3)受控交易以前款交易資料為基礎之交易結果在常規交易範圍之內者，視為符

合常規，無需進行調整；其在常規交易範圍之外者，按所有可比較未受控交易結果之中位數或所有多年度平均數之中位數調整受控交易之當年度交易結果。

⑷營利事業與非關係人間之內部可比較未受控交易，如與受控交易具有相當高之可比較程度，且可據以決定受控交易之單一最可信賴常規交易結果時，得以該結果決定受控交易之常規交易結果。

⑸依前二目調整之結果，將使其在中華民國境內之納稅義務較未調整前為低者，不予調整（查準 7）。

◇**分析虧損發生原因**

營利事業申報虧損，而其集團全球總利潤為正數者，應分析其虧損發生之原因及其與關係企業相互間之交易結果是否符合常規（查準 7）。

◇**收支分別評價**

受控交易之交易人一方對他方應收取之價款，與他方對一方應收取之價款，應按交易任一方分別列計收入與支出之交易價格評價（查準 7）。

◇**其他經財政部核定之常規交易原則**

茲為說明前述採用常規交易範圍之運用，假設我國境內之甲公司，銷售貨物予國外關係人乙公司，稽徵機關查核甲公司 103 年度所得稅申報案件時，經評估選定再售價格法為判定甲、乙兩公司之受控交易結果是否符合常規交易之最適方法。另假設乙公司 101 至 103 年度申報之毛利率均為 12%，甲公司銷售予非關係人 A、B、C、D 等四家公司同期間之毛利率如下：

年度 公司	101	102	103	平均毛利率
A	12%	9%	6%	9%
B	8%	9%	7%	8%
C	6%	11%	10%	9%
D	9%	10%	11%	10%

註：甲公司對 A、B、C、D 四家公司之交易情況與乙公司類似。

稽徵機關依上述所有可比較未受控交易毛利率 101 至 103 年度之平均數，產生常規交易範圍為 8%～10% 之間，惟乙公司同期間之平均毛利率為 12%，係在常規交易範圍之外，稽徵機關爰依所有平均毛利率之中位數 9% 調整乙公司之 103 年度毛

利率,據以調整乙公司自甲公司之進貨價格,同時調增甲公司對乙公司之銷貨價格。

◇企業重組之利潤分配

營利事業從事企業重組之利潤分配應符合常規,評估時應考量下列因素(查準9之1):

1.風險之特殊考量:

⑴企業重組契約中關係企業間風險之重新分配與交易之經濟實質是否相同。

⑵辨認重組前後功能、資產及風險分配狀況與歸屬之利潤是否符合常規。

⑶確認風險承擔者是否具控制風險能力及承擔風險之財務能力。

2.企業重組之常規補償:

⑴企業重組之商業理由及預期利益。

⑵企業重組各參與人於重組前後之權利義務。

⑶企業重組產生潛在利潤之移轉與風險之重新分配是否相當。

⑷企業重組涉及有形資產、無形資產及活動之移轉,是否有適當之報酬。

⑸企業重組之參與人因契約終止或重新協商所造成之損害,是否有適當之補償。

3.企業重組後受控交易之合理補償或報酬:

⑴就企業重組後受控交易進行可比較程度分析,以決定重組後受控交易移轉訂價方法。

⑵比較企業重組之補償與企業重組前後之營運報酬間之關係。

稽徵機關依據納稅義務人提示之企業重組相關文件資料,正確辨識實際從事之受控交易,發現受控交易經濟實質不同於形式時,應就其實質交易進行不合常規移轉訂價之調整。

⟨ 三、可比較程度分析

前述所稱可比較情況或可比較交易,指相同或類似之情況或交易。決定營利事業與非關係人之情況,或其所從事之受控交易與未受控交易是否相同或類似及其可比較程度時,應考量下列影響價格或利潤之因素(查準8):

◇交易標的資產或服務之特性

⑴交易標的為有形資產者,為資產之實體特徵、品質、數量及是否包括無形資產。

(2)交易標的為無形資產者，為交易型態、資產類型、法定享有年數及使用該資產之預期利益。所稱交易型態，如授權或轉讓。

(3)交易標的為服務時，為服務之性質及是否包括無形資產。

◇執行之功能，包括

(1)研究與發展。

(2)產品設計。

(3)採購及原物料管理。

(4)製造、加工、裝配。

(5)行銷、配銷、存貨管理、保證、廣告、產品服務。

(6)運送及倉儲。

(7)經營管理、會計、財務、法律、信用、收款、訓練及人員管理服務。

◇契約條款，包括

(1)報酬收付方式。

(2)交易數量。

(3)售後保證範圍及條件。

(4)更新或修正契約內容之權利。

(5)授權或契約之有效期間、終止及重新協商之權利。

(6)交易雙方間提供附屬或輔助服務之協議。

(7)交貨條件，如起運點交貨或目的地交貨。

(8)授信及付款條件。

◇承擔之風險，包括

(1)市場風險，如成本、需求、價格之變動、存貨水準風險。

(2)研究與發展活動之成敗風險。

(3)財務風險，如外匯匯率、利率變動風險。

(4)信用風險，如授信、收款風險。

(5)產品責任風險。

◇經濟及市場情況，包括

(1)區域市場之相似性。

(2)市場規模及發展潛力。

(3)市場層級，如批發或零售市場。

(4)市場占有率。

(5)市場競爭程度、消費者購買力、交易雙方之其他選擇性。

(6)政府對市場之管理。

(7)產業概況,如新興或夕陽產業。

(8)運輸成本。

◇商業策略,包括

(1)創新及產品開發策略。

(2)避險策略。

(3)市場占有率策略。

◇其他影響可比較程度之因素

營利事業與非關係人之情況,或其所從事之受控交易與未受控交易間,如存在前項各款因素之顯著差異,應就該等差異對可比較未受控交易之價格或利潤所造成之影響進行合理之調整;其經由合理之調整可消除該等差異之影響者,得選定該非關係人及未受控交易為可比較對象。

決定營利事業與非關係人間所從事之未受控交易,與該營利事業與關係人間所從事受控交易之可比較程度及是否選定其為可比較對象時,比照前述規定辦理。

第三節
常規交易方法

一、主要之常規交易方法

依「移轉訂價查核準則」之規定,常規交易方法有下列七種:

1. 可比較未受控價格法。

2. 可比較未受控交易法。

3. 再售價格法。

4. 成本加價法。

5. 可比較利潤法。

6. 利潤分割法。

7. 其他經財政部核定之常規交易方法。

二、各交易類型適用之常規交易方法

㈠適用於有形資產移轉及使用之常規交易方法如下（查準 10）

1. 可比較未受控價格法。

2. 再售價格法。

3. 成本加價法。

4. 可比較利潤法。

5. 利潤分割法。

6. 其他經財政部核定之常規交易方法。

㈡適用於無形資產移轉及使用之常規交易方法如下（查準 11）

1. 可比較未受控交易法。

2. 可比較利潤法。

3. 利潤分割法。

4. 其他經財政部核定之常規交易方法。

㈢適用於服務提供之常規交易方法如下（查準 12）

1. 可比較未受控價格法。

2. 成本加價法。

3. 可比較利潤法。

4. 利潤分割法。

5. 其他經財政部核定之常規交易方法。

㈣適用於資金使用之常規交易方法如下（查準 13）

1. 可比較未受控價格法。

2. 成本加價法。

3. 其他經財政部核定之常規交易方法。

三、可比較未受控價格法

㈠定　義

係以非關係人於可比較之情況下，從事未受控交易所收取之價格，作為受控交易之常規交易價格（查準 14）。

㈡適用之交易類型

1. 有形資產之移轉或使用。
2. 服務之提供。
3. 資金之使用。

㈢應用時需考量因素

評估可比較未受控價格法之適用性時，應考量本章第二節所述「可比較程度分析」中有關規定之因素，尤應特別考量從事受控交易之營利事業與非關係人之交易標的資產或服務之特性、契約條款及經濟情況之差異，其間如有差異，應就該等差異對常規交易價格之影響進行合理之調整，其無法經由合理之調整以消除該等差異者，應採用其他適合之常規交易方法（查準 14）。

四、可比較未受控交易法

㈠定　義

係以非關係人於可比較之情況下，從事未受控交易所收取之價格，作為受控交易之常規交易價格（查準 15）。

㈡適用之交易類型

適用於無形資產之移轉或使用。

㈢應用時需考量因素

　　評估可比較未受控交易法之適用性時，應考量本章第二節所述「可比較程度分析」中有關規定之因素，尤應特別考量從事受控交易之營利事業與非關係人之交易標的無形資產之可比較程度及二者所處情況之可比較程度。其間如有差異，應就該等差異對常規交易價格之影響進行合理之調整，其無法經由合理之調整以消除該等差異者，應採用其他適合之常規交易方法（查準15）。

　　前述所稱無形資產之可比較程度，應視其是否於相同產業或市場用於類似之產品或製程，及是否有相似之潛在利潤而定。所定潛在利潤，係於考量資本投資及創設費用、承擔之風險及其他相關因素下，依使用或後續移轉無形資產實現之利益所計算之淨現值。

　　前述所稱情況之可比較程度，應考量下列因素之差異：

　　1.移轉條件，包括無形資產之使用權或授權是否具有專屬性、是否有任何使用限制、權利行使有無地區之限制。

　　2.無形資產於使用市場所處之發展階段，包括是否須政府核准、授權或核發執照。

　　3.是否擁有無形資產之更新、修改及修正之權利。

　　4.無形資產之獨特性及其維持獨特性之期間，包括相關國家法律對於該無形資產之保護程度及期間。

　　5.授權、契約或其他協議之持續期間及終止或協商權利。

　　6.受讓人承擔之任何經濟及產品責任風險。

　　7.受讓人與讓與人所執行之功能，包括附屬及支援服務。

五、再售價格法

㈠定　義

　　係指從事受控交易之營利事業再銷售予非關係人之價格，減除依可比較未受控交易毛利率計算之毛利後之金額，作為受控交易之常規交易價格（查準16）。其計算公式如下：

常規交易價格＝再銷售予非關係人之價格×（1－可比較未受控交易毛利率）

毛利率＝毛利÷銷貨淨額

　　前述所稱再銷售予非關係人之價格，指受控交易標的之有形資產再銷售予非關係人之價格；其無此價格者，以相同之有形資產再銷售時或再銷售前、後，銷售予非關係人之價格為準，但應就「移轉訂價查核準則」第 8 條第 1 項規定影響價格或利潤之因素，比照同條第 2 項規定進行合理之調整。

　　前述所稱可比較未受控交易毛利率，指該營利事業自非關係人購進同種類有形資產再銷售予非關係人之毛利率；其無此毛利率者，得以執行功能、承擔風險及契約條款類似之其他營利事業自非關係人購進同種類有形資產再銷售予非關係人之毛利率為準。有關毛利率之計算，應以可比較未受控交易之財務報表資料為基礎。

㈡適用之交易類型

　　適用於有形資產之移轉或使用。

㈢應用時需考量因素

　　評估再售價格法之適用性時，應考量本章第二節所述「可比較程度分析」中有關規定之因素，尤應特別考量下列影響毛利率之因素（查準 16）：

　　1. 執行之功能，如銷售、行銷、廣告及服務。

　　2. 承擔之風險，如存貨水準及其週轉率及相關風險。

　　3. 契約條款，如保證範圍及條款、交易數量、信用條件、交貨條件。

　　4. 市場情況，如處於批發或零售之市場層級。

　　5. 交易內容是否包含無形資產。

　　6. 成本結構，如機器、設備已使用之年數。

　　7. 商業經驗，如處於開創期或成熟期。

　　8. 管理效率。

　　9. 會計處理之一致性，如成本及存貨評價方法。

　　營利事業及其所從事之受控交易與可比較對象間，如存在前項因素之差異，應就該等差異對毛利率之影響進行合理之調整，其無法經由合理之調整以消除該等差異者，應採用其他適合之常規交易方法。

六、成本加價法

㈠定　義

係以自非關係人購進之成本或自行製造之成本，加計依可比較未受控交易成本加價率計算之毛利後之金額，為受控交易之常規交易價格（查準 17）。其計算公式如下：

> 常規交易價格＝自未受控交易人購進之成本或自行製造之成本×（1＋可比較未受控交易成本加價率）
>
> 成本加價率＝毛利÷購進之成本或自行製造之成本

前述所稱可比較未受控交易成本加價率，指從事受控交易之營利事業自非關係人購進或自行製造之同種類有形資產，銷售予非關係人之成本加價率；其無此成本加價率者，得以執行功能、承擔風險及契約條款類似之其他營利事業自非關係人購進或自行製造之同種類有形資產，銷售予非關係人之成本加價率為準。有關成本加價率之計算，應以可比較未受控交易之財務報表資料為基礎。

㈡適用之交易類型

1.有形資產之移轉或使用。
2.服務之提供。
3.資金之使用。

㈢應用時需考量因素

評估成本加價法之適用性時，應考量本章第二節所述「可比較程度分析」中有關規定之因素，尤應特別考量下列影響成本加價率之因素（查準17）：

1.執行之功能，如製造、加工技術或安裝複雜程度、測試功能。
2.承擔之風險，如市場風險、匯兌風險。
3.契約條款，如保證範圍及條件、交易數量、信用條件及交貨條件。

4.交易內容是否包含無形資產。

5.成本結構，如機器、設備已使用之年數。

6.商業經驗，如處於開創期或成熟期。

7.管理效率。

8.會計處理之一致性，如成本及存貨評價方法。

營利事業及其所從事之受控交易與可比較對象間，如存在前項因素之差異，應就該等差異對成本加價率之影響進行合理之調整，其無法經由合理之調整以消除該等差異者，應採用其他適合之常規交易方法。

七、可比較利潤法

㈠定　義

係以可比較未受控交易於特定年限內之平均利潤率指標為基礎，計算可比較營業利潤，並據以決定受控交易之常規交易結果（查準 18）。可比較利潤法所使用之利潤率指標，包括：

◇**營業資產報酬率**

係以營業淨利為分子、營業資產為分母所計算之比率。

◇**營業淨利率**

係以營業淨利為分子、銷貨淨額為分母所計算之比率。

◇**貝里比率**

係以營業毛利為分子、營業費用為分母所計算之比率。

◇**成本及營業費用淨利率**

係以營業淨利為分子，銷貨成本或營業成本與營業費用為分母所計算之比率。

◇**其他經財政部核定之利潤率指標**

前述所稱營業淨利，指營業毛利減除營業費用後之金額，不包括非屬受測活動之所得及與受測個體繼續經營無關之非常損益。所稱營業資產，指受測個體於相關營業活動所使用之資產，包括固定資產及流動資產，但不包括超額現金、短期投資、長期投資、閒置資產及與該營業活動無關之資產。所稱營業費用，不包括非屬經營本業之利息費用、所得稅及與受測活動無關之費用。

前述利潤率指標之選定，應以受測個體之受測活動為基礎，並考量下列因素：

1.受測個體之活動性質。

2.所取得未受控交易資料之可比較程度及其所使用資料與假設之品質。

3.該指標用以衡量受測個體常規營業利潤之可信賴程度。

4.資料所涵蓋之期間需足以反映可比較未受控交易之合理報酬，其至少應包括交易當年度及前2年度之連續3年度資料。營利事業於辦理交易當年度營利事業所得稅結算申報時，未能取得交易當年度可比較未受控交易資料者，得以不包括當年度之至少連續前3年度資料為基礎。

㈡採行之步驟

採用可比較利潤法時，依下列步驟辦理（查準18）：

1.選定受測個體及受測活動。

2.選定與受測個體及受測活動相似之可比較未受控交易。選定時應以非關係人於可比較情況下從事可比較未受控交易之結果為常規交易結果。同時依本章第二節所述「可比較程度分析」中有關規定辦理。

3.選定利潤率指標。

4.決定可比較未受控交易之平均利潤率。所稱平均利潤率，係指營業資產報酬率、營業淨利率、貝里比率、成本及營業費用淨利率等任一項指標，其分子於特定年限（例如3年）內全部金額之總和，除以分母於特定年限（例如3年）內全部金額之總和。例如：

$$平均營業淨利率 = \frac{y_1 營業淨利 + y_2 營業淨利 + y_3 營業淨利}{y_1 銷貨淨額 + y_2 營業淨額 + y_3 營業淨額}$$

5.以前款平均利潤率指標，依受測個體之受測活動於特定年限內之營業資產、銷貨淨額、營業費用或其他基礎之年平均數，計算可比較營業利潤，產生常規交易範圍。

6.受測個體從事受測活動於特定年限內之平均營業利潤在前款常規交易範圍之內者，視為符合常規；在該範圍之外者，按交易當年度所有可比較營業利潤之中位數調整受測個體當年度之營業利潤。其未能取得交易當年度資料之情形者，按前款

所有可比較營業利潤之中位數調整之。

7.以受測個體之常規營業利潤為基礎，決定受測個體以外依規定應繳納中華民國所得稅之同一受控交易其他參與人之常規交易結果。

前述受測個體，以受控交易之參與人中，能取得可信賴之可比較未受控交易資料，且於驗證應歸屬於該參與人之營業利潤時所需作之差異調整最少，其調整結果最可信賴者決定之；即應以參與人中複雜度最低，且未擁有高價值無形資產或特有資產，或雖擁有該資產但與可比較未受控交易所擁有之無形資產或特有資產類似之參與人，為最適之受測個體。受測活動，指受測個體參與受控交易可細分至最小且可資辨認之營業活動。

㈢適用之交易類型

1.有形資產之移轉或使用。
2.無形資產之移轉或使用。
3.服務之提供。

㈣應用時需考量因素

評估可比較利潤法之適用性時，應考量本章第二節所述「可比較程度分析」中有關規定之因素，尤應特別考量受測個體及受測活動與非關係人及其所從事相關活動之下列因素（查準18）：

1.影響二者間可比較程度之因素，包括執行之功能、承擔之風險、使用之營業資產、相關之營業、交易標的資產或服務之市場、營業規模、位於商業循環或產品循環之階段。

2.成本、費用、所得及資產，於受測活動及其他活動間分攤方式之合理性及適宜性。

3.會計處理之一致性。

受測個體及受測活動，與非關係人及其所從事之相關活動間，如存在前項因素之差異，應就該等差異對營業利潤之影響進行合理之調整，其無法經由合理之調整以消除該等差異者，應採用其他適合之常規交易方法。

八、利潤分割法

㈠定　義

指受控交易之各參與人所從事之活動高度整合致無法單獨衡量其交易結果時，或受控交易之各參與人均對受控交易作出獨特且有價值之貢獻時，依各參與人對所有參與人合併營業利潤之貢獻，計算各參與人應分配之營業利潤。合併營業利潤之分配，依下列步驟辦理（查準 19）：

◇**按例行性貢獻分配例行性利潤**

⑴以合併營業利潤為基礎，依各參與人從事相關營業活動之例行性貢獻，分配其應得之市場公平報酬。

⑵所稱例行性貢獻，指非關係人對於相同或類似營業活動之貢獻，其以可資辨識市場公平報酬之營業活動為基礎。

⑶計算例行性利潤時，應進行功能分析，依各參與人執行之功能、承擔之風險及使用之資產，確認其從事相關營業活動應分配之市場公平報酬。

◇**按對無形資產之貢獻分配剩餘利潤**

合併營業利潤減除依前款規定分配予各參與人之例行性利潤後，以其餘額按各參與人於相關營業活動中對於無形資產之貢獻價值，計算其應分配之剩餘利潤。無形資產之貢獻價值，得以外部市場公平報酬，或無形資產之開發及所有相關改良、更新之資本化成本減除適當攤銷後之餘額為衡量標準。

㈡適用之交易類型

1.有形資產之移轉或使用。

2.無形資產之移轉或使用。

3.服務之提供。

㈢應用時需考量因素

評估利潤分割法之適用性時，應考量本章第二節所述「可比較程度分析」中有關規定之因素，尤應特別考量下列因素（查準 19）：

　　1.決定例行性貢獻市場公平報酬之方法所應考量之因素，包括執行之功能、承擔之風險及使用之資產。

　　2.成本、費用、所得及資產，於相關營業活動及其他活動間分攤方式之合理性及適宜性。

　　3.會計處理之一致性。

　　4.決定各參與人對無形資產之貢獻價值所使用資料及假設之可信賴程度。

　　受控交易參與人及其所從事之營業活動，與非關係人及其所從事相同或類似之營業活動間，如存在前項第 1 款至第 3 款因素之差異，應就該等差異之影響進行合理調整，其無法經由合理調整消除該等差異者，應採用其他適合之常規交易方法。

第四節
文據資料之申報

一、應揭露關係人及關係人交易資料範圍

　　依財政部 96 年 1 月 9 日台財稅字第 09604503530 號令規定，自 95 年度起結算申報應揭露關係人及關係人交易資料之適用對象及申報範圍如下：

　　1.營利事業之全年營業收入淨額及非營業收入合計數（以下簡稱收入總額）在新臺幣 30,000,000 元以上，且有下列情形之一者，應依營利事業所得稅不合常規移轉訂價查核準則（以下簡稱移轉訂價查核準則）第 21 條規定，揭露符合第二點規定之關係人及關係人交易之資料：

　　⑴營利事業在中華民國境外有關係人（包括總機構及分支機構）。

　　⑵營利事業依租稅減免法規享有租稅優惠，或依法申報扣除前 10 年虧損者。但營利事業依法申報實際抵減當年度營利事業所得稅結算申報應納稅額及前一年度未分配盈餘申報應加徵稅額之金額合計在新臺幣 500,000 元以下，或依法實際申報扣除之前 10 年虧損之金額在新臺幣 2,000,000 元以下者，不適用之。所稱租稅減免法規，指當年度營利事業所得稅結算申報租稅減免附冊所列之法規。

　　⑶前⑴、⑵以外之營利事業，全年收入總額在新臺幣 3 億元以上。

2.應揭露之關係人及關係人交易之範圍:

⑴關係企業方面:符合第一點規定之營利事業與移轉訂價查核準則第 4 條第 1 項第 1 款規定之關係企業從事交易,且其交易符合下列條件之一者,應依當年度營利事業所得稅結算申報書格式揭露該等關係企業之資訊及其與該等關係企業所從事之所有交易之資料:

· 營利事業與同一關係企業之全年交易總額在新臺幣 12,000,000 元以上。

· 營利事業與所有關係企業之全年交易總額在新臺幣 50,000,000 元以上。

⑵關係企業以外之關係人方面:符合第一點規定之營利事業與移轉訂價查核準則第 4 條第 1 項第 2 款規定之關係企業以外之關係人從事交易,且其交易符合下列條件之一者,應依當年度營利事業所得稅結算申報書格式揭露該等關係人資訊及其與該等關係人交易之資料:

· 營利事業與同一關係企業以外之關係人之全年交易總額在新臺幣 6,000,000 元以上。

· 營利事業與所有關係企業以外之關係人之全年交易總額在新臺幣 25,000,000 元以上。

3.第二點所稱全年交易總額,係不分交易類型,且無論交易所涉為營利事業之收入或支出,以絕對金額相加之全年總額。其屬資金之使用交易類型者,以營利事業當年度實際提供或使用資金之金額,按其實際提供或使用該資金之天數加權平均計算之資金金額,按當年度財政部核定向非金融業借款利率最高標準計算之金額為準。

4.第二點關係企業之認定,於適用移轉訂價查核準則第 3 條第 1 款有關間接持有另一營利事業有表決權之股份或資本額,超過該另一營利事業有表決權之股份總數或資本總額 20% 以上規定時,參照財務會計準則第五號公報辦理。

5.營利事業與間接持有或被間接持有關係企業間之受控交易,符合第一點及第二點揭露規定者,其所有直接或間接持有或被直接或間接持有之關係企業資料(不論相互間有無受控交易),均應予以揭露。

二、調查時應提示之文據

從事受控交易之營利事業,辦理交易年度所得稅結算時,應備妥下列文據(查

準 22)：

　　1. 企業綜覽：包括營運歷史及主要商業活動之說明、影響移轉訂價之經濟、法律及其他因素之分析。

　　2. 組織結構：包括國內、外關係企業結構圖、董事、監察人及經理人名冊及查核年度前後一年度異動資料等。

　　3. 受控交易之彙整資料：包括交易類型、流程、日期、標的、數量、價格、契約條款及交易標的資產或服務之用途。所稱用途，內容包括供銷售或使用及其效益敘述。

　　4. 移轉訂價報告，至少需包括下列內容：

　⑴產業及經濟情況分析。

　⑵受控交易各參與人之功能及風險分析。但涉及企業重組者，應包括重組前後年度之分析。

　⑶依「移轉訂價查核準則」第 7 條規定原則辦理之情形。

　⑷依「移轉訂價查核準則」第 8 條規定選定之可比較對象及相關資料。

　⑸依「移轉訂價查核準則」第 9 條第 1 款規定進行之可比較程度分析。

　⑹涉及企業重組者，依第 9 條之 1 規定評估利潤分配符合常規之分析。

　⑺選定之最適常規交易方法及選定之理由、列入考量之其他常規交易方法及不予採用之理由。

　⑻受控交易之其他參與人採用之訂價方法及相關資料。

　⑼依最適常規交易方法評估是否符合常規或決定常規交易結果之情形，包括所使用之可比較對象相關資料、為消除「移轉訂價查核準則」第 9 條第 1 款規定因素之差異所作之調整、使用之假設、常規交易範圍、是否符合常規之結論及按常規交易結果調整之情形等。移轉訂價報告之提示，自 94 年度營利事業所得稅結算申報案件開始適用。

　　5. 公司法第 369 條之 12 規定之關係報告書、關係企業合併營業報告書等資料。

　　6. 其他與關係人或受控交易有關並影響其訂價之文件。

　　營利事業依上開規定提供之文據，應附目錄及索引；提供之資料為外文者，應附中文譯本，但經稽徵機關核准提示英文版本者，不在此限。

三、文據資料提示之例外規定

營利事業與另一營利事業相互間，如因特殊市場或經濟因素所致而有下列之情形，但確無實質控制或從屬關係者，得於辦理該年度所得稅結算申報前提示足資證明之文件送交該管稽徵機關確認；其經確認者，不適用前述備妥文據之規定（查準22）：

1. 營利事業之生產經營活動須由另一營利事業提供專利權、商標權、著作權、祕密方法、專門技術或各種特許權利，始能進行，且該生產經營活動之產值達該營利事業同年度生產經營活動總產值 50% 以上。

2. 營利事業購進之原物料、商品，其價格及交易條件由另一營利事業控制，且該購進之原物料、商品之金額達該營利事業同年度購進之原物料、商品之總金額 50% 以上。

3. 營利事業商品之銷售，由另一營利事業控制，且該商品之銷售收入達該營利事業同年度銷售收入總額 50% 以上。

四、文據資料提示期限

稽徵機關依規定進行調查時，營利事業應於稽徵機關書面調查函送達之日起 1個月內提示前述規定之文據；其因特殊情形，不能於規定期間內提示者，應於期間屆滿前申請延期，延長之期間最長不得超過 1 個月，並以一次為限。稽徵機關經審閱營利事業所提示之文據，認為有再提供支持該等文據之必要文件及資料者，營利事業應於 1 個月內提供（查準22）。

五、申報書填寫範例

105 年度「營利事業所得稅不合常規移轉訂價申報書填寫範例」如下：

1. 105 年度關係人結構圖（表 16-1）。
2. 105 年度關係人明細表（表 16-2）。
3. 105 年度關係人交易彙總表（表 16-3）。
4. 105 年度關係人交易明細表（表 16-4-1 及表 16-4-2）。

表 16-1

105年度關係人結構圖

第一部分：基本資料

1. 是　否：本營利事業本年度符合揭露標準第二點規定。
   【本題勾選「是」者，除續填下列各項外，應繼續填報本頁第二部分及第B3頁至第B5頁各欄項；本題勾選「否」者，僅填報本頁第一部分：基本資料。】
2. 是　否：在中華民國境外有關係人。
3. 是　否：為金融控股公司法規定之公司或其子公司。
4. 是　否：為企業併購法規定之公司或其子公司。
5. 是　否：在我國以外之國家或地區簽訂預先訂價協議。
   【本題勾選「是」者，簽署國家別＿＿＿＿＿（6a），簽署年度＿＿＿＿＿（6b），適用期間自＿＿＿年至＿＿＿年止（6c）】
6. 是　否：本營利事業相互間之交易符合營利事業所得稅不合常規移轉訂價查核準則第3條第8款第3目至第5目規定之情形。（詳8-1至8-3之情形）
   【本題勾選「是」者，請續填第7題及第8題。】
7. 是　否：本營利事業與公營事業、代理商或經銷商及公平交易法第 5 條規定之獨占事業等營利事業相互間交易符合免備妥文據規定，並無須向稽徵機關申請
   確認（請詳本頁背面：貳）。
8. 是　否：依營利事業所得稅不合常規移轉訂價查核準則第22條第2項規定向稽徵機關申請確認無實質控制或從屬關係。
   【本題勾選「是」者，無論是否經稽徵機關函覆備查，均請依下列說明勾選填寫。】
   8-1　本營利事業之生產經營活動須由另一營利事業提供專利權、商標權、著作權、秘密方法、專門技術、各種特許權，始能進行；且該生產經營活動之產值
   達本營利事業同年度生產經營活動總產值50%以上。
   【交易對象名稱＿＿＿＿＿＿＿（9a）及其統一編號＿＿＿＿＿（9b）】
   【申請日期＿＿＿年＿＿＿月＿＿＿日（9c），文號＿＿＿＿＿（9d）稽徵機關核准日期＿＿＿年＿＿＿月＿＿＿日（9e），文號＿＿＿＿＿（9f）】
   8-2　本營利事業購進之原物料、商品，其價格及交易條件由另一營利事業控制，且該購進之原物料、商品之金額達本營利事業同年度購進之原物料、商品之
   總金額50% 以上。
   【交易對象名稱 J股份有限公司＿＿＿（9g）及其統一編號＿＿35412666＿＿（9h）】
   【申請日期 95 年　05 月　25 日（9i），文號＿＿＿＿＿（9j）稽徵機關核准日期　95 年　06 月 02 日（9k），文號 北區國稅審字第0950001145號（9l）】
   8-3　本營利事業商品之銷售，由另一營利事業控制，且該商品之銷售收入達本營利事業同年度銷售收入總額50%以上。
   【交易對象名稱＿＿＿＿＿＿＿（9m）及其統一編號＿＿＿＿＿（9n）】
   【申請日期＿＿＿年＿＿＿月＿＿＿日（9o），文號＿＿＿＿＿（9p）稽徵機關核准日期＿＿＿年＿＿＿月＿＿＿日（9q），文號＿＿＿＿＿（9r）】

第二部分：本營利事業與關係人之從屬或控制關係及持股比例結構圖（詳揭露標準第四、五點規定）

```
中華民國              4、6       中華民國         1a、100%    英屬維京群島
乙股份有限公司 ◄──────────── 甲股份有限公司 ──────────►  A International Enterprise Corp.

                                    │                            │
                              1a、72.83%                    1a、27.17%
                                    ▼                            │
                                英屬維京群島  ◄──────────────────┘
                                  B   Corp.
                                    │
            ┌───────────────────────┼───────────────────────┐
        1a、100%                 1a、100%                 1a、100%
            ▼                       ▼                       ▼
          泰國                 英屬維京群島                 印尼
        C  Co., Ltd.          D  Enterprise Corp.        E    Corp.
```

營利事業統一編號		分　局稽徵所收件編號	

第1聯　正聯（稽徵機關存查）
第2聯　副聯（供掃描建檔用，各項數據務請填寫清楚）

（第B2頁）

表 16–2

105年度關係人明細表

序號	關係人中文名稱 (A1) / 關係人英文名稱 (A2)	統一編號 (B1) / 國籍及所在地區 (B2)	國家代碼 (B3)	主要營業項目 (C)	直接最高持股股數 (D1) / 直接最高出資額 (D2)	直接及間接最高持股或出資額比例 (%) (E)	期末原始投資成本 (F1)	期末帳面金額 (F2)	與本營利事業之關係（請填代號，可複選）(G)
1	乙股份有限公司 /	12345678 / 臺灣，中華民國	TW	各種鋼鐵之製造加工買賣業務	– / –	–	–	–	4,6
2	/ A International Enterprise Corp.	/ 英屬維爾京群島	VG	對各種生產事業等之投資	50,000 / 1,602	100.00	1,602	146,059	1a
3	/ C Co., Ltd.	/ 泰國	TH	螺絲製造、買賣、進出口及有關業務之經營與投資	864,994 / 155,235	100.00	155,235	93,168	1a
4	/ D Enterprise Corp.	/ 英屬維爾京群島	VG	對各種生產事業等之投資	50,000 / 105,152	100.00	105,152	124,937	1a
5	/ E Corp.	/ 印尼	ID	螺絲製造、買賣、進出口及有關業務之經營與投資	3,499,999 / 75,571	100.00	75,571	32,796	1a
6	/ B Corp.	/ 英屬維爾京群島	VG	對各種生產事業等之投資	335,000 / 199,647	72.83	199,647	185,990	1a
7									
8									
9									
10									
11									
12									
13									
14									
15									
16									
17									
18									
19									
20									

備　註：

一、請參閱背面填表說明。

二、本表如不敷填用，請自行依式另加表格。

營利事業統一編號	

分　　　局稽　　　徵　　　所收　件　編　號	

第1聯 正聯（稽徵機關存查）

第2聯 副聯（供掃描建檔用，各項數據務請填寫清楚）

（第B3頁）

表 16-3

１０５年度關係人交易彙總表

單位：新臺幣千元

交易類型（A）			代號	實際交易金額（B）		結算申報交易金額（C）	
				收入（B1）	支出（B2）	收入（C1）	支出（C2）
(1)有形資產之移轉	關係企業交易	進銷貨	1a	782,039	50	782,039	50
		其他有形資產移轉	1c	-	-	-	-
	關係企業以外之關係人交易	進銷貨	1b				
		其他有形資產移轉	1d				
(2)有形資產之使用	關係企業交易		2a				
	關係企業以外之關係人交易		2b				
(3)無形資產之移轉	關係企業交易		3a				
	關係企業以外之關係人交易		3b				
(4)無形資產之使用	關係企業交易		4a				
	關係企業以外之關係人交易		4b				
(5)服務之提供	關係企業交易		5a	210	-	210	-
	關係企業以外之關係人交易		5b				
(6)資金之使用	關係企業交易	資金提供金額（不計入9a合計數）	6a	-	╲	-	╲
		利息收入	6b	╲	-	╲	-
		資金使用金額（不計入9a合計數）	6c	╲	-	╲	-
		利息支出	6d	╲	-	╲	-
	關係企業以外之關係人交易	資金提供金額（不計入9b合計數）	6e	-	╲	-	╲
		利息收入	6f	╲		╲	
		資金使用金額（不計入9b合計數）	6g	╲		╲	
		利息支出	6h	╲		╲	
(7)其他	關係企業交易		7a	-	-	-	-
	關係企業以外之關係人交易		7b				
合計	關係企業交易		9a	782,249	50	782,249	50
	關係企業以外之關係人交易		9b				

營利事業依營利事業所得稅不合常規移轉訂價查核準則調整之所得額及稅額（D）	調整所得額（D1）	調整稅額（D2）

填表說明：

一、營利事業本年度符合揭露標準（請詳第B2頁背面：壹）第一點及第二點規定者，應填報本頁關係人交易彙總表。

二、「實際交易金額（B）」欄及「結算申報交易金額（C）」欄，應區分關係企業交易及關係企業以外之關係人交易，同時按收入與支出分別填寫，並以第B5頁各關係人之各交易類型相對欄位金額之合計數填報。

三、「調整所得額（D1）」及「調整稅額（D2）」欄，請填寫營利事業依營利事業所得稅不合常規移轉訂價查核準則自行調整之所得額及稅額影響數。

營利事業統一編號	

分局稽徵所收件編號	

第1聯 正聯（稽徵機關存查）
第2聯 副聯（供掃描建檔用，各項數據務請填寫清楚）

（第Ｂ４頁）

表 16-4-1

105年度關係人交易明細表

1. 是否屬應妥移轉訂價報告之營利事業？
　是
　否【1-1. 符合財政部97年11月6日台財稅字第09704555160號令規定得以其他文據取代移轉訂價報告(詳填表說明二)
　　　1-2. 已依營利事業所得稅不合常規移轉訂價查核準則第22條第2項規定向稽徵機關申請確認
　　　1-3. 符合財政部97年11月7日台財稅字第09704555180號令無須備妥文據(請詳第B2頁背面：貳)】

2. 屬應備妥移轉訂價報告者,是否已備妥移轉訂價報告？　是、＿否(理由：　　　　　　　　　　　　　　　　)　　　單位：新臺幣千元

序　　　號			1		2		3	
關係人資料	關係人名稱	中文名稱(A1)	A International Enterprise Corp.		C Co., Ltd.		D Enterprise Corp.	
		英文名稱(A2)						
		統一編號(B1)	VG		TH		VG	
	國家代碼(B3)		Ia		Ia		Ia	
	與本營利事業之關係代號(G)							
	關係人交易年度損益資料或最近年度	未能取得關係人損益資料者,本欄位請填「Y」。(H1)						
		會計年度(H2)	年　月　日至　年　月　日		年　月　日至　年　月　日		年　月　日至　年　月　日	
		營業收入淨額(I)						
		營業毛利(J)						
		營業淨利(K)						
		非營業收益(L)						
		非營業損失(M)						
		稅前淨利(N)						
		所得稅費用(W)						

交易類型		項　目	實際交易金額	結算申報交易金額	實際交易金額	結算申報交易金額	實際交易金額	結算申報交易金額
關係人交易資料	有形資產之移轉	收入金額 銷貨(O1)	518,339	518,339	50,482	50,482	191,498	191,498
		其他有形資產移轉(O2)	–	–	–	–	–	–
		支出金額 進貨(O3)	–	–	–	–	–	–
		其他有形資產移轉(O4)	–	–	–	–	–	–
		是否已備妥移轉訂價文據(詳填表說明十)(O5)	a　b　c　d		a　b　c　d		a　b　c　d	
	有形資產之使用	收入金額(P1)						
		支出金額(P2)						
		是否已備妥移轉訂價文據(詳填表說明十)(P3)	a　b　c　d		a　b　c　d		a　b　c　d	
	無形資產之移轉	收入金額(Q1)						
		支出金額(Q2)						
		是否已備妥移轉訂價文據(詳填表說明十)(Q3)	a　b　c　d		a　b　c　d		a　b　c　d	
	無形資產之使用	收入金額(R1)						
		支出金額(R2)						
		是否已備妥移轉訂價文據(詳填表說明十)(R3)	a　b　c　d		a　b　c　d		a　b　c　d	
	服務之提供	收入金額(S1)						
		支出金額(S2)						
		是否已備妥移轉訂價文據(詳填表說明十)(S3)	a　b　c　d		a　b　c　d		a　b　c　d	
	資金之使用	資金提供金額(T1)						
		利息收入(T2)						
		資金使用金額(T3)						
		利息支出(T4)						
		是否已備妥移轉訂價文據(詳填表說明十)(T5)	a　b　c　d		a　b　c　d		a　b　c　d	
	其他	收入金額(U1)						
		支出金額(U2)						
		是否已備妥移轉訂價文據(詳填表說明十)(U3)	a　b　c　d		a　b　c　d		a　b　c　d	
	合計	收入金額(V1)	518,339	518,339	50,482	50,482	191,498	191,498
		支出金額(V2)	–	–	–	–	–	–

備 註：
一、請參閱背面填表說明。
二、本表如不敷填用,請自行依式另加表格。
三、營利事業應依營利事業所得稅不合常規移轉訂價查核準則第21條規定,就其與關係企業或關係企業相互間之交易,備妥個別受控交易當年度或最近年度之損益資料。

營利事業統一編號				分局 稽徵所 收件編號	

第1聯 正聯(稽徵機關存查)
第2聯 副聯(供掃描建檔用,各項數據務請填寫清楚)

表 16-4-2

105年度關係人交易明細表

序　　　號			4		5		6	
關係人資料	關係人名稱	中文名稱（A1）	E Corp.		YY			
		英文名稱（A2）						
		統一編號（B1）	ID					
	國家代碼（B3）		1a					
	與本營利事業之關係代號（G）							
	關係人交易年度或最近年度損益資料	未能取得關係人損益資料者，本欄位請填「Y」。（H1）						
		會計年度（H2）	年　月　日至　年　月　日		年　月　日至　年　月　日		年　月　日至　年　月　日	
		營業收入淨額（I）						
		營業毛利（J）						
		營業淨利（K）						
		非營業收益（L）						
		非營業損失（M）						
		稅前淨利（N）						
		所得稅費用(W)						
關係人交易資料	交易類型	項　　目	實際交易金額	結算申報交易金額	實際交易金額	結算申報交易金額	實際交易金額	結算申報交易金額
	有形資產之移轉	收入金額／銷貨（O1）	21,461	21,461	259	259		
		其他有形資產移轉（O2）	-	-	-	-		
		支出金額／進貨（O3）	-	-	50	50		
		其他有形資產移轉（O4）	-	-	-	-		
		是否已備妥移轉訂價文據（詳填表說明十）（O5）	a　b　c　d		a　b　c　d		a　b　c　d	
	有形資產之使用	收入金額（P1）						
		支出金額（P2）						
		是否已備妥移轉訂價文據（詳填表說明十）（P3）	a　b　c　d		a　b　c　d		a　b　c　d	
	無形資產之移轉	收入金額（Q1）						
		支出金額（Q2）						
		是否已備妥移轉訂價文據（詳填表說明十）（Q3）	a　b　c　d		a　b　c　d		a　b　c　d	
	無形資產之使用	收入金額（R1）						
		支出金額（R2）						
		是否已備妥移轉訂價文據（詳填表說明十）（R3）	a　b　c　d		a　b　c　d		a　b　c　d	
	服務之提供	收入金額（S1）			210	210		
		支出金額（S2）						
		是否已備妥移轉訂價文據（詳填表說明十）（S3）	a　b　c　d		a　b　c　d		a　b　c　d	
	資金之使用	資金提供金額（T1）						
		利息收入（T2）						
		資金使用金額（T3）						
		利息支出（T4）						
		是否已備妥移轉訂價文據（詳填表說明十）（T5）	a　b　c　d		a　b　c　d		a　b　c　d	
	其他	收入金額（U1）						
		支出金額（U2）						
		是否已備妥移轉訂價文據（詳填表說明十）（U3）	a　b　c　d		a　b　c　d		a　b　c　d
	合計	收入金額（V1）	21,461	21,461	469	469	-	-
		支出金額（V2）	-	-	50	50	-	-

備　註：

一、請參閱背面填表說明。

二、本表如不敷填用，請自行依式另加表格。

營利事業統一編號	

分局稽徵所收件編號	

第1聯　正聯（稽徵機關存查）

第2聯　副聯（供掃描建檔用，各項數據務請填寫清楚）

（第B5頁）

第五節
移轉訂價報告

一、需製作移轉訂價報告之營利事業

依移轉訂價查核準則第 22 條第 1 項及第 3 項規定，從事受控交易之營利事業，除符合財政部規定標準（即「避風港法則」）者外，均應於辦理所得稅結算申報時，製作並備妥移轉訂價報告。

二、避風港法則所訂免移轉訂價報告之範圍

依財政部 97 年 11 月 6 日台財稅字第 09704555160 號令之規定如下：

1. 從事受控交易之營利事業，有下列情形之一者，得依移轉訂價查核準則第 22 條第 3 項規定，以其他足資證明其訂價結果符合常規交易結果之文據取代同條第 1 項第 4 款規定之移轉訂價報告：

⑴全年營業收入淨額及非營業收入合計數（以下簡稱收入總額）未達新臺幣 3 億元。

⑵全年收入總額在新臺幣 3 億元以上，但未達新臺幣 5 億元，且同時符合下列規定者：

‧未享有租稅減免優惠，且未依法申報扣除前 5 年（註：98 年 1 月 21 日修正公布所得稅法修正為 10 年）虧損。但營利事業依法申報實際抵減常年度營利事業所得稅結算申報應納稅額及前一年度未分配盈餘申報應加徵稅額之金額合計在新臺幣 2,000,000 元以下，或依法實際申報扣除之前 5 年（註：98 年 1 月 21 日修正公布所得稅法修正為 10 年）虧損金額在新臺幣 8,000,000 元以下者，不在此限。

‧金融控股公司或企業併購法規定之公司或其子公司，未與中華民國境外之關係人（包括總機構及分支機構）交易者；其他營利事業，未與中華民國境外之關係企業（包括總機構及分支機構）交易者。

⑶不符合上列⑴、⑵之規定，但全年受控交易總額未達新臺幣 2 億元。

　2.從事受控交易之營利事業不符合第 1 點規定者，應依移轉訂價查核準則規定，評估其受控交易之結果是否符合常規，並於結算申報時，依同準則第 22 條第 1 項第 4 款規定，備妥移轉訂價報告。但其個別受控交易符合下列規定之一者，如能備妥其他足資證明其訂價結果符合常規交易結果之文據，且於移轉訂價報告中敘明其符合之規定及該文據足資證明之理由後，得視為符合常規，免再就該交易進行個別分析：

⑴受控交易參與人之一為政府機關或公營事業。

⑵受控交易之所有參與人均為中華民國境內未享有租稅減免優惠，且未申報扣除前 5 年（註：98 年 1 月 21 日修正公布所得稅法修正為 10 年）虧損之營利事業。

⑶受控交易屬於營利事業之營業收入或營業成本項目，且其同一類型受控交易之全年交易總額在新臺幣 10,000,000 元以下；其非屬營業收入或營業成本項目之金額標準以二分之一計算。自 103 年度營利事業所得稅結算申報案件起，本款規定變更為同一類型受控交易之全年交易總額在新臺幣 10,000,000 元以下；同一類型受控交易超過新臺幣 10,000,000 元之營利事業，其與同一關係企業之同一類型全年受控交易總額在新臺幣 5,000,000 元以下之交易（財政部 104 年 2 月 2 日台財稅字第 10304578300 號令）。

⑷受控交易屬於中華民國境內未享有租稅減免優惠，且未申報扣除前 5 年（註：98 年 1 月 21 日修正公布所得稅法修正為 10 年）虧損之營利事業之營業收入或營業成本項目，其申報之毛利率在同業利潤標準以上，且其同一類型受控交易之全年交易總額在新臺幣 20,000,000 元以下；其非屬該營利事業之營業收入或營業成本項目，但該營利事業申報之淨利率在同業利潤標準以上者，金額標準以二分之一計算。

⑸受控交易屬於資金之使用交易類型，提供者申報之收入在其提供之資金按當年 1 月 1 日臺灣銀行基本放款利率計算之金額以上，且其提供之資金在新臺幣 3 億元以下；使用者申報之成本或費用在其使用之資金按當年 1 月 1 日臺灣銀行基本放款利率計算之金額以下，且其使用之資金在新臺幣 3 億元以下。

　3.第 1 點第⑶款所稱全年受控交易總額，係不分交易類型，且無論交易所涉為營利事業之收入或支出，以絕對金額相加之全年總額；第 2 點所稱同一類型全年交易總額，係無論該類型交易所涉為營利事業之收入或支出，以絕對金額相加之全年

總額。其屬資金之使用交易類型者，以資金金額按當年度本部核定向非金融業借款利率最高標準計算之金額為準。

　　4.第1點及第2點所稱其他足資證明其訂價結果符合常規交易結果之文據如下：

(1)符合上述第2點第(1)款規定者，為該政府機關或公營事業之公開招標文件及資料。

(2)符合第1點或第2點第(2)款至第(4)款規定者，為營利事業與非關係人間之內部可比較未受控交易資料；其無該資料者，得備妥下列文據之一：

・可比較未受控交易之公開招標文件及資料。

・營利事業所得稅查核準則第22條第3項規定之時價資料。

・獨立不動產估價師依法製作之估價報告書或公證機構出具之鑑價報告。

・受控交易參與人之一為中華民國境外之關係企業，其依所在地國移轉訂價法規作成之移轉訂價報告。但其內容顯與我國移轉訂價法規不符者，應進行適當之修正。

・其他符合移轉訂價查核準則第7條第1款規定之可比較原則，且足資證明其訂價結果符合常規交易結果之文據。

三、移轉訂價報告範例

　　財政部所發布之移轉訂價報告之參考範本如次，謹供參考。

○○公司移轉訂價報告
（參考範本）

壹、背景資訊

一、○○公司簡介

㈠背景：

敘明歷史沿革、現況（如資本額、員工人數、經營範圍等）及未來展望。如有影響企業經營之重大變革（如併購、重大投資、開發新產品等），亦一併說明。

㈡主要業務範圍：

敘明主要經營之業務及項目（如主要產品、製造商或配銷商、主要提供之服務項目、提

供使用之無形資產等）、主要交易對象及市場、企業特色等。

(三)事業部門介紹：

　　敍明部門名稱、各部門之員工人數、主要職能、最近 3 年產銷額、營業成果及占該企業

　　總產銷值之比重等。

(四)財務狀況分析：

　　分析最近年度（包括當年度在內，至少 3 年度）之財務報表。

二、集團組織結構

　　包括國內、外關係企業結構圖（包括所在國別或地區、相互間投資比重）及關係企業簡

　　介（包括主要經營之業務及項目、執行功能及特色）。

三、集團簡介

(一)基本資訊（參考一(一)背景之內容）。

(二)主要產品或服務說明及市場分析：

　　敍明與本公司業務相關之各關係企業銷售之產品、提供之服務類別、擁有之無形資產及

　　其特色，各企業間業務之關聯性及對集團之主要貢獻，並分析代表性產品或服務之市場

　　占有率。

(三)主要交易對象：

　　敍明與本公司業務相關之各關係企業之主要交易對象。

(四)經營策略：

　　敍明本公司及集團整體之管理經營策略（應特別說明影響移轉訂價之集團策略），並分析

　　說明企業政策形成、銷售之產品或無形資產、提供之服務、提供使用之無形資產或資金

　　等之訂價策略，及是否採取特定之商業策略等。

貳、產業及經濟情況分析

　　就全球市場總覽及產業趨勢分別敍明，其中特別說明外部因素對該產業之限制或影響、不

　　同市場對於其價格及績效之影響、該產業科技改變之速度及該產業之發展是否因國家之不

　　同而有差異。

一、全球市場總覽

二、產業趨勢

(一)產業現況與發展：

　　敍明報告期間產業發展及波動情形、與商業循環之關聯性及該產業於不同之市場有無不

　　同之特性等。

㈡影響產業之主要因素：

敘明影響產業發展之因素（如經濟、政治、社會及科技因素）、主要風險及訂價變動之原因等。

㈢產業結構：

敘明產業上、中、下游之產製流程，及主要或有影響力之廠商資訊等。

㈣主要競爭廠商：

敘明所競爭市場之規模、主要競爭者名稱、型態及其所涵蓋之產品或服務範圍等。

㈤競爭優勢：

敘明本公司於市場之地位及其產品之特定優勢等。

參、受控交易之敘述

一、受控交易基本資訊

敘明受控交易參與人之資訊、交易標的資產或服務之名稱及其特性、所屬交易類型、日期、價格及數量等資訊。

二、交易標的之用途

敘明交易標的係供本公司銷售或使用及其效益敘述。

三、契約條款

敘明下列受控交易之契約條款內容：

㈠報酬收付方式。

㈡交易數量。

㈢售後保證範圍及條件。

㈣更新或修正契約內容之權利。

㈤授權或契約之有效期間、終止及重新協商之權利。

㈥交易雙方間提供附屬或輔助服務之協議。

㈦交貨條件，如起運點交貨或目的地交貨。

㈧授信及付款條件。

四、受控交易之流程圖

敘明交易流程、貨物運送流程或服務提供流程、收付款流程等。

五、未於本報告進行個別分析之受控交易

㈠符合財政部 94 年 12 月 30 日台財稅字第 0940458790 號令第二點之款次。

㈡備妥上揭令釋第四點各款目之其他文據及其名稱。

㈢相關文據足資證明該受控交易結果符合常規之理由。

肆、功能及風險分析

一、功能分析

㈠敘述之內容，包括進行功能分析之方式、過程，並列示受控交易參與人所執行之功能、功能所涵蓋之內容及界定其執行該功能之理由說明。

㈡上述受控交易各參與人所執行之功能，包括：

1. 研究與發展：

敘明研究與發展活動之內容、受控交易各參與人在研究發展活動中扮演之角色（如研發執行、研發成本負擔）、研發成果之所有權人及使用人等相關資料。

2. 產品設計。

3. 採購、原物料管理。

4. 製造、加工、裝配及測試。

5. 行銷、配銷及廣告：

敘明與產品或服務有關之廣告及行銷種類之資訊，並指出行銷功能之執行人、廣告及行銷成本之負擔人等。

6. 運送、倉儲及存貨管理：

敘明由誰負責運送、倉儲及存貨管理，及存貨之各項相關資料（如季節性變動及存貨由誰持有）。

7. 品質管制：

敘明由誰負責品質管制、品質管制成本由誰負擔等。

8. 產品服務：

敘明受控交易參與人與終端客戶間之任何保固或保證協議，並指出由誰承擔此項保固或保證協議之責任義務（如保固費用是否由另一方補償），並敘明零件之供應、售後服務等相關資訊。

9. 訓練及人員管理服務：

敘明由誰負責技術訓練及人員管理服務、是否收費等。

10. 信用與收款：

敘明收付帳款之一般性條件（如付款條件、付款期間及收款對象）。

11. 管理、財務及法律服務：

敘明經營管理、財務、會計、稅務、法律事項及諮詢服務等，並敘明各項功能由誰執

行等。

㈢彙整功能分析之結論:

可參考下表格式,作成結論:

功能分析檢定表

分析項目	內容及相關說明	受控交易之各參與人執行功能情形(註)		
		○○公司	○○公司	○○公司
1.研究與發展				
2.產品設計				
3.採購、原物料管理				
4.製造、加工、裝配及測試				
5.行銷、配銷及廣告				
6.運送、倉儲及存貨管理				
7.品質管制				
8.產品服務				
9.訓練及人員管理服務				
10.信用及收款				
11.管理、財務及法律服務				
12.……				

註: 依下列符號註記執行功能情形:
　　○: 執行主要功能; △: 執行部分功能; ×: 未執行功能

二、風險分析

㈠敘述之內容,包括進行風險分析之方式、過程,及依此界定之受控交易參與人所承擔之風險、風險所涵蓋之內容及界定其承擔該風險之理由說明。

㈡上述受控交易各參與人承擔之風險,包括:

1.研究與發展風險:

敘明研究與發展成本投入後,不必然產生效益所生之風險,由誰承擔或其分攤之情形等。

2.市場風險:

敘明市場風險與產業特性、銷售市場環境、產業競爭結構等之關聯性,及相關市場不確定性所造成之風險(如進貨成本之波動、銷售價格之波動、需求與供給面之不確定性所產生之存貨水準風險)由誰承擔等。

3. 存貨風險：

敘明存貨短缺、損壞、變質、過時或跌價等所產生之風險由誰承擔等。

4. 產品責任風險：

敘明產品設計、生產或標示等之缺陷，導致賠償責任所生之風險，由誰承擔，並說明是否投保、企業有無能力維修及退回之產品可否再次出售等。

5. 財務風險：

敘明外匯匯率變動之風險（應敘明幣別）、利率變動之風險，由誰承擔。

6. 信用風險：

敘明違約事件發生，債務人無法償還債務所引起之損失，由誰承擔。

㈢彙整風險分析之結論：

可參考下表格式，作成結論：

風險分析檢定表

分析項目	內容及相關說明	受控交易之各參與人承擔風險情形（註）		
		○○公司	○○公司	○○公司
1. 研究與發展風險				
2. 市場風險				
3. 存貨風險				
4. 產品責任風險				
5. 財務風險				
6. 信用風險				
7. ……				

註：依下列符號註記承擔風險情形：
　　○：承擔主要風險；△：承擔部分風險；×：未承擔風險

伍、可比較對象之找尋

一、依影響價格或利潤之因素逐項確認受控交易之特性

參考第壹部分至第肆部分之內容，分別依營利事業所得稅不合常規移轉訂價查核準則（以下簡稱移轉訂價查核準則）第8條第1項各款影響價格或利潤之因素，逐項確認本公司與各關係人及其相互間所從事之受控交易之內容或特性。

二、可能之可比較對象

依上述本公司與各關係人及其相互間所從事之受控交易之內容或特性，找尋可能之可比

較對象，並敘明下列相關資料：

㈠內部可比較資料：

本公司或各關係人內部與可比較第三人所簽訂之合約及相關交易資訊。

㈡外部可比較資料：

敘明資料來源、搜尋方式及時間等內容。

以使用公開資料庫為例，應敘明之內容包括：

1.使用之資料庫名稱及查詢資料之時間。

2.設定之搜尋條件。

3.敘明依前述條件搜尋之結果。

4.選定之可比較對象及選定之理由：

⑴就本公司與各關係人及其相互間所從事之受控交易，與可能之非關係人及其所從事之未受控交易，按影響價格或利潤之各項因素，進行初步之可比較程度分析。

⑵其間如有差異，應就該等差異對可比較未受控交易之價格或利潤所造成之影響進行合理之調整，其能經由合理之調整消除該等差異者，可列入可比較對象；反之，則不宜列入可比較對象。

⑶說明差異調整之項目、使用之假設及資料、調整方式與結果。

陸、最適常規交易方法之決定

一、列入考量之常規交易方法及列入之理由

按受控交易之類型、受控交易各參與人所執行之功能及移轉訂價查核準則第 8 條第 1 項規定影響價格或利潤之因素，初步決定列入考量之常規交易方法，並逐一列出，同時說明列入考量之理由。

二、最適常規交易方法之選定

㈠敘述選定程序：

內容包括下列選定程序之敘述：

1.進行深入之可比較程度分析：

以本公司與各關係人及其相互間所從事之受控交易，與可能之可比較非關係人及其相互間所從事之未受控交易，逐一就列入考量之常規交易方法，依移轉訂價查核準則第 9 條第 1 款規定進行可比較程度分析。此時，除應考量移轉訂價查核準則第 8 條第 1 項規定之一般因素外，並應特別考量各常規交易方法相關條文（第 14 條至第 19 條）所列應特別考量之因素。

2. 消除差異所使用資料與假設之品質分析:

敘述按列入考量之常規交易方法,找尋適當之可比較對象時,為消除前述各項因素差異所使用之資料與假設,同時說明所蒐集之資料是否足以確認本公司與各關係人及相互間所從事之受控交易與可比較對象間之差異、消除該等差異所使用假設之合理性、消除該等差異之可能性及適宜性。

3. 依據前述可比較程度之高低及資料與假設品質之高低,選定最適常規交易方法,並敘明選定之理由。

(二)茲就各常規交易方法之選定,舉例說明如下:

1. 可比較未受控價格法:

敘明選定或不採用本方法之理由。例如:可取得或無法取得可比較對象之交易標的資產或服務特性、合約及經濟情況等,與受控交易均具高度可比較性之資料。

2. 可比較未受控交易法:

敘明選定或不採用本方法之理由。例如:可取得或無法取得可比較對象之交易標的無形資產是否在相同產業或市場用於類似之產品或製程、其資本投資及創設費用、承擔之風險、合約及經濟情況等,與受控交易均具高度可比較性之資料。

3. 再售價格法:

敘明選定或不採用本方法之理由。例如:可找到或無法找到適當之受測個體,可取得或無法取得執行功能、承擔風險及契約條款均類似之可比較未受控交易毛利率資料。

4. 成本加價法:

敘明選定或不採用本方法之理由。例如:可找到或無法找到適當之受測個體,可取得或無法取得執行功能、承擔風險及契約條款均類似之可比較未受控交易成本加價率資料。

5. 可比較利潤法:

(1)敘明選定或不採用本方法之理由。例如:可找到或無法找到適當之受測個體及受測活動、利潤率指標,可取得或無法取得執行功能、承擔風險、使用之營業資產、所處之市場、營業規模、位於商業循環或產品循環之階段等均具可比較程度之可比較對象及其相關資料,或成本、費用、所得及資產於受測活動及其他活動間可合理或無法合理分攤。

(2)如選定本方法,則一併敘明選定之利潤率指標及選定之理由。

6. 利潤分割法:

敘明選定或不採用本方法之理由。例如：決定例行性貢獻之市場公平報酬時，可取得或無法取得執行功能、承擔風險及使用資產等具可比較程度之可比較對象及其相關資料；分配剩餘利潤時，可取得或無法取得能據以決定各參與人對無形資產貢獻價值之可信賴資料及假設；成本、費用、所得及資產於受測活動及其他活動間可合理或無法合理分攤。

　　7.其他經財政部核定之常規交易方法：

　　　　敘明使用之方法名稱，並說明該方法足以產生常規交易結果之理由。

柒、評估受控交易之結果是否符合常規

　　敘明評估受控交易之結果是否常規之程序：

一、列示評估時所使用之可比較對象及其相關資料

二、差異調整

　㈠敘明本公司與各關係人及其相互間所從事之受控交易，與選定之可比較對象間之差異。

　㈡如有差異，則敘明為消除該等差異所使用之假設與資料，及差異消除之情形。

三、常規交易範圍

　㈠如未使用常規交易範圍，應敘明理由。例如：以具有高度可比較性之內部可比較未受控交易之結果為評估基礎。

　㈡如使用常規交易範圍，則敘明以選定並經合理消除差異之可比較對象，適用常規交易方法，產生常規交易範圍之情形。

　㈢如以所有可比較未受控交易之結果（即未採用四分位中段區間法）產生常規交易範圍，則敘明理由。例如：可比較對象之相關資料相當完整，可確認其與本公司、各關係人及受控交易間之所有差異，並已進行相關調整，消除所有差異。

四、是否符合常規之結論

　　如使用常規交易範圍，則敘明受控交易之結果是否落於常規交易範圍之內。如落於常規交易範圍之內，視為符合常規；如落於常規交易範圍之外，則做成不符合常規之結論。

五、按常規交易結果調整之情形

　㈠受控交易之結果如經評估不符合常規，則計算所有可比較未受控交易結果之中位數，並按中位數調整，同時敘明調整之金額及調整之情形。

　㈡如未按中位數調整，則敘明理由。例如：調整之結果將減少我國納稅義務，故依法不予調整。

捌、關係人採用之移轉訂價方法

敘明受控交易之其他參與人評估其受控交易之結果是否符合常規時，是否採用本報告所選
定之最適常規交易方法。如未採用相同之方法，則請敘明該受控交易之下列事項：

一、受控交易之基本資訊（參考第參部分第一點內容）

二、受控交易之其他參與人中文、英文名稱及統一編號

三、國籍及所在地區

四、採用之常規交易方法

五、該方法是否屬所在國（或地區）稅務機關認可之方法

六、按該方法評估之結果是否符合常規。如不符合常規，則敘明按常規調整之情形

七、受控交易之其他參與人是否就該交易與所在國（或地區）稅務機關簽署預先訂價協議，
協議內容為何

玖、依我國常規交易原則辦理之情形

一、上年度如曾進行移轉訂價分析，則摘述評估之過程及結論。例如：採用之常規交易方法、
使用之可比較對象及評估結論

二、綜合本年度移轉訂價報告之所有分析，敘明是否已依移轉訂價查核準則第 7 條規定之各
項常規交易原則辦理，並摘述辦理情形

摘述時，可參考下表格式：

依常規交易原則進行移轉訂價分析之情形

常規交易原則	是否已辦理	辦理情形	
		採用之情形	未採用之原因
1.可比較原則			
2.採用最適常規交易方法			
3.按個別交易評價			
4.使用交易當年度資料			
5.採用常規交易範圍			
6.分析虧損發生原因			
7.收支分別評價			
8.其他經財政部核定之常規交易原則			

三、分析上年度與本年度移轉訂價分析之重大差異，並說明差異發生之原因及其合理性

第六節
預先訂價協議

一、申請預先訂價協議之條件

營利事業與其關係人進行交易，符合下列各款條件者，得由該營利事業依規定，向該管稽徵機關申請預先訂價協議，議定其常規交易結果（查準 23）：

1.申請預先訂價協議之交易，其交易總額達新臺幣 5 億元以上或年度交易金額達新臺幣 2 億元以上。

2.前 3 年度無重大逃漏稅情事。

3.已備妥本節下述之「申請應備文件」。

4.已完成本節下述之「移轉訂價報告」。

5.其他經財政部核定之條件。

二、申請應備文件

申請人或其代理人向該管稽徵機關申請預先訂價協議時，應依規定提供下列文件及報告（查準 24）：

1.企業綜覽：包括營運歷史及主要商業活動之說明、影響移轉訂價之經濟、法律及其他因素之分析。

2.國內外關係人結構圖。

3.參與申請預先訂價協議交易之關係人相關資料：包括營運、法律、稅務、財務、會計、經濟等六個層面之分析報告，及申請年度之前 3 年度所得稅申報書及財務報表。

4.申請預先訂價協議交易之相關資料：

⑴參與交易之關係人名稱及其與申請人之關係。

⑵交易類型、流程、日期、標的、數量、價格、契約條款及交易標的資產或服務之用途。所稱用途，內容包括供銷售或使用及其效益敘述。

⑶交易涵蓋之期間。

5.移轉訂價報告，其內容除準用「移轉訂價查核準則」第 22 條第 1 項第 4 款各目之規定外，另應特別載明下列資料：

　⑴影響訂價之假設條件。

　⑵採用本準則未規定之常規交易方法時，應特別分析並說明該方法較規定之常規交易方法更為適用、更能產生常規交易結果之理由，並檢附足資證明之文件。

　⑶直接影響其訂價方法之重要財務會計處理。

　⑷申請預先訂價協議交易所涉國家與我國之財務會計與稅法間之重大差異，但以足以影響其所採用之常規交易方法之差異為限。

6.申請人與其他關係人進行相同交易或關聯交易之訂價資料。

7.預先訂價協議適用期間內各年度經營效益預測及規劃等。

8.申請當時與國內外業務主管機關間，已發生或討論中與其所採用之訂價方法有關之問題說明或已獲致之結論，或與國外業務主管機關間已簽署之預先訂價協議。

9.可能出現之重複課稅問題，及是否涉及租稅協定國之雙邊或多邊預先訂價協議。

10.其他經稽徵機關要求提示之資料。

申請人或其代理人依前項規定提供之文件及報告，應附目錄及索引；提供之資料為外文者，應檢附中文譯本，但經該管稽徵機關核准提供英文版本者，不在此限。

三、申請期限

申請預先訂價協議之營利事業應於交易所涵蓋之第一個會計年度終了前，依規定格式向該管稽徵機關申請；申請人有數人時，應推派 1 人申請之。該管稽徵機關收到申請書後，應於 1 個月內書面通知申請人是否受理，其經同意受理者，應於書面通知送達之日起 3 個月內提供前述「申請應備文件」。申請人未於規定期間內提供相關文件及報告者，該管稽徵機關得否准其預先訂價協議之申請（查準 23）。

申請預先訂價協議之申請書應載明下列事項：

1.申請人及其代理人之名稱或姓名、統一編號或身分證字號、住址。

2.委託代理人申請者，應檢附授權書正本。

3.申請預先訂價協議交易之內容概述。

4. 申請預先訂價協議交易之交易總額或年度交易金額。

5. 是否已備妥申請應備文件。

6. 以前年度是否曾經稽徵機關進行不合常規之調查。

7. 其他應載明事項。

四、申請預備會議

營利事業依前述規定申請預先訂價協議前，得於交易所涵蓋之第 1 個會計年度終了 3 個月前，以書面向該管稽徵機關申請預備會議並提供下列資料，供稽徵機關審核評估是否同意預先訂價協議之申請（查準 23）：

1. 申請適用期間。

2. 集團全球組織架構。

3. 企業主要經營項目。

4. 參與關係人及受控交易類型與功能和風險說明。

5. 申請預先訂價協議理由。

6. 其他需要說明情況。

稽徵機關應於營利事業申請預備會議之日起 3 個月內完成前項預備會議，並以書面通知申請人是否同意正式申請，營利事業應於書面通知送達之日起 3 個月內依規定格式，並檢附申請應備文件及移轉計價報告，向該管稽徵機關申請預先訂價協議（查準 23）。

申請人未於規定期間內提供相關文件及報告者，該管稽徵機關得否准或不予受理其預先訂價協議之申請（查準 23）。

營利事業如申請跨境雙邊或多邊預先訂價協議，應另依所適用之所得稅協定及相關法令向我國主管機關申請與他方締約國主管機關進行相互協議程序（查準 23）。

五、重大因素變動之通知

預先訂價協議尚未達成協議前，如發生影響預期交易結果之重大因素，申請人或其代理人應於 1 個月內書面告知該管稽徵機關，並於規定期間內修正申請之文件、報告，送交該管稽徵機關辦理；其未依規定告知或送交修正後之文件、報告者，該

管稽徵機關得終止協議程序之進行（查準 25）。

六、稽徵機關審核期間

稽徵機關應於收到申請文件及報告之日起 1 年內，進行審核評估，並作成結論。審核評估時，如有必要，得向申請人或其代理人提出諮詢，或要求其提供補充資料、文件。稽徵機關因特殊情況而需延長審核評估期間者，應於前項規定期間屆滿前通知申請人或其代理人，延長之期間最長不得超過 6 個月，必要時，得再延長 6 個月。但涉及租稅協定之雙邊或多邊預先訂價協議者，不在此限（查準 26）。

七、預先訂價協議之簽署及適用期間

稽徵機關應於作成審核評估結論之日起 6 個月內，與申請人或其代理人就可比較對象及其交易結果、假設條件、訂價原則、計算方法、適用期間及其他主要問題相互討論，並於雙方達成協議後，由申請人或其代理人與該管稽徵機關法定代表人或授權簽署人共同簽署預先訂價協議。預先訂價協議一經簽署，雙方互負履行及遵守之義務。

預先訂價協議之適用期間，以申請年度起 3 年至 5 年為限。但申請交易之存續期間較短者，以該期間為準（查準 27）。

八、適用期間之延長

申請人已確實遵守預先訂價協議之各項條款者，得於適用期間屆滿前，檢附足資證明影響預先訂價協議內容之相關事實與環境未發生實質變化之資料，向該管稽徵機關申請延長適用期間，經該管稽徵機關審核同意者，得再簽署預先訂價協議。但延長之期間，不得超過 5 年（查準 32）。

九、預先訂價協議之內容

預先訂價協議應載明下列內容（查準 28）：

1. 協議之相關各方。

2. 涉及之關係人交易及期間。

3. 影響訂價之假設條件。

4. 訂價原則及採用之常規交易方法。

5. 協議條款、協議適用期間及效力。

6. 申請人之義務，包括依「移轉訂價查核準則」第 29 條規定提出年度報告及影響報告、保存第 24 條規定之文件及報告、第 31 條規定影響交易結果之因素變動通知。

7. 申請人違反協議內容及條款之處理方式。

8. 協議之修訂。

9. 解決爭議之方法與途徑。

10. 其他應特別載明之內容。

十、預先訂價協議之效力

申請人於預先訂價協議適用期間實際進行之交易，符合協議規定並遵守協議條款者，稽徵機關應按協議之常規交易方法及計算結果核定其所得額；其有不符合協議規定或遵守協議條款者，稽徵機關得不依協議條款辦理，並得依規定進行調查。申請人如有隱瞞重大事項、提供錯誤資訊、涉及詐術或不正當行為，該協議自始無效（查準 30）。

十一、年度報告之提供

申請人應於適用預先訂價協議各該課稅年度之結算申報期間內，向該管稽徵機關提出執行預先訂價協議之年度報告，並依規定保存「移轉訂價查核準則」第 24 條規定之文件及報告。

前項年度報告之內容，應包括實際訂價及各參與人之損益情形、依預先訂價協議辦理之情形、影響交易結果之假設條件及因素之變動情形。

申請人於簽署預先訂價協議之日前，適用預先訂價協議之課稅年度中，已辦理所得稅結算申報者，應於該管稽徵機關規定之期間內，提出預先訂價協議條款對其

結算申報內容之影響報告，不適用第 1 項有關提出年度報告之規定（查準 29）。

十二、重要因素變化之處理

申請人於預先訂價協議適用期間，如影響交易結果之因素發生顯著變化，包括關鍵性假設條件改變、交易雙方已非為關係企業或依交易契約規定應重新訂價之情形，應於變化之日起 1 個月內通知該管稽徵機關，該管稽徵機關應依其情節採取必要之措施，包括與營利事業協商修改預先訂價協議條款及條件或停止預先訂價協議之適用（查準 31）。

第七節
調查核定及調整

一、調查與核定

稽徵機關進行營利事業移轉訂價調查時，依下列規定辦理（查準 33）：

1. 營利事業已依規定提示文據者，稽徵機關應依本準則規定核定受控交易之常規交易結果，並據以核定相關納稅義務人之所得額。

2. 營利事業未依「移轉訂價查核準則」第 22 條規定提示文據或未能提示者，稽徵機關得依查得之資料，依前款規定核定之。其無查得之資料且營利事業未提示之文據係關係其所得額計算之收入、成本或費用者，稽徵機關得依所得稅法第 83 條及其施行細則第 81 條規定，就該部分相關之營業收入淨額、營業成本、營業費用，依同業利潤標準核定其所得額。營利事業拒不提示之文據為關係其所得額之資料、文件者，稽徵機關得依稅捐稽徵法第 46 條規定辦理。

二、短漏報之處罰

從事受控交易之營利事業，應依所得稅法及「移轉訂價查核準則」規定決定其常規交易結果，並據以申報所得額。未依規定辦理致減少納稅義務，經稽徵機關依

規定調整並核定相關納稅義務人之所得額者，如有下列具體短漏報情事之一，應依所得稅法第110條規定辦理（查準34）：

1. 受控交易申報之價格，為稽徵機關核定之常規交易價格2倍以上，或為核定之常規交易價格50%以下。

2. 受控交易經稽徵機關調整並核定增加之所得額，達營利事業核定全年所得額10%以上，且達其核定全年營業收入淨額3%以上。

3. 營利事業未提示「移轉訂價查核準則」第22條第1項第4款規定之移轉訂價報告，且無法提示其他文據證明其訂價結果符合常規交易結果。

4. 其他經稽徵機關查得有具體短漏報事證且短漏報金額鉅大。

三、交易他方之相對應調整

從事受控交易之營利事業，有關收益、成本、費用或損益攤計之交易，經稽徵機關依規定進行調查，並報經財政部或金融控股公司法第50條規定之主管機關核准按營業常規或交易常規調整且經核課確定者，其交易之他方如為依所得稅法規定應繳納中華民國所得稅之納稅義務人，稽徵機關應就該納稅義務人有關之交易事項進行相對之調整。

習　題

1. 何謂關係人？何謂移轉訂價？

2. 何謂控制與從屬關係？如何認定？

3. 何謂受控交易與未受控交易？請舉例說明之。

4. 依我國「移轉訂價查核準則」之規定，常規之交易方法有那些？

5. 何謂可比較未受控價格法？其與可比較未受控交易法有何不同？請舉例說明之。

6. 何謂可比較利潤法？常用之比較指標有那些？

7. 何謂避風港法則？依現行規定那些情況符合避風港法則？

8. 何謂預先訂價協議？其效力如何？

9. 何謂「相對應調整」？依法應如何調整？

10. 營利事業如有不合營業常規交易，經稽核機關調整其所得額時，有無處罰規定？如何處罰？

NOTE

NOTE

保險學　　　　　　　　　　　　　　　　　　　　陳彩稚／著

1. 內容循序漸進，從保險制度運作原理開始，依序介紹保險事業經營、監理相關法規與保險產品，脈絡清晰。
2. 納入新型產品的介紹（例如微型保險與銀行保險），以及更新相關保險監理法規，使讀者更貼近當前之市場現況。
3. 為保持正文之敘述簡潔易讀，並配合教師教學彈性，因此對於較複雜之保險原理觀念或市場實務細節，以附註方式說明或提供相關參考文獻。

消費者行為　　　　　　　　　　　　　　　　　　沈永正／著

1. 本書在每個主要理論之後設有「行銷一分鐘」及「行銷實戰應用」等單元，舉例說明該理論在行銷策略上的應用。
2. 納入認知心理學中的分類等同類書籍較少討論的主題；也納入網路消費者行為、體驗行銷及神經行銷學等近年熱門的主題。
3. 在每章結束後皆設有選擇題及思考應用題，期使讀者能在日常的消費現象中，應用該章的主要理論。

市場調查　　　　　　　　　　　　　沈武賢／著；方世榮／審閱

1. 本書以簡要、清晰的方式，介紹市場調查的基本原理以及各種調查方法在實務中的操作運用技巧。
2. 各章前均附有學習目標，章末有本章摘要與習題，可供讀者對重要概念與原理更加瞭解，加強閱讀學習成效。
3. 書末附有實際的市場調查案例，完整介紹市場調查的程序及作法，幫助讀者於實務操作中靈活運用書中理論。

國際金融理論與實際　　　　　　　　　　　　　　康信鴻／著

1. 本書在寫作上強調理論與實際並重，文字敘述力求深入淺出、明瞭易懂，並在資料取材及舉例方面，力求本土化。
2. 全書共分為 16 章，循序描述國際金融的基本概念及演進，其中第 15 章「歐債危機對全球及臺灣金融及經濟影響」和第 16 章「量化寬鬆政策對全球及臺灣金融及經濟影響」介紹目前最新穎的議題。
3. 此外，每章最後均附有內容摘要及習題，以利讀者複習與自我測試。

投資學

張光文／著

1. 本書以投資組合理論為全書主軸，並依此理論為出發點，分別介紹金融市場的經濟功能、證券商品以及市場運作等議題，並探討金融市場之證券的評價與運用策略。
2. 內容從理論與實務並重的角度出發，區分為四大部分，依序為投資學概論、投資組合理論、資本市場的均衡以及證券之分析與評價。
3. 為了方便讀者自我測驗與檢視學習成果，各章末均附有練習題。

期貨與選擇權

廖世仁／著

1. 本書的敘述淺白、文字平易近人，適合大專院校學生和對期貨與選擇權有興趣的一般讀者。
2. 書中附有小百科單元，解釋專有名詞，有助於系統性的理解。
3. 課文搭配例題和隨堂測驗，讀者可以隨時掌握學習狀況。
4. 提供過去著名的期貨與選擇權操作案例，並在各章章末附有期貨業務員、期貨分析師等考古題。